21世纪教师教育系列教材·学科教学技能训练系列

新理念
地理教学技能训练

(第二版)

主　编　李家清
副主编　李文田　张胜前
编　委　(按姓氏笔画排序)
　　　　王伟栋　王树婷　孔　云　杜晓初
　　　　李文田　李家清　张胜前　陈　实
　　　　唐光祥　赫兴无

图书在版编目(CIP)数据

新理念地理教学技能训练/李家清主编. —2版. —北京：北京大学出版社，2011.12
21世纪教师教育系列教材·学科教学技能训练系列
ISBN 978-7-301-32588-9

Ⅰ.①新… Ⅱ.①李… Ⅲ.①中学地理课 —教学研究 —师范大学 —教材 Ⅳ.①G633.552

中国版本图书馆CIP数据核字（2021）第200381号

书　　名	新理念地理教学技能训练（第二版）
	XINLINIAN DILI JIAOXUE JINENG XUNLIAN (DI-ER BAN)
著作责任者	李家清　主编
丛书主持	陈　静　郭　莉
责任编辑	李淑方
标准书号	ISBN 978-7-301-32588-9
出版发行	北京大学出版社
地　　址	北京市海淀区成府路205号　100871
网　　址	http://www.pup.cn　新浪微博:@北京大学出版社
微信公众号	通识书苑（微信号：sartspku）　科学元典（微信号：kexueyuandian）
电子邮箱	编辑部 jyzx@pup.cn　总编室 zpup@pup.cn
电　　话	邮购部 010-62752015　发行部 010-62750672　编辑部 010-62767857
印 刷 者	河北滦县鑫华书刊印刷厂
经 销 者	新华书店
	787毫米×1092毫米　16开本　18.5印张　430千字
	2010年6月第1版
	2021年12月第2版　2024年1月第3次印刷
定　　价	59.00元

未经许可，不得以任何方式复制或抄袭本书之部分或全部内容。
版权所有，侵权必究
举报电话: 010-62752024　电子邮箱: fd@pup.cn
图书如有印装质量问题，请与出版部联系，电话: 010-62756370

内容简介

本书根据《中学教师专业标准(试行)》《中学教育专业师范生教师职业能力标准(试行)》对教师专业化发展的要求,以教育部《普通高中地理课程标准(2017年版2020年修订)》培养学生地理核心素养为要旨,构建系列化的地理教师专业培养所需要的教学设计技能、过程技能、媒体技能、管理技能、评课技能、说课技能、学习方法指导技能、实践活动指导技能、课程资源开发技能等技能课程体系。注重实践性知识与案例相结合,并配有各项技能评价量表及适量的实践练习,凸显了教师职业技能训练的系统性,并对地理教师应该具备的职业技能提出明确要求,突出实践性和可操作性,为培养合格乃至优秀的地理教师奠定坚实的基础。

本书可用作高等师范院校地理科学专业本科生的教材,也可作为各级各类教师培训学校(机构)、地理教育硕士、地理课程与教学论研究生的参考用书,还可作为一线地理教师与各级地理教育科研人员的参考资料。

主编简介

李家清,华中师范大学城市与环境科学学院教授,博士生导师,全国首届教育硕士优秀指导教师,华中师范大学首届"我心目中的好导师";中国教育学会地理教学研究会副理事长;全国高师地理教学论专业委员会副主任;教育部《高中地理课程标准(实验稿)》编制组核心成员;教育部《义务教育地理学科教师培训课程标准》编制负责人之一;教育部"国培计划"首批培训专家;教育部"国培计划"高中地理骨干教师培训项目首席专家;教育部"国培计划"高校教师地理教师培训者培训项目首席专家;教育部教师教育国家级课程资源共享建设课程"中学地理教学设计"项目负责人;湖北省精品课程地理教学论负责人;主要从事地理课程与教学论理论研究与教学工作。出版主编或编著教材、著作10余部;发表学术论文150余篇。

第二版序言

2018年春,教育部颁布了《普通高中地理课程标准(2017年版2020年修订)》。它标志着基础教育的新课程改革进入了新时期。新时期将以落实党的十八大提出的"立德树人"教育任务为根本,培养学生的地理核心素养,全面推进地理教育的改革与发展。

地理教育实践表明,地理教师始终是地理教育改革与发展的主力军。如果没有地理教师的改革与专业发展、地理教学技能的提升与精炼,地理教育改革的目标就不能实现,新课程改革的任务也就难以完成。

重视教师的专业发展,提升教师的专业能力,已经成为我国教育改革与发展中重点关注的工作之一。近年来,党和国家提出了一系列的促进教师专业发展,提升教师专业能力的方针、政策、目标、任务和举措。2010年,国家颁布了《国家中长期教育改革和发展规划纲要(2010—2020年)》,其任务要求是到2020年实现由人力资源大国到人力资源强国的目标,为实现这一目标任务,明确提出要建设一支"师德高尚、业务精湛、结构合理、充满活力"的教师队伍;自2010年起,由教育部、财政部牵头,启动了旨在提升全国中小学教师专业能力的"国培计划";2012年教育部颁布了《中学教师专业标准(试行)》,并强调指出它是教师"培养、准入、培训、考核"的依据,提出了教师专业的基本理念,从专业理念与师德、专业知识、专业能力三个维度规范了教师专业发展的基本内容;自2011年试点起到2018年,全国28省市区(除新疆、西藏、青海、内蒙古外)开展中小学教师入职的教师资格考试,提高了教师入职的门槛。教师资格考试对教师专业发展发挥了"专业导向""实践导向""能力导向"等的作用;2017年11月中央中共中央、国务院提出了《关于全面深化新时代教师队伍建设改革的意见》,为教师队伍建设指出了根本方向;2018年教育部启动了师范专业认证工作。2021年,教育部办公厅颁布《中学教育专业师范生教师职业能力标准(试行)》,将对全国的师范专业发展发挥监测、评价和推进作用。

教育在改革,教师在发展,教师专业能力在提升。

《新理念地理教学技能训练》一书,在本书编者和编辑的努力下,于2010年荣幸地与读者见面了。多年来,不少读者,特别是地理师范专业本科生、地理学科教学研究生和地理教学论老师在使用时对该书的教学理念、教学价值、技能训练给予了充分肯定和高度赞誉,同时也提出了一些中肯的建议和意见。为了与时俱进,适应新时期,走向新时代,《新理念地理教学技能训练(第二版)》(简称"第二版")就是在努力吸收地理教师专业发展的新鲜成果,深入总结地理基础教育新课程改革的经验的基础上完成的。

体现了高中地理新课标的发展变化。新颁布的《普通高中地理课程标准(2017年版)》与前课标相比,在课程理念、课程目标、课程结构、课程内容选择和课程评价等方面都有所发展和变化。地理教学技能习得与实践的发展变化应该服从和服务高中地理新课标的发展变化。"第二版"的地理教学目标设计技能、地理教学过程设计技能、地理教学评价设计技能等方面内容的发展体现了这种变化,为实施新课程提供了教学技能支撑。

反映了地理教学技能发展的前沿动态。 地理课程改革的实践需要技能发展和支撑。地理技能的发展促进地理教学改革。"第二版"以《中学教师专业标准(试行)》《中学教育专业师范生教师职业能力标准(试行)》为指引,以"研究前沿"等栏目积极反映地理课程改革实践中的许多热点问题,为深化地理教学技能发展提供实践指引。如,课堂教学如何改变形式花哨与氛围沉闷的情况,信息技术,如何解决"好看而不好用"等与教学技能有关的问题在"第二版"中进行了讨论。近年来开展的"中教启星杯"全国高校地理师范生教学技能大赛(曾分别在天津师范大学、河南大学、云南师范大学、浙江师范大学、新疆师范大学等校举行),在各校老师的悉心指导下,参赛选手倾心投入,表现出师范生的地理教学技能水平不断提升、精细化和熟练程度不断提高,代表了地理教学专业技能发展的新趋势。"第二版"以"研究前沿"栏目呈现大赛的程序和大赛的"评分标准",可为师范生地理技能的规范训练与评价提供指导。

突出了地理教学技能学科性的要求。 地理教学技能的地理性不但是与其他学科技能的区别,具有专业特性,而且也是培养学生地理核心素养的着力点。不同学科之间的教学技能既有共性(如,每个学科课堂的教学都有导入技能、展开技能、结课技能等),又要有学科特性。如,地理课堂的导入在创设问题情境时要有地理性;展开时要符合学生地理学习的认知规律;结课环节要有利于学生建构地理知识体系、归纳地理学习方法,升华地理情感,形成地理核心素养。"第二版"注重提升地理学科特性,特别是在地理教学目标设计技能、教学讲解技能、提问技能、教学语言技能、课堂观察技能、教学评课技能、教学说课技能等使用频率较高的技能评价指标体系中突出了加强地理性要求,反映地理教学技能的专业性。

探索了地理核心素养培养的教学技能。 核心素养是指面对复杂的真实的问题所表现出来的关键能力、必备品格和价值观念。地理核心素养是在地理学习过程中,学生通过知、情、意、行结合,学用并举,在地理问题的提出、研究与分析、解决与迁移等过程中成长与发展起来的。"第二版"积极探索培养学生地理核心素养的教学技能,特别是在地理情境设计技能、地理过程设计技能、地理教学模式选择技能、开展问题教学的技能、学业质量评价的技能等方面。

增强了地理实践教学技能的习得训练与要求。 加强地理实践是高中地理新课程标准在"教学与评价建议"中提出的重要要求,并指出,"地理实践是支持学生地理学科核心素养发展的重要手段。地理教学应将实践活动作为教学的重要方式之一"。"第二版"增强了地理实践教学技能的习得训练与指导,不但充实和丰富了"参与评价""技能评价""随堂讨论""技能操练"等栏目,而且在地理学习方法指导技能、地理实践活动指导技能、地理课程资源开发技能等方面突出地理实践教学技能的指导,丰富了实践教学的案例、细化了实践教学技能的习得步骤和教学要领。在"地理实践活动指导技能"一章中增加了"地理研学旅行活动组织指导技能"一节内容,为地理实践教学技能提供指导。

"第二版"力图为读者提供具有时代性、思想性、地理性、鲜活性、操作性、可评价性,符合新课程改革需要的"新理念地理教学技能训练"。为此,修订者付出了极大的努力,追求"更好"。华中师范大学研究生唐光祥、王伟栋做出了非常重要的贡献。当然,"第二版"的修订过程对修订者也是一个再学习、再研究和再探索的过程。由于视野所限,如存在不周、不细、不当之处敬请读者指正。

感谢北京大学出版社李淑方副编审的帮助和支持!

编者
2021 年 7 月

第一版序言

实施新课程以来,我国基础教育中的地理新课程改革不断深化:地理教师的教学观念不断更新,新颖的教学方法不断涌现,现代的教学媒体不断推广,多样的课程资源不断开发……

我们有理由相信,这场规模空前的地理课程改革必将取得重大的成效;我们更有理由相信,我国地理教学已经进入崭新的发展时期,地理教育正在成为"为今日和未来世界培养活跃而又负责任的公民所必需!"

然而,当走进常态下的地理课堂,与中学地理教师座谈时,我们会发现一些不和谐之处,那就是教师的地理教学技能与新课程改革发展需求相比还有较大差距,还不能满足学生地理学习的需要;先进的教学理念很多时候还只是停留在教师的笔头唇间,没有真正浸透到教师的具体教学行动之中。努力提升地理教师的教学技能,是当前乃至今后相当长时间内教学实践的需要,也是新课程改革深化的基本诉求。

地理教学技能对于促进学生进行有效的学习具有重要作用,因此,它是地理教师专业能力的核心组成。创造条件提供实践锻炼的平台、修习教师基本技能和技巧是高师地理教师教育的重点。

我国地理教育发展需要大批教学素养高、专业能力强的地理教师。师范大学肩负着培养优秀地理教师的历史责任。

以日益深化的地理新课程改革为背景,以高师地理师范生为主要对象,以提高地理教师教学能力为主旨,我们编写了这本《新理念地理教学技能训练》,作为《新理念地理教学论》的姊妹篇,主要论述了优秀教师必备的地理教学技能,包括地理教学设计技能、地理教学过程技能、地理课堂教学媒体技能、地理教学管理技能、地理教学评课技能、地理教学说课技能、地理学习方法指导技能、地理实践活动指导技能和地理课程资源开发技能。本书坚持理论联系实际,密切联系并反映国内外教学技能改革与发展的实际,特别注意吸纳课程改革实践的新成果,着力将先进的地理教学理念用技能的方式外化;注意将抽象的地理教学理论用行为方式表现;努力把地理教学改革中的有效经验总结升华;倾力将核心的地理教学要领以可操作的形式展示出来,为修习地理教学技能提供实践平台,重点指导教师教学技能训练的具体操作方法与技巧。整体而言,本书突出了以下特色。

实践师范理念。 学高为师,身正为范;学,足以为人师,行,应为世之模范。在英语中,师范为"normal",源于拉丁文Norma,原意为木工的"矩规""标尺""模型",含义为"规范"。概括来说,"师范"一词同教师的称谓及其职业特点是联系在一起的。本书通过必要的理论阐述,向师范生解读实践师范理念的基本路向:好的老师应是"人类灵魂的工程师",应与学生做心灵的沟通,应成为学生心灵可以信赖的港湾;好的教师应努力自觉提高专业能力,尤其是以教学技能为核心的教学实践能力,唯有这样,才能实现"以师为范"的价值追求。

基于教学需要。教学技能源于教学实践的需要。全书通过一系列的教学叙事、教学观察,客观地反映地理教学技能在教学过程中的地位、特征,提出现实地理教学中存在的若干问题,力图为认识不同教学技能的功能、选择教学内容提供实践支撑。

注重案例分析。地理教学过程是"场域"的、鲜活的、生动的、流变的,需要教师具有高超的教学智慧、精湛的教学技能和组织指导的驾驭能力。本书选取了许多教学案例,旨在帮助教师分析地理教学现象,运用地理教学技能,达成地理教学目标,提高地理教学效能。

突出技能操练。地理教学技能不是先天具有的,是经过后天的习得训练获得的。通过科学地学习和训练,教师可以完全掌握地理教学技能,并有可能达到灵活运用、发展创新的程度。本书设计了大量的技能评价、技能操练,意在为教师修习训练提供指导,使教师掌握必备的地理技能。

陈述技能标准。本书在不同章节按类别分述了地理教学技能评价标准,旨在发挥导向功能。它以教学活动为导向,以技能习得为核心,运用要素分析方法,确定了教学技能培训和考核的内容体系。它将有助于提高地理教师的专业能力和适应教学过程变化的能力。

在编写体例上,本书各章均含有"本章概要""学习目标""关键术语""正文""教学叙事""研究前沿""本章思考题或实践活动""本章小结"等栏目,旨在强化本书的教学性。

在文字表达上,本书力求概念明确、文字简练、引文翔实、案例精当、文图结合、讲练适度,融理论性、实践性、操作性、指导性、借鉴性、可读性于一体。

本书由华中师范大学地理课程与教学论博士生导师李家清教授组织策划,多位地理课程与教学论方向的博士及高师地理教学论教学经验丰富的教师倾力合作,历经一年多时间编写而成。

全书共10章,具体分工为:第1章"绪论"由华中师范大学李家清编写;第2章"地理教学设计技能"和第7章"地理教学说课技能"由河南信阳师范学院李文田编写;第3章"地理教学过程技能"由华中师范大学陈实、李家清编写;第4章"地理课堂教学媒体技能"由浙江海洋学院教师教育中心孔云编写;第5章"地理教学管理技能"由湖北大学杜晓初编写;第6章"地理教学评课技能"由华中师范大学张胜前编写;第8章"地理学习方法指导技能"和第9章"地理实践活动指导技能"由河南新乡学院赫兴无编写;第10章"地理课程资源开发技能"由湖北咸宁学院王树婷编写。李文田、张胜前参加了审稿,全书由李家清教授负责统稿和定稿。

本书采用了国内外许多研究者的研究材料或吸收了他们的教学思想,其中有些材料未能一一注明具体的作者姓名,在此对他们表示真诚的感谢。

本书的出版得到了北京大学出版社多位编辑老师的热情指导和鼎力帮助,在此付梓之机,谨表诚挚谢意。

本书可用作高等师范院校地理科学专业本科生的教材,也可作为各级各类教师培训学校(机构)、地理教育硕士、地理课程与教学论研究生的参考用书,还可作为一线地理教师与各级地理教育科研人员的参考资料。

鉴于能力水平所限,不足之处肯定难免,我们真诚地欢迎所有使用本书的教师、同学提出宝贵的意见,对书中不妥之处给予批评指正。

编者

2009年6月

目　　录

第二版序言 ……………………………………………………………………………… (1)

第一版序言 ……………………………………………………………………………… (1)

第1章　绪论 ………………………………………………………………………… (1)
  1.1　地理教学技能概述 …………………………………………………………… (1)
  1.2　新课程与地理教学技能 ……………………………………………………… (10)

第2章　地理教学设计技能 ………………………………………………………… (23)
  2.1　地理教学设计概述 …………………………………………………………… (23)
  2.2　地理教学目标设计技能 ……………………………………………………… (30)
  2.3　地理教学情境设计技能 ……………………………………………………… (38)
  2.4　地理教学模式设计技能 ……………………………………………………… (48)

第3章　地理教学过程技能 ………………………………………………………… (56)
  3.1　地理教学导入技能 …………………………………………………………… (56)
  3.2　地理教学讲解技能 …………………………………………………………… (62)
  3.3　地理教学提问技能 …………………………………………………………… (69)
  3.4　地理教学承转技能 …………………………………………………………… (76)
  3.5　地理教学结课技能 …………………………………………………………… (82)

第4章　地理课堂教学媒体技能 …………………………………………………… (88)
  4.1　地理课堂教学语言技能 ……………………………………………………… (88)
  4.2　地理课堂教学图表媒体技能 ………………………………………………… (94)
  4.3　地理课堂教学三板媒体技能 ………………………………………………… (102)
  4.4　地理课堂教学现代媒体技能 ………………………………………………… (108)

第5章　地理教学管理技能 ………………………………………………………… (121)
  5.1　地理课堂常规管理技能 ……………………………………………………… (121)
  5.2　地理教学组织技能 …………………………………………………………… (125)
  5.3　地理教学调控技能 …………………………………………………………… (129)

第6章　地理教学评课技能 ………………………………………………………… (143)
  6.1　地理课堂观察技能 …………………………………………………………… (143)
  6.2　地理教学评课技能概述 ……………………………………………………… (155)
  6.3　地理教学评课技能的操练 …………………………………………………… (159)

第7章　地理教学说课技能 ………………………………………………………… (169)
  7.1　地理教学说课概述 …………………………………………………………… (169)

7.2　地理教学说课的内容与评价 …………………………………… (175)
第8章　地理学习方法指导技能 …………………………………………… (191)
　　8.1　地理学习方法指导概述 ………………………………………… (191)
　　8.2　地理读图学习指导技能 ………………………………………… (195)
　　8.3　地理合作学习指导技能 ………………………………………… (201)
　　8.4　地理探究学习指导技能 ………………………………………… (208)
第9章　地理实践活动指导技能 …………………………………………… (218)
　　9.1　地理实践活动组织指导概述 …………………………………… (218)
　　9.2　地理知识学习活动组织指导技能 ……………………………… (223)
　　9.3　地理操作实践活动组织指导技能 ……………………………… (228)
　　9.4　地理课题研究活动组织指导技能 ……………………………… (234)
　　9.5　地理研学旅行活动组织指导技能 ……………………………… (242)
第10章　地理课程资源开发技能 …………………………………………… (249)
　　10.1　地理课程资源概述 …………………………………………… (249)
　　10.2　学校地理课程资源开发技能 ………………………………… (256)
　　10.3　社区地理课程资源开发技能 ………………………………… (267)
参考文献 ……………………………………………………………………… (277)

第1章 绪 论

本章概要

地理教学技能是地理教师有效地将地理教学内容和地理学习方法传授给学生,并以实现教学目标为着眼点的教学本领和技巧的总称。它具有指向性与创造性、丰富性与选择性、操作性与习得性等特点。它具备反映教学理念、提升教学效率、增加教学价值、培养教师素养等功能。随着地理新课程教学目标和教学要求的发展变化,教师应更新教学观念、提高教学技能、改进教学方法、指导学生学习;要掌握对学生进行发展性评价的技能;要具备现代地理教学技术的使用技能和进行课程资源开发的技能。

学习目标

通过学习,你能够:
1. 解释地理教学技能的基本含义,说明地理教学技能与地理教师专业化发展的关系。
2. 结合地理教学案例,说明地理教学技能的主要特点及其基本功能。
3. 结合地理教学案例,说明更新教学观念对学习和合理运用地理教学技能的意义。
4. 结合地理教学案例,解释新课程对地理教师教学技能要求的发展和变化。
5. 设计自己如何习得必备的地理教学技能的基本方案。

关键术语

◆ 地理教学技能　　◆ 地理新课程

1.1 地理教学技能概述

教学叙事1

青年地理教师"赛课"颁奖词

经过初赛、复赛和决赛,历时一个月的2019年某市青年地理教师高中地理"赛课"即将落下帷幕。决赛颁奖会上,地理教研员王老师代表大赛组委会宣读颁奖词:这次"赛课"是对"入职阶段"青年教师地理教学技能的一次检阅。这次"赛课"表明,绝大部分参赛教师基本具备高中地理教师应有的教学素养,尤其值得庆贺的是进入决赛的几位青年教师表现出了良好的教学功底。他们的专业知识扎实,教案设计贯彻了地理核心素养培养要求,体现了新课程的基本理念;课堂教学中独到的引入方式,激发了学生兴趣;流畅的学科教学语言和丰富的情境创设,促进了学生对知识的理解;设计的互动交流活动,较好地提高了学生对学习过程的参与程度;提问方式适当;练习与反馈评价调动了学生学习的探究热情;"三板"和现代教学媒体配合较好,信息技术运用比较合理;课堂结束环节形成的高潮,为学生进行知识体系的建构、技能的巩固、地理方法的概括、地理原理的迁移应用、地理核心素养的培养提供了条件。我们有理由相信,这些"课"不仅理念先进,教学效果好,还将对推进地理课堂教学改革起到一定的示范作用;我们有理由期待,他们经过努力,在不远的将来能成为我市的"地理明星教师!"

随堂讨论

阅读完上述的颁奖词之后,你认为什么是地理教学技能?教学技能与教学效果有哪些关系?教学技能与教师专业化发展有哪些关系?

2012年,教育部颁布了《中学教师专业标准(试行)》(以下简称《专业标准》),开启了我国教师发展的专业化时期。《专业标准》是国家对合格教师的基本专业要求,是中学教师开展教育教学活动的基本规范,是引领中学教师专业发展的基本准则,是中学教师培养、准入、培训、考核等工作的重要依据。

《专业标准》提出教师专业的理念是"学生为本、师德为先、能力为重、终身学习",从"专业理念与师德、专业知识、专业能力"三个方面,14个领域,涵盖61条基本要求,明确了教师发展的基本标准。其中教师专业能力包括"教学设计、教学实施、班级管理与教育活动、教育评价、沟通与合作、反思与发展"6个领域,共25条基本要求。从内容指向看,这25条基本要求,是教师专业基本技能的集中体现,也是培养地理教师基本技能的依据。

1.1.1 地理教学技能的含义

1.1.1.1 教学技能

教育心理学认为:"技能是人们顺利完成某种任务的动作活动或智力活动的方式,前者又称为操作技能或动作技能,后者又称为智力技能或认知技能。""技能是顺利完成某种任务的一种活动方式或心智活动方式,它是通过练习获得的。"《教育词典》(英文版)关于技能的定义是:"技能是通过练习、重复和反省而习得的体能、心能或社会能力;个人对这种能力的提高也许是无止境的。"可见,技能是可以按照一定的操作规则或操作次序,经过练习,形成完成某种认知任务或操作任务的能力。

什么是教学技能?这是迄今尚未形成统一认识的教学术语。例如,澳大利亚学者克利夫认为"基本教学技能是在课堂教学中教师的一系列教学行为。这些行为是影响教学质量、促进学生学习的主要方面,它们具有可观察性、可描述性和可培训性,每一种行为又具有能被分解为不同构成要素的特点"。在我国,发生过关于教学技能定义的讨论,有的学者认为"教学技能是指教师运用专业知识、教学理论和教学经验以有效的方式进行教学活动的能力,它是教师完成教学任务,实现教学目标和改进课堂教学必须具备的基本功。教学技能一般可分为基础技能和特殊技能两大类"。有的学者认为"教学技能是指教师在课堂教学中,依据教学理论,运用专业知识和教学经验等,使学生掌握学科基础知识、基本技能并受到思想教育等所采用的一系列教学行为方式"。有的学者认为"教学技能是指为了达到教学上规定的某些目标所采用的一种极为常用的,一般认为是有效果的教学活动方式,它是教师对课堂的适当场面做出的自觉反应。可见,教学技能不是一朝一夕就能培养出来的"。有的学者认为"教学技能是指为顺利完成教学任务而采用的一种可描述、可观察、可训练的具体教学行为,是能通过具体教学行为展示出来的"。我国《教育大辞典》对教学技能的定义和解释是:"在课堂教学中,使教学计划能进展下去并取得效果的各种技能。是从能够观察,能够表现,能够实现定量化并为教师所熟悉的课堂教学行为中选择总结出来的。"

根据以上说法,我们认为,教学技能是教师的职业技能,是教师在课堂教学中为实现教学目标、完成教学任务,依据教学理论,运用专业知识和教学经验而采用的一系列教学行为方式。教学技能是教师素养和教师专业化发展的重要组成部分,是可以经过学习和训练获得的。

阅读卡片

教师专业化发展

教师专业化发展是指教师作为社会职业人的专业成长过程。这个过程是一个终身学习的过程,也就是一个不断学习和解决问题的过程,是教师职业理想、职业道德、职业情感、社会责任感不断成熟、不断提升、不断创新的过程。

[摘自:郭友.新课程下的教师教学技能与培训[M].北京:首都师范大学出版社,2010:10.]

1.1.1.2 地理教学技能

教学技能是地理教学技能的上位概念。认识教学技能对理解地理教学技能有指导作用。地理教学技能在一般教学技能的基础上,赋予了地理学科的教学特性。

地理教学技能有狭义和广义之分。狭义的地理教学技能主要指教师在地理课堂教学中运用的教学技能,是地理教师在地理课堂教学中,运用与地理教学有关的知识与经验,为促进学生学习、实现教学目标而采取的一系列行为方式。广义的地理教学技能包括教师课内的教学技能和课外教学(包括地理活动课教学、地理观察、地理调查、地理参观和地理课程资源开发等)技能。因此,广义的地理教学技能是指地理教师为实现教学的"地理核心素养培养目标"(人地协调观、综合思维、区域认知、地理实践力),有效地将地理教学内容和学习地理的方法传授给学生,并以提高学生地理技能和思维能力为着眼点的教育者应具备的教学本领和技巧的总称。

认识狭义的地理教学技能和广义的地理教学技能之间的联系和区别,对于更好地学习、训练和习得地理教学技能,发挥地理教学技能在地理教学中的作用具有重要意义。

 **技能操练**

根据下列地理教学内容设计地理教学技能:

大气对太阳辐射的反射、散射和吸收作用,削弱了到达地面的太阳辐射。到达地面的太阳辐射不是均匀分布的,而是由低纬向两极递减。低纬地区的太阳高度大,太阳辐射经过大气的路径短,被大气削弱得少,到达地面的太阳辐射多;两极地区的情况则相反。

[摘自:朱翔,刘新民.普通高中教科书地理(必修第一册)[M].长沙:湖南教育出版社,2019:75.]

1.1.2 地理教学技能的特点

1.1.2.1 指向性与创造性

(1) **地理教学技能具有很强的指向性**。因为教学技能是通过教师的一系列行为方式来表达的。教学行为总是受到教学思想或教学理念的支配,所以地理教学技能都是为实现一定的教学目标服务的,不同的教学技能对于实现某种教学目标往往具有不同的指向性。例如,课堂教学的导入技能与激发学生学习兴趣、引起学生注意、唤起学生强烈的求知欲等目标相联系;课堂提问技能则与释疑解难、发展地理思维,了解学生对所学知识的感知状态、理解程度等目标有关;结束技能可以帮助学生建立所学知识的联系、知识框架,梳理"地理核心素养的发展状况",为巩固学习,迁移应用和进一步学习打下基础。

(2) **地理教学技能具有很强的创造性**。这是由于教学目标和教学环境要素在发展变化。随着地理课程改革的不断推进,受地理教育培养目标的全面化、地理教学内容时代性的增强、学生地理信息素养的提高、地理教学技术环境的优化等因素影响,地理教学技能在地理教学实践中不断创新发展。表现为两方面:一是地理教学技能已成为地理教师的基本技能之一;二是地理教师在掌握和运用教学技能过程中表现出更大的创造性。例如,同样是导入技能,有的教师可能是运用地理教学语言,创设简单的、熟悉的或给定的地理情境,由引发学生学习地理问题的兴趣而进入地理学习;有的教师可能通过自制的教具,结合地理教学语言,激发学生兴趣;有的教师可能结合运用计算机多媒体技能,创造声音、图像、动画相结合的地理情境,引发学生的求知欲,更好地调动学生学习的积极性,参与学习过程。

【案例1-1】

"月相及其变化"教学技能比较

高中地理"月相及其变化"是教学中的一个难点。"月相及其变化"涉及月球、地球和太阳三者之间运动的相互关系,对于学生而言,较难建立月相成因的空间概念,教师往往要借助教师的教学技能帮助学生理解和掌握。在教学实践中,不同的教师运用不同的教学技能,其效果也迥然不同,如:

A 教师运用直观语言,配合板图、手势,讲解月球、地球和太阳三者之间的运动关系,说明月相及其变化。

B 教师将教材中的"月相成因示意图"做成纸质教具,配合演示,讲解月相及其变化。

C 教师将一个足球涂成黑白两色,示意月相,让学生模拟月球、地球、太阳的相互位置关系,结合"足球"位移和色彩变化,说明月相成因。

D 教师要求学生在阅读教材中的月相及其变化示意图的基础上,运用计算机多媒体技能,采用动画方式,模拟月球、地球和太阳三者之间的运动关系,解释月相及其变化的过程。

技能评价

教学技能本无好坏优劣之分,主要看教学技能,包括媒体的选择运用,是否有利于教学目标的达成,是否符合学生的认知特性,是否有利于充分利用教学资源,是否有利于发挥教师的优势,是否经济(包括时间经济)、实用、有效。从这个意义上讲,案例1-1中4位老师的教学技能都是合理的。

结合这一内容,请你选择高中地理教学中的一个问题,进行地理教学技能的运用设计。

1.1.2.2 丰富性与选择性

(1) **地理教学技能具有丰富性**。地理教学是一种复杂的技能活动,是教师、学生、教材、教学目标、教学方法、教学媒体、教学环境等多因素相互作用的过程。完成一个地理教学课题、完成一节课的教学任务,往往需要运用多种类型的教学技能,如表1-1所示。

本书按照广义的地理教学技能的含义,将地理教学技能分为地理教学设计技能、地理教学过程技能、地理教学媒体技能、地理教学管理技能、地理教学评课技能、地理教学说课技能、地理学习指导技能、地理实践活动指导技能、地理课程资源开发技能等。

(2) **地理教学技能具有选择性**。案例1-1表明,进行"月相及其变化"的教学,不同的教师选择和运用了不同的教学技能。教学技能的选择不仅受教师对教学技能的了解、掌握和运用程度影响,还受教学目标、教师的教学思想、教学环境条件所制约。合理的教学技能的选择和运用,应以符合学生学习心理、满足学生学习需要、有效地实现地理教学目标为基本依据。

表 1-1 地理课堂教学技能分类

分类依据	技能分类
依据教学目的	例证技能、演示技能、确认技能
依据教学行为	语言技能、图表技能、导入技能、承转技能、讲授技能、演示技能、拓展技能、引导技能、提问技能、评价技能、结束技能、"三板"技能、教学媒体技能、课堂组织技能

续表

分类依据	技能分类
按归纳方法特性	导入技能、展开技能、承转技能、总结技能
按师生相互作用	教态变化技能、导入技能、强化技能、提问技能、说明技能
按教学展开次序	教学之前：分析对象技能、设计目标技能、分析任务技能； 教学之始：课堂导入技能； 教学之中：讲授技能、提问技能、承转技能、评价技能、辅导学习技能、组织管理技能、使用媒体技能； 教学之终：结束技能
深化信息技术应用	基于网络的项目学习，基于全媒体资源的探究学习，基于大数据的模拟学习，基于及时反馈的互动学习，基于虚拟现实技术(VR)、增强现实技术(AR)的学习

1.1.2.3 操作性与习得性

(1) **地理教学技能具有操作性。**由于每一种教学技能都包含着特定的规则和一定的运作程序。每一种技能都可以分解为具体的行为方式和步骤进行操作。例如，语言技能可以分解为语音、语速、语调。导入技能可分解为导入材料的选择与设计、导入过程的呈现。提问技能可分解为问题的设计、问题的提出时间、提出方式和对学生问题回答的评价等。运用地图的技能可分解为选图、挂图、指图、读图、分析地图等步骤。

(2) **地理教学技能具有习得性。**地理教学实践中，优秀的地理教师总是有娴熟的地理教学技能。地理教学技能不是先天具有的，是经过后天的习得训练获得的。由于教学技能具有操作性，为后天的习得训练提供了可能。通过科学的学习和训练，教师是可以完全掌握地理教学技能，并有可能达到娴熟运用的程度。教学是一门科学，也是一门艺术。作为科学，需要教师具有丰富的专业知识。作为艺术，在很大程度上依赖地理教师熟练地运用教学技能，以致达到出神入化境界。

1.1.2.4 竞技性与可评性

(1) **地理教学技能具有竞技性。**教学技能也是一种教学文化。每一种教学技能都包含着特定的技巧、技艺，有具体的行为方式和操作步骤。不同的教师由于个人的文化理解和操作差异，即使是运用同一种教学技能也会导致不同的教学效果，形成教学差异。为了正确地运用好地理教学技能，提升教学效果，在地理师范生培养和地理教师专业发展过程中往往开展教学技能的比赛或竞赛等活动，以此促进地理技能的掌握。例如，2014年至2018年间，中国教育学会地理专业教学研究会，分别在天津师范大学、河南大学、云南师范大学、浙江师范大学和新疆师范大学举办了共五届"中教启星杯"全国高校地理师范生教学技能大赛展示交流。实践表明，教学竞技交流，对全国地理师范生教学技能习得和掌握，对教师素养的提升发挥了很好的导向和促进作用，也得到了高校地理专业广大师生的高度认可和赞誉。

(2) **地理教学技能具有可评性。**由于每一种教学技能运用时都表现为具体的行为方式和操作步骤，这就为地理教学技能的可评性提供了条件，为每一种教学技能运用时所表现出来的优劣程度进行评价提供了判断依据。例如，"中教启星杯"高校地理师范生教学技能展示交流评分规则,如表 1-2,就为参赛选手在参赛中所表现出来的地理技能水平提供了评价标准。

表 1-2 "中教启星杯"第五届全国高校地理师范生教学技能展示交流评分规则

一、教学设计(占 35%)	
要求:根据抽取的试题,设计一例教学方案	
评价内容	评价标准
目标设计	教学目标清晰,行为动词使用正确,阐述规范
	符合课标要求、学科特点和学生实际
教学过程设计	教学主线清楚,具有较强的学科性和逻辑性
	教学重点突出,难点清楚,深入浅出,处理恰当
	教学方法与手段恰当,有利于教学内容的完成
	注重教学互动,启发学生思考及问题解决
	注重形成性评价
设计创新	整体设计富有创新性,较好体现课程改革的理念和要求

二、教学过程(占 50%)	
模拟上课是参赛者抽取一个"教学主题",设计教学方案,进行模拟上课。	
要求:根据制作的教学设计方案和课件进行模拟上课,时间不超过 10 min。	
评价内容	评价标准
教学语言	讲解明白,符合逻辑,形象生动
师生互动	能够体现师生有效对话与活动
板书与课件	体现教学目标,规范正确,形象直观
教学创新	教学过程富有创意与特色

三、现场答辩(占 15%)	
要求:依据评委根据教学设计和模拟教学情况所提出的问题进行回答,时间不超过 5 min。	
内容	评价标准
针对教学设计提问 (评委提出 1 个问题)	回答清楚、具有逻辑性
	表述流畅、具有说服力
针对教学过程提问 (评委提出 1 个问题)	回答清楚、具有逻辑性
	表述流畅、具有说服力
整体情况	思维敏捷,逻辑清晰

[摘自:中国教育学会地理教学研究会会议通知(第二号),2018:9]

正是由于教学技能的可评特性,以至使包括地理教学技能竞赛在内的各种职业技能竞赛活动得以举办,并得到社会广泛认可。职业技能大赛成为提升职业技能的重要平台和路径。

 **技能操练**

1. 技能运用：运用地图技能，说明我国的"世界文化与自然遗产"的重要价值。
2. 技能要求：结合地图运用，说明地图技能的基本过程。

1.1.3 地理教学技能的功能

1.1.3.1 体现教学理念

"所有的行为都是有目的的。"教学技能是以教学行为为载体的，教学行为则是教学思想的集中体现。教师如果受以"教"为中心的教学思想影响，往往主要选择和运用"讲授技能"，在这种情形下，教学技能和教学行为具有单向性和单一性的特点，课堂沉闷，学生的积极性受到压抑，师生关系成为一种"授受关系"，教学效果往往较差。如果教师树立了以"学"为中心的教学思想，在技能的选择和运用上，往往具有多样性和丰富性，注意把导入技能、讲授技能、提问技能、承转技能、评价技能、辅导学习技能、组织管理技能、使用媒体技能，结束技能等多种技能结合教学进程，加以选择运用。在这种教学环境下，师生关系成为一种"对话关系"，课堂氛围活跃，能调动学生主动学习的积极性，教学效果往往较好。

【案例1-2】

"我国自然灾害的地理背景"教学技能的选择

地理选修课"自然灾害及其防治"关于"我国自然灾害的地理背景"的教学中，不同的教师采取的方法和技能是不同的，如：

A教师主要运用讲授方法，结合教材中的地图，讲授我国自然灾害严重的地理背景；我国主要自然灾害的分布特点和原因；进行自然灾害多发区案例分析，帮助学生学习和理解我国自然灾害多发的地理背景及其原因。

B教师将本节教材中的图像信息进行分析提取，转化为表格方式呈现给学生，运用讨论的方法，要求学生通过阅读课文，进行图表对比，归纳我国自然灾害严重的地理背景；说明我国主要自然灾害的分布特点；不同地区自然灾害多发的原因。

 参与评价

案例1-2中A教师和B教师分别运用了哪些教学技能？这些教学技能的选择和运用与教师的教学理念有什么关系？

1.1.3.2 提升教学效率

选择和运用合理的教学技能，能较好地提升地理教学效率。例如，高中地理必修1"地球运动"一节一直是教学中的重点和难点。由于黄赤交角的存在,地球公转运动时,使太阳直射点在南北回归线之间移动,就产生了昼夜长短变化的地理现象。教学中,即使是善于语言表达的地理教师,如果仅用讲授方法讲解这一内容,学生还是很难理解,不容易建立起空间概念。如果教师利用教学媒体的技能较好,在讲授时,配合绘制黄赤交角简图和地球公转示意图,或利用计算机多媒体,通过 Flash 动画,直观展示地球公转运动时,太阳直射点在南北回归线之间移动的过程,学生就容易理解了。

1.1.3.3 增加教学价值

教学技能具有教学性,具有育人的功能。不同教学技能的教学性存在一定差异。例如,演示技能对于培养学生的观察力和促进学生对地理事物的关系及其变化的了解有重要作用;导入技能重在引发学生的学习兴趣,激发学生的求知欲;地理图表技能有利于培养学生的地理观察力、搜集地理信息,建立空间概念,分析和解决地理问题的能力。案例 1-1"月相及其变化"的教学技能比较说明,即使同一个教学问题,不同的教师运用的教学技能可能是迥然不同的,其教学价值也会有明显差别。C 教师将一个足球涂成黑白颜色,示意月相,让学生模拟月球、地球、太阳的相互位置关系,结合"足球"位移和色彩变化,说明月相成因。C 教师的教学技能运用,不但完成了知识学习的目标,而且通过学生参与学习过程,增加了互动性,其教学价值应高于 A、B、D 三种状况。在地理教学实践中,如果教学条件较好,应尽可能选择教学价值较大的教学技能。

【案例 1-3】

"城市空间结构"教学技能

深圳市某中学地理教师邓老师在"城市空间结构"教学中,为了达到"能运用实例分析城市的空间结构,解释其形成原因"的"课标"要求,运用多种教学技能,设计了如下教学环节:

通过网络搜集深圳城市发展的相关资料,选择了两幅地图,一幅是深圳城市现状图,另一幅是改革开放初期的深圳地图,运用多媒体展示给学生。并且将改革开放以来深圳城市空间的发展变化、房地产价格变动等方面的资料印发给学习小组,要求以学习小组为单位,根据所学的城市空间组织的概念、功能区的特点等内容,结合两幅地图,在小组讨论的基础上,进行全班交流,说明深圳城市空间发展变化及其原因。全班交流后,邓老师进行了归纳总结,肯定了学生能正确运用所学的城市空间组织结构知识,解释深圳城市发展及其原因,并赞扬了学生在交流发言中所表达的对家乡发展的自豪感,以及愿意为家乡进一步科学发展做贡献的责任感。

参与评价

1. "城市空间结构"教学中邓老师运用了哪些教学技能?
2. 结合"城市空间结构"教学技能,说明教学技能增加教学价值的功能。

1.1.3.4 培养职业素养

在社会生活中,地理教师作为一种职业,是参与社会分工,利用专门的知识和技能,为社会创造物质财富和精神财富,获取合理报酬,作为物质生活来源,并满足精神需求的工作。职业素养是人类在社会活动中需要遵守的行为规范,个体行为的总和构成了自身的职业素养。职业素养一般认为包括四个方面,即:职业道德,职业思想(意识),职业行为习惯,职业技能。前三项是世界观、价值观、人生观范畴的产物,是职业素养中最根基的部分,而职业技能是支撑职业人生的表象内容。有人用"大树理论"来描述两者的关系:每个人都是一棵树,根系就是一个人的职业素养,枝、干、叶、型就是其显现出来的职业素养的表象,要想枝繁叶茂,必须根系发达。

地理教师职业素养是地理教师职业内在的规范和要求,它是地理教师从事地理教育职业的基本条件。地理教师的职业素养包括地理教师的职业道德、职业技能、职业行为、职业作风等几个方面。

地理教师承担着"为今日和未来世界培养活跃而又负责任的公民"的职责。地理教师不仅要忠诚事业、热爱学生、团结协作、有高尚的专业操守和科学先进的教育观念,还应努力学习和掌握娴熟的地理教学技能。

实践活动

1. 到附近中学观摩地理课堂教学,结合地理课堂教学实例,说明地理教学技能的基本类型和主要特点。

2. 调查或走访中学地理特级教师或地理学科带头人,了解他的地理教学技能素养水平,结合自己的地理教学技能学习状况,写出提高地理教学技能的计划方案。

1.2 新课程与地理教学技能

教学叙事 2

来自远方的指导

王惠民是一位责任感强,思维活跃的青年地理教师,所在的学校下学期将进入高中新课程改革。他带着如何尽快适应新课程改革需要的疑问,向已经进入新课程改革实验区的广东某中学的市地理学科带头人张老师寄去了一封咨询信。张老师的回信是这样的:

"小王老师,你信中谈到的对新课程改革的渴望、憧憬和迷惑的心境是可以理解的。新课程在理念、目标、体系和内容等方面的确有许多新的地方,要实现改革目标,需要努力探索,不断解决问题。我认为,适应新课程首先还是要有扎实的地理专业知识基础;其次,要能尽快地转变教学观念,努力学习和掌握进行地理新课程实践的教学技能,并且能在教学实践中不断总结和探索,创新地理教学技能,才能满足地理教学改革创新的需要。应该说,教学本身是没有固定模式可言的,地理教学技能的探索也没有止境。你是一位有理想追求的青年教师,科学态度+创新精神+积极实践,就会达到理想彼岸,祝你进步,走向成功!"

随堂讨论

阅读张老师给小王的复信后,请与同学交流感受。

2018年教育部颁布了《普通高中地理课程标准(2017年版)》,地理新课程提出的课程理念、课程目标、课程内容、课程实施和课程评价都较原有的课程体系有明显的改革、发展和创新。地理新课程教学目标和教学内容发生了重大变化,也必然影响和促进地理教学技能的发展和创新,只有创新地理教学技能,才能实现地理课程改革的目标。

1.2.1 地理新课程目标和教学要求的发展变化

1.2.1.1 地理新课程目标的发展变化

新课程在课程目标上较原有的地理课程有明显的发展变化。如高中地理新课程总体目标是通过地理学科核心素养的培养,从地理教育的角度落实立德树人根本任务。课程目标从人地协调观、综合思维、区域认知、地理实践力四个维度来表述,并强调这四个维度在实施过程中是相互联系的有机整体。

人地协调观是指人们对人类与地理环境之间关系秉持的正确价值观念。综合思维是指人们运用综合的观点认识地理环境的思维方式和能力。区域认知是指人们运用空间—区域的观点认识地理环境的思维方式和能力。地理实践力是指人们在考察、实验和调查等地理实践活动中所具备的意志品质和行动能力。

正确认识新课程目标的发展变化,对于创新地理教学技能具有重要意义。

1.2.1.2 地理新课程教学要求的发展变化

2003年版的《普通高中地理课程标准(实验)》对内容标准用"标准"和"活动建议"的方式表达。《普通高中地理课程标准(2017年版)》将课程结构分为必修、选择性必修和选修三类课程,每个模块课程的课程内容用"前言(模块内容组成、模块目标)""内容要求""教学提示"和"学业要求"的方式表达。例如,《普通高中地理课程标准(2017年版)》必修课程地理1的课程内容,见表1-3。

地理新课程标准对教学内容的要求,对地理教学的实践具有明确的指向性、层次性和可操作性,对教学方法的选择、教学技能的训练、习得和运用有明显的指导性。

表1-3 必修课程 地理1"宇宙中的地球"内容标准

前言	内容要求	教学提示	学业要求
本模块主要包括三方面内容:地球科学基础,自然地理实践,自然环境与人类活动的关系。 本模块旨在帮助学生……	运用资料,描述地球所处的宇宙环境,说明太阳对地球的影响。 运用示意图,说明地球的圈层结构。 ……	以认识自然地理环境要素及其与人类活动的关系为线索组织教学。充分利用地图、景观图像、地理视频、虚拟技术、地理信息技术和周边自然与社会资源支持教学。 ……	学习本模块之后,学生能够运用地理信息技术和周边自然与社会资源支持教学。 ……

1.2.2 新课程要求地理教师创新地理教学技能

1.2.2.1 更新地理教学观念

观念是人类支配行为的主观意识。观念的产生与所处的客观环境关系密切,正确的观念就是人的大脑对客观环境的正确反映。人类的行为都是受行为执行者的观念支配的,观念正确与否直接影响行为的结果。所以先进的教学观念会产生积极的教学行为,使教学获得成功;而落后的教学观念则产生消极的教学行为,导致教学的失败,甚至会伤害学生。

在新课程背景下,随着课程环境的发展变化,地理教师要改变地理教学观念,树立正确的教师观,就是要对地理教师的职业特点、责任、教师的角色以及科学履行职责有正确的认识;树立正确的课程观,就是要对地理课程设置、编制与实施有正确的认识;树立正确的学生观,就是要对学生的身心特点、发展潜能、素质目标等问题有正确认识;树立正确的教学观,就是要对地理教学目标、教学任务、教学过程等有正确的认识;树立正确的评价观,就是要对教学评价的目的、作用、方法等有正确的认识。新课程改革中,广大中学地理教师必须贯彻新理念,结合具体的教学任务,进行积极实践。如案例1-4高中地理新课程教学课例"区域水土流失及其治理——以黄土高原为例",在创新地理教学方法、创新地理教学技能等方面进行了有意义的探索。

【案例1-4】

表1-4 高中地理新课程教学课例"区域水土流失及其治理——以黄土高原为例"

教学流程	教学内容
分组实验 小组讨论 组间交流 互相质疑 师生共识 得出结论 承接过渡	第1组实验材料 1. 在抽屉状木板上均匀铺50 cm厚的黄土。 2. 在抽屉状木板上均匀铺50 cm厚的带草皮的黄土。 3. 一只喷壶
	第2组实验材料 1. 在抽屉状木板上均匀铺50 cm厚的沙土。 2. 在抽屉状木板上均匀铺50 cm厚的黏土。 3. 一只喷壶
	第3组实验材料 1. 在抽屉状木板上均匀铺50 cm厚的沙土。 2. 一只普通喷壶,一只强力喷壶
	第4组实验材料 1. 在抽屉状木板上均匀铺50 cm厚的沙土,其坡度为15°。 2. 在抽屉状木板上均匀铺50 cm厚的沙土,其坡度为30°。 3. 一只喷壶
	讨论实验结果: 1. 在同等降水条件下,土质不同,或植被覆盖率不同,或地形坡度不同,水土流失情况不同。 2. 土质、植被、地形相同的情况下,降水量不同,水土流失情况不同。 3. 这些变量不是单独影响的,而是相互之间有密切关系的

续表

教学流程	教学内容
阅读资料 分析讨论 得出结论 引出问题	课件展示：黄土高原"黄土剖面图""降水量柱状图""地貌图""植被分布图"
	思考讨论：该地区为什么容易出现水土流失现象？试结合以上资料，分析其自然原因。
	归纳总结：水土流失的自然因素有：土质、降水、地形、植被等
	设问：中国水土流失最严重的地区在哪里
承接过渡 区域研究 生活中的 黄土高原情景	多媒体演示：一课一歌，《黄土高坡》(歌曲配有黄土高原地貌景观的画面)
	教师进一步解释："我家住在黄土高坡，大风从坡上吹过，不管是东南风还是西北风，都是我的歌我的歌……"
	歌词含有的地理信息——黄土、坡、季风气候等
读图分析 学生讨论 (黄土高原水土 流失的自然因素) 得出结论	多媒体展示：黄土高原的位置
	1. 黄土高原的范围。
	2. 黄土高原的位置(经纬度位置、相对位置)。
	3. 季风与非季风分界线。
	学生讨论，说明黄土高原的地理位置的特殊性，处于过渡性地带，生态脆弱
承接过渡 (人为原因) 讨论交流 播放课件 讨论交流 归纳总结	引出水土流失的定义并过渡到讲解水土流失的人为原因
	学生相互交流，并展示课件："露天煤矿开采的录像""刀耕火种的图片""毁林开荒的图片"等，学生讨论，归纳结论
	教师展示："人口增长和开垦荒地引起的恶性循环示意图"，说明人口过度增长是黄土高原环境恶化的重要原因。
	自然原因：土质疏松，降水集中且多暴雨，地形破碎，植被稀少。
	人为原因：植被的破坏(毁林开荒)、不合理的耕作制度、不合理的开矿等。
	学生讨论交流：水土流失的危害
展示资料 案例分析 讨论交流 得出结论	多媒体展示："录像——水土流失的危害""调沙实验图片"。
	问题：水电站的主要作用有哪些？小浪底进行调水调沙的主要目的是什么？
	引导学生分析，并得出结论：水土流失的危害
质疑讨论 集体评价 展示案例 案例分析	1. 角色扮演(讨论完成)：假如自己是一名环境专家，怎样才能最大限度地降低水土流失的危害？(互相辩论，阐明自己的观点与主要论据)。
	2. 对一些名词加以解释。例如，小流域、打坝淤地、固沟—护坡—保塬等。
	3. 思考治理必须和开发相结合的原则，走可持续发展的道路。
	4. 课件展示：六道沟小流域的综合治理，引导学生分析如何因地制宜进行治理
展示资料 内容总结 整理知识和思路	1. 课件播放：水土流失发生的景观；造成的危害景观；治理后的景观。
	2. 展示知识体系
课堂练习 课后探究	展示思考题，运用知识，讨论交流。 探究课题： 1. 黄土高原是否应该全部退耕还林？退耕还林的土地是否应该全部种树？ 2. 我国还有哪些地方水土流失比较严重？请说明原因

[摘自：蔡建明，等.走进课堂——高中地理新课程案例与评析(必修).北京：高等教育出版社，2005:369-371.]

参与评价

1. 阅读完案例1-4,说明地理教师的教学观念与原来相比发生了哪些变化。
2. 结合案例1-4,说明在新课程的教学中,教师的教学技能有哪些发展和变化。

1.2.2.2　学习地理教学技能

地理教学技能是地理教师从师任教的基础。新课程对地理教师的教学技能提出了多方面的要求。所以在推进新课程改革的过程中,地理教师不仅要树立新课程的教学理念,还要努力学习地理教学技能,地理教师如果没有娴熟的地理教学技能,新课程的基本理念是难以在地理课堂教学中得到贯彻和体现的。例如教师的语言技能不强,就不能有效地表达自己的思想和情感、表达地理事物的相互关系,影响学生对地理现象的理解、形成地理观念;教师对地理课堂的导入技能把握不好,就难以为学生提供有利于学习的情境,使他们尽快进入地理学习过程;教师对地理课堂结束技能的设计与运用不当,就会影响学生对整个课堂教学内容体系的掌握,影响学生对所学知识技能的巩固,影响对知识和能力的迁移应用。

长期以来对地理教师课堂教学技能的训练总显得力不从心。人们一直采用观摩、实习、教学竞赛等方式,从整体上进行训练,然而其效果不尽如人意。

但是实践表明,如果将复杂的地理教学技能体系进行适度分解,分项提出训练目标和运用要求,按项逐步训练、习得,就有可能达到事半功倍的效果。

1.2.2.3　创新地理教学技能

新课程提倡精选学生终身学习和个人发展所必备的内容,紧密联系社会发展实际,学习对生活有用的地理知识,学习未来公民必备的地理知识。新课程的地理教学内容与传统的地理教学内容相比有很大的发展变化。

传统的地理教学往往突出地理知识学习的重要性,而忽视学生的全面发展,并确立"教师中心",以"授受关系"为师生之间的联系方式,学生是被动地接受学习,单向地、封闭式地低效发展。

新课程要求:"改变课程过于注重知识传授的倾向,强调形成积极主动的学习态度,使获得基础知识与基本技能的过程,同时成为学会学习和形成正确价值观的过程。改变课程实施过于强调接受学习、死记硬背、机械训练的现状,倡导学生主动参与、乐于探究、勤于动手,培养学生搜集和处理信息的能力、获取新知识的能力、分析和解决问题的能力以及交流与合作的能力。改变课程评价过分强调甄别与选拔功能的现状,发挥评价促进学生发展、教师提高和改进教学实践的功能。"这一要求的目的在于在获得知识和技能的过程中,让学生学会学习,学会生存。

《普通高中地理课程标准(2017年版)》要求:要秉持多样化观念,了解、理解、尊重不同的教学思路和教学模式,灵活使用教材,积极使用多种资源,使教学具有开放性;要鼓励学生独立思考和相互探讨,发现并提出问题;要以学生的基础和需求为出发点,把握教学内容,设计教学过程,丰富教学活动,积极创造条件开展地理实践教学;要辅以必要的直观手段和生活经验,在地理情境中,强化学生的思维训练;要将过程性评价与终结性评价相结合,用评价引导学生在地理学习中学会认知、学会思考、学会行动。

可见,新课程的地理教学环境与传统的地理教学环境相比,有许多发展变化,如表 1-5 所示。新课程要求地理教师要创新教学技能、教学方法、教学模式,推进和实现地理课程改革目标。

表 1-5　新课程的地理教学环境与传统的地理教学环境的比较

要素	传统地理教学环境的特征	新的地理教学环境的特征
教师与学生关系	突出以教师为中心	突出以学生为中心
学习的活动内容	注重事实知识的学习	强调终身发展需要的学习
教学背景	人工背景	创设现实生活中的背景
教学媒体	单一媒体	多种媒体组合
信息传递	单向传递	多向交换
学生的发展方向	单向发展	全面发展
学生的学习关系	独立学习	独立学习与合作学习结合
学生的学习方式	接受学习	接受学习与探究学习结合
学生的学习反映	被动反映	自主性的学习

标准链接

【掌握技能】

具备钢笔字、毛笔字、粉笔字、普通话与相关学科实验操作等教学基本功,通过微格训练学习,系统掌握导入、讲解、提问、演示、板书、结束等课堂教学基本技能操作要领与应用策略。能依据单元内容进行整体设计,科学合理地依据教学目标及内容设计作业,并实施教学。

[摘自:(中华人民共和国教育部.中学教育专业师范生教师职业能力标准(试行))[S].2021.]

1.2.3　新课程要求地理教师具备指导学习的技能

1.2.3.1　研究学生学习地理的心理过程

学生学习的心理过程是十分复杂的,是智力因素和非智力因素共同作用的过程。研究学生学习地理的心理过程能为指导学生有效进行学习提供科学依据。

行为主义者认为,学习是刺激与反应之间的联结。他们的基本假设是:行为是学习者对环境刺激所做出的反应。他们把环境看成是刺激,把伴而随之的有机体行为看作是反应,认为所有行为都是习得的。行为主义学习理论在指导教学实践上,表现为要求教师掌握塑造和矫正学生行为的方法,为学生创设一种环境,尽可能在最大限度上强化学生的合适行为,消除不合适行为。

建构主义的学习理论认为:① 学习不是教师把知识简单地传递给学生,而是由学生自己建构知识的过程。学生不是简单地被动地接收信息,而是主动地建构知识的意义,这种建构是无法由他人来代替的。② 学习不是被动接收信息刺激,而是主动地建构意义,是根据自己的经验背景,对外部信息进行主动选择、加工和处理,从而获得自己的意义。③ 学习意义的获得,是学习者原有的知识经验因为新知识经验的进入而发生调整和改变。④ 同化和顺应,是学习者认知结构发生变化的两种途径或方式。

加涅的信息加工学习理论将整个学习过程分成了8个阶段,分别是:① 动机阶段:学习者必须有学习的意图,是由信息加工学习模式中的动机系统提供的。② 领会阶段:强调学习者将注意力集中到学习材料上。③ 习得阶段:学习内容经过编码进入短时记忆,并进一步存入长时记忆。④ 保持阶段:主要是习得的信息在长时记忆当中的保持。⑤ 回忆阶段:习得的信息要表现出来就必须从长时记忆里提取出来。⑥ 概括阶段:学生把所学到的知识运用于各种新的情境中。一般来说,学生学习某件事情时,经历的情境越多,迁移的可能性就越大。⑦ 作业阶段:通过作业来反映学生是否已掌握了所学的内容。对有些学生来说,作业是为了获得反馈,通过作业,看到自己学习的结果,能获得一种情感性的满足,产生进一步学习的动机。⑧ 反馈阶段:当学生完成作业后,他马上会意识到自己已达到了预期的目标,这时教师给予反馈,让学生及时知道自己的作业是否正确。

现代学习理论为研究学生学习地理的心理过程提供了重要依据。在地理教学实践中,学生的认知过程往往表现为掌握地理感性知识(地理名称、地理数据、地理分布、地理景观和地理演变),为学习地理理性知识(地理成因、地理规律、地理原理、地理理论知识)打下基础。掌握地理陈述性知识(是什么的知识)有利于学习地理程序性知识(规律性知识),学习和掌握一定的地理策略性知识(方法性知识)对提高地理学习的效率具有重要意义。

学生地理学习的心理过程是十分复杂的,但基本学习方式是:视、听、读、思、议、练。有研究表明,采用的学习方式不同,记忆的效果是不同的,如表1-6所示。教师要掌握指导学生学习地理的基础技能,就是要分类学习学生不同学习方式下的指导策略。

表1-6 学习方式与记忆效果比较

学习方式	记忆效率
读	10%
听	20%
看或观察	30%
看与听结合	50%
理解后再说	70%
动手做并进行描述	90%

1.2.3.2 探索学生学习地理的指导技能

《中学教师专业标准(试行)》指出,教师要"建立良好的师生关系,帮助中学生建立良好的同伴关系;注重结合学科教学进行育人活动。根据中学生世界观、人生观、价值观形成的特点,有针对性地组织开展德育活动;针对中学生青春期生理和心理发展特点,有针对性地组织开展有益身心健康发展的教育活动;指导学生理想、心理、学业等多方面发展"。

阅读、倾听、观察、思维、讨论交流和练习等是学生进行地理学习的基本方式。学生只有掌握了一定的学习方式,并拥有一些地理学习策略性知识,才能提高学习的效率。指导学生掌握地理学习的策略性知识,需要教师具备指导学生学习地理的技能。如地理阅读指导技能,重在指导学生学会地理阅读技能,包括地理课文、地理图表的阅读技能,努力提高地理阅读效果;听课是学生在地理学习中使用最多的学习方式,教师要指导学生掌握倾听的技能,指导学生端正倾听态度,学会倾听方法,注意提高倾听质量;地理观察的内容十分丰富,如自然地理观察、人文地理观察、乡土地理观察、社区地理观察等,教师要指导学生学会观察方法,养成观察习惯;指导思维技能,重在掌握思维策略,包括横向思维、纵向思维、聚合思维、发散思维、跳跃性思维、逆向思维和空间思维等;讨论交流已成为学生学习的重要方式,指导讨论技能,重在指导学生熟悉表达技能,在讨论交流中应注意倾听同学发言,学会交流合作;指导练习技能,重在指导学生巩固和运用所学知识,掌握操作技能,学会迁移解决问题。

以《普通高中教科书地理必修第二册》(湘教版)城镇化对地理环境的影响为例,设计指导学生阅读和观察的学习技能。

1.2.4 新课程要求地理教师具备发展性评价的技能

1.2.4.1 传统的地理教学侧重对地理学习结果的评价

自改革开放之初至20世纪90年代末,地理教学大纲均强调要发挥地理课程评价的功能,但评价内容主要是学生地理知识的掌握与地理能力的发展,对学生人地协调观等地理素养没有给予应有的重视。例如,1988年地理教学大纲指出:大纲中列出的地名、物产、数据等地理事实材料要求学生记住;大纲中所列的地理规律和原理要求学生理解。1996年地理教学大纲规定:本学科的考试和评估应以教学大纲为依据;对学生学业成绩的考察,要注重基础知识的掌握和运用;可采取笔试、口试和作业检查等方式。评价方法和评价目标表现为单一化,在评价的重心上,主要侧重于结果评价,忽略过程评价。

1.2.4.2 新课程要求地理教学应建立学习结果与学习过程并重的评价机制

《基础教育课程改革纲要(试行)》(2001)指出,评价改革以"改变课程评价过分强调甄别和选拔功能,发挥评价促进学生发展、教师提高和改进教学实践的功能"为目的,要建立促进学生、教师、课程不断发展的评价体系,地理新课程改革对地理课程评价提出了新的要求。2001义务教育地理新课程标准提出:建立学习结果与学习过程并重的评价机制;地理学习评价,既要关注学习结果,也要关注学习过程,以及情感、态度、行为的变化;实现评价目标多元化、评价手段多样化、形成性评价和总结性评价并举、定性评价与定量评价相结合,创设一种"发现闪光点""鼓励自信心"的激励性评价机制。《普通高中地理课程标准(2017年版)》规定:"要将过程性评价与终结性评价相结合,用评价引导学生在地理学习中学会认知、学会思考、学会行动。"重视反映学生发展状况的过程性评价,实现评价目标多元化、评价手段多样化,强调形成性评价与总结性评价相结合、定性评价与定量评价相结合、反思性评价与鼓励性评价相结合。

1.2.4.3 积极探索和掌握地理教学发展性评价的基本技能

新课程要求地理教学应建立学习结果与学习过程并重的评价机制,其实质是要求对学生地理学习进行发展性评价。实施发展性评价时,以"过程取向"和"主体取向"为价值判断的基本依据。过程取向就是要把师生在教学过程中的全部情况都纳入评价范围,凡是具有教育价值的活动,都应受到评价者的重视;强调教师与学生的交流,强调过程本身的价值;在方法上把量化评价与质性评价相结合,本质上受实践理性支配。主体取向的评价目的是要让被评价者(学生)认同,评价者(教师)与评价对象共同建构评价的意义;强调教师与学生平等交往;强调学生参与自我评价。例如,下面的案例1-5在设计地理教学发展性评价上进行了有益的探索。

【案例1-5】

地理实践活动与表现性评价

《普通高中地理课程标准(2017年版2020年修订版)》在"教学实施"中要求:"加强地理实践""关注表现性评价",并指出:"地理实践是支持学生地理学科核心素养发展的重要手段。地理教学应将实践活动作为教学的重要方式之一。地理实践活动的设计和实施,要以地理学科核心素养的培养为宗旨,与地理理论知识的学习和应用相结合,引导学生用地理视角去观察、行动和思考,并在对真实世界的感受和体验中进一步提升理性认识,逐步建立起地理知识之间的关联。表现性评价是指对学生在真实情境中完成某项任务或任务群时所表现出的语言、文字、创造和实践能力的评定,也指对学生在具体的学习过程中,所表现出的学习态度、努力程度以及问题解决能力等的评定。表现性评价比较适合于评定学生应用知识、整合学科内容,以及决策、交流、合作等能力,是一种适合评价学生核心素养发展的方法。"

例如,必修课程地理2"内容要求""结合实例,说明服务业的区位因素",可设计"城市服务功能差异调查"的地理实践活动,并开展表现性评价(发展性评价):

1. 对照湖北省政区图(或你所在省的政区图),进行以下活动:

① 绘制湖北省政区图(或你所在省区的政区图)的轮廓草图,并用铁路和河流符号在图中表示主要铁路干线和主要河流。

② 用大、中、小城市符号在图中绘出湖北省(或你所在省区)的城市分布状况。

③ 结合相关知识和具体城市,说明不同规模城市的数量差异和服务功能的差异。

2. 商品调查与统计分析:

① 调查并记录家里或邻里在购买日用品、蔬菜、衣服、电视、冰箱、电脑等商品时所去的商店。

② 调查并记录住所附近的商店数目和类型,再调查记录周围比较大的商店的数目、类型和与住所的距离。

③ 将以上三种调查结果记录下来,进行商店数目、类型与住所距离列表统计。

④ 根据表中数据分析商店数目、类型与住所距离的分布特点。

3. 展示交流

① 展示湖北省政区图(或你所在省区的政区图)的轮廓草图。

②与同学交流,商店数目、类型的分布与不同规模城市数量差异和服务功能差异的相同点、不同点,并说明原因。

[摘自:李家清.新课程高中地理教学评价的实做研究——以必修(2)"人口与城市"为例[J].教育科学研究,2005(11).]

参与评价

研读《普通高中地理课程标准(2017年版2020年修订版)》"实施建议"中的"加强地理实践"和"关注表现性评价"内容,根据案例1-5,结合学生参与上述活动过程和收获,设计城市服务功能差异调查地理实践活动的表现性评价量表(量规)。

1.2.5 新课程要求地理教师具备使用现代教学技术的技能

1.2.5.1 现代地理教学技术对地理教学实践的重要影响

随着信息时代的到来和网络技术的迅猛发展,地理教学技能正在发生深刻的变革。现代地理教学技术以计算机多媒体和网络技术为主要代表,它的高科技性正在促进地理素质教育观念的确立;它的丰富资源为地理教学提供了多姿多彩的空间;它的形象化及灵活多样的特点正在改变教与学信息的传输过程,促进地理教学方式的变革,带来地理教学技能的快速发展。

运用现代地理教学技术的技能可以创设帮助学生解决问题的学习环境,有助于学生创新精神的培养;可以创设开放、合作、和谐的课堂教学模式,为情感的激发与思维的开拓提供良好的教学氛围和问题情境。它不仅可以使思维与情感的发展同步进行,还可以使思维与情感活动图示化、简明化和流程化。现代地理教学技术技能的虚拟仿真效果,使不可能实际操作的实验在屏幕上展现,化微观为直观,化想象为直觉,化抽象为具体,可使宏观的地理现象具体化。

标准链接

深化信息技术应用

信息技术的发展和应用是地理教学改革的助推器,对学生学习方式和教师教学方式的改变,具有重要作用……借助(大数据、人工智能、"互联网+")信息技术的学习,是面向未来的学习方式之一。为学生提供自主学习、探究学习和合作学习的开放空间,最终促进地理学习的拓展和深入。具体方式可以有基于网络的项目学习,基于全媒体资源的探究学习……基于大数据的模拟学习,基于即时反馈的互动学习……基于虚拟现实技术(VR)、增强现实技术(AR)的学习等。借助信息技术,教师还可以改变评价方式,使评价更有针对性、即时性、互动性,更好地发挥评价对学生个体指导的作用。

[摘自:中华人民共和国教育部.普通高中地理课程标准(2017年版).]

1.2.5.2 学习使用必备的现代地理教学技术技能

现代地理教学技术技能对地理教学实践有重要影响,地理教师应学习使用必备的现代地理教学技术技能,包括多媒体课件制作技能、网络环境下的教学设计技能、校园网络操作技能和远程教学技能等。例如,教师制作"地球的自转"课件时,可运用GIF动态图像结合Authorware 5.0软件的移动图标制作三维动画,把地球绕轴自转的同时绕日公转的宏观运动情景展示在学生面前;可编辑地球自转的有关AVI影像动画,生动直观地解释自转方向、自转周期、昼夜更替、地球形状等宏观现象。呈现动态的图像与画面,让学生更容易区别自转周期的恒星日和太阳日,分析晨昏线和昼夜半球产生的原因,懂得不同经度的地区地方时不同的原因,真正理解物体水平运动产生偏向、地球两极稍扁及赤道略鼓都是由于地球自转引起的。通过翻滚式的菜单:自转方向、自转周期、昼夜更替、地方时差、地转偏向、地球形状及退出等的设计,不但能使教学内容的结构系列化、程序化,而且方便学生自学与复习,充分调动学生学习的主体参与性,有利于培养学生的抽象思维能力和实践应用能力,能取得显著的教学效果。

1.2.6 新课程要求地理教师具备开发课程资源的技能

1.2.6.1 摒弃地理教材即地理课程的传统观念

新课程要求树立"标准本位"的观念,强调地理新课程标准是实施地理教学的主要依据。课程是由教材、教学资料、教师和学生、教学设施和教学环境等因素共同组成的功能系统。"课程不仅是文本课程,更是体验课程。"课程不应只是知识的载体,而应是教师和学生共同探求新知识的过程。教材是最重要的课程资源,但不是唯一的课程资源,新课程要求摒弃将教材视为唯一的课程资源的传统观念,"唯书至上"不可能满足学生地理学习的需要。教师的经历,包括专业知识和能力,认知策略、思维习惯、兴趣、爱好、个性特征和教学风格都是课程资源,学生已有的知识和体验背景也是课程资源。教师要学习和掌握地理课程资源开发的基本技能,结合地理课程的实践需要,创造性和批判性地研究教材,运用教材,不断更新和开发地理课程资源,满足学生的地理学习需要。

1.2.6.2 掌握开发地理课程资源的基本技能

课程是指学校有目的地实施的教育及其进程。课程资源主要是指形成课程的要素来源以及实施课程的必要而直接的条件。因此,可以说,凡是有助于实现课程目标的资源都属于课程资源。地理课程资源相当丰富,按照地理课程资源与学习场所的空间关系,可以分为学校地理课程资源和校外地理课程资源。

学校地理课程资源主要包括与地理教学过程密切相关的资源,如地理教学图件、资料、模型、标本、教学软件、计算机软件及网络、图书室(馆)、电教器材、教学实践场所等。

校外地理课程资源更是十分丰富。我国地域辽阔,自然条件和社会经济文化环境差异巨大,因此全国各地,甚至同一地区的不同学校的校外课程资源丰富程度也大不相同。教师应因地制宜,开发和建设校外地理课程资源,形成具有特色和优势的地理课程资源。校外地理课程资源包括自然地理课程资源及其开发利用、人文地理课程资源及其开发利用和社区地理课程资源及其开发利用。自然地理课程资源有气候课程资源、地形课程资源、水文课程资源和植被课程资源等;人文地理课程资源有社会经济建设发展资源、民俗资源、名胜古迹资源等;社区地理课程资源主要包括图书馆、科技馆、博物馆、高等院校地理学院(系)、地理研究所、相关的研究所,如海洋研究所、地质与水文研究所、青少年中心、少年宫等。

开发地理课程资源是一个系统工程。首先,地理教师应树立地理课程资源开发的意识。其次,应学习和掌握课程资源开发的基本技能,包括资料搜集的技能,网路资源的利用技能,观察、走访、调查等技能。最后,加强学校地理教师的团结与合作,相互取长补短,增强学校地理课程资源的总体力量,将开发的课程资源加以整理、规划,分门别类地建立地理课程资源档案,并逐步建设地理课程资源库,为地理课程资源的有效利用提供条件。

研究前沿

中国教育学会地理教学专业委员会

中国教育学会地理教学专业委员会关于举办"落实核心素养、提升地理实践力,推进研学旅行"研讨会暨2018年高校地理师范生教学技能展示交流活动的通知(地理教学【2018】02号)

各会员、各会员单位、各教改实验区;各有关教研室、教科院(所)、教育(师范类)院校及相关教师有关科研院所:

为提升我国高校地理教师教育研究与教学质量,交流课程改革背景下地理师范生专业素养培育的途径与方法,中国教育学会地理教学专业委员会将于2018年9月28日至30日在新疆师范大学(新疆·乌鲁木齐)举办"落实核心素养,提升地理实践力,推进研学旅行"研讨会暨2018年高校地理师范生教学技能展示交流活动。

现将有关事项通知如下:

……

九、参会须知

师范生教学技能展示交流(教学设计、模拟上课、现场答辩三个部分)。

地理教学专业委员会高师理事、特约中学地理教研员或特级教师组成评委会,以量化指标评价参与教学技能展示交流的师范生。

本次师范生教学技能展示交流的细则,另行通知。

……

中国教育学会地理教学专业委员会
2018年8月31日

根据上述中国教育学会地理教学专业委员会关于举办"落实核心素养、提升地理实践力,推进研学旅行"研讨会暨2018年高校地理师范生教学技能展示交流活动的通知和会议活动安排,你认为地理教学技能在地理师范生专业成长,地理课程改革推进中有哪些作用?

实践活动

1. 到中学观摩高中地理课堂教学(或观看录像),说明不同教师对地理学习技能指导的特点和差别,以及对你的启示。
2. 结合地理教学案例设计演示技能和提问技能的操作过程(要领)。
3. 在高中地理教材中选择一个教学内容,设计两个教学技能方案,进行比较,并说明理由。

本章小结

1. 地理教学技能是地理教师有效地将地理教学内容和地理学习方法传授给学生,并以实现教学目标为着眼点的教学本领和技巧的总称,具有指向性与创造性、丰富性与选择性、操作性与习得性等特点,以及体现教学理念、提升教学效率、增加教学价值和培养职业素养等功能。

2. 地理新课程目标和教学要求的发展变化,要求地理教师具备指导学习的技能;具备发展性评价的技能;具备使用现代教学技术的技能;具备开发课程资源的技能。

第 2 章　地理教学设计技能

本章概要

地理教学设计能力是《中学教师专业标准(试行)》中提出要求的首要能力,是地理教师在明确课标要求、研究地理教学内容和学情的基础上,设计地理教学目标,选择地理教学模式,创设地理教学情境,为师生提供可操作的教学实施方案的过程。地理教学设计技能主要包括地理教学目标设计技能、地理教学情境设计技能和地理教学模式设计选择技能等。地理教学目标设计对其他的地理教学设计具有指引和导向作用;地理教学情境设计是实现地理教学目标的重要保障;地理教学模式设计是对教学目标和教学情境的具体实施。它们相辅相成,共同为地理教学的顺利进行提供技术支撑。

学习目标

通过本章学习,你能够:
1. 使用自己的语言陈述地理教学设计的含义与基本特征。
2. 使用明确的语言说出地理教学目标设计的基本要求。
3. 学会地理教学情境设计技能。
4. 依据具体的教学内容选择合适的地理教学模式。

关键术语

◆ 地理教学设计　　◆ 教学目标设计　　◆ 教学模式设计　　◆ 教学情境设计

2.1　地理教学设计概述

教学叙事 3

地理教学应重视教学设计

张小亮和肖晓阳是某师范大学同学,毕业后两人同时到一所中学任地理教师。在平时的教学工作中,二人均踏实肯干,受到学校领导和同事的好评。就专业知识而言,二人没有什么区别,就教学能力来说,差别也不明显。但是随着时间的推移,两年以后,两人的教学效果渐渐显出了差别。张老师所带班级学生的地理学习成绩比原先有了新的提升,占到了本学区前三名,而且学生在地理学习中表现出浓厚的兴趣,发言积极,学习主动。肖老师所带班级学生的地理学习成绩虽没有明显下降,但也没有明显提升,始终维持在中等,学生的地理学习兴趣也一般。对此,两位老师进行了交流,探讨了原因,但由于二人均初登讲台不久,也很难找出具体原因,于是他们就一起找到学科组组长李老师请教,李老师听后并没有立即表态,而是说先听他们各自几节地理课再说……之后,李老师组织地理学科的几位有经验的老教师分别听取了他们的课堂教学,并进行了集体会诊,终于找到了他们的差异所在,原来张老师每次上课前,都要花费较长的时间进行该节课的教学设计,相比而言,肖老师这方面做得就有不足。问题找到了,肖老师很高兴,说自己以后也一定要重视教学设计,将学生的学习兴趣提上去。

随堂讨论

结合学习实际,你认为地理课堂教学中地理教学设计重要吗?说出你的具体理由。

《中学教师专业标准(试行)》要求,教师的教学设计,要能"科学设计教学目标和教学计划;合理利用教学资源和方法设计教学过程;引导和帮助中学生设计个性化的学习计划"。这为地理教学设计的理论研究和实践活动提供了明确指导。

2.1.1 地理教学设计的含义

2.1.1.1 教学设计

关于教学设计的定义,目前还没有形成统一认识,不同的人有不同的看法。例如,加涅在《教学设计原理》中认为"教学设计是一个系统化规划教学系统的过程";梅里尔在《教学设计新宣言》中指出"教学设计是一种用以开发学习经验和学习环境的技术……是一种将不同学习策略整合进教学经验的一门技术……"我国有学者认为教学设计是以获得优化的教学效果为目的,以学习理论、教学理论和传播理论为理论基础,运用系统方法分析教学问题、确定教学目标、建立解决教学问题的策略方案、试行解决方案、评价试行结果和修改方案的过程。还有学者认为教学设计是运用系统思想和方法,以学习理论、教学理论和传播理论为基础,来计划和安排教学全过程的诸环节及各要素,以实现教学效果最优化为目的的科学。

2.1.1.2 地理教学设计

教学设计以教学过程为研究对象,用系统思想和系统方法来分析教学过程中的各个组成要素,用最优化的观点对教学过程做出规划,给教师的教学过程提供可操作的教学活动实施方案。鉴于上述理解,我们认为地理教学设计就是以现代教学理念为引领,运用相关教学理论,以促进学生有效学习为目的,以解决地理教学问题为宗旨,针对具体的教学内容制定教学目标、选择教学模式和创设教学情境,系统规划与安排地理教学活动的程序和过程。

阅读卡片

教学设计孕育于第二次世界大战期间,当时美国为了在最短的时间里为军队输送大批合格的士兵和为工厂培养大批合格的工人,召集大量教育学家和心理学家,创立了一系列系统分析学习任务的方法,这些方法后来就成为现代教学设计的理论基础。20世纪50年代中期的程序教学理论,对教学设计理论和实践的发展产生了更大的影响。20世纪60年代,加涅扩展了任务分析的概念,强调了行为目标在教学设计中的应用,极大地促进了教学系统设计方法的运用。这一时期的教学设计,绝大部分以"教"为中心,面向教师的教,而对于学生"学"的问题考虑较少。20世纪80年代以后,在建构主义理论指导下,发展形成了新的学习理论和教学理论,现代教学设计又有了新的发展。

[摘自:杨九民,梁林梅.教学系统设计理论与实践[M].第2版.北京:北京大学出版社,2015:11-12.]

2.1.2 地理教学设计的基本特征

2.1.2.1 以地理新课程标准为本位

地理新课程标准是根据国家"立德树人"教育宗旨,从整体上确定中学地理课程水平及课程结构的纲领性文件,它由国家教育行政部门制定和颁发,代表了国家对学科教育的统一要求。从这个意义上来说,地理新课程标准应该是地理教材编写及中学地理教学活动最直接、最根本的依据。地理新课程标准是国家对基础地理教育课程的总体设计和基本规范,它从整体上规定了地理课程的性质、目标、内容框架,并提出了地理教学和评价的实施建议。地理新课程标准将地理课程目标分为人地协调观、综合思维、区域认知、地理实践力四个维度,为地理教学目标的制定指明了方向和策略;在教材内容的选择上,课程标准对教学内容的选择做了比较弹性的规定,部分教学内容教师可以根据实际情况选讲、略讲,甚至不讲,有的教学内容教师可以根据实际情况灵活安排讲授的顺序;在教学评价和实施建议部分,课程标准的一些内容本身就可以作为教师进行教学设计的重要参考和借鉴。所以,地理教学设计应以地理新课程标准为本位。

2.1.2.2 以教与学的理论为指导

地理教学设计是一个规划设计的过程,需要以教与学的理论为指导。教与学的理论主要包括教学理论、学习理论和传播理论等。了解这些理论有利于灵活运用和准确把握地理教学设计的原理和方法,可以更好地理解地理教学设计的内容,为教学设计提供有力的理论支撑。

教学理论是教学实践经验的总结和反映,它是地理教学设计最直接的理论来源。如斯金纳的程序教学理论、布卢姆的目标分类理论、奥苏贝尔的先行组织者教学理论、加涅的信息加工学习理论、巴班斯基的教学过程最优化理论等。学习理论中对地理教学设计影响较大的理论主要有行为主义、认知主义和人本主义学派的理论。我国教育工作者将国外教学理论与本土实践相结合建立的教学理论体系成果,也为我国的地理教学设计提供了科学依据和理论支撑。学习理论是对学习规律和影响学习的条件及因素进行阐述的理论,为地理教学设计提供了解答问题的方式,随着学习理论的发展,它还能促进地理教学设计研究方式的转变。在地理教学设计中,应用学习理论进行地理教学过程及其策略设计,对于引领学生在地理学习过程中发挥主观能动性有重要作用。传播理论中有关信息通道、信息结构、信息数量方面的理论对地理教学设计也具有直接指导作用。传播不仅与信息的意义相关,还与信号的形式和结构密切相关,合理的信号结构是有效传播的必要条件,而无序的信号则易被遗忘,信息的多与少也影响教学效果,信息过多会形成信息冗余,信息不足则对学生发展不利。

【案例2-1】

信息理论对地理教学设计的影响

王老师为了更好地让学生识记和理解位于世界火山地震带上的国家,在课堂教学中设计了以下三种教学方案:

(1) 要求识记和理解位居世界火山地震带上的国家有:土耳其、厄瓜多尔、古巴、印度尼西亚、巴基斯坦、苏丹、南非、智利、新西兰、美国。

(2) 告知学生世界火山地震的形成原因和分布特征,即由于板块之间的相互作用和运动,主要集中在环太平洋和地中海——喜马拉雅山一带,再要求学生理解记住有关国家。

(3) 根据世界火山地震分布图,讲解成因,说明分布,记忆国家。

技 能 评 价

实践表明,方案(3)的效果最好。这说明合理的信息结构有利于学生记忆和理解。对于方案(1)而言,学生所接受的是一种无序和缺乏结构的信息,易被遗忘;方案(2),揭示了一种顺序,满足"条件"的国家易被记住;对于方案(3)而言,由于改变了信息形式,即由语言信息结合图像信息,成为视听信息,形成了合理的信息结构,学习的效率就更高了。

2.1.2.3 以最优化的教学为取向

以最优化的教学为取向是以最优化教学理论为指引。最优化教学理论是由苏联教育家巴班斯基所创建,以整体性观点、相互联系观点、动态观点、综合观点、最优化观点等指导教学论研究。最优化教学理论认为构成教学过程的所有成分是相互联系的,教学设计是在全面考虑教学规律、教学原则、教学任务、现代教学的形式和方法的基础上,教师对教学过程做出的一种目的性非常明确的安排,是教师有意识地、科学地选择一种最适合于某一具体条件的整个教学过程的模式,以保证教学过程在规定的时间内发挥从一定标准看来是最优的作用,获得最好效果。

巴班斯基的最优化理论中,"最优的"一词具有特定的内涵,它不等于"理想的",也不同于"最好的"。"最优的"是指一所学校、一个班级在具体条件制约下所能取得的最大成果,也是指学生和教师在一定场合下所具有的全部可能性。"最优化"是相对一定条件而言的,在这些条件下是最优的,在另一些条件下未必是最优的。最优化理论充分体现了对具体事物进行具体分析的辩证法。

地理教学设计中应以最优化的教学为取向,把教学内容、教学过程按照一定的逻辑顺序系统安排。具体而言,应针对地理教师、学生、地理教学资源、地理教学环境等进行最优化的设计和规划,强调为达到特定的地理教学目标,对地理教学活动中的各种要素进行最优的选择和组合,根据自身的学习条件和学习环境,依据地理教学过程的性质和特点设计教学方案,着眼于地理教学条件和地理教学策略之间的效益最优,师生之间的良性互动,追求地理教学设计、地理教学效率和地理教学吸引力的最优化的统一。

2.1.2.4　以促进学生发展为目的

加涅曾经提出"为学习设计教学"的口号。他认为,教学是人们精心设计学习环境,通过外部条件的激励作用,推动和促进学习内部过程的发生和达成。"教"是为更好地"学"服务。地理教学的目的就在于有效地促进学生的地理学习,通过促进学生的地理学习而促进其身心的发展。地理教学设计作为连接地理教学理论与地理教学实践之间的桥梁,其目的必然指向满足学生的地理学习需要,促进学生地理学习。

促进学生的地理学习包含两层意义:一是通过地理教学设计,帮助学生最大限度地获取地理知识、掌握地理技能和形成地理素养;二是通过地理教学设计,帮助学生学会地理学习方法,其关键是地理学习方法的掌握和地理学习能力的提高。帮助学生获取地理知识与能力是地理教学设计的直接目的,而帮助学生学会地理学习方法则是地理教学设计的最终指向。所以,地理教学设计应该以注重对学生地理学习不同特征的分析,促进学生的地理学习为目的。

2.1.2.5　注重凸显地理学科的认知特点

地理教学设计既要遵循由浅入深,由表及里,由简单到复杂等学生地理学习认知的一般规律,又要注意突出地理学科从地理现象、地理分布、地理特征、地理过程到地理联系的特殊认知规律。具体而言,在内容上,应该是基于情境的,要以人地关系为主线,认识地对人的影响、人对地的影响,帮助学生形成正确的人地协调观念;在方法上,要以建立地理空间概念为先导,以地图为地理教学的第二语言,帮助学生学会运用综合的观点认识地理环境的思维方式;帮助学生学会运用空间——区域的观点认识地理环境的思维方式;在过程上,要引导学生通过参与考察、实验、调查等地理实践活动,提升行动意志和行动能力,更好地在真实情境中观察和感悟地理环境及其与人类活动的关系,增强社会责任感。

2.1.3　地理教学设计的基本原则

2.1.3.1　学生中心本位

学生中心本位就是指在进行地理教学设计时教师应注重学生在整个地理教学过程中的主体性。在地理教学设计中尊重和体现学生学习的主体地位,发挥学生在地理学习过程中的主动性、积极性和创造性,就是要为学生提供必要的时间、创设参与学习过程的情境和条件,引导学生积极地去发现问题、分析问题和解决问题,使学生真正成为地理学习过程中的主人。

2.1.3.2　情境创设合理

创设真实的问题情境是支持学生进行有效地理学习并进行意义建构的基础。《普通高中地理课程标准(2017年版)》要求:"核心素养应通过学生在应对复杂现实情境时的外在表现加以推断。"罗杰斯认为,如果要想使学生进行真正意义上的学习,那么就必须在学生学习过程中提供能够促进他进行积极意义建构的学习情境。以学生为中心的学习环境强调学生是认知主体、是知识的主动意义建构者,强调问题情境对学习者学习的激励和促进作用,所以,在进行地理教学设计时,地理教师必须依据地理教学内容和学生学习特点,尤其要注意联系学生生活的地理、社区环境,联系鲜活的社会实践,创设适宜的地理教学情境。

2.1.3.3 问题难度适中

地理教学中问题的设计、问题的难度、问题的提出方式等必须适应学生的身心发展规律和水平。难度过低,学生会失去对所学地理问题的兴趣;难度过高,学生会对所学习的地理问题产生畏惧情绪,很难达到地理教师设计的教学要求。在地理教学设计中教师还可以对同一地理问题设计多样的学习活动。例如,针对同一地理问题的教学,可以运用归纳策略设计教学活动,也可以运用演绎策略设计教学活动,还可以运用探究策略设计教学活动等。地理教师可以根据地理教学实际,灵活选择学习活动方式,以使地理教学设计更具有时效性。例如,对于探究性的教学设计,教师可以根据实际情况让学生进行开放性探究,也可让学生进行指导性探究,或者二者结合使用。一般来说,在地理教学设计当中,开放性探究是指学生独立活动的探究,主要用于学生地理认知能力的培养和发展学生的地理推理能力,适用于难度较低的拓展性地理知识,如地理景观、地理特征之类知识的学习;指导性探究是指学生在老师的指导下,主要由学生自己寻求答案的学习活动,主要用于难度较高的地理原理、地理规律之类知识的学习。

2.1.3.4 情感互动流畅

核心素养是在真实情境下所表现出来的关键能力、必备品格和价值观念。基于情境的教学是培养核心素养的基础条件,保持流畅的情感互动是提高核心素养培养的基本要求。地理新课程重视培养地理核心素养,精选利于学生地理学科核心素养形成的课程内容。所以,地理教学设计应以核心素养的培养为目标,在导入、讲解、提问、承转、结课等情感互动的教学过程中要注重渗透地理核心素养的培育。帮助学生强化人类与环境协调发展的观念,提升地理学科方面的品格和关键能力,具备家国情怀和世界眼光,形成关注地方、国家和全球地理问题及可持续发展问题的意识。

标准链接

【设计教案】

准确把握教学内容,理解本课(单元)在教材中的地位以及与其他课(单元)的关系,能根据课程标准要求和学情分析确定恰当的学习目标和学习重点,设计学习活动,选择适当的学习资源和教学方法,合理安排教学过程和环节,科学设计评价内容与方式,形成教案与学案。

[摘自:中华人民共和国教育部.中学教育专业师范生教师职业能力标准(试行).2021.]

2.1.4 地理教学设计的基本程序

就地理课程教学而言,地理教学设计的基本流程大致包括准备阶段、构思阶段和设计阶段三个主要阶段。

2.1.4.1 准备阶段

这一个阶段工作内容主要包括研读地理新课程标准、分析学生学情、分析地理教材、选择地理教学资源等。分析地理新课程标准、学生学情以及地理教材,理解和领会具体的教学内容,开发有效的地理教学资源,为下一阶段的教学构思设计做好准备。

2.1.4.2 构思阶段

这一阶段主要是在前一阶段认真准备的基础上,以地理新课程标准的要求为准绳,以学与教的设计理论为指导,初步确定本节教学内容的过程环节。具体包括确定地理教学目标、创设地理教学情境、选择地理教学模式等内容。在教学目标的确定过程中,重点是课程目标、单元目标与课时目标的衔接问题,通过对地理教学内容的认真分析,制定出科学合理的教学预期目标;在创设地理教学情境过程中,重点是分析教学情境与教学内容的内在联系性、教学情境与学生兴趣的最佳结合点、教学情境与知识讲授的承转过渡等,以使得教学情境的设计能够获得良好的教学效果。在教学模式的构思过程中,重点是教学过程中各个教学环节的合理安排、教学内容的有序呈现、教学活动的科学调控、教学媒体的准确使用等问题。

2.1.4.3 设计阶段

这一阶段是在前面构思设计的基础上,结合学生学情、教学内容、教师自身、教学设施等实际情况,进行教学设计。

就地理教学设计内容来说,其基本内容如表 2-1 所示。

表 2-1 地理教学设计

课题_____ 授课教师_____ 授课班级_____ 授课时间_____

1.课标解读		
2.教学分析	内容分析	
	学情分析	
3.教学目标	人地协调观	
	综合思维	
	区域认知	
	地理实践力	
4.教学情境与策略	方法选择	
	情境设计	
	媒体运用	
5.教学过程	导入……	
	展开……	
	结束……	
6.效果评价	……	

课标解读:主要对本节课程标准要求和整体思路进行阐述,明确应该完成的任务。

教学分析:主要对本节教学内容进行分析和学生地理学习的学习情况进行分析。

教学目标:从人地协调观、综合思维、区域认知、地理实践力对本节课的教学目标进行描述。

教学情境与策略:写出选用的地理教学方法、创设的地理教学情境、选择的地理教学手段与媒体等。

教学过程:设计整个地理教学过程的流程与操作程序。

效果评价:主要是对本节教学设计教学效果的分析与评价,提出优点及需要改进之处。

技能操练

以《普通高中教科书地理必修第二册》第四章"交通运输与区域发展"内容为例,遵循地理教学设计的原则,进行本节课的教学设计。

2.2 地理教学目标设计技能

教学叙事4

教学目标设计的重要性

某重点中学的王老师成功地上完一节示范课后,一群年轻教师向他请教:"上好一节地理课首先应该做好的是什么?"王老师笑而不答,而是反问:"你们认为呢?"一位年轻教师说:"是先写好教案吧?"王老师摇了摇头,另一位年轻教师说:"是先将教学内容背熟吗?"王老师仍是摇了摇头,沉默了一会,一位女教师怯怯地说:"是先制定好本节课的教学目标吧。"听到这,王老师没有摇头,也没有点头,而是问:"为什么?"女老师想了想说:"我觉得要上好每一节地理课,首先教师应该明确这节课的基本目标是什么,因为相对于教学内容和教学过程而言,教学目标具有指引和导向作用。那么,上课前做好教学目标的设计就应该是基础的基础。"听到这里,王老师抬起头,看着周围的年轻教师说:"你们听明白了吗?上好一节课的最重要的一步是什么,就是目标要明确,只有明确了目标,才能进一步地进行确定教学内容、选择教学方法、设计教学过程等一系列后续工作。教学目标是教师设计教学的出发点,是引领学生发展的方向标,课堂教学的成功,很大程度上取决于教学目标确定的合理性与科学性。"

随堂讨论

你认为王老师的说法有道理吗?能结合一节课说明吗?

2.2.1 地理教学目标概述

一般认为,教学目标就是在教学开始之前,对教学结束之后预期行为与结果的表达。地理教学目标决定着地理教学活动的方向,统率着地理教学活动的全过程,是选择地理教学方法和手段的依据,也是评价地理教学效果的依据。做好地理教学目标设计对地理教学活动的顺利开展、地理教学任务的圆满完成至关重要。

2.2.1.1 地理教学目标的作用

教学目标既是教师教的目标,也是学生学的目标,更是教学评价的目标。地理教学目标对课堂的教学作用主要表现在对教学方向的指引作用、对教学过程的调控作用、激励作用和评价作用上。

地理教学目标制定以后，可以使地理教师、学生、教学管理人员等对照教学目标，通过教学信息反馈，找到教学活动中的偏差，调整教学内容进程和顺序，避免教学时间、教学资源、教学设备的浪费，可以使地理教学更好地围绕着教学目标来进行和实现。目标作为观念形态的价值意识反映了人的需要，当需要带着明确的目标和目的意识延伸到人的学习领域并同学习行为相联系的时候则可以形成强烈的学习动机。所以，地理教学目标的制定，可以提高学生地理学习的积极性。要达到好的效果，还需要注意教学目标的制定应符合学生的需要和学习能力，注意目标的可行性。

2.2.1.2 新课程地理教学目标分类

《普通高中地理课程标准（2017年版）》提出的地理课程目标是培养学生的地理核心素养，具体体现在人地协调观、综合思维、区域认知和地理实践力四个维度。相应地，在进行地理教学设计时也应将地理教学目标按四个维度进行表述。

人地协调观的培养目标是学生能够正确看待地理环境与人类活动的相互影响，深入认识两者相互影响的不同方式、强度和后果，理解人们对人地关系认识的阶段性表现及其原因，认同人地协调对可持续发展具有重要意义，形成尊重自然、和谐发展的态度。

综合思维的培养目标是学生能够形成从综合的视角认识地理事物和现象的意识，对地理各要素之间的相互作用关系有较强的分析能力，并在一定程度上解释地理事物和现象发生、发展的过程，从而较全面地观察、分析和认识不同地方的地理环境特点，辩证地看待地理问题。

区域认知的培养目标是学生能够形成从空间—区域视角认识地理事物和现象的意识，对地理事物和现象的空间格局有较强的观察力，并运用区域综合分析、区域比较、区域关联等方法认识区域，简要评价区域现状和发展。

地理实践力的培养目标是学生能够运用所学知识和地理工具，在室内、野外和社会的真实环境下，通过考察、实验、调查等方式获取地理信息，探索和尝试解决实际问题，具备活动策划、实施等行动能力。

【案例2-2】

"气压带与风带"一节教学目标

结合示意图，解释气压带与风带的分布规律和形成原因，分析三圈环流与气压带、风带的关系以及气压带、风带的季节移动规律（综合思维）；说明北半球冬夏气压中心的形成原因和分布规律（区域认知）；根据相关信息绘制三圈环流模式图，并解释形成的原理（地理实践力）；结合东亚季风的形成分析，说明季风对我国生产生活的影响（人地协调观）。

2.2.2 地理教学目标设计中常见的问题

2.2.2.1 目标体系不完整，偏重认知目标

地理教学目标好比地理教学活动的灯塔，具有鲜明的指向作用。它引领师生教学的方向。如果制定的地理教学目标不全面，就会使师生的教学活动偏离"全面发展"的方向。地理教学目标是由人地协调观、综合思维、区域认知、地理实践力共同构成的一个体系，在实际教学目标制定过程中，存在将四大目标不能作为一个整体，不能通过教学目标的设计来体现"促进学生全面发展"的教育理念。有些地理教学目标的设计内容不全面，偏重于知识，而容易忽视价值观念、必备品格和关键能力。

【案例 2-3】

"宇宙中的地球"一节地理教学目标设计

区域认知:能够了解宇宙中有天体和不同等级的天体系统,能够说出地球所处的天体系统。
综合思维:能够理解地球和太阳系其他天体是相互联系的。
地理实践力:能够说出天体系统。
人地协调观:能够说出地球在天体系统中的位置。

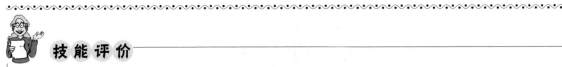

案例 2-3 中目标设计仅仅重视知识目标。这并非由于地理学习内容本身原因所致,主要是由于进行地理教学目标设计时设计者没有很好地融合地理学习内容深入挖掘内容本身所含有的:价值观念、必备品格和关键能力因素。

2.2.2.2 目标层次不合理,过高或过低

地理教学目标的设计应该符合学生的生理与心理发展特征和认知规律。难度适中的教学目标有利于激发学生的求知欲并由此产生学习需要,诱发学生的认知内驱力并由此产生学习动机,提高学生学习兴趣;有利于学生端正学习态度,实现智力与非智力因素的协调;有利于学生选择学习策略,提高学习效果。如果教学目标太容易,落后于学生的心理发展水平,难以起到激励作用;如果教学目标太难,往往又会挫伤学生的学习积极性。因此,地理教学目标的设计要确定在学生的"最近发展区"内。但是,值得注意的是,目前一些地理教师在进行地理教学目标设计时并没有很好地体现"难易适中"这一要求,地理教学目标定位不合理,存在偏高或偏低的现象。

【案例 2-4】

"太阳对地球的影响"一节(第一课时)教学目标设计

1. 综合思维:能够了解太阳辐射的能量来源和太阳活动的类型。
2. 区域认知:能够识记太阳辐射的纬度规律。
3. 地理实践力:能够了解不同纬度太阳辐射对当地的影响。
4. 人地协调观:能够了解人们生产生活与太阳辐射和太阳活动之间的联系。

案例 2-4 中的教学目标设计仅仅局限于了解水平,对初中生来说就偏低了。主要原因是教师在进行教学目标设计时仅仅对课程标准和地理教材进行了一定分析,而缺少对学生存量知识和学习能力的调查和分析,从而使制定的教学目标缺少实用价值。

阅读卡片

最近发展区

最近发展区的概念是苏联早期著名的心理学家维果茨基提出来的。他认为：儿童在成年人指导和帮助下演算的习题的水平与他在独立活动中便能演算的习题的水平，二者之间存在差距，这个差距就是儿童的最近发展区。这就是说，儿童的智力发展有两个水平，一个是现实发展水平，一个是最近发展区的水平。他认为，我们判断一个儿童的智力发展水平以及发展的状态，不能仅仅根据现实发展水平。最近发展区的影响往往更大，因为最近发展区的不同，造成智力发展的进程不同。

（北京普教干部培训中心.基础教育哲学引论[M].北京：文化艺术出版社，1996：60.）

2.2.2.3 目标表述不清晰，难以操作和评价

地理教学目标是评价地理教师教学效果和学生学习效果的依据。教学目标要发挥"依据"的作用，就必须具有可操作性和可观测性。目前地理教学目标的设计存在较为明显的问题是大多使用内隐性的行为动词，提出的教学目标含糊、笼统，难以观测、评价和操作，存在模棱两可的现象。地理教学目标的表述应注意运用外显性的行为动词，如"说出""列举""区分""解释"等，力求目标的陈述明确具体。

【案例 2-5】

"营造地表形态的力量"一节的教学目标设计

1. 掌握农业生产的主要区位因素及其发展变化对农业生产区位选择的影响。
2. 懂得对不同的农业生产部门进行合理的区位选择。
3. 树立农业生产要因地制宜、人地协调的发展理念。

技能评价

案例 2-5 中的"掌握""懂得"等都是表示内部心理过程的术语，缺乏质和量的具体规定性。由于人的心理过程无法直接观察，对这些词语的理解就可能有很大差别。用这些术语表述教学目标，就会使教学目标比较含糊，难以评价。

2.2.3 地理教学目标的设计

2.2.3.1 确定地理教学目标的一般过程

地理教学目标的设计需要充分考虑三个方面的因素：对地理新课程标准的研究；对地理教

学内容的研究;对学生地理学习情况的研究。地理教学设计者只有充分了解上述三方面的研究成果,并很好地处理它们之间的相互关系,才有可能制定出准确、具体、切实可行的地理教学目标。地理教学目标的一般设计过程如图 2-1 所示。

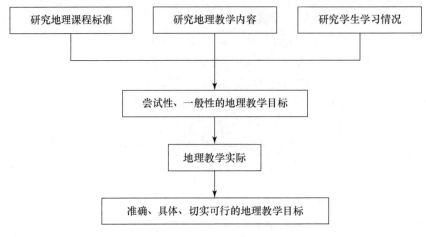

图 2-1　地理教学目标设计的一般过程

2.2.3.2　设计地理教学目标的基本策略

(1) 激励式设计策略。 地理学习是一个智力活动过程,一种学习情感发生和发展的过程。在地理教学中告知学生教学目标往往是地理教学过程的一个基本环节。传统的地理教学目标多采用以下的告知方式。如:"通过学习,使学生了解……""通过学习,使学生掌握……""通过学习,使学生懂得"等,这种表述通常把学生置于一种非自主性的被动地位,不利于激发学生的地理学习热情,不利于调动学生的地理学习积极性。激励式教学目标设计策略是指在进行地理教学目标设计表述时,注意使用以学生为主体的第一人称方式,从人文关怀的角度,多运用赋予情感激励性的语言,激发学生的自信心,调动学生地理学习的积极性。如使用"通过学习,我们能解释……""通过学习,我们能说明……""通过努力,我们能概括……""通过学习,我们将形成……"方式。

据研究,学生课堂学习的主要动机集中反映在成就动机上。这种成就动机又主要由认知内驱力、自我提高的内驱力和附属内驱力三方面构成。认知内驱力是学生想理解要掌握的知识时所产生的以求知为目标的动机因素,指向学习任务本身的动机;学生因自己的胜任能力和工作成就而赢得相应地位的需要称为自我提高的内驱力;附属内驱力是指学生为了获得教师和家长的赞许与认可而产生的学习动力。激励式教学目标设计策略,其主要目的就是为了激发学生的成就动机,增强认知内驱力,从而促进地理学习的效率。

(2) 梯度式设计策略。 梯度式设计策略是指在进行教学目标设计时,根据地理新课程标准的相关要求,结合学生的差异特征和认知发展规律,按照教学内容,由低到高,由易到难,设计不同要求、不同层次的地理教学目标,以促进不同智力结构的学生发展。

【案例2-6】

高中地理"农业区位因素与地域类型"的传统教学目标设计与梯度式教学目标设计

传统教学目标设计：
1. 知识与技能：能够举例说明影响农业的主要区位因素。
2. 过程与方法：能够运用课本中的图表信息，说出社会经济因素的变化对农业区位的影响。
3. 情感态度与价值观：能够通过案例学习，树立热爱家乡的情感。

梯度式教学目标设计：
1. 综合思维：水平一：说出农业区位因素；水平二：能够说出农业区位因素并分析其对农业生产的影响。
2. 区域认知：水平一：能够通过案例说出区域农业的主要影响因素；水平二：通过案例分析区域农业生产的主要影响因素及其变化。
3. 地理实践力：水平一：考察家乡是否形成了具有一定规模的农业地域；水平二：考察家乡所在地主要农业生产活动的影响因素，分析这些因素的改造与变化。
4. 人地协调观：水平一：通过分析农业区位因素，理解农业生产活动需要因地制宜；水平二：树立合理利用农业土地、人地和谐发展的观念。

技能评价

梯度式教学目标设计策略，将原有的教学目标细化、层次化，把每个教学目标设计为由较低到较高的两个至多个层次，以符合学生的知识背景，为每个（类）学生的发展引领方向。

技能操练

某位地理教师将初中地理中的"河流与湖泊"的教学目标设计为：
1. 知识目标：知道我国外流区和内流区的划分；记住主要内、外流河的名称。
2. 能力目标：能对照地图册在填充图上填注中国主要河流的名称；初步学会列表对比南方河流和北方河流的水文特征。
3. 德育目标：认识我国河湖国情，使学生懂得治理大江大河的艰巨任务，增强学生建设祖国的责任感。

请你使用梯度式教学目标设计策略对上述教师的教学目标进行重新设计，显示出教学目标的梯度性。

2.2.3.3 表述地理教学目标的基本方法

(1) ABCD 目标表述法。 ABCD 目标表述法是由阿姆斯特朗和塞维吉提出的一种教学目标陈述技术。其得名是由于其包含的四个基本要素：对象(Audience)、行为(Behavior)、条件(Condition)和标准(Degree)，四个英文单词的首字母刚好是 ABCD，所以简称 ABCD 法。

A——对象：教学目标所指向的对象。地理教学目标的表述中应该明确指出教学目标所指向的对象，如"高中一年级新生""参加会考的初中毕业生"等，教师还应说明对象的基本特征。

B——行为：表明教学的具体行为。它主要用于说明学生通过地理学习所能够完成的特定而可观察的行为及其内容。描述行为及其结果的基本方法是使用一个动宾结构，动词用来说明学习的类型，宾语用来说明学生行为的结果或学生所做的事情。描述行为的具体步骤为：首先根据地理学习目标的分类把具体的地理教学内容分成不同的类别，然后按照不同的类别选用合适的动词作为动宾结构中的动词，最后把具体的教学内容作为动宾结构中的宾语。

常用的地理教学目标行为动词如表 2-2 所示。

表 2-2 《普通高中地理课程标准(2017 年版)》教学目标行为动词示例

	行为水平	行为动词
核心素养目标	水平一	辨识、简单分析、简单辨析、初步观察、设计、收集、调查、理解和接受、表现出……
	水平二	简单分析、解释、辨识、说明、归纳、自主辨识、使用、合作、深入观察、简要解释、设计和实施、表现出、灵活运用……
	水平三	说明、分析、理解、解释、构想、论证、构想、筛选、分类思考和分析、合作、设计和实施、搜集、调查、参与、查阅、运用、构想、表现出……
	水平四	分析、归纳、说明、理解、解释、增强、建立、认识、综合分析、全面评价、理解、评估、收集、调查、独立设计和实施、提出、科学解释和评价、描述、表现出……

C——条件：说明行为出现的条件。条件是指学习者表现学习行为时所处的环境因素，条件限制了对地理教学进行评定的外部状况。条件因素主要包括环境因素、学生因素、设备因素、时间因素等。表述地理教学目标应尽可能包含实际的相关条件，以使学生能在适当的条件下表现其行为结果。

D——标准：指可接受的行为水平。标准是判断教学结果的行为能否被接受的最低衡量标准。地理教学目标对行为标准的表述要尽量具体，以保证教学目标的可测性。行为标准一般包括熟练程度、精确程度、准确性等。

用 ABCD 法表述地理教学目标时，重要的不是这四个要素的前后顺序，而是在一个具体的教学目标中这四个要素要同时具备。

【案例 2-7】

用 ABCD 法表述地理教学目标

1. 每一个学生都能够对课后练习的阅读材料中给出的 5 个易混淆的地理概念做出正确判断(在这个目标中,A(对象)指"每一个学生",B(行为)指"做出正确判断",C(条件)指"课后练习的阅读材料中",D(标准)指"5 个易混淆的概念")。

2. 请大家以《普通高中课程标准实验教科书地理必修 2》中的"城市与城市化"一章为例,任选一节教学内容,遵循地理教学目标的设计要求,制定本节课的教学目标(在这个目标中,A(对象)指"大家",B(行为)指"制定本节课的教学目标",C(条件)指"《普通高中课程标准实验教科书地理必修 2》'城市与城市化'一章中任一节教学内容",D(标准)指"地理教学目标设计要求")。

技 能 评 价

用 ABCD 法表述地理教学目标,一定要注意对 A、B、C、D 所代表的内容用清晰、准确的语言表达清楚,每一个教学目标中这四个要素必须同时具备。

(2) **内部过程与外显行为结合法**。用行为动词编写教学目标的方法虽然能较明确具体地描述地理教学目标,克服传统地理教学目标表述得笼统和模糊的缺点,但也并非完美,学生在地理学习后所形成的能力与情感变化就很难在目标中得到有效的显示。例如,在地理新课程标准中,"理解地理环境的整体性""了解该流域开发建设的基本内容"中的"理解""了解"就不能进行观察和测量。因为学生通过学习而产生的比较持久的变化不仅包括行为变化,还包括认识、能力、心理倾向等方面的变化,并且这些方面的变化很难行为化,所以为了全面而准确地表述地理教学目标,就不可不用一些描述学生内部心理变化的术语,于是表述地理教学目标的另一种方法便应运而生,这就是内部过程与外显行为相结合的方法。

用内部过程与外显行为相结合的方法表述地理教学目标,可以较好地弥补 ABCD 法表述地理教学目标的不足。具体做法是在表述地理教学目标时,首先用描述学生内部心理过程的术语明确地理教学目标,以反映学生理解、分析、应用、形成等内在的心理变化,然后列举出一些能够反映学生心理内在变化的行为作为样例,以使学生内在的心理变化能够进行观察和测量。内外结合的表述方法避免了 ABCD 法只考虑具体行为变化而忽视内在心理过程变化的缺点。

【案例2-8】

用内部过程与外显行为结合法表述地理教学目标

理解三圈环流原理:
1. 说出三圈环流的含义。
2. 对照三圈环流示意图,描述三圈环流的形成与运动过程。
3. 能用三圈环流原理解释三风四带的形成。
4. 能举出生活中的实例,说明三圈环流的地理意义。

技能评价

案例2-8中的"理解"为反映内在心理的非外显动词。1、2、3、4为四个行为样例,样例中"说出""描述""解释""说明"四个行为动词都是可测量的学生行为,从而检测学生是否达到"理解三圈环流原理"这一目标。

请以《普通高中课程标准教科书地理必修2》(人教版)中的第一单元第三课时为例,分别使用两种不同的方法进行地理教学目标的表述。

2.3 地理教学情境设计技能

教学叙事5

秦老师在进行"环境承载力"教学时,按顺序展示了他搜集的四张景观图片,请学生观察(第一张景观图片:白云、蓝天、绿草、数量不多的羊群,散落的蒙古包;第二张景观图片:白云、蓝天、绿草、数量较多的羊群,蒙古包比第一张图片里的数量多;第三张景观图片:白云、蓝天、绿草稀疏、羊群密集,蒙古包比第二张图片里的数量多;第四张景观图片:白云、蓝天、绿草斑驳、羊群密集,蒙古包比第三张图片里的数量多)。然后,提出问题:请同学们根据刚才的观察,景观图片中的环境发生了哪些变化,你们能给"环境承载力"下定义吗?学生开始了热烈的讨论……

随堂讨论

秦老师运用景观图片进行"环境承载力"教学,有什么意义?对你有哪些启发?

2.3.1 地理教学情境设计概述

2.3.1.1 什么是地理教学情境设计

《中学教育专业师范生教师职业能力标准(试行)》指出:能够创设教学情境,建立学习内容与生活经验之间的联系,激发学习兴趣,引导学生积极参与学习活动。对于什么是教学情境有着不同的表述。有学者认为,教学情境是一种特殊的教学环境,是教师为了发展学生的心理机能,通过调动"情商"来增强教学效果而有目的地创设的教学环境。也有学者认为,教学情境是教师根据教学目标和教学内容,依据教学过程中师生情感、欲望、求知探索精神的高度统一而创设的保证教学过程顺利进行的情绪氛围,教学情境能对教学过程起导引、定向、调节和控制作用,教学情境设计是教学过程设计的重要内容之一。我们一般认为,地理教学情境就是指地理教学内容在其中得以存在、运动和应用的环境背景,其特点和功能是能够激发和引导学生的地理认知活动、地理实践活动以及地理情感活动,能为具体的地理教学过程的顺利进行提供教学素材。

《普通高中地理课程标准(2017年版)》在"质量描述"中强调:"在简单、熟悉的情境中……对于给定的简单地理事象……结合现实的自然环境问题……"由简单到复杂的4个水平层次的情境。地理教学情境设计就是指地理教师根据已确定的地理教学目标,结合具体的地理教学内容,对学生地理学习过程中已有的、在社会生活中可接触到的,以及地理教科书给出的相关教学资源进行选择与开发,并与学生地理学习过程中的可能活动相结合,进行重新组织、安排其呈现方式和途径,以便地理教学过程顺利进行,完成地理综合思维、区域认知、地理实践力、人地协调观核心素养活动而进行的设计工作。关于地理教学情境设计,需要强调三点:它是以地理教学目标为导向的;是以对地理教学资源进行开发和重新组织为基础的;是以教学过程中师生活动为动态载体进行的。地理教学内容和地理教学情境设计是一个统一体,内容的选择往往就决定了情境的创设,反过来,为了创设一个特定的地理教学情境就需要去选择一定的地理教学内容。从新课程所倡导的教学理念来看,二者越来越分割不开、越来越融为一体了。

2.3.1.2 为什么要进行地理教学情境设计

建构主义学习理论认为:学习是学生主动的建构活动,学习应与一定的情境相联系,在实际情境下进行学习,可以使学生利用原有知识和经验同化当前要学习的新知识。《普通高中地理课程标准(2017年版)》指出:"创新培育地理学科核心素养的学习方式。根据学生地理学科核心素养形成过程的特点,科学设计地理教学过程,引导学生通过自主、合作、探究等学习方式,在自然、社会等真实情境中开展丰富多样的地理实践活动;充分利用地理信息技术,营造直观、实时、生动的地理教学环境。"创设地理教学情境可以增强学生地理学习的针对性,有利于发挥情境教学在具体教学过程中的作用,激发学生的地理学习兴趣,使学生的地理学习更为有效。地理教师要善于引导学生从真实的生活社会情境中发现地理问题、分析地理问题与解决地理问题，有针对性地展开讨论，提出解决具体问题的思路和方法，引导学生学以致用。所以，开发、筛选、组织社会生活中与地理教学目标相关的素材，结合教材内容设计真实、生动的地理教学情境，为地理教学创设宽松、民主的教学环境，对地理教学情境进行设计是完成地理教学任务的重要途径。

随堂讨论

请你结合上课实际，谈谈地理教学情境设计的内涵及其主要意义？

2.3.2 地理教学情境设计的基本原则

2.3.2.1 基于激发学习兴趣

激发学生学习兴趣，主要是指教师所创设的地理教学情境要能够增强学生地理学习的积极性、主动性，通过情境引导，学生能积极参与到教师组织的学习活动中来，提高地理学习的效率。同时，要注意突出地理学科与社会进步的关系，让学生认识到地理学科的发展增进了人类对自然的认识，形成了新型的人地观、环境观和可持续发展观，促进了社会的进步；通过选取现实性内容的素材，创设与社会紧密联系的地理学习情境，让学生全面了解地理与社会发展的关系，树立地理学科能为人类更加美好的未来做出贡献的观念。

在创设激发学生地理学习兴趣的教学情境的过程中，教师应注意控制所使用素材可能出现的负面效应。例如，在进行有关环境保护、水污染等内容的教学时，教师往往搜集一些典型的污染案例，在课堂上罗列这些事例确实能给学生以较大的心理冲击，使他们认识到污染的严重性。但是，过多的负面素材、单一的负面事实，会使学生产生对地理学习的失落感，产生对人类生存环境的失望感，从而背离了教学情境设计的初衷。

【案例2-9】

保护水资源

郑老师在地理课堂教学中使用多媒体等形式展示、表达和组织了以下情境和活动：

1. 地球上水的丰富性——地球海洋的图片。
2. 可利用的淡水资源占总水量的饼状图。
3. 工业生产用水量、农业生产用水量、人类生活用水量剧增的图片和数据。
4. 水资源被污染的事实——污水和死去的鱼群的录像。
5. 黄河被污染——黄河兰州段向黄河大量排污录像、黄河被污染的景象图片。
6. 我国5.3万km的河流，已被污染不能用于灌溉和饮用的占86%——长江白色污染的图片、淮河污染的图片。
7. 饮用被污染的水使人、畜生病的录像。

讨论：我们身边的水污染——师生讨论得出以下事实：本地工业利税大户——化肥厂、火电厂每年向外排污严重超标，致使本地水污染情况严重，全市河流的90%以上被污染，地下水也受到相当程度的污染，居民家中自来水常呈淡黄色；本地农民用污水浇灌农田使出产的面粉被污染，为居民的饮食安全埋下隐患；随着工业的日益发展，污染情况越发严重。

讨论：我们怎样做才能节约用水——同学们提出生活中节约用水的途径和做法。

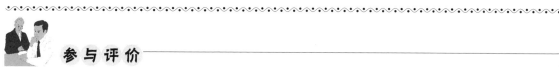

结合案例2-9对郑老师课堂教学的情境设计程序的合理性进行评价。

2.3.2.2 基于学生生活经验

地理新课程标准指出，地理教学要从学生熟悉的地理现象入手，引导他们发现问题、展开探究，以获得有关的知识和经验；要紧密结合社会实践，使他们感到身边的地理环境和社会变化，增强地理学习的兴趣，加深他们对地理知识在生活实际中应用的认识。所以地理教学情境设计时应遵循基于学生的生活经验的原则。这主要包括两方面的问题：一是学生成长的地域、社会、家庭环境特点，比如是农村还是城市，是山区、平原，还是沿海，不同的成长经历，接触到的与地理有关的自然、社会现象可能大不相同，这些方面都会对学生的地理学习造成影响；二是学生已有哪些基本的地理知识和地理观念，如地球知识、地图知识、自然地理知识、人文地理知识、人地关系、可持续发展观念等，掌握了哪些地理基本技能，这些会对学生地理知识的学习和技能的掌握造成影响。这些问题是中学地理教科书难以完全涉及的，也正是地理教师创造性地进行地理教学情境设计的出发点。

【案例2-10】

"多变的天气"的情境导入设计

一位地理教师在进行"多变的天气"一节的教学时，设计了如下情境导入：

[教师]同学们，请大家首先观察一下外面的天气状况，谁能主动描述一下现在的天气状况？

[学生A]晴天、多云，气温大约20℃，偏北风2～3级。

[教师]描述得非常好，跟天气预报差不多，你怎么说得这么具体啊？

[学生A]昨天听了天气预报。

[教师]噢，那么请大家再思考一下，现在与今天早晨相比发生了哪些方面的变化？

[学生B]气温升高了。

[学生C]风力减小了。

[学生D]早晨来上学时还看到了太阳，现在已经看不到了。

[教师]你们说得不错，再想一想昨天和前天的天气情况各是什么样的？

[学生E]昨天是晴天，气温比今天高，基本无风；前天下了雨，风力比今天大，温度比今天低。

[教师]说得好，就这几天的天气来说，大家对于天气有什么看法呢？

［学生］变化太快了，不稳定。

［教师］对，大家说得很好，今天我们就来学习"多变的天气"。

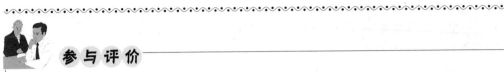

参与评价

教师合理引导学生结合近几日天气的变化，引出所要学习的地理内容，使学生感到地理知识就在身边，地理离自己的生活并不遥远，从而有利于激发学生地理学习兴趣及学习的参与性。你认为基于学生生活经验进行地理教学情境设计，还应该注意哪些方面的内容呢？

2.3.2.3 基于地理学习内容

地理新课程标准指出，中学阶段的地理课程学习内容应体现其基础性和现代性。所谓基础性主要包含两方面的含义：一方面指通过中学阶段的地理教学要使学生获得未来发展所需要的地理基础知识和基本技能，培养学生运用地理知识和科学方法分析和解决生活中遇到的地理问题的能力；另一方面指要使学生逐步认识人类活动和地理环境的关系，能从地理的角度分析有关的自然与社会现象，使学生具有初步的地理科学素养和人文素养，形成初步的全球意识和可持续发展观念。所谓现代性主要是指地理教学所选用的内容素材应具有现代性，使学生学到的地理知识、了解的地理原理、掌握的地理技能等是现代社会生活所需要的，也是学生后续学习或工作有可能用到的。所以，教师在进行地理教学情境设计时，应基于地理学习内容，体现基础性和现代性，紧紧围绕地理新课程标准和地理教学内容组织素材。

【案例 2-11】

地球病了

乔老师在为"环境保护"这节课做教学情境设计，为了调动学生参与的积极性，准备以"地球病了"为题引导学生对环境污染与环境保护问题进行学习和讨论。她先准备了有关环境污染的图片、录像；制作了污水净化工作原理图示、城市热岛效应图示；还恰巧录下了一段中央电视台制作的我国河流污染状况的录像；又安排学生统计一星期内各家每天产生的废旧塑料袋的数量，每天晚上记录中央电视台的重点城市空气质量日报……

在地理课堂上，乔老师将这节课分为四个阶段进行教学，在各个阶段引导学生积极参与并进行讨论：

1. 地球为什么生病了呢？
2. 地球生病的症状都有哪些方面的表现呢？
3. 你认为如何才能对地球的病症进行医治呢？
4. 从自身出发，我们各自能为地球的康复做什么呢？

通过学生的积极参与和讨论，在列举的大量事实面前，在一个个学生讲述自己亲身体验的事例当中，在教师的积极引导下，学生意识到环境保护需要全社会的努力，更需要"从我做起""从现在做起"。

参与评价

案例2-11中的教学内容与生活结合紧密,有利于培养学生运用所学地理知识解决实际地理问题的能力,也有利于培养学生的环境观和可持续发展观念。内容丰富、资料翔实,尤其在进行资料准备的过程中,教师基于地理学习内容,层层设问,为学生提供了很好的参与交流机会。你认为该教师的做法还可以做更好的改进吗?

请以地理教学情境设计的基本原则为指导,选择《普通高中教科书地理必修第二册》的一个课题,进行地理教学情境设计。

2.3.3 地理教学情境设计的主要方法

2.3.3.1 提出地理问题,创设教学情境

"学起于思,思源于疑。"发现问题是思维活动的起点和动力。在地理课堂教学中,结合地理教学内容创设问题情境,可以对学生起到启其心扉、促其思维的作用。教师在讲述内容的过程中提出具有一定概括性的问题,与学生已有的认知结构之间产生内部矛盾冲突,创设教学情境。地理教学要在问题意识上下工夫,有了问题意识就容易抓住学生的注意力,学生听到、看到暂时不能理解的地理事物,如纬度较高的吐鲁番是我国夏季的炎热中心、气候酷寒的南极大陆存在大面积的煤田等,就会感到疑惑、惊讶,从而激发学生的地理学习兴趣。在这种教学情境的诱导下,可以促使学生更加专注地投入学习中来,通过探索和研究解决问题,促进学生对地理知识的理解和掌握。

【案例2-12】

"人类与地理环境的协调发展"的问题情境设计

郭老师在进行"人类与地理环境的协调发展"教学时,是这样引入的:著名科学家竺可桢先生曾经绘制了中国近五千年的气温变化曲线图。他用这条曲线与中国文化发展的历程相对比后发现,在中国历史上,凡思想活跃、文化繁荣或朝代兴旺的时期,往往气候温暖;凡文化发展受阻、社会动荡不安,尤其是北方游牧民族大举南进,甚至入住中原的时期,又总是气候变冷变干、生态环境恶化。其中游牧文化与农耕文化之间碰撞、融合的周期性与气候冷暖变迁的波动性之间存在着基本吻合的准同步性规律。我们现今领略到的地球某个区域的文化正是它适应了所处的时空下的自然环境后得以积淀和发展的,换句话说,经典的文化现象和文化景观就是人类与地理环境协调发展的产物。那么,在人类面临诸多环境问题的今天,如何使人类更好地与环境相协调,获得更大的发展呢?这就是我们将要学习和讨论的内容。

 **技能操练**

以《普通高中教科书地理必修第二册》第5章任一节教学内容为例,进行问题教学情境设计。

2.3.3.2 讲述地理故事,创设教学情境

地理教学中根据教学内容恰当地穿插一些趣味性较强且寓意深刻的小故事、地理知识发现的故事、有关地理学家的故事等创设教学情境,可以活跃地理课堂气氛,培养学生地理学习兴趣,从而激发学生学习地理的求知欲望,加深学生对地理学习内容的理解。

【案例2-13】

"区域可持续发展"的故事情境设计

南京某中学的地理教师孙老师在进行"区域可持续发展"一节内容的教学时,为了培养学生形成符合可持续发展理念的审美取向和价值观,给班里学生讲了这样一则小故事:老师教的一个毕业生到新加坡读大学后,有一次给老师发来的邮件中有这样一个片段,"这个小小的岛国,明媚的狮城,最打动我的不是那旖旎的圣淘沙风光、神奇的夜间动物园,也不是花园般的城市规划,而是初到时在一个普通宾馆里听到的一种声音。那是在打开水龙头洗脸时听到的一种奇怪的淅淅沥沥的流水声,初听不得其解,寻声而去观察后发现,原来宾馆的进排水管道很独特,这个系统能够将洗脸池的下水直接连通到抽水马桶出水,也就是说,每一滴洗脸水都可以成为冲抽水马桶的水源但又没有混入抽水马桶的水箱。这个地处热带雨林、降水十分丰富的小小岛国,在日常节水方面的独具匠心,不禁让我惊叹那管道中淅淅沥沥的水声,实在是胜过天籁……"故事讲完了,你听了之后有什么感触呢?我们应该如何从现在做起、从自身做起维护本区域的可持续发展呢?

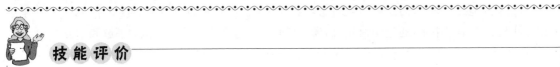

地理教学,首要的是创造一种愉快的氛围,使学生参与到教学活动当中。案例2-13中孙老师创设的故事情境就很好地起到了这方面的作用。新颖、翔实而富有启发意义的故事,往往可以使学生在听故事的过程中不知不觉地走进教师设计的教学过程中来。

技能操练

以《普通高中教科书地理必修第二册》第4章任选一节教学内容为例,进行故事教学情境设计。

2.3.3.3 组织地理活动,创设教学情境

教师通过组织学生进行与地理知识学习有关的地理活动,构建教学情境,让学生在活动中提

高学习地理的兴趣,掌握地理基础知识和基本技能。

【案例2-14】

"人口增长模式"的活动情境教学设计

某市地理教研员朱老师和某中学地理教师程老师在进行"人口增长模式"一节课的教学设计过程中,为了帮助学生更好地理解不同国家和地区人口增长方式的不同,设计了如下活动:

全班分为两大组,第一组阅读表2-3所示的"芬兰人口增长统计数据",第二组阅读表2-4所示的"扬州市人口增长统计数据",并分别将表格中的数据绘制成"人口增长曲线图"。

表2-3 芬兰人口增长统计数据

年份(年)	1785—1790	1825—1830	1910—1915	1970—1976
出生率(‰)	38	38	29	13
死亡率(‰)	32	24	17	10
自然增长率(‰)	6	14	12	3

表2-4 扬州市人口增长统计数据

年份(年)	出生率(‰)	死亡率(‰)	自然增长率(‰)
1975	18.34	6.34	12
1980	14.04	6.75	7.29
1985	9.48	6.22	3.27
1990	14.93	6.71	8.22
1995	9.84	6.82	3.02
2000	9.63	7.56	2.07

根据表格中的数据绘制完成曲线图后,请两组的同学分别讨论后说出芬兰和扬州市人口增长模式特点。

技能评价

新课程倡导用图文并茂的资料、形象直观的图表、贴近生活实际的课堂活动,创设灵活多样的地理教学情境。案例2-14中朱老师和程老师用具体、生动、鲜活的数据、图表、图片等进行教学情境设计,可以充分发挥学生的主体作用,营造良好的教学氛围。

以《普通高中教科书地理必修第一册》第3章任选一节教学内容为例,进行活动教学情境设计。

2.3.3.4 设计地理实验，创设教学情境

科学实验是科学实践活动的一项基本的、重要的表现形式，是有目的、有步骤地通过控制或模拟自然现象来认识自然事物和规律的一种感性活动。有些地理教学内容比较抽象，学生不容易理解，教师通过设计与教学内容有关的演示实验，创设直观的教学情境，可以让学生通过观察或动手操作，在实验演示的情境中认识和理解某些地理现象和地理规律，提高学生分析问题和解决问题的能力。可供地理教学进行演示实验的材料和方式主要有地理事物、地理模型、地理图表、地理实验等，这些直观的实验手段有的可以反映地理事物的直观形象，有的可以体现地理景观的具体特点，有的可以解释地理事物的变化过程，有的可以揭示地理事物的成因规律，为学生感知、理解、记忆地理知识创造条件，是学生由形象思维到抽象思维的支柱，对于发展学生的观察能力、思维能力等具有重要作用。

【案例 2-15】

"密度流形成"的实验情境设计

一位地理教师在讲授由于海水密度差形成的密度流时，采用了思维实验法，引导学生理解掌握知识。

在一个水槽中间安置一块隔板，两边注入高度相同而密度不同的水（如图 2-2 所示），假设隔板的厚度为 0，隔板与液体的摩擦力为 0，抽调隔板所用的时间为 0；随后抽掉隔板，然后分析抽调隔板后，隔板两侧的水会发生什么现象。由于在液体的液面下某一深度的压强等于密度与深度的乘积，一侧密度大，压强也大；一侧密度小，压强也小，于是，两液体的交界面就会发生向密度大的一侧倾斜的现象（如图 2-3 所示）；这样，密度小的一侧的液面就会升高，而密度大的一侧的液面就会降低，由于液体具有流动性，在表层，密度小的一侧因液面高就会向密度大的一侧流动，平衡就被打破，在底层，密度大的一侧的液体就会向密度小的一侧流动，这样密度流就形成了。

[摘自：夏志芳.地理课程与教学论[M].杭州：浙江教育出版社.2003：418.]

图 2-2　　　　　　　　　　　　　图 2-3

 技 能 评 价

在案例 2-15 中，教师采用思维实验法，设计地理实验教学情境。一方面，可以激发学生的参与性，引导学生积极探究，培养学生的观察能力、思维能力等；另一方面，增强了地理学科与其他学科间的联系，便于学生对所学知识的灵活运用，培养学生的知识迁移能力。

 技能操练

为了帮助学生更好地理解日、地、月三者的关系和地球与月球的自转和公转特点,请你以"三球仪"模型为例,设计一个实验教学情境,以便于学生理解日、地、月三者关系及运动规律等知识。

2.3.3.5 运用多种媒体,创设教学情境

地理学科是一门综合性极强的学科,涉及内容广泛,包含复杂的自然现象和人文经济内容,具有对象的联系复杂、地域广泛、空间多维、时间漫长等特点。这些因素使学生在掌握知识、形成概念、发展能力等方面存在较大困难。多媒体可以将文本、图像、动画、声音、视频等多种信息编织成交互性、实用性强的地理课件,便于通过创设教学情境激发学生地理学习的积极性,充分发挥教师和学生互为主体的作用。利用多媒体进行地理教学,可以利用多媒体本身的特点,模拟显示地理景观,基于虚拟现实技术(VR)、增强现实技术(AR),有效解决学生无法感知的地理现象与过程,有效地创设地理教学情境,将地理知识融于新颖的形式当中,对学生产生较强的学习吸引力,提高地理教学效果。

【案例 2-16】

"黄河"一课的多媒体情境导入设计

1. 课前 2 min 播放轻音乐,让学生放松,静下心来。教师发一张白纸给学生做草稿纸,用来记录课堂讨论的结果和画黄河流域简图。

2. 让学生欣赏黄河壶口瀑布的录像,并伴有震撼人心的《黄河钢琴协奏曲》。创设情境,从感官上调动学生的注意力,把学生的思绪快速带到黄河边。

3. 录像定格后,老师说:"这就是黄河的壶口瀑布,泥浪翻滚,雄伟壮观。一提起黄河,有人说它是中华民族的摇篮,为我国的繁荣立下了汗马功劳。也有人说它是一条害河,害得人们背井离乡、流离失所。黄河到底是一条什么样的河流呢?今天我们就来解开她神秘的面纱,对她进行全面的了解。"一席话激起学生迫切了解黄河真实面貌的欲望,积极投入地理课堂的学习中来。

[摘自:苏英."黄河"一课教学设计[J].地理教学,2002(11).]

 技能评价

案例 2-16 中苏老师的教学情境设计独具匠心,首先从轻音乐播放开始,使学生带着轻松的心情进入过程当中,然后以录像的形式给学生以视觉上的震撼,最后以生动形象、言简意赅的语言激发起学生的学习欲望,安排合理,效果突出。

 **技能操练**

以《普通高中教科书地理必修第一册》"洋流的运动"为例,运用多媒体设计本节课的地理教学情境。

2.4 地理教学模式设计技能

教学叙事6

"围绕地理教学模式选择"的对话

小王是刚参加工作的地理教师,这天下课后,他和有着多年地理教学经验的李老师发生了以下的对话:

〔王〕李老师,您说上课怎么这么难呢?当初在学校时认为上课是很容易的事,拿本教科书,带本教案就一切OK了,没想到当老师以后,感觉根本不是那么一回事。

〔李〕又遇到什么难题了?我感觉你每当有想法的时候,就会找我谈谈,是不是啊?

〔王〕真让您说对了,我想请教您一下,上好地理课有没有固定的套路可以遵循啊?如果有,不是可以省好多力气吗?

〔李〕你又想投机取巧了。我告诉你,在如何上好课这方面没有什么可投机的,只有认真准备,认真训练,总结经验以后,才可以将课上好。但话说回来,也并不是说一点捷径没有,比如你说的上课套路问题,有些地方还是有捷径可走的。

〔王〕您说说看。

〔李〕比如说教学模式问题。虽说每一个教师上课都有不同的特色和风格,但是,有些教学模式的基本步骤还是大同小异的,只不过每位老师根据自己的情况会做出相应的改变。

〔王〕您的意思是,我也可以模仿某种地理教学模式。

〔李〕短期来说是可以这样,但长期来说,要想提高教学水平,仅仅走捷径是不行的,必须扎扎实实地稳步提高。

〔王〕哦,明白了。

 随堂讨论

从上述两位老师间的对话当中,你能得到一些启示吗?

2.4.1 地理教学模式的含义

2.4.1.1 教学模式

模式的词义来自模型。模型的本义是指一种用实物做模的方法,有示范、模仿之意。后来,"模型"由实物向非实物发展,并向更多的领域扩展,并开始使用"模式"一词。这里,"模式"一词兼有实物和形式两方面的含义,"模"具有实物模型的意义,"式"具有样式、形式的意义。将模式一词最早引入教育教学领域并加以研究的人,当推美国教育学者乔伊斯和韦尔,在两位合著的《教学模式》一书中提出:"教学模式是构成课程和作业、选择教材、提示教师活动的一种范式或计划。"在我国,有学者认为:"教学模式就是在某一教学思想和教学原理的指导下,围绕某一主题,为实现教学目标而形成的相对稳定的规范化教学程序和操作体系。教学模式实质上就是人们在实践状态下,系统而综合地组合教学过程诸因素,整体地操作教学活动的一种相对稳定的形式。"

2.4.1.2 地理教学模式

将模式一词引入教学理论的主要目的,是想以此说明在一定的教学思想或教学理论指导下建立起来的各种教学活动的基本结构或框架,表现为教学过程中的程序性策略体系。鉴于此,地理教学模式可以定义为:地理教学模式是在一定的地理教学思想或教学理论指导下建立起来的较为稳定的地理教学活动结构框架和地理教学活动程序。作为结构框架,突出了地理教学模式从宏观上把握地理教学活动整体及各要素之间内部的关系和功能;作为活动程序,则突出地理教学模式的有序性和可操作性。地理教学模式的主要价值在于通过模式的研究,能够实现地理教学理论与地理教学实践之间的沟通和转换。

2.4.2 地理教学模式的基本类型

地理教学模式是地理教学理论的具体化,是地理教学实践的概括化,具有多样性和可操作性。乔伊斯等人将教学模式分为四大类型,每一类型又包含若干种亚类型。王策三教授将教学模式分为教师系统地传授和学生系统学习书本知识、教师辅导学生从活动中自己学习、折中于两者之间的三种教学模式类型。杨小微教授则将教学模式区分为认知模式、程控模式、导学模式、非理性模式、社会学模式与整体优化模式六类。随着教学理论研究的深入和教学实践的丰富,很多新的教学模式不断出现。这里,我们主要介绍两种最基本的地理教学模式。

2.4.2.1 课堂讲授型地理教学模式

课堂讲授型地理教学模式是一种应用最广泛、历史最悠久的地理教学模式。这一教学模式源于赫尔巴特的四段教学法,后经凯洛夫等人进行改造后传入我国并被广为运用。

课堂讲授型地理教学模式的基本操作程序是:复习旧课—激发动机—讲授新课—巩固练习—检查评价,所有的地理教学活动都围绕这几个基本程序来组织与展开。复习旧课的目的在于诊断学生已有地理学习水平,为讲授新课做好准备;激发动机是根据新课内容,设置一定情境后引入活动,激发学生的地理学习兴趣;讲授新课是这一教学模式的核心环节,在这一过程中主要以教师的讲授和指导为主,教师精心实施设计的教学计划,通过适当的教学方法和手段,引导学生从已知到未知,从未知到掌握;巩固练习是学生在课堂上对新学的知识进行运用和练习解决问题的过程;检查评价是通过学生的课堂和家庭作业等不同形式的反馈,来检查学生对新知识的掌握情况。

课堂讲授型地理教学模式要求地理教师根据学生的知识结构的认知水平对教学内容进行加工整理,以使所讲的地理知识与学生原有的地理知识结构相联系,在讲授过程中要充分发挥地理教师的主导作用,要求教师具有良好的语言表达能力和对学生学习情况的察觉能力。同时,教师也应充分注重学生学习的主体地位,引导学生感知,思考,内化。一个设计良好的讲授型地理教学同样可以激发学生地理学习思考和主动参与的积极性。

【案例2-17】

"城市内部空间结构"一节的课堂讲授型教学模式

[复习旧课] 同学们,前两节我们学习了城市个体的外部形态,对城市外部特征有了一定认识和了解,今天我们进一步来学习城市的内部空间结构,以获得对城市的整体全面认识。

[激发动机] 出示四个"城市形态图",并提问:在初中地理的学习中,我们了解到聚落分为城市聚落和乡村聚落。请大家仔细看图,思考图中所展示的属于哪种聚落形式?城市是人口十分密集的聚落形式,是人类对地理环境干预最强烈、地理环境变化最大的地方,不仅各个城市的外部形态不一,每个城市的内部空间结构更是多种多样,到底有哪些多样的特征呢?我们来慢慢地学习。

[讲授新课] 城市功能分区及其成因;商业区、住宅区和工业区的特点。(具体内容略)

[巩固练习] 引领学生回顾本节所学知识,并进行巩固练习。(练习内容略)

[检查评价] 检查学生练习情况,归纳总结本节内容。(具体内容略)

技能评价

在采用课堂讲授型地理教学模式进行教学时,教师通过循序渐进的讲述来传递地理知识,引导学生分析和认识地理问题。从教师角度说,这种过程是一种传授的方式,从学生角度说,则是一种接受性的学习方法,其特点是学生学习的地理知识都是由教师以系统的语言形式呈现给学生的,学生则把教师所提供的材料储存到自己的头脑中去。这一模式虽然能使学生在较短的时间内获得大量的地理知识,但学生地理学习的主动性、积极性不易得到发挥。

阅读《普通高中教科书地理必修第一册》(人教版)第2章第3节内容,针对该内容设计一节课堂讲授型教学内容。

2.4.2.2 自主探究型地理教学模式

地理新课程重视对地理问题的探究,倡导自主学习、合作学习和探究学习。教学改革呼唤学生主体性的回归,强调学生在地理教学中的话语权,要求把地理学习中的自主权还给学生。在此背景下,自主探究型地理教学模式引起了广泛关注,成为地理新课程改革所倡导的主要教学模式之一。自主探究型地理教学模式的理论依据主要是建构主义学习理论,认为:学习是积极主动的建构过程,学生在此过程中不是被动的信息接受者,而是对外部信息的积极选择者与加工者;知识是个人经验的合理化,教学应该把学生现有的知识经验作为新知识的增长点,引导学生应用当前已有的知识经验实践新的信息,并且在新信息与旧知识不一致的情况下解决这些矛盾和差异。自主探究型地理教学模式强调在教学过程中充分发挥学生地理学习的主体性,以"学生本位"代替"教师本位",以"主动探究"代替"被动接受",自主探究型地理教学模式以培养学生地理学习过程中的自主性和探究性为主要目标,教师在整个学习过程中充当着情境创设者、学习引导者的角色。

自主探究型地理教学模式的基本操作程序是:创设情境—引导点拨—探索评价—形成结论,如图2-4所示。

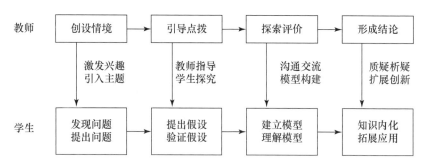

图2-4 自主探究型地理教学模式

创设情境是自主探究地理教学模式的基础。问题情境一般由地理教材或地理教师呈现出来,情境设计应尽量贴近学生生活、贴近社会实际、贴近学生学习知识的最近发展区,有利于激发学生的探究兴趣,有利于学生运用所学知识去解决新问题。

引导点拨是学生自主探究的开始。"假设"可以是学生对问题结论的初步估计,也可以是对解决问题的基本方案。估计是否正确,方案是否可行,都有待于学生在探究中去检验与论证,教师在这一阶段主要是对学生进行辅导、引导。

探索评价是地理探究教学模式的核心环节。自主探究要求在学习过程中培养学生的自主性和探究性,学生发现并提出问题后,教师应鼓励学生自主提出解决问题的方案并让学生按照自己所想大胆探究。在探究过程中,学生通过搜集信息、整理信息、分析信息等方法对提出的假设进行检验和论证,根据检验与论证的结果确定下一步的学习进程。

形成结论是指学生经过科学探究阶段后,最后形成的关于解决问题的结论性认识。这一过程可以使学生体验自主探究的学习价值,感受探究成功所带来的喜悦。

自主探究型地理教学模式要求地理教师根据学生的知识水平对地理教学情境进行创设,以引起学生的新奇情绪,激发学生的求知欲。在科学探究阶段,教师在使学生获得知识和技能的同时,要注意培养学生的动手实践能力、分析问题能力、解决问题能力以及交流合作能力,同时,教师应注意对学生探究过程的调控,教师应以参与者的身份参与学生的探究,以平等的身份与学生对话,以协商的口气与学生交流,以促进学生的探究得到成功。在学生探究问题解决的过程中,教师要鼓励学生不断发现新问题,探索新方法,不断增强实践能力和创新能力。

【案例2-18】

"居住地的选择"一节的自主探究型教学模式

《普通高中地理课程标准(2017年版)》要求:说明不同地区城镇化的过程和特点,以及城镇化的利弊。结合学生生活实际,教师引导学生以居住地为例对这一问题进行自主探究学习。

[创设情境]某市正在进行大规模的旧城改造,购置新居成为居民生活当中一件不可回避的大事,如何根据自身条件与周围环境情况选择合适的居住地呢?

[引导点拨]认真阅读教材,了解选择居住地需要考虑的影响因素,结合实际情况制订选择合理居住地的可行方案。以自己居住的地点选择一个小区作为调查对象。

[探索评价]通过查找资料和实地调查,了解居住地的水源、交通、商业、学校、医疗和文体设施状况,分析各方面的利弊,初步得出选择居住地的一般方法和需要注意的问题。教师提供几个商品房广告,组织学生进行评价,同时,教师对学生在探究过程中的表现和对结论掌握的情况进行评价。

[形成结论]交流调查结果,比较调查方法和结论,教师根据学生探究结果,引导学生得出合理选择居住地的结论。

技能评价

  自主探究型地理教学模式使教师从"前台的演员"转变为"后台的导演",学生从"台下的观众"上升为"台上的演员",这对教师的主导作用提出了更高要求,尤其是实施过程中要善于组织、灵活应变,要能有的放矢地对学生进行指导。与课堂讲授教学模式相比,自主探究型教学模式主要不是教师讲解,而是教师引导下学生的自主探究,运用此模式进行教学,必须保证有足够的时间让学生进行自主活动,而且探究过程中也需要教师及时调控和讲解。

  阅读《普通高中课程标准教科书地理第三册》(人教版)的第五章内容,针对该章内容设计一节自主探究型教学内容。

2.4.3 地理教学模式的设计

2.4.3.1 地理教学模式的选择

  虽然不同的地理教学模式均有明确的操作程序和实施步骤,具有一定的可模仿性,但由于在具体地理教学实践过程中存在许多变量因素,因此,地理教学模式的选择与设计并不能机械地照抄照搬,而必须根据实际情况做出必要的变化甚至创造。地理教学模式的选择可以参考以下要求:

  第一,要有正确的地理教学指导思想。地理教学模式总是受一定的地理教学思想、地理教学观念支配和指导的。地理教学模式的选择能否达到预期的教学效果,关键在于是否具有正确的思想指导,在错误的地理教学思想指导下,无论选择什么样的地理教学模式,都不可能获得良好的地理教学效果。

第二，要树立完整的地理教学观点。每一种地理教学模式都有自己的功能、特点、应用范围及使用条件，同时又各有自己的局限性。为了更好地完成地理教学任务，达到地理教学目标，选择地理教学模式必须坚持完整的教学观点，在教学模式的选择过程中，必须依据教学情境的变化，充分发挥所选地理教学模式的整体功能。

第三，要以培养学生地理学习的主动性为本。无论选择哪种地理教学模式进行教学，地理教师在地理教学过程中必须明确，学生是地理学习的主体，教师的作用是指导学生更好地学。无论选择哪种地理教学模式都应有多种有效的形式去调动学生地理学习的主动性、积极性和创造性，引导学生通过主动学习去掌握地理知识、发展地理能力、提高地理素养。

第四，需要特别指出，《普通高中地理新课程标准（2017年版）》十分强调要重视问题式教学，要用"问题"整合相关学习内容。问题式教学以"问题发现"和"问题解决"为要旨。这对于培养学生地理核心素养具有重要作用。还要求"搞一些社会调查活动，或借助信息技术整合相关地理信息，引导学生综合地认识'自然—社会—经济—文化'之间的相互作用与协调关系，体验自主思考探究的过程。"还指出："问题式"在某种程度上也可看作是一个上位概念，凡是基于真实问题、开放式问题、尚无现成答案问题的教学，都可视为问题式教学，单元式、项目式、主题式等教学方式，都可用于问题式教学。

2.4.3.2 地理教学模式的设计

在具体进行地理教学模式的设计过程中，应注意以下几个方面：

第一，依据不同的地理教学目标与教学内容进行设计。因为不同的地理教学模式具有各自不同的特点，在完成不同的地理教学目标和教学内容时会具有不同的效果和作用。比如对事实性地理知识的教学与对程序性地理知识的教学，其教学模式的要求就很不一样。事实性地理知识（如地理名称、地理数据、地理景观等）更倾向于采取课堂讲授型地理教学模式，而程序性地理知识（如地理概念、地理成因、地理规律等）的教学则使用探究型教学模式效果会更好些。所以，在实际的地理教学过程中，地理教师应该依据不同的地理教学目标和地理教学内容来设计不同的地理教学模式。

第二，依据不同模式的适用范围与使用条件进行地理教学模式的设计。因为不同的地理教学模式一般具有各自不同的适用范围和使用条件，具有各自的优点和局限。某种地理教学模式对于某一地理教学内容效果较好，但对于其他地理教学内容效果却可能并不理想。例如，自主探究型地理教学模式对于地理成因、地理规律等知识内容的教学效果非常有效，但对于地理数据、地理景观等知识的教学却可能是费时且效率不高的。

第三，依据学生的地理学习水平进行地理教学模式设计。教师的教是为了学生的学，地理教学模式的设计应符合学生的地理学习水平和个性特征。制定和设计地理教学模式要考虑学生对不同地理教学模式在智力、能力、学习态度等方面的准备水平，要有利于调动学生的地理学习兴趣和激发学习动机。好的地理教学模式应是高效低耗的，能够保证教师在规定的时间内完成地理教学任务，实现地理教学目标，并能够使教师教得轻松，学生学得愉快。

第四，依据地理教师的自身素养进行地理教学模式的设计。无论什么样的地理教学模式都是通过地理教师来设计与实现的，而不同的地理教师具有不同的知识修养、技术修养、能力修养等。所以，不同的地理教师在设计和运用地理教学模式时都需要考虑自身的学识、能力、技术、性格等方面的条件，尽量扬长避短，设计与运用那些能表现自己的教学能力与风格的教学模式。

第五，要重视地理教学模式的变通使用。地理教学指导思想是明确的，地理教学目标是具体的,地理教学内容是丰富的,地理教学过程是复杂的。因此,实际教学过程中地理教学模式的设计与运用不应是机械的、被动的、单一的,而应该依据不同的教学目标、不同的教学情境、不同的教学环节等适当地对不同的地理教学模式做出变通,从而使教学设计的实用性更强,效果更高。从学生地理学习而言,必须根据学生的学习准备、学习风格、学习水平等方面的差异对具体的地理教学模式做出相应变通和调整,以适应不同学生的地理学习需要。

阅读卡片

认识抛锚式教学——贾斯伯系列简介

范德比尔大学的认知与技术小组基于已有的研究成果,充分利用教育技术在教学中的作用,以建构主义教学理论为理念,以抛锚式教学为主要教学设计原则,以基于案例的学习、基于问题的学习和基于项目的学习为课程设计思想与原则,创设了风靡当今世界的建构主义教学模式案例典范——贾斯伯系列。现在贾斯伯系列已经成为20世纪80年代以来美国信息化教学模式的典范案例。贾斯伯系列共包括12个历险故事,这些历险故事主要以发现和解决数学中的某些问题为核心。每一个历险故事均按照美国国家数学教师委员会推荐的标准设计,且每一个历险故事都为数学问题的解决、推理、交流,以及与其他领域(如科学、社会、历史与文学等)的互动提供了众多机会。

(杨九民,梁林梅.教学系统设计理论与实践[M].北京:北京大学出版社,2008:115.)

本章思考题

1. 选择《普通高中教科书地理必修第一册》(人教版)中的一节教学内容,进行地理教学目标、地理教学情境、地理教学模式的设计,运用于具体的教学实践,并进行地理教学设计的反思。

2. 通过上述实践,思考地理教学设计在地理教学中的功能和作用,为更好地掌握与提高地理教学设计技能,地理教师需要加强哪些方面的能力?

3. 比较两种不同的地理教学设计模式,根据自己的实际选取同一节高中地理教学内容分别进行课堂讲授型地理和自主探究型地理教学模式设计,并在地理课堂教学中进行实践,体会两种不同地理教学模式的异同之处。

本章小结

1. 地理教学设计是地理教师的一项基本技能,地理教学设计的基本特征以多种理论为指导、以系统化最优化为取向、以促进学生地理学习为目的,地理教学设计的基本流程大致包括准备阶段、构思阶段和设计阶段三个主要环节,每一阶段当中包括不同的设计内容。地理教学设计的原则主要有学生中心原则、情境创设原则、难度适应原则、情感互动原则。

2. 布卢姆的教学目标分类对地理教学目标设计有重要的影响。新课程改革将地理教学目标分为人地协调观、综合思维、区域认知、地理实践力四个维度;地理教学目标的设计经常存在三个方面的问题：目标体系不完整，偏重认知目标；目标定位不合理，过高或过低；目标要求不清晰，难以操作和评价。

3. 地理教学目标设计技能需要明确：确定地理教学目标的一般过程。制定地理教学目标的两种基本策略：激励式设计策略和梯度式设计策略。表述地理教学目标的两种基本方法：ABCD目标表述法和内部过程与外显行为结合法。

4. 地理教学情境设计的基本原则主要有：基于激发学习兴趣、基于地理学习内容、基于学生生活经验。地理教学情境设计的主要方法有：问题情境法、故事情境法、活动情境法、实验情境法和多媒体情境法等。

5. 地理教学模式最基本的形式主要有课堂讲授型和自主探究型两种，进行地理教学模式设计时必须根据实际情况做出必要的变化甚至创造。

第3章 地理教学过程技能

本章概要

地理教学过程技能是教学实施过程,实现培养地理核心素养教学目标的主要途径,同时它反映了教师的基本素养、驾驭课堂的能力和教育智慧。本章主要从作用、类型、设计、操练和评价的角度,介绍了地理教师在课堂教学过程中最基本的技能。比如导入技能、讲解技能、提问技能、承转技能和结课技能。

学习目标

通过本章学习,你能够:
1. 简述地理教学过程技能的组成和教学实施过程。
2. 掌握地理教学导入技能的作用、类型、操练和评价。
3. 掌握地理教学讲解技能的类型、操练和评价。
4. 掌握地理教学提问技能的功能、类型、设计和操练。
5. 掌握地理教学承转技能的功能、类型、操练和评价。
6. 掌握地理教学结课技能的功能、类型、设计、操练和评价。

关键术语

◆ 地理教学　　◆ 导入技能　　◆ 讲解技能　　◆ 提问技能
◆ 承转技能　　◆ 结课技能　　◆ 操练　　　　◆ 评价

地理教学过程是地理教学实施的过程。《中学教师专业标准(试行)》指出,教学实施教师应"营造良好的学习环境与氛围,激发与保护中学生的学习兴趣;通过启发式、探究式、讨论式、参与式等多种方式,有效实施教学;有效调控教学过程;引发中学生独立思考和主动探究,发展学生创新能力;将现代教育技术手段渗透应用到教学中。"

3.1 地理教学导入技能

教学叙事7

地理专业学生对导入技能的初步认识

2018年6月,某师范大学本科教学技能竞赛顺利结束,该大学地理教育专业有三名同学参加了决赛,均取得了优异的成绩。赛后一名观摩比赛的学生深有感触地说:"在平时的感性认识中,我觉得课堂教学的导入在教学过程中所占的时间短,复习导入就行了,不用设计。通过观摩这次比赛,我觉得以前的认识是有局限性的,一个好的导入不仅能引发学生对一节课的学习兴趣,而且首尾呼应的导入使整个课堂教学前后浑然一体,给人以天衣无缝的感觉。"

随堂讨论

阅读完教学叙事 7,你认为地理课堂导入对学生的课堂学习会产生什么影响?

标准链接

【教学组织】

基本掌握教学组织与课堂管理的形式和策略,能够科学准确地呈现和表达教学内容,控制教学时间和教学节奏,合理设置提问与讨论,引导学生的主动学习和探究学习,达成学习目标。

[摘自:中华人民共和国教育部.中学教育专业师范生教师职业能力标准(试行).2021.]

3.1.1 地理教学导入的作用

"良好的开端是成功的一半"。地理课堂导入是指地理教师针对教学目标,在一项新的学习内容和学习过程开始之时,采用恰当的教学媒体和教学方式,阐明学习目的和要求,集中学生注意力的教学行为方式。教学一开始就给学生留下最鲜明、最有感染力的印象,将影响着整个教学过程中的师生交流。设计良好的地理课堂导入,能激发学习兴趣和参与愿望,把学生学习的动机充分调动起来,开启学生思维,使整个教学过程建立起有机联系。

3.1.2 地理教学导入的类型

3.1.2.1 联系已知,复习导入

联系已知,复习导入是教师通过引导学生联系已有的生活经验或复习已经学过的知识,进行询问质疑,将学生带到新的课题学习活动中来的一种导入方法,也是目前地理课中最常见的导入方式。这种方法自然妥帖,往往是在开始上课时,列举学生熟悉的生活现象或要求学生回忆上节课或以前所学习知识,与即将学习的新知识之间进行联系,导入新课题。

在导入时,可以由教师叙述式地导入;可以在教师简要提及复习内容的基础上,提出问题,引入新课;也可以向学生提出复习问题,教师从学生的答案中引出新的内容,进入新课学习。

【案例 3-1】

"地球运动的地理意义(二)"的教学导入设计

在讲"地球运动的地理意义(二)"时,导入可以设计成这样。"同学们,生活中我们能经常发现一些有意思的地理问题,比如以下问题,你们是否注意过,又是否想过为什

么呢?

你观察过自己在太阳下的影子吗?一天之内,它什么时候最长?什么时候最短?一年呢?

暑假和寒假相比,白天和黑夜一样长吗?

我国南极科考队为什么一般选择在我国的冬半年前往南极考察?

要知道这些地理问题产生的原因,让我们一起来共同学习'地球运动的地理意义(二)'"。

案例3-1中的导入设计,从类型上看,属于学生熟悉的生活现象设计导入类型。这种导入的教学价值是多方面的。它基于地理现象、基于地理问题,有利于学生把生活的地理世界与科学的地理世界相联系,不仅能引发学生的学习兴趣,激发内驱力,产生求知欲,进入新课学习,还有利于培养学生问题意识,培养学生解决实际地理问题的能力。

3.1.2.2 设置问题,情境导入

亚里士多德说:"思维始于惊讶和疑惑。"许多地理课题本身就是一个个地理问题。例如,自然地理现象变化及其规律,人类面临的人口问题、城市问题、环境问题、资源问题、粮食问题等。设计地理问题情境,是引导学生进入课题学习的重要方法。从学生生活实际出发,从学生身边的地理事物或地理现象出发,根据学生的心理特征和各种知识之间的内在联系,提出带有悬念性的问题导入新课,在问题中既巧妙地提出学习任务,又能够激起学生的兴趣和求知欲。

【案例3-2】

"月相及其变化"的教学导入设计

设计1:为黑奴解放做出巨大贡献的美国总统林肯曾是一名律师。当时在林肯家乡,有一个名叫阿姆斯特朗的青年被告上了法庭,罪名是"谋财害命"。一个自称是目击者的"证人"一口咬定,说在10月18日那天夜晚凌晨1点钟的时候,他亲眼看见被告正在作案,杀人现场位于一个草垛西面约二三十米的地方。目击者称,他当时正在草垛东边附近,因有明亮的月光照在被告的脸上,所以他看得一清二楚……

这个证人滔滔不绝,而阿姆斯特朗却有口难辩,十分被动。在这关键的时刻,林肯作为被告的律师,他一针见血地指出"证人是个十足的骗子!他的那些证词都是伪证"。林肯为什么能认定证人作的是伪证?其实他在分析这个案件时所用的知识就是我们今天要学习的内容"月相及其变化"。

设计2:月亮的阴晴圆缺也引发了诗人的灵感,我国古代诗词中有:

月落乌啼霜满天,江枫渔火对愁眠。姑苏城外寒山寺,夜半钟声到客船。

寻章摘句老雕虫,晓月当帘挂玉弓。

月上柳梢头,人约黄昏后。

可怜九月初三夜,露似真珠月似弓。

从这些诗句中我们可以看出诗人眼中千变万化的月相,那么月相变化的规律是怎样的呢?以上诗句描写的是怎样的月相呢?通过这节课的学习我们会揭开这些秘密。

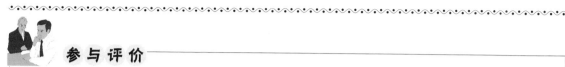

参与评价

1. 说明案例3-2中的两个设计的导入各属于哪种类型?
2. 教师在设计导入时有哪些相关因素需要考虑?

3.1.2.3 叙述地理事件,故事导入

苏霍姆林斯基说过:"在人的心灵深处,总有一种根深蒂固的需要,这就是希望自己是一个发现者、研究者、探索者。"如印度洋地震和海啸、四川汶川地震等重大的地理事件既是世界大事,也是地理学研究的重大课题,隐含着许多需要去发现、研究、探索的地理问题,也能引发中学生的探索热情。爱听故事也是学生的一大特点。在地理学科的发展史以及科学家和名人的传记中,有许多动人的故事。选讲故事的一些片段,不仅有利于培养学生思维能力,还能够引发学生学习的兴趣。通过叙述地理事件、故事,导入新课,对于培养学生的社会责任感具有重要意义。

3.1.2.4 提供表象,观察导入

列宁说:"从生动的直观到抽象的思维,并从抽象的思维到实践,这就是认识真理、认识客观实在的辩证的途径。"以实践为基础或者说在主体和客体之间的实践关系基础上发生的认识,是从对外部客观事物的直接感性认识即"生动的直观"开始的。提供表象,观察导入是在学习新课之前,先是引导学生观察实物(如矿石)、地理模型(如地质构造)、地理景观图、地图和地理图表、投影、电视、多媒体等,引发学习的愿望,再从观察中提问,让学生从这些问题出发,自然而然地过渡到新课学习。丰富的地理表象,既能引起学生的直接兴趣,又可以在观察中培养学生的探究精神。

3.1.2.5 呈示目标,直接导入

根据信息加工理论,近年来一些专家提出的目标教学法在教学实践中收到较好的效果。直接导入就是根据目标教学法,在上新课之前,以某种方式表达本节课所要达到的教学目标,让学生对所学的内容和将要达到的目标有一个清晰的认识,从而进行新课学习。

【案例3-3】

"人类所面临的主要环境问题"的教学导入设计

以《普通高中教科书地理必修第二册》(湘教版)"人类所面临的主要环境问题"一节为例,课堂导入设计为教师以陈述的方式告知学生学习目标。

1. 综合思维:举例说明环境污染的危害及防治措施。
2. 区域认知:根据有关资料,归纳人类所面临的主要环境污染问题。

3. 地理实践力：运用调查、实验、讨论等方法进行探究，教学结束后有相应的行为表现。
4. 人地协调观：树立正确的环境观念和可持续发展观念，具有较强的环保责任意识。

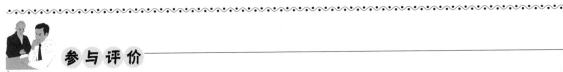

参与评价

直接导入的优点是什么？在设计过程中应注意什么问题？

3.1.2.6　设计活动，练习导入

设计活动导入是有经验的地理教师常用的导入方法，学生通过参与活动，能够增加体验，产生问题兴趣，进入新课程学习。例如，让学生模拟进行天气预报、演示月相变化、演示地球运动、演示地层变化等。练习导入，能够启发学生回忆已经学习过的知识。上海市特级教师张景新是这样做的，在课堂练习开始前，采用"提示回忆法"作为复习练习的导入。他说："学生做练习时，常常会因课时相隔较久，以致遗忘知识而失去兴趣。这时他不是不愿做，而是不会做。教师应给予适当提示，使旧知识重新在头脑中显现出来。学生克服了知识上的障碍，练有所得，就会产生一种心理上的满足，就会感到兴趣盎然。"比较容易进入新课学习。

技能操练

以《普通高中教科书地理必修第一册》（人教版）地球运动的地理意义（一）为例，设计教学导入，根据自己的设计进行微格教学实践。

3.1.3　地理教学导入技能评价

3.1.3.1　地理教学导入技能的评价内容

导入在整个教学中是一个重要的环节，它直接影响学生学习的情绪和效果。通过分析常用的导入方法，可以看出，大部分导入最终都转入设疑、提问、引入课题的方式上，地理课堂导入的评价可以从以下几个方面考虑：

(1) 目的性和针对性。 无论教师设计什么样的导入方式，都要紧密结合课程标准、教学目标、教学内容，根据学生年龄特征、教学环境、学校的设施等实际情况，在学生的已知与未知之间架设起一座桥梁。

(2) 学科性和选择性。 地理课堂教学有自己的学科特色，选择的导入应体现地理学科特色。对于一项教学内容，导入的设计可以有很多类型，为教师提供了可选性，教师选择导入的依据是什么，是否选择了最恰当的导入类型等可以作为评价导入设计的重要观点。

(3) 衔接性和启发性。 导入是为课堂教学服务的，好的导入设计要考虑与课堂教学新内容的有机的、紧密的联结，使学生能把已有的知识与新的认知顺利地衔接。同时一个设计良好的导入关键在于能启发学生的地理思维，通过学生已知或未知的地理事物或现象，启发学生的思维，激发学生解决问题的愿望，促进学生对新知识的理解与掌握，以帮助学生实现知识的迁移和

运用。

(4) 趣味性和艺术性。兴趣是最好的老师。如果学生对所学的内容感兴趣,就会表现出主动、积极和自觉学习行为。因此,导入设计应考虑以鲜活的形式出现,这样就能最大限度地激发学生学习地理的兴趣。

导入的设计要自然,要具有艺术性,在科学、准确和学生可接受的前提下,语言生动、幽默、谐趣,能深深吸引学生。

3.1.3.2 地理教学导入技能

地理教学导入技能评价可参考表 3-1。

表 3-1 教学导入技能评价量化表

导入技能的评价内涵	参考分值 总计 10	评价得分 总计	参考等级			
			优 10~9	良 8~6	中 5~3	差 2~0
教学内容的导入具有明确的目的性	2					
导入与新课学习内容衔接自然,与新知识联系紧密	2					
导入新课有趣味性,能引发学生地理学习的愿望和兴趣	2					
导入内容具有启发性,能启迪学生的地理思维	2					
导入时间把握恰当、紧凑	2					

【案例 3-4】

《普通高中教科书地理必修第二册》(人教版)"城市化"导入设计

同学们,上节课,我们讲了"影响城市发展的区位因素"(提问学生这些知识点以复习旧课),在这些因素的影响下,城市是怎样一步一步发展的呢?在发展过程中又有哪些特征呢?这就是我们今天要学习的新课内容——城市化。

参 与 评 价

1. 对案例 3-4 导入设计进行评价。思考该设计有哪些值得改进的地方?
2. 与同学讨论改进意见,并在此基础上重新设计该内容的导入。

实践活动

到附近中学观摩地理课堂教学,结合地理课堂教学中的导入实例,与同学讨论该设计的优点和进一步优化的设想。

3.2 地理教学讲解技能

教学叙事 8

新手教师与指导教师的电子邮件摘抄

王老师：

您好！我是您 2017 届地理科学的本科毕业生，现在任职于××中学，参加工作一年了，由见习教师转为正式教师了。对于这段时间的工作感受很多，回想起当初实习时您来听我的课时的情景倍感亲切，经过一年的磨炼，觉得自己已经能适应这样的环境了，并且还做得不错。最近区里要举办一场优质课比赛，虽然是区范围的，但是我还是很重视，就报名参加了，可是信心不足，所以想向老师您请教一下选题和备课、讲课中需要值得特别注意的地方。现在我面临的最大难题还是选题，高一的自然地理部分是高考中的难点，怕讲得不够透彻。高二的人文地理部分内容我没有系统地给学生上过课，怕讲得不够严谨。恳请老师给我宝贵意见，非常感谢！

老师的回信摘要：对于自然地理部分和人文地理部分在讲解的过程中所用的方法是不同的，这一点一定要明确。例如，在讲"大气的运动""全球性大气环流""常见的天气系统"等内容时，教师的讲授要有明晰的逻辑线索；而在讲人文地理内容，如"工业的区位选择""城市的区位因素"等内容时，需要有大量的案例支撑，这样讲可能效果更好一些。

随堂讨论

阅读以上教学叙事 8，总结指导教师认为对于自然地理和人文地理部分所用的讲授方法有什么不同？为什么？

地理教学讲解技能是地理教师运用口头语言并配合手势、演示和各种教学媒体等，阐明地理过程，揭示地理事物的本质及其规律，启发学生思维的教学行为方式。即使在广泛应用现代化教学手段的今天，讲解仍具有不可代替的作用。地理教学讲解可以在短时间内使学生获得较多的知识，通过教师语言的直观性，可培养学生的想象力；通过有条理有逻辑的讲解，培养学生逻辑思维的能力，同时也传递着师生之间的情感。

3.2.1 地理教学讲解的类型

根据讲解的特点，可以将地理知识讲解分为不同的类型。例如，自然地理知识讲解、人文地理知识讲解。结合中学地理课堂教学的特点，在这里将地理知识讲解分为两大类：地理事实性知识的讲解和地理概括性知识的讲解。

3.2.1.1 地理事实性知识的讲解

地理事实性知识是地理知识的重要组成部分。地理事实性知识主要包括地名知识、地理分布、地理数据、地理景观和地理演变等外部表象。对于地理事实性知识的讲解要针对它的空间形态,结合地图进行,有条件的话,可以配合直观的方法(如地理观察或观看电影、电视、录像等)进行讲解。

【案例3-5】

"新疆地区地形"的讲解

在讲中国的地形和地势时,有大量山脉、高原、盆地、平原知识需要同学掌握,可以采用字形来记忆,如新疆的"疆"字,它左半边的"弓"是不是和新疆西部的边界线很相似?右边有三横,可以把它们依次看作是阿尔泰山、天山、昆仑山,中间的两个田可以看作什么?——准噶尔盆地和塔里木盆地,我们也把这地形叫作"三山夹两盆"。这样学生就能很快掌握我国西北部的地形分布,并记住这些山脉、盆地的名称及地理分布。(展示图略)

参与评价

1. 教师在讲解案例3-5中的内容的过程中用了哪些方法让学生理解和记忆新疆地区的地形?

2. 结合案例3-5,说明在新课程的教学中,教师关于事实性知识的讲解要注意哪些问题?

阅读卡片

地理事实性知识教学方法

虽然各种知识各有特点,所选教学方法也应不同,但地图和直观教具的使用是不可缺少的。所以教学方法设计要抓住这两点,主要采用让学生观察、练习的教学方法。

(陈澄.地理教学论[M].上海:上海教育出版社,2002:188.)

以《义务教育教科书地理七年级下册》(人教版)的第九章第一节美国"农业地区专业化"为例,进行教学内容讲解的设计和微格教学实践,并与同学的设计进行比较。

3.2.1.2 地理概括性知识的讲解

地理概括性知识是地理知识的重要组成部分,是高级阶段的知识。地理概括性知识主要包括地理特征、地理成因、地理规律、地理原理等知识,它对于培养学生地理抽象思维能力具有重要作用。地理概括性知识的讲解方法,主要有归纳法、演绎法和比较法等。

(1) 归纳法。 归纳法就是由"地"探"理"的讲解方法,是由感性认识到理性认识发展的方法,从特殊到一般的认识过程,从生动的直观到抽象思维的过程。其基本做法是陈述或呈现地理事实或现象,在学生有了丰富的地理表象知识的基础上,再采取具体的比较、分析、总结、归纳等手段,帮助理解和掌握地理概括性知识。

【案例 3-6】

"地球运动的基本形式"的课堂教学实录片段

[动画] 演示黄赤交角(见图 3-1)

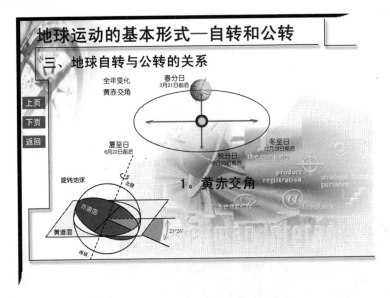

图 3-1 地球公转与黄赤交角

[观察]

[板书] 1. 黄赤交角——23°26′

赤道平面与黄道平面的夹角。

[讲解] 黄赤交角为 23°26′,那么地轴与黄赤交角的夹角就是 66°34′。在一定时期内黄赤交角的大小及地轴的倾斜方向是不发生改变的。

[提问] 假设赤道平面与黄道重合。黄赤交角为多少?

[回答] 0°

[讲解] 对,黄赤交角为 0°,地球是正着身子绕日运动的。

[动画] 黄赤交角旋转为 0°。

[提问] 那么这时地球绕太阳公转一周,太阳直射什么位置?是否发生变化?

[回答] 永远直射赤道不发生改变。

[讲解]很好,但事实上这是不可能发生的,因为黄赤交角并不为0°,地球的赤道平面相对于黄道平面保持着23°26′的角度绕日公转。

[动画]黄赤交角旋转为23°26′。

[提问]那么当黄赤交角为23°26′,地球绕日公转一周,太阳光是否仍然永远直射赤道?

[回答]不是。

[提问]它会怎么变化?

[回答]有时直射赤道,有时直射北半球,有时直射南半球。

[提问]太阳光最北可直射什么位置?最南直射什么位置?

[回答]最北直射北纬23°26′,最南直射南纬23°26′。

[讲解]很正确,太阳光最北可直射北纬23°26′,我们把这条纬度圈称为北回归线。最南可直射南纬23°26′,我们把这条纬线圈称为南回归线。

[提问]假如黄赤交角不是23°26′而是增加到30°,那么太阳光最北、最南又直射到哪个纬线圈呢?

[回答]最北北纬30°,最南南纬30°。

[讲解]可见由于受到黄赤交角的影响,太阳直射点只能在南北回归线之间移动。当太阳直射南回归线时,大约在12月22日前后,在北半球称为冬至日。6月22日前后,太阳直射北回归线,北半球为夏至日。3月21日前后太阳直射赤道时是春分日,9月23日前后太阳直射赤道时,称为秋分日。这就是我们说的"两分两至"。

(华中师范大学地理系2004级教育实习公开课片段)

参 与 评 价

1. 案例3-6中教师在讲解以上内容的过程中是如何归纳出黄赤交角的大小与太阳直射点位置的关系的?

2. 结合案例3-6,说明教师在运用归纳法进行教学时,要注意哪些问题?

地理教师在运用归纳法时应注意让学生获得丰富的感性认识,然后教师要善于启发诱导学生积极思考,指导学生抓住主要特征,明确基本属性,启发学生总结归纳得出结论。

(2)演绎法。演绎法就是由"理"析"地"的讲解方法,是从一般到特殊,再到一般的认识过程。演绎法的过程就是从提出地理概念、地理原理和地理分布规律开始,然后列举较为丰富的地理事实,进行论证,启发学生理解地理概括性知识。

【案例3-7】

"交通与城市区位"的讲解

[讲解]城市分布的趋势是向交通方便的位置集中。世界上的城市,尤其是各大城市,一般都建在主要交通线上。沿海、沿江、沿铁路干线、沿高速公路可以形成城市轴线。在不同的交通

运输时代,城市产生的区位有所不同。

[板书]交通运输不同,影响城市区位。

[提问]在古代,以什么交通工具为主?

[学生回答]帆船、马车。

[提问]在那样的交通运输时代,城市建在哪儿?

[学生回答]河流、大道的汇合处。

[提问]在古代,在靠帆船、马车运输的时代,城市多建在河流、大道汇合处。我国南方城市多位于河流汇合处,北方城市大都在大道汇合处。为什么?

[讲解]南方、北方以什么为界?(秦岭—淮河为界)秦岭—淮河以南为南方,年降水量大于800 mm,为湿润地区,南方雨季时间长,多河流,城市大都在河流汇合处,上次课我们共同学过我国南方城市分布的一般规律是(沿河设城)。而北方呢?雨季时间短,降水少,平原面积广大,城市大都在大道汇合处。比如说古代的邯郸就是在两条驿道的交点上发展起来的。在古代,交通工具以帆船、马车为主,那么现代呢?

[引导阅读]在现代,在公路、铁路运输时代,在公路、铁路枢纽以及公路、铁路沿线出现了一批城市。

[讲解]例如,有很多城市都是因为铁路的修筑而发展起来的。例如,石家庄。石家庄原来不过是正定县的一个小乡村,当初京汉铁路(北京到武汉的铁路)修到正定县时,正定县的人说破坏了我们的风水,把车站向南迁了十几千米,建了石家庄。不料后来石太、石德线,又在这里与京汉线相交,石太线即石家庄到太原,石德线即石家庄到德州。石家庄成了重要的铁路枢纽,大大促进了城市的发展,其城市规模越来越大,其地位不仅超过了正定县,还成了省城,人口已超过100万,而正定县仍不过是约3万人的小城,像这样"火车拉来的城市"很多,比如书上提到的株洲市,大家把书翻到第48页,读图6-14:株洲城市的发展。大家找一下,有哪几条铁路经过株洲市?

(华中师范大学地理系2014级教育实习汇报课片段)

技 能 评 价

地理教学讲解中运用演绎技能即由"理"析"地"的方法。案例3-7中先提出"城市分布的趋势是向交通方便的位置集中"的观点,然后举证说明城市一般都建在主要交通线上。在不同的时代,交通运输的特点不同,城市产生的区位有所不同。演绎技能对于引导学生认识地理事物的演变和分布规律具有重要作用。由于演绎是以某种"理"为前提,是既定的,对于学生的发散思维和创新能力的培养就有所不足。

归纳法和演绎法的区别在于教学的顺序,从教学内容的组织看,演绎法更具有结构性,从教学花费的时间看,演绎法更节省时间,但从学生的参与程度看,演绎法不如归纳法。另外从学生的年龄特征来看,低年级的学生用演绎法效果好,高年级的学生用归纳法效果好。

 **技能操练**

以《普通高中教科书 地理 选择性必修第二册》(人教版)的"区域地理环境与人类活动"的教学内容为例,进行归纳讲解和演绎讲解的设计,并与同学交流。

3.2.2 地理教学讲解技能评价

3.2.2.1 地理讲解技能评价建议

对地理讲解技能的评价主要从讲解的目标是否达成、讲解内容的科学合理程度、讲解过程的可接受性、讲解与其他教学环节之间的协调关系等方面考量。

(1) 讲解目标明确,重点突出。 教学目标是地理课堂活动的方向,也为讲解过程的分析和综合指明了方向。教师明确了讲解目标,有利于集中力量突出教学重点,吸引学生集中注意力,有效地实现教学目标。

(2) 讲解内容科学,条理清晰。 地理课堂教学中讲解运用的教学语言要有严格的科学性,措辞准确、精练,说理严谨、逻辑性强。例如,讲季风的概念"风向随季节的变化有规律地朝着相反或接近相反的方向变化的风"时,要讲清楚"随季节""有规律""朝着相反或接近相反的方向",才是科学、准确地解释了季风的定义。

(3) 讲解过程优化,符合学生心理。 讲解要注意深入浅出、通俗易懂,尤其是在对低年级学生讲解地理概括性知识的时候。例如,在讲解季风气候的成因时,必须讲清楚"海陆热力性质的差异"。对于初中学生,由于物理知识不足,无法理解什么是"海陆热力性质的差异",教师可以从学生的生活实际出发做如下讲解:夏天到小河里游泳,踩在沙子上和河水里,感觉沙子的温度比河水水温高,沙子就相当于陆地,河水就相当于海洋。这种升温和降温速度的差异导致的温度差异,就是海陆热力性质的差异。这样讲解学生就容易理解了。

(4) 运用实例丰富,学生充分感知。 许多地理知识所涉及的空间广泛性和时间延续性很大,往往使得学生因不易感知而难以理解。因此对于有些地理知识,特别是概括性强的地理知识中的人文地理内容,教师要注意运用丰富的事实或事例,要从不同角度说明、比较、区分各种具体事物的不同特征,便于学生充分感知而达到理解。

(5) 辅助精当,讲解效果明显。 运用讲解法时,要充分运用各种地图、模型、地理图表及揭示地理事物之间联系的各种示意图辅助讲解。教师还应做到边讲解边引导学生观察,将教师的语言直观和学生的视觉直观有机结合起来,可以收到事半功倍的效果。

3.2.2.2 地理讲解技能评价标准

讲解技能的评价可参考表3-2。

表 3-2　讲解技能的评价量化表

讲解技能的评价内涵	参考分值 总计 10	评价得分 总计	参考等级 优 10~9	参考等级 良 8~6	参考等级 中 5~3	参考等级 差 2~0
能提供丰富的材料,使学生充分感知地理现象	2					
对材料分析比较,揭示地理事物本质规律	2					
综合概括有条理,有利于形成地理概念等结论	2					
应用所学地理知识解决问题,及时巩固	1					
能调动学生积极性,促进地理思维发展	1					
教师地理语言生动、清晰、简练	1					
能及时检查学生的地理理解、反馈强化	1					

3.2.2.3　地理讲解技能评价操练

【案例 3-8】

"商业中心和商业网点"的讲解

二　商业网点

1. 含义

我们居住的社区中,至少有一个商店。把相邻社区联系起来,就可以看到若干个商店组成的商业网点,人们通过这些商业网点来满足自身生活的需要。

事实上,商业中心也就是一个商业网点,只不过是比较高级、规模比较大的商业网点。也就是说,只要有一个商店就可以成为商业网点,而商业网点的规模达到一定程度才能称为商业中心。

[讲解]

和之前一样,我们也要从地理的角度来分析一下影响商业网点形成和分布的因素。请同学们先看书,并分析图 7-29"山区的商业网点示意"和 7-30"平原的商业网点示意"。

[提问]

两图的地形特点有何不同?

[讲解]

一个是山区,一个是平原。那么由于自然条件的不同,需要的产品种类有什么不同?山区往往需要从平原、盆地调进粮食、棉花等农产品,平原则需要从山区、牧区和丘陵地区调入大批林木产品,从而导致了地区间大规模的商品交流,出现商业网点。因此,自然环境为商业网点的形成和发展提供了必要的前提。注意这里所说的自然环境不仅仅是山区和平原的区别,比如滨海地区的渔业发达而内陆则相对较弱;南方盛产的柑橘通过商业活动卖到北方等。

[提问]

居民点和商店的分布有什么样的特点?

[学生答]

都分布在沿公路或河流等地区,这些地区交通便利,人流量大。

[讲解]

分析两图,并得出结论,自然环境为商业网点的形成和发展提供了必要的前提。自然、社会、经济等因素影响和制约着商业网点的分布。

[PPT 演示]

2.影响商业网点的因素

(1)形成:自然条件不同,导致生产的产品不同,从而发生商品交换,产生商业网点。自然环境是必要前提。

(2)密度:自然、社会、经济等因素影响和制约着商业网点的分布。

[提问]

现在我向大家提出两个问题:第一,汉正街有很多大小、种类各不相同的商店,同时在汉正街也有很多大大小小的作坊进行小商品的简单生产。把生产地建立在商品销售地有什么好处呢?第二,以前北方人一到冬天就只能吃大白菜,而现在,北方一年四季都可以吃到各种新鲜的蔬菜,这是依靠了什么?

参 与 评 价

1.案例3-8中关于"商业网点"的讲解有什么优点?请从讲解技能的评价量化表的要求进行评价。

2.案例3-8中关于"商业网点"的讲解你认为有什么值得改进的地方?请修订并说明修改的理由。

3.3 地理教学提问技能

教学叙事 9

课堂提问的艺术
"城市化过程中的问题及解决途径"教学听后感

《普通高中地理课程标准(2017年版)》总目标是通过地理学科核心素养的培养,从地理教育的角度落实立德树人根本任务。在严老师上的"城市化过程中的问题及解决途径"一课中无处不体现这一能力与方法目标的指向性。

在承上启下的导入后,严老师要求学生浏览教材中本节的前六幅图片,归纳总结出城市化过程中的三大问题,尤其对最后一幅图进行了问题式启发:① 图中远处的白色建筑是什么?有哪些人居住?② 近处的低矮阴暗建筑是什么?居住的又是哪些居民?③ 两种居住区的条件有什么区别?循着这条思路,学生很容易地得出城市"交通拥挤,居住条件差"的结论。继而严老师以举例的方式,与学生共同探讨了生活中的大气污染、水污染、噪声污染和固体废弃物污染现象,使学生感受到地理就在身边,地理知识来源于生活。至此完成了"发现问题"的环节。以上整个过程中教师只是起到一个"穿针引线"的导向作用,是学生学习的伙伴,真正的问题是学生通过自己的观察和思考去发现的,实现了学生在课堂中的主体价值。随之而来的"分析和解决问题"环节,严老师采取了"各个击破"方法,要求学生针对前面"环境质量下降""交通拥挤,居住条件差""增加就业困难,失业人数增多"等城市化问题分别寻求解决方案,给出了以下思考提示:

$$城市化问题整治措施\begin{cases}针对环境污染\begin{cases}宏观上:\\微观上:\end{cases}\\针对交通拥堵\begin{cases}地上:\\地面:\\地下:\end{cases}\\针对居住条件差\begin{cases}整旧:\\布新:\end{cases}\\针对就业难、失业多:\end{cases}$$

学生在以上"问题支架"的支持下,结合已有知识经验,群策群力,很快就把以上结构图补充完整。这样,他们既掌握了地理知识,又在教师的引导下学会了思考问题的方法。

参 与 评 价

1. 教学叙事9中教师是如何以提问的方式层层深入引导学生思考的?
2. 根据教学叙事9,结合教学实际你认为在地理课堂教学中的提问有哪些作用?

3.3.1 地理教学提问的功能

地理课堂教学提问是教师根据教学目标、教学内容、学生特点、教学阶段等提出问题,通过师生间相互作用,激发兴趣、检查学习、巩固知识、促进思维、运用知识、实现教学目标的一种教学行为方式。课堂设问是一门艺术,问题的设计讲究目的性、难度性、跨度性,问题的提出需要采用灵活多样的方式,能最大限度地激发起学生的积极思维,使学生处于积极状态。提问在地理课堂教学中主要有以下几个功能。

(1) 激发兴趣。 教师适时的设问、巧问,可以激发学生学习兴趣,活跃课堂气氛,增进师生交流,集中学生注意力,建立和谐课堂氛围,提高学习效率。

(2) 检查学习。 在教学过程中,通过教师提问,学生回答,教师获得反馈信息,能够了解学生在知识学习、技能习得、方法学会、思维水平、观念领悟等方面的状态,为判断教学过程是否按预期推进提供了依据。

(3) 巩固知识。 教师提出的问题,大多数涉及所学知识的重点、难点和关键点。通过提问强化,促进学生对所学知识的巩固。

(4) 促进思维。 "思维永远由问题开始",问题是激发思维的火花。学生经过独立思考回答问题的过程,也是大脑对所学知识进行检索、思维加工、再现的过程,这个过程也是学生思维能力培养和发展的过程。

(5) 运用知识。 学以致用,为迁移而学习。教师提出的问题有许多是要求学生运用所学地理知识解决在新情境下的问题。这个过程也是学生运用知识,形成能力的过程。

3.3.2 地理教学提问的类型

中学地理课堂教学内容十分丰富,涉及的地理问题也是多种多样的,具体而言,地理教学的提问可以分为以下几种类型。

3.3.2.1 回忆提问

回忆提问,是教师仅仅要求学生通过回忆所学地理知识,对所提出的地理问题进行判断,用"是"或"不是"进行回答。这类问题比较简单,一般用于低年级的学生或课前的复习。

由于回忆提问容易限制学生的独立思考,他们没有独立表达自己思想的机会,启智性不高,因而地理教师在课堂上要尽量少用这种提问方式。有些课堂看上去好像很活跃,师生之间交流很多,但仔细分析学生除了回答"是"或"不是"外,很少有其较高级思维的回答,这种状态是不可取的。

3.3.2.2 理解提问

理解是人们逐步认识事物或事物的联系、关系、本质和规律的一种活动。地理知识的理解过程是学生对所学知识的思维加工过程。理解提问主要是要求学生能根据学生自己的认识,用自己的语言对地理事实、地理分布、地理特征、地理原理等进行描述。

【案例 3-9】

"中国的地形和地势"的问题设计

在讲解"中国的地形和地势"时,教师提问:我们打开中国地形图,映入我们眼帘的是色彩斑斓的图面。我们把这种地图称为分层设色地形图,拿到一幅分层设色地形图,不同的颜色代表什么呢?(提示看图例)

根据这幅分层设色地形图,说明我国哪些地区地势高?哪些地区地势较低?

我国地势分布的大势是怎样的?

技能操练

评价案例 3-9 中设计的优点?有没有值得改进的地方?如何改进?

3.3.2.3 运用提问

运用提问是教师建立一个问题情境,让学生运用新学习的地理知识和过去所学的地理知识尝试解决地理问题。具体做法上,教师往往将地理知识与社会、生产、生活实际联系起来,培养学生运用知识解决问题的能力。例如,学习了"环境保护"的内容后,让学生谈谈自己在日常生活中打算采取哪些有益于环境保护的行动。

3.3.2.4 分析提问

分析提问是教师要求学生判别地理问题的条件与原因,找出条件之间、原因与结果之间的关系。要求学生能寻找根据,组织材料,并进行鉴别或解释。教师有时要有针对性地、由易到难地设计一系列问题,引导学生循序渐进地思考回答。在回答的过程中,教师除了要给予学生鼓励外,还可以做些提示,学生回答后,教师要针对回答进行总结归纳,使学生对问题的解决更清晰、表述更科学。分析提问还可以分为:

(1) 以果推因,提出问题。"以果",就是先摆出结果;"推因",就是通过提出问题,引导学生推究原因,认识地理事物的本质。例如,在讲"副热带高压西伸北进"时,教师提出这样的问题:"长江中下游为什么出现伏旱?"

(2) 以因推果,提出问题。这种提问方法,是先摆出一些条件或设想,然后提出问题,让学生通过思考,得出结论。

(3) 要素分析。即从地理环境诸因素之间的相互联系中提出问题,引导学生对构成地理事物的要素进行分析。例如,南极洲为什么是世界上最冷的洲?

(4) 地理原理分析。地理原理是地理概况性知识的重要组成内容。学生对地理原理的认识是知识意义建构的重要任务。地理原理分析即从一般地理原理出发,提出问题,让学生再根据基本原理来验证地理事实。例如,根据热力环流的基本原理,可以提出问题要求学生分析:全球范围的高低纬度之间的三圈环流、沿海地区形成的海陆风、山坡与山谷形成山谷风的原因等问题。

【案例 3-10】

"内流河的水文特征"的要素分析

在讲"内流河的水文特征"时,教师为了引导学生掌握高山冰雪和内陆河水之间的关系,让学生观察"年降水量图",然后从知识之间的联系,边讲边提问:"武汉地区进入雨季时,河水水位高涨。从图中我们可以看出,年降水量在 800 mm 以上。但是我国内陆大部分地区,年降水量一般都在 200 mm 以下,少的只有 50～60 mm。而且,这些降水,不是蒸发,就是渗入地下,那么,请同学们想一想:

1. 内陆河流的河水来源是什么?
2. 内流河水量什么时候大?什么时候小,甚至没有?为什么?
3. 为什么有的内流河流量较大、流程较长?内流河的流量和流程与什么有关?"

阅读完案例 3-10 后,写出教师引导分析判断内流河的主要水源及其水文特征的步骤。

3.3.2.5 评价提问

评价是一种判断,是价值观的表达。教育学家杜威认为,在教学中应该鼓励学生进行判断并给出判断的理由。地理评价提问可以要求学生对有争议的问题给出看法,也可以要求学生对别人回答的问题进行评价,或者评价一种地理现象的利与弊等,促使学生从多角度去认识和分析问题。例如,在讲"资源问题产生的主要原因"时,让学生讨论:一个国家或一个地区在发展经济的过程中如何避免产生严重的资源短缺问题?产生严重的资源短缺问题其后果会怎样?在评价问题后,无论学生的答案出色与否,教师都应要求学生相互评价其理由是否充分,结论是否正确、表达是否准确,对答案进行评价,说明其价值。

3.3.3 地理教学提问的设计

提问是地理课堂教学中最为重要的教学行为方式之一。提问不仅是为了得到一个正确的答案,更重要的是让学生掌握已学过的知识,并利用所学的知识解决新问题或使教学向更深一层发展。因此,教师在设计和提出问题时应努力做到:问题设计要考虑学生的心理特征。初中学生和高中学生处于不同的年龄阶段,其感知问题的方式和逻辑思维的能力均有不同。因此问题的设计应从学生的接受能力出发;提出的问题应十分明确,含混不清的问题会使学生感到迷惑;问题的表述要清晰连贯;系列问题的设计要由易到难、由简单到复杂;问题之间的联系要脉络清晰。这就要求教师在设计问题时对所提出的问题要缜密思考,仔细推敲。只有这样,才能起到事半功倍的效果。

【案例3-11】

"常见的天气系统"的教学提问设计

讲"常见的天气系统"时,教师可先让学生观察冷锋和暖锋的示意图,然后请学生根据这两幅图的信息设问:
① 冷暖气团的位置关系是怎样的?
② 在冷锋、暖锋锋面附近会出现哪些天气变化?
③ 两幅图的锋面各向哪个方向移动?
④ 两幅图降水区域有什么不同?

技 能 评 价

地理教学提问有多种教学功能,提问的设计也有多种技能。案例3-11主要是创设问题情境。教师先让学生观察冷锋和暖锋示意图后,提出了4个由易到难、由简单到复杂的问题,问题之间的逻辑清晰,有利于引发学习兴趣、激发学生思维、理解知识。

3.3.4 地理教学提问的操练要点

 随堂讨论

结合一个地理教学课题,讨论说明地理教学问题的提出和回答有哪些次序?

地理教学问题的提出和回答的次序为问题的提出、问题的应对和问题的评价。

3.3.4.1 问题的提出

(1) 引入阶段。教师提问前,要求有短暂的停顿,表示由语言讲解或讨论等过渡到提问,呈现一个明显的界限标志,让学生做好心理准备。例如,"同学们,根据前面的学习,我们可以思考这样一个问题……"应避免先叫了学生再提问,否则会导致其他学生不再思考问题。

(2) 陈述阶段。教师清晰准确地把问题表述出来,稍停顿,以给学生思考的时间,不要提问后,马上指名叫学生回答。提问时为了引起学生注意和听清楚教师的问题,教师的语速要适当放慢,并突出关键词。如果是较复杂的问题,教师应有提示性语言。例如,"请注意,在思考这个问题时应注意以下几点……"

(3) 介入阶段。教师可以用不同的方式鼓励和启发学生回答问题。如果学生没听清题意,教师有必要重复所提出的问题;如果学生对题意不理解,教师可用不同的词句重述问题;在学生回答错误时,帮助学生及时整理、纠正思路;在学生不能作答或回答不完全时,教师应请学生坐下,再请另一名学生回答。

3.3.4.2 问题的应对

学生回答时,教师应积极做好问题应对的准备。首先,要打有准备之战。因为学生在阅读兴趣、理解水平、欣赏角度等方面存在差异,所以,他们对问题的理解和回答也会呈现多样化。这就要求教师在课前对教学内容由浅至深,由整体宏观到局部细节方面都要充分思考,做到能够应对学生可能涉及的问题。

应对学生提问,特别是应对学生的突然提问,是对教师教学的重要考验。如果教师能从容应对,巧妙地解答,就能赢得学生的尊重和认同;相反,如果教师只是闪烁其词,糊弄应付,那么教师的形象就会在他们的心目中大打折扣。

3.3.4.3 问题的评价

学生回答完问题后,教师要对学生的回答做出反应。学生回答得准确,教师要给予肯定和鼓励;学生回答得不足,教师要给予补充;学生回答错误,教师要给予纠正。在这个过程中教师应特别注意,对学生的回答做客观评价,并且要以正面的、鼓励性评价为主。

3.3.5 地理教学提问技能的评价

3.3.5.1 地理教学提问技能评价表

教学提问技能的评价可参考表3-3。

表3-3 地理教学提问技能量化评价表

地理教学提问技能的评价内涵	参考分值 总计	评价得分 总计	参考等级			
	10		优 10～9	良 8～6	中 5～3	差 2～0
提问目的明确,紧密结合教学;具有地理性	1					
问题设计具有层次性	2					
问题设计难易适度,重点突出	1					
问题提出面向全体,时机合理	1					

续表

问题表述清晰,语言简明易懂	1					
有适当的停顿,给予学生思考的时间	1					
注意启发性,循循善诱,因势利导	1					
对答案能分析评价,强化学习	1					
鼓励学生参与回答问题	1					

3.3.5.2 提问技能的评价操练

【案例3-12】

区位的选择

问题1：贵州大数据建设为何这么火？

[教师]下面有一则新闻报道,请同学们阅读之后思考:贵州大数据建设为何这么火？（展示材料）

2017年8月2日,华为七星湖数据存储中心在贵州贵安新区开工。7月12日,苹果宣布将中国第一个数据中心落户贵州,项目落成后,国内苹果用户的个人数据将存储在此。科技巨头的涌入,再次引发外界对发展了3年的贵州大数据的关注。

2014年3月贵州正式宣布发展大数据产业,3年时间里,经济发展常年处于全国后段的贵州,在大数据发展中俨然走在全国前列。三大运营商、苹果、华为、腾讯、阿里、富士康等多家顶级企业落户；全国第一家大数据交易所诞生；首部大数据地方法规确认数据边界……动作频频。

[教师]有记者采访腾讯公司首席执行官马化腾先生时提问:"贵州大数据建设为何这么火？"你能替张先生回答这一问题吗？

（学生分组讨论）

[教师]你知道马化腾先生实际是怎样回答的吗？你的回答与马化腾先生的回答有哪些出入？（展示材料）

腾讯公司首席执行官马化腾先生在接受采访时说道:"贵州有很多的优势,这里不仅水电很充足,电力还很便宜,同时还有很多山洞,山洞里面恒温恒湿,是一个最合适建大型绿色数据中心的好地方,贵州发展大数据,抢占了先机,能够在激烈的市场竞争中爆发出强大的能量。"

> **【板书】第六节　工业的区位选择**
> **一、工业的主要区位因素**

问题2：假如我们是下面这些工厂的决策者,我们会把自己的工厂建在什么地方？

[教师]把全班分成六个学习小组,每个小组选择以下一个或两个工厂,作为本组要讨论的内容：①瓶装饮料厂；②甘蔗制糖厂；③皮鞋厂；④电镀厂；⑤生物工程研究所；⑥钢铁厂；⑦炼铝业；⑧电子装配厂

（学生讨论）

［教师］展示图片（见图 3-2）：还有哪些因素你没有考虑到？

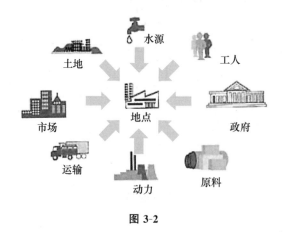

图 3-2

参与评价

1. 分析案例 3-12,说明地理课堂教学提问有哪些要点？
2. 根据案例 3-12 分析这些要点之间的关系。
3. 结合提问技能评价量表对案例 3-12 中该技能的运用进行评价。

3.4　地理教学承转技能

教学叙事 10

"大规模的海水运动"教学片段

［教师活动］课件展示：大规模的海水运动。

［学生观察］海水运动

［教师讲授］在宽广的海面上,大规模且稳定的风常年沿一定方向吹拂海面,海水是如何运动？

［学生活动］描述海水运动的特点。

［教师讲授］海洋中的水,常年比较稳定地沿着一定方向做大规模的流动,叫作洋流。

［教师承转］洋流的形成与风常年沿一定方向吹拂海面的风有着密切联系,如果我们能认识和找出那些常年沿一定方向吹拂的风,也就能够分析洋流的形成原因了。我们已知哪些大规模且稳定的风,你能用图示表达吗？

［学生活动］回答三圈环流,并绘制全球风带示意图

……

随堂讨论

通过教学叙事 10,你认为什么是地理课堂教学中的承转,它有哪些作用?

承转是地理教学的教学行为之一,是指教师在地理课堂教学中以教学理论为指导,创造性、艺术性地采取相关方法,把教学环节有机地衔接起来,使教学过程浑然一体,呈现出自然、流畅的节律美感,开启学生心智潜能的教学活动。

3.4.1 地理教学承转的功能

(1) 激发地理学习兴趣。 合理的教学承转能激发学生的学习兴趣,并由此产生强烈的求知欲。例如,在学习大陆漂移学说时,教师运用问题承转的方式提出:原来世界七大洲就是一个整体,你能列举例证吗?这种富有挑战性的问题承转能极大地激发学生的学习兴趣,促使学生对将要学习的地理知识产生浓厚的求知欲,积极参与到动脑、动口、动手的学习过程中。

(2) 建立"最近发展区"。 苏联教育家维果茨基认为教学必须走在发展的前头,为发展开路,并提出了最近发展区理论。他认为,最近发展区就是学生在教师或同伴的帮助下所能达到的水平与他在独立完成作业过程中所能达到的水平二者之间的差距。教学承转的重要功能之一就是引导学生借助已有的知识去获取新知识,这是最高的教学技巧之所在。例如,在学习世界各地气候类型后,要求学生分析热带型气候差异,目的就是让学生通过探究获得知识,以达到"最近发展区"的过程。

(3) 提升地理学习能力。 提升学习能力是教学的价值追求。地理学习能力,是学生顺利进行地理学习时,所必须具有的能力的总和。它主要包括对地理事物进行观察、认识、记忆等方面的地理认知能力;在掌握地理材料的基础上,运用地理规律及理论的推理能力;绘制地图、图表等的地理应用能力;运用地理知识从事创造性活动的地理创新能力等。恰到好处的教学承转,能够有效地引导学生主动观察,积极思考、推理,动口、动脑、动手,提升学生的地理学习能力。

(4) 实现教学目标的升华。 由人地协调观、综合思维、区域认知、地理实践力组成的地理教学目标是一个整体。要求地理教师在教学的过程中,不仅要注重学生对地理知识的掌握与地理技能目标的达成,还要关注学生的学习过程,以及在这个过程中对学生非智力因素的培育和锻炼。例如,我们如何将学会的工业或农业区位的选择原理用到家乡的经济发展中去呢?这种承转设计,能在潜移默化中引导学生,实现人地协调观目标。

(5) 增加教学过程的韵律美。 教学实践表明,有效的课堂教学往往具有节律感。学习心理学认为:人的思维具有间断性和跳跃性,而不是连续不断的;当学生头脑中出现一个思维高峰后,若能停顿 3~5 s,就会出现另一个思维高峰。地理课堂教学中,如果有张而无弛,始终处于高度紧张的状态,使人产生疲惫感,学生的思维就会像拉过了劲的弓箭一样,思维出现断裂的状态;反之,有弛没有张,又会使课堂教学松松垮垮,达不到预期的教学效果。因此,在地理课堂教学中,"张""弛"应当有机结合、合理安排,使整个教学过程呈现出跌宕起伏、抑扬顿挫的节律感。教学承转的巧妙设置,能有效调节地理课堂教学中的张与弛,提高学生的学习效率,增加教学过程的韵律美。

（6）体现教学过程的和谐美。地理课堂的教学内容往往是由几个组块构成，逐步推进。在课堂教学中，如果教师缺乏教学承转的设计，仅仅通过"接下来是……""下面我们一起看看……""第一点是……第二点是……第三点是……"来实现知识组块之间的教学推进，就会使教学过程显得生硬、呆板、无趣。因为学生在对知识的前后联系缺乏认识的情况下，会产生认知逻辑的混乱，影响学习兴趣，降低学习效率。这些知识组块之间的教学需要衔接，需要通过教师精心设计的承转连接起来。如果教师能在知识组块之间设计精妙的教学承转，如，运用语言承转、活动承转等方式，会使整个教学过程严密精巧、前铺后垫、环环相扣、衔接有序，体现教学过程的和谐美。

3.4.2 地理教学承转的类型

根据地理课堂教学中教学承转设计特点，可以分为以下几种类型。

3.4.2.1 运用教学语言承转

地理教学语言承转是教学过程中最常见的一种承转方式。地理教学中常用的语言承转类型有以下几种。

（1）关联词承转。关联词承转，指地理教师借助表示转折、并列、因果、递进等关系的关联词语，来衔接教学内容前后的逻辑关系，引出新的学习内容。例如，在讲解"干旱的气候"与"绿洲农业"之间的承转，教师可以用"新疆地区非常干旱，但却被誉为'瓜果之乡'"引领承转。仅用一个"但"字，不仅直接点明前后两个教学内容之间的逻辑关系，还把教学过程自然地转入"绿洲农业"的学习。

（2）疑问承转。疑问承转是指教师利用刚刚学习过的教学内容，创设一个问题情境，教师提问或者引导学生自主发问，使学生产生认知冲突，将教学引入新的学习内容的方法。例如，在学习"中国的地质灾害"一节内容时，教师可以运用疑问方式承转：刚才我们认识了地震灾害对我国的影响，其实地震灾害对我国的滑坡、泥石流等地质灾害也会产生影响，为了解答这个问题，我们来分析"我国的滑坡、泥石流地质灾害"。

（3）诗词名句承转。地理教学内容与生活密切联系，许多诗词名句也与地理现象密切联系。在教学承转中，选择运用诗词名句进行承转，能引发学生对地理学习的兴趣。例如，讲到"季风区与非季风区的分布""气候的变化"等，可引用"羌笛何须怨杨柳，春风不度玉门关""春风又绿江南岸，明月何时照我还？"讲"月球与地球的关系"时，由"月球概况"过渡到"月相及变化"，可用"人有悲欢离合，月有阴晴圆缺"等进行承转。

3.4.2.2 设计教学案例承转

设计教学案例进行承转是地理教学承转中常用的方法之一。由于典型教学案例的代表性强，承转的效果往往很好。例如，一位教师在讲"工业区位的选择"，由"工业的主要区位因素"过渡到"环境对工业区位选择的影响"时，讲述了印度博帕尔农药厂，它的毒气泄漏事件造成了巨大经济损失和人员伤亡，根本原因就是由于该药厂建于城市的人口密集区，选址不当所致；而美国一家农药厂，虽也发生毒气泄漏，由于建在荒原上，人口稀少，损失小得多的案例。这里讲的就是环境因素在工业区位选择中的特殊作用，可引发学生很强的求知欲望和探究兴趣。

3.4.2.3 组织教学活动承转

教学活动是教学的基本特性,是联系师生的纽带,也是学生认知发展的直接源泉。组织教学活动承转,有利于引导学生参与教学过程,以"动"启发学生的思维。组织教学活动承转关键是要创设好"活动点"。例如,在"水资源保护"的教学中,可以设计这样一个活动承转:教师将准备好的几块抽屉状木板上分别均匀铺50 cm厚黄土、带草皮的黄土、沙土、黏土,用喷水壶喷水,要求学生观察在同等降水量的情况下,土质不同,或植被覆盖率不同,地形坡度不同的,水土流失的情况;观察土质、植被、地形坡度相同的情况下,降水量不同,水土流失的情况,并思考:我们可以采取哪些措施保护水资源,然后转入"水资源保护"内容的学习。

【案例3-13】

"城市交通运输"承转设计

[承转](宜昌市交通景观图与乡村交通景观图对比)请对照以下景观图(图略),并联系生活实际,从交通的空间分布、交通流量的大小和时间分配、交通管理等方面说出城市交通与乡村交通相比所具有的突出特点。

(教学内容进入"城市交通运输主要特点"的学习)

(教学过程略)

[承转](教师放映"宜昌城市道路网模式图")请观察"宜昌城市道路网模式图",分析宜昌城市道路网有哪些形态类型?

(教学内容进入城市道路网形态类型、影响因素和规划原则的学习)

(教学过程略)

[承转]联系生活体验:① 说出宜昌市存在的最主要的交通问题。② 目前,宜昌市为缓解该问题采取了哪些有效措施? ③ 请你提出合理化建议解决该问题。

(教学内容进入改善城市交通环境的学习)

技能评价

案例3-13在承转类型上是一种设计教学案例和组织活动承转的结合。教师通过呈现"宜昌市交通景观图与乡村交通景观图""宜昌城市道路网模式图"和"联系生活体验的活动设计",将教学内容学习与社会实践和学生的实践相联系,承转自然,和谐有趣,有利于提升学习能力。由于社会实践和学生的实践十分丰富,在设计时,要注意选择有针对性的案例,避免脱离教学内容的主线。

3.4.2.4 巧用生成承转

地理课堂是由多个要素组成的教学生态系统。一节地理课,即便教师再精心地预设,也总有一些意想不到的偶发事件。当这些偶发事件强烈吸引着学生的注意力时,就会使教师预设的承转策略在实施中陷入困境,教师应灵活应变,生成适时、适情的新的承转策略。

3.4.3 地理教学承转技能操练

【案例 3-14】

台风与洪涝灾害

[教师] 桑美台风一路向西北运动,目标指向中国,像一只利箭一样似乎要插入中国腹地。请问咱们武汉受到桑美的危害了吗?你家的玻璃窗因为台风破掉了吗?我们因为台风而撤退了吗?事实上,咱们还得感谢台风呢!为什么这么说?

[学生] 因为 7、8、9 月份,武汉地区酷热难当,台风带来了降水降温天气。

[教师] 所以每当酷热难当,有人会在内心呼唤:让台风来得更猛烈些吧!如果咱们真这样想,那苍南的人们就有意见了。事实上咱们没有必要在这里暗自庆幸,武汉最怕什么?

[学生] 洪水。

[教师] 咱们就从武汉历史上的洪水情况来了解一个气象灾害——洪涝灾害。

参 与 评 价

案例 3-14 中的教学承转设计的突出优点在哪里?

3.4.4 地理教学承转应注意的问题

3.4.4.1 注重针对性

地理课堂教学过程总是按一定程序和步骤展开的,各教学内容之间总会存在这样或那样的关系。教学承转作为引导学生由一个教学内容学习转入另一个教学内容的学习的方法,要求教学承转具有针对性。因此,在承转设计时,地理教师必须认真分析所要承转的教学内容之间的逻辑关系,然后再选择适合于这类逻辑关系的恰当的承转方法,才能帮助学生认识到所学新知识与原有知识之间的内在逻辑联系,并将新知识的学习自然地融入已有认知结构中,进行新的认知学习。

3.4.4.2 具有艺术性

地理教学承转的艺术性主要是指承转方式的选择和承转过程表现方面所达到的完美程度,实现教学内容的过渡具有连贯性、递进性;承转过程自然妥帖、不露痕迹;承转设计能别具匠心地调节教学过程,使整个教学过程呈现波澜起伏的过程美、艺术美。

3.4.4.3 增加趣味性

俄国教育家乌申斯基指出:"没有丝毫兴趣的强制性学习,将会扼杀学生探索真理的欲望。"

无法引发学生兴趣的承转,就难以取得理想的承转效果。事实上地理科学以研究人类居住的地理环境和人地关系为对象,蕴涵着丰富的能引发学生学习兴趣的因素。地理教师应善于充分利用地理学科所具有的综合优势,密切联系生活的地理、有用的地理、公民必备的地理,巧妙地创设能引发学生兴趣的情境,在承转设计中提供出人意料的地理现象,使学生产生好奇,激发认知兴趣,实现教学承转。

3.4.4.4 体现创造性

每个地理教师都有自己的教学思想,在教学实践中也会逐步形成自己特有的教学风格。因此,在承转的设计和实践中应体现创造性。一方面,面对有变化的、有差异的教学对象,承转的设计和实践是不同的,承转设计和实践中应体现创造性;实践表明,在一个班级适用的承转方式,在另一些班级或许就需要改变。另一方面,地理教学内容的丰富性、多样性和时代性,也要求地理教师要不断创新承转的设计和实践,在学习和借鉴的同时,还要依据教学对象、教学内容、教学环境等因素的变化去创造更为有效的承转方法,从而使自己的教学承转不断更新,使地理课堂教学保持活力。

3.4.5 地理教学承转技能评价

3.4.5.1 地理课堂教学承转技能评价表

教学承转技能的评价可参考表3-4。

表3-4 教学承转技能量化评价表

教学承转技能的量化评价内涵	参考分值	评价得分	参考等级			
	总计	总计	优	良	中	差
	10		10～9	8～6	5～3	2～0
承转设计针对教学内容,地理逻辑性强	2					
承转过程自然流畅、与教学内容环环紧扣	2					
承转设计能引发学生学习的地理兴趣	2					
承转设计简洁明了	2					
承转设计有一定的创造性	2					

3.4.5.2 承转技能评价操练

【案例3-15】

"北美概况"承转设计

(教师将北美行政区图展示给学生看)

[提问]请同学们认真看地图,找出北美地区的范围及地理位置,回答以下两个问题:

北美地区由哪几个国家或地区组成?

它所跨越的经纬度大致是多少?所处地理位置又是怎么样的?

[板书]一、范围及位置

范围:

位置：

1. 经纬度

2. 海陆位置

[学生回答]

[教师]刚才那位同学回答得非常正确，该地区是由加拿大(997 万 km^2，世界领土第二大国)、美国(937 万 km^2，第四大国)、格陵兰岛(丹)(218 万 km^2，世界第一大岛，常被称为格陵兰次大陆)组成。

[承转]该地区经度大致是在 20°W～170°W 之间，跨越了西一区至西十一区，纬度大致是处于 25°N～85°N 之间，主要以北温带为主，北部为北寒带，其海陆位置为北起北冰洋，南至墨西哥湾，东靠大西洋，西临太平洋。

[承接]在介绍了北美大致地理位置和范围之后，我给大家简单介绍一个地理概念——拉丁美洲。即以拉丁语系为主的美洲，其范围大致为北美以南的美洲部分，包括墨西哥、中美洲、西印度群岛以及南美洲。

[过渡]北美洲与欧亚大陆大致处于同一纬度范围，那两者之间的地理环境有什么不同？接下来我们就学习该地区的自然地理环境。

案例 3-15 中的教学承转设计有什么地方值得改进？请进行修改，并说明修改的理由。

3.5 地理教学结课技能

教学叙事 11

结课是课堂教学中的一个重要环节

结课是在课堂教学内容全部完成之后，教师利用 2～3 min 的时间对整个教学进行归纳、梳理和延伸的过程。在实际课堂教学过程中，有很多教师忽视了这一环节，往往讲到下课铃声响起就直接下课；有些教师在结课时，往往草草收兵，无话可说；还有一些教师讲完课堂教学内容后就以让学生做练习的方式结课。这些结课的方式都有值得改进的地方。

[摘自：江苏省某中学教研小组的教研活动记录。]

1. 阅读教学叙事 11，讨论为什么说在课堂教学中应把结课作为一个重要环节？
2. 地理课堂教学中结课的作用是什么？

地理课堂教学不仅需要一个良好的开端,也需要一个完美的结局。从某种意义上说,地理课堂的结课技能比导入更为重要。因为稍逊的导入在后续的教学进程中还可能得到弥补,而地理课堂失败的结课则很难挽救。地理课堂的结课是"收口之工",它决定了教学的结局,完美的结局会成为"点睛之笔",能有力地促进地理教学目标的高效达成,并为后续学习奠定基础。

3.5.1 地理教学结课的功能

3.5.1.1 总结巩固,构建体系

教育心理学研究表明,当堂总结、及时回忆要比6 h后再回忆的效率高出4倍。地理课堂教学结课时,教师对教学内容进行归纳和总结,要突出针对性,不能只是对所讲教学内容的机械再现,简单重复,尤其要强调教学中的重点和难点。因为重点和难点的深化与升华,是帮助学生把握学习内容的关键,并且要做到提纲挈领、全面准确、简明扼要、构建体系、便于记忆。例如,有位老师在"世界的粮食生产和粮食问题"一节课的结课时,将教学内容归纳总结为:"一个粮食问题,两个解决途径,三种粮食作物,四个产粮大国,五大小麦出口国。"又如,讲"气旋和反气旋"一节课时,教师以北半球为例讲解,把气旋和反气旋在水平和垂直方向上气流运动的情况画成图表,从气压状况、气流状况、中心气流运动方向、过境时天气及实例等五方面进行对比;结课时要求学生自己绘出南半球的气旋、反气旋图,并将图、表对照,总结巩固,建构体系,收到事半功倍的效果。

3.5.1.2 承上启下,建立联系

地理教学结课环节是地理课堂教学一个段落的结束,但不是教学的结束,更不是地理学习的结束。好的地理结课一方面应是对该堂课的完美结束,同时又应是对后续学习的简要交代或告白,具有前延后续、承上启下、建立联系的作用。事实上,地理教材内容之间有着严密的逻辑关系,前面的知识是后面知识的前提和基础,后面的知识则是前面知识的扩展和深化。因此,进行结课时,除概括本节的主要内容外,还可巧设悬念,引出下一个问题的讲解,诱发学生继续学习的积极性。

3.5.1.3 获得反馈,判断效果

在地理教学结课过程中,地理教师还可通过提问、练习或实践活动的方式进行。这个过程是一个强化反馈的过程,同时也是学生地理核心素养得到升华的过程。这个过程,对学生而言,能起到总结巩固体验、构建体系的作用;对教师而言,还可起到检测教学效果的作用。在这个过程中,教师可以全面地了解学生在综合思维、区域认知、地理实践力和人地协调观方面的发展变化,既能为教师实现课堂调控提供条件,还能为教师进行课堂教学改革提供依据。

3.5.1.4 延伸拓展,培养素养

在地理教学结课过程中,教师可以设计相关问题,如资源调查、社区访谈、野外观测等实践性的活动,帮助学生把学到的书本知识与生活实际和生产实践联系起来,通过迁移应用,把学生领悟"生活的地理","有用的地理"与解决现实生产、生活中的实际问题相联系,更好地在真实情境中观察和感悟地理环境及其与人类活动的关系,培养地理核心素养。

3.5.2 地理教学结课的类型

教学实践表明,地理课堂教学结课的形式可以多种多样。教学结课类型的设计与选择,要注意

依据学生心理特征、课型特点、教学内容等情况,灵活地、创造性地安排好"结尾",切忌生搬硬套,千篇一律。努力做到既别开生面,又言简意赅,取得耐人寻味的效果。一般而言,有如下类型:

3.5.2.1 归纳总结型

在地理课堂教学结课中归纳总结型是教学实践中运用最为广泛的一种类型。归纳总结型就是用总结性的语言把一节课或一个教学内容进行概括整理、提炼归纳、揭示规律、形成结构。这个过程可以由学生独立完成,也可以在教师的引导下由学生集体完成。为了使教学内容深化和升华,教学过程中教师通常采用图表(地理填充图、表格、提纲等)进行归纳。

【案例 3-16】

"环境问题的表现与分布"的归纳总结

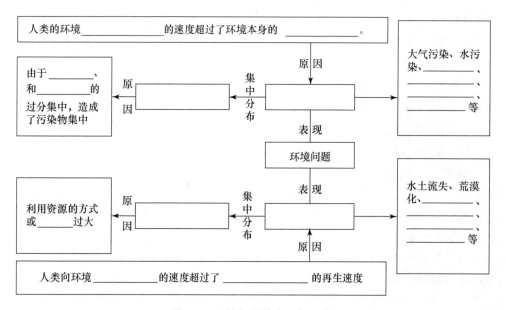

图 3-3 环境问题的表现与分布

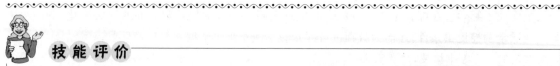

案例 3-16 是运用填充、补白概念图的方式,将教学内容"环境问题的表现与分布"进行的归纳总结。这种总结类型的特点是先把教学内容按照逻辑关系建构内在联系,帮助学生建立起较为完整的知识体系;其次要求学生通过填充关键术语和基本要素,参与归纳总结过程,加深对所学知识内容的巩固,促进迁移应用。

3.5.2.2 区别对比型

在地理教学中,有些教学内容是对称出现的。一般而言,涉及两个或两个以上教学内容的结课设计与选择,可以采用表格对比的方式,帮助建立区别与联系。例如气旋和反气旋、南方地区和北方地区、地球的自转和公转、冷锋与暖锋等,教师可以通过列表等形式对相关内容进行比较,让学生清晰地认识事物的本质特征,把握地理事物之间的差异。

【案例 3-17】

表 3-5 冷锋与暖锋的比较

	冷锋	暖锋
定义	冷气团主动向暖气团移动	暖气团主动向冷气团移动
降水区域	锋后	锋前
过境前	暖气团控制　温暖晴朗	冷气团控制　低温　晴
过境时	阴天,下雨,降温,大风	连续性降水
过境后	气温下降,气压上升,天气转晴	气温上升,气压下降,天气转晴
实例	寒潮　北方夏季的暴雨　沙尘暴	春秋江淮流域,东北地区,夏季黄河流域。
谚语	一场秋雨一场寒	一场春雨一场暖

 技能操练

1. 讨论案例 3-17 结课设计的优势是什么?
2. 设计一个区别对比型地理课堂教学结课实例。

3.5.2.3 实践活动型

对于一些参与性强或实践性较强的教学内容,在结课时可以用稍长一点的时间用实践活动的方式进行结课,帮助学生在活动过程中巩固知识。例如,"工业区位的选择""农业区位的选择""城市区位的选择"等教学内容,可设计相关案例,要求学生运用工业区位、农业区位、城市区位原理,进行实践运用;又如,在讲解完"中国的行政区划"后,可以小组为单位开展中国省级行政单位的拼图实践活动等。

3.5.2.4 悬念存疑型

在地理教学中有些章节之间的内容前后联系非常紧密。教学中在前一部分内容结课时,可以总结出几个问题让学生思考,设置悬念存疑,为后续的教学埋下"伏笔"。例如,在讲"洋流"时可以设计这样的结课:"通过本节的学习,我们知道洋流对航海有重大的影响。我们知道明朝时,我国伟大的航海家郑和曾经七下西洋,被誉为世界航海史上的壮举,请大家想想,郑和下西洋应选择什么时候出发?什么季节返航?为什么?"又如,"大气环流"一节是在假设地表性质均一的前提下来研究大气运动的特点的,该课结尾时可提出这样的问题:"实际上的地球表面性质并不是理想的均一,那么,在这种情况下,地球大气是怎样运动的呢?要知情况如何,请听下回分解。"进而引出下一节"海陆分布对大气环流的影响"的教学内容。

3.5.2.5 其他形式

地理教学结课的形式可以是多种多样的。除上述类型外,在课堂教学即将结课时,教师还可

以用充满激情的话语,激励学生地理学习的探究热情;或者根据课堂教学的偶发事件,随机应变地进行结课;或者用风趣幽默的话语,鼓励学生,让课堂教学在轻松愉悦的氛围下结课等。

3.5.3 地理教学结课技能的要求与评价

3.5.3.1 地理教学结课技能的要求

结课时要让学生对所学知识进行回忆,并使之条理化,要及时归纳总结,不要拖泥带水。结课时对全节内容的归纳总结要简明扼要,归纳知识的结构体系,抓住重点和关键点进行深化和升华。结课是一个获得教学反馈的重要环节,要紧扣教学目标,全面检测学生地理核心素养的发展变化等,做到一节课的导入过程与结课过程首尾呼应、前后一致,使整节课浑然一体。

3.5.3.2 地理教学结课技能的评价

地理教学结课技能的评价可参考表3-6。

表3-6 结课技能量化评价表

结课技能的量化评价	参考分值 总计	评价得分 总计	参考等级			
			优	良	中	差
	10		10~9	8~6	5~3	2~0
结课的目的明确,体现学生主体地位	2					
结课的方式与内容相适应	2					
强化地理核心素养四个维度	2					
全面反馈学生是否达到教学目标	2					
结课简洁明了	1					
结课设计体现了一定的灵活性和拓展性	1					

实践活动

1. 到中学观摩高中地理课堂教学(或观看录像),说明教师课堂教学中各个教学技能的特点以及对你的启示。

2. 选择一个合适的内容(地理事实、地理概念、地理原理、地理成因、地理规律等),设计15 min左右的微型课,并注意导入、讲解、提问、承转、结课等课堂教学技能的设计。

3. 以小组讲课的形式展示这节课,然后小组讨论评价,个人总结,进行教学反思,修改教学设计。

本章小结

1. 地理教学过程技能主要由导入技能、讲解技能、提问技能、承转技能和结课技能构成。

2. 地理课堂导入是如何开始一节课的学问,对导入技能的阐述主要包括导入的作用、导入的类型、导入技能的操练和评价。

3. 讲解是地理课堂教学中最重要的环节之一,对于不同类型的地理知识,教师讲解的技巧和方法是有差异的,地理课堂教学中讲解应注意什么问题?一节课的讲解评价的角度、评价的标准及如何进行讲解评价和操练是地理讲解技能的主要内容。

4. 提问是课堂教学中师生交往的主要方式,由于学科的特色,地理教师需要根据不同的教学内容设置不同类型的提问,它涉及地理课堂教学中提问的质量、把握课堂教学中提问的细小环节、机智地应对学生的提问和偶发性提问等。

5. 承转与结课是地理课堂教学中占用时间较少的两个教学环节,亦是容易被忽略的教学环节。精心设计的承转使整个教学过程有行云流水之感,给学生以美的享受;而设计得当的结课能体现地理核心素养培养,引发学生对后续学习的渴望。这两个技能的操练和评价对于地理教师来说都是很重要的。

第4章　地理课堂教学媒体技能

本章概要

在地理课堂教学过程中,地理教学媒体的使用对完成地理教学任务、实现地理教学目标起着关键作用。了解这些媒体的特点与类型等,并通过适当的方法培养、训练习得相关技能,对熟练运用这些媒体非常重要。本章主要介绍地理课堂教学语言、图像、三板、现代媒体的特点与类型等,提出地理教学媒体技能训练的建议,并给出评价的标准,以促进地理教师对这些媒体技能的掌握与熟练运用。

学习目标

通过本章的学习,你能够:
1. 了解地理课堂教学语言表达技能的特点与训练方法。
2. 学会地理图表的使用技能。
3. 说出地理教学"三板"媒体的类型,并通过操练学会三板技能。
4. 知道现代教学媒体的组合方法,学会地理教学媒体运用技能。

关键术语

◆ 地理课堂　　◆ 教学媒体技能　　◆ 技能操练　　◆ 评价标准

4.1　地理课堂教学语言技能

教学叙事12

优化课堂教学语言的"处方"

实习生小宋在试讲时,发现自己在走上讲台的那一刻开始就满头出汗,上完课后自己嗓子很疼。听他讲课的学生与指导老师说,他在讲课中有无意识地搓手的毛病,有些地理术语表达不准确,而且像"嗯""是不是"之类的口头禅也较多。这些问题让他非常苦恼。对此,指导老师给他开出如下"处方":

第一,经常听听自己讲课的录音,从学生的角度来分析自己的说话内容,有无抑扬顿挫,能否表达清楚;听起来是否亲切,自然;是否清晰;是否强调了某些不重要的话题等,这样自然会发现自己语言表述中的许多不足,从而有意识地进行自我矫正。对着镜子讲演,观察自己的表情、动作、神态,在"身外"看到自己讲课的形象,可以发现一些别扭的、使自己大吃一惊的"败笔",从而做出改进。这样坚持练习,必然会大有长进。

第二,分步训练,遵循语言能力发展规律,进行阶梯式的练习。

第三,分解练习,把复杂的语言表达技能分解为结构简单的环节,逐一进行训练,达到表达鲜明、生动的要求。

随堂讨论

阅读"处方",查找并列出实习生小宋在教学语言运用上所犯的错误;讨论指导老师"处方"的指导意义。

语言是人类重要的交际工具,也是重要的思维工具。教学语言更具有特殊意义:教学语言是教学信息的载体、知识传递的媒介,是教师完成教学任务的主要手段,是师生交流的重要途径。无论何种教学方法,都离不开教师的教学语言。教师教学语言质量的高低,对于知识信息的传授、学生智慧的启迪、学习能力的提高、学生非智力因素的培养都有重要影响。因此,用好教学语言非常重要,"地理教学中,教师在讲述地理事物、地理现象和地理过程时,其语言的雅俗,表达能力的高低,启发艺术的优劣,都将直接影响教学效果"。

地理教师的教学语言技能是指在地理课堂教学中,地理教师运用语言传递知识、指导学生学习的教学行为方式。它是提高地理课堂教学质量的基本教学技能之一。地理学科综合度高,知识跨度大,只有具备较高的语言素质和能力,才能较好地完成教学任务,这也是衡量地理教师教学能力强弱的重要标准。

标准链接

【自身修养】

具有健全的人格和积极向上的精神,有较强的情绪调节与自控能力,能积极应变,比较合理地处理问题。

掌握一定的自然和人文社会科学知识,传承中华优秀传统文化,具有人文底蕴、科学精神和审美能力。

仪表整洁,语言规范健康,举止文明礼貌,符合教师礼仪要求和教育教学场景要求。

[摘自:中华人民共和国教育部.中学教育专业师范生教师职业能力标准(试行).2021.]

4.1.1 地理课堂教学语言的特点

地理课堂教学语言分为口头语言和文字语言两种,它们有不同的特点和要求。这里主要阐述地理课堂教学的口头语言,它主要具有以下基本特点。

4.1.1.1 地理性

地理教学语言所传递的是地理学科的教学信息,必须运用地理专业术语来表达。因为,地理专业术语是地理学科范围内的共同语言,运用地理术语进行教学,有利于教与学双方的地理信息交流。否则,不但语言表述不严密,甚至可能出现思维混乱和理解错误。教师在讲课时要尽量使用标准术语。例如,在表述方位时,教师应该使用"东南西北"等基本方位用语,而不应随意用"上下左右"来代替;在讲"气温"时,不能简化用"温度"来代替;在讲"气压"时,只能说气压高低,不能说气压大小等。又如"北京时间"与"北京的时间"二者虽然仅一字之差,但概念却不同,前者是指东八区区时,而后者则指北京的地方时。要科学地运用地理术语,必须在对中学地理教学内容及教材吃透的基础上,逐条弄清含义,准确使用,并有意识地收集整理。

4.1.1.2 科学性

科学的教学语言是使教学内容科学准确的重要保证。地理教学语言的科学性主要表现在语言准确、语句合乎逻辑上。例如,在讲天气现象中的"锋"时,冷、暖气团相遇,一曰:"暖气团爬升到冷气团之上";一曰:"暖气团抬升到冷气团之上"。一个"爬升",一个"抬升",虽只一字之差,但却有着不同的含义。"爬升"表示暖气团为主动一方的大气运动,形成的是"暖锋";"抬升"表示暖气团是被动一方的大气运动,形成的是"冷锋"。不但锋型不同,而且在其控制下的天气特征也不同。因此,在讲课时就不能笼统地用一个词语"上升"来代替,必须严格区分运用。又如,在讲地球自转所产生的"时差"问题时,涉及时刻、时间、日期三个概念,平时生活中很少提及时刻,也没有严格地区分时间和日期。但在我们讲这部分知识时,就必须严格区别使用:东西十二区,时刻相同(说一点钟都是一点钟)、区时相差 24 h,日期相差一天(东十二区比西十二区早一天)。

科学的教学语言还表现在语言逻辑性上,即教师讲解地理内容的语言要符合地理思维规律。例如,讲环境问题的成因,教师在分析造成环境问题的各种因素后总结:"自然因素和人类活动是造成环境问题的两方面原因。相对于自然对环境的影响力来说,人类活动对环境的破坏是根本性的原因,而其中滥用自然资源和任意排放有害物质又是最容易造成环境问题的两个因素。"这种思路清晰的语言能将复杂的地理问题成因清晰地揭示出来。

4.1.1.3 简明性

心理学家认为:"刺激物的持续作用能引起感受性的提高或降低。"因此,反复地讲解不一定能收到良好的效果。针对中学生注意力持续性不强这一特点,教学语言应力求简洁、明快。因为教学语言诉诸学生的听觉,转瞬即逝,因而简明的语言使学生容易抓住重点、加深记忆。

精练的教学语言,来自对教学内容的深入钻研和深刻领会。只有"吃透"了教材,才可能提炼出教材的"精华"。在讲课过程中,一句话能说清楚的,就决不说两句。每句话说出来都有一定的目的性。即使是补充案例,哪怕是说句笑话,都应围绕教学内容,说明一定的问题。那些言不及义、重复啰嗦、拖泥带水的语言,和那些不着边际的空话、套话、口头禅等都应摒弃。"哼""哈"不断,"呀""吧"不绝,干扰教学语言的流畅性,应努力杜绝。

4.1.1.4 针对性

地理教学语言接受对象的差异是比较明显的,不同年级的学生,其基础知识、理解能力等许多方面都存在着较大差异。针对初中生和高中生不同的心理特点,教师应运用不同的语言形式。对初中生,多用简短明快、描述性强一些的语言;对高中生,则可多用表达周密的长句、议论性的语言。对低年级学生,语调要亲切些,速度适当慢些,讲解细致些,重点知识可以多反复,难点知识应深入浅出、由近及远、由表及里地解决,讲课中语言要更生动些,甚至可以穿插一些有关的故事;而对高年级学生,语言就要力求精辟、简练,着重指导他们去寻求规律,揭示知识的内在联系,帮助他们使用打开知识大门的钥匙,自己去探索,去寻求答案。例如,同样是讲"季风的成因",对低年级学生,最好从他们熟悉的生活入手,问问他们游泳时的感受。当天气特别热的时候,你是不是迫不及待地想快点跳入水中?为什么呢?因为水里边凉快!当你在水中时,突然下阵雨了,你来不及上岸穿衣服了,你是冒雨上岸呢?还是在水里呆着呢?在水里呆着。因为水里暖和。用他们亲身感受到的事实来引导他们认识水陆增温、降温快慢不同的道理;而对高年级学生就可直接运用他们学过的理化知识,提出"热容量大小不同","热传导方式不同"的概念,使认知具有一定深度,这样才能使高年级学生产生更高的求知欲望,才有学习的兴趣。

地理教学语言还受地理教学内容的制约,不同的地理教学内容应用不同的语言去表达。一般来说,对地理事实的描述应以生动、形象、明快的语言为主;对地理原理等的讲解要条分缕析。例如,南极洲之所以成为世界"风极",其主要原因:一是地处极地高气压与副极地低气压之间;二是中高周低的地势特点;三是地表终年被冰雪覆盖……另外,地理教学语言的速度、节奏、音量、语气等还应视不同时间、不同场合下学生的具体情况而机智灵活地变化。

随堂讨论

地理课堂教学"语言"除了口头表达语言以外,还有体态语言这种教学的"隐性语言"。那么地理课堂中教师的体态语言应该有哪几种?对其应有什么要求?

4.1.2 地理课堂教学语言技能的操练

4.1.2.1 操练建议

(1) 形式操练法。说明法。即明确对象,简介某概念、含义或知识之间的关系;把问题的内容、因果关系解释清楚。此法又可细分为注释说明、结构说明、逻辑说明、分类说明、举例说明、图表说明、附加说明等。在语言表达中经常使用:"它的意思是""我们可以把它理解为""它的理由是"等。说明法一般适用于初级的、具体的、事实性的知识,有时用于抽象逻辑推理前必要的知识储备。

论证法。即运用论据(事实、数据、定理和定义等)来证明论题真实性的论述过程。此法又可细分为归纳论证与演绎论证。常用"由于""因为""根据"等关联词,而在论题(或论点)的前面常使用"所以""因此""总之"等词汇。

推导法。即根据已知的公理、定义、定理,经过演算和逻辑推理而得出新的结论的过程。常在已有知识的前面使用"由于""因为""根据"等词;而在新的知识的前面使用"因此""所以"等词。

比较法。即确定被比较概念间的异同点。通过比较,可以从共性中寻求规律性,从差异中探求各自的特殊性。

(2) 内容操练法。描述性地理教学语言。多用于讲述法,用来描述一些地理现象、地理景观、地理过程、地理数据等。要求语言形象、生动,词汇丰富。

论证性地理教学语言。多用于讲解法,用来讲解一些地理成因、自然规律、地理原理、地理概念、判断推理等。要求语言严谨,且科学性、逻辑性、条理性强。

启发性地理教学语言。多用于谈话法,用于在教师指导下的师生双边活动,如问答交流、启发悬念、扩展例证、联想迁移、综合归纳、分析对比等方面,帮助学生在教师的诱导下积极投入思维活动之中。

艺术性地理教学语言。多用于朗读法,主要用于强化理解、丰富想象、增进感性认识、加强教学内容的感染力等。

(3) 过程操练法。准确运用地理术语。用清晰准确的语言和学生能理解的词汇对地理事物进行叙述或概括说明,其中心任务就是帮助学生理解。

严密组织地理内容。说明的顺序逻辑性要强,脉络要清晰;说明的形式与内容要统一;各部分之间要选好连接词,使内容浑然一体。

科学提出地理问题。说明的过程首先要提出带有本质性的问题,围绕问题展开说明的课题。在说明时还要分析问题中隐含着的未被言明的问题。

灵活使用地理实例。使用实例来说明概念或原理,能帮助学生理解。这些例子最好是学生了解的或经历过的,用正反两方面的例子能加深学生的理解,例子要清楚、准确、具体。

掌控时机强调重点。对说明的重点要加以强调。强调的方式很多,如声音抑扬顿挫的变化、不同措辞的重复、手势的变化以及提供多种材料等。强调的目的在于使学生抓住主要问题。

加强互动反馈强化。要给学生提出问题的机会,检查他们对说明内容理解的程度,以及他们对观点、观念的看法。

(4) 分解操练法。快速朗读。选择一段不太拗口的地理课文,以段为单位,朗读并逐渐加快速度,以至极快,要求读时字字清楚,句句完整,口型稳定,气流均匀,在口齿清楚上下功夫。

把握重音。对修辞性重音,应重读体现修辞手法的字词;对关键性的重音,应重读复句的关联词语;对过程性重音,应重读事件、行为等发展过程中的主要动词、形容词;对呼应性重音,应重读显示语脉线索的词语;对区分性重音,应重读表示注意、分清范围、判明性质、区分程度、强调感情的词语等。

语多调。根据地理课堂教学内容,提供一段描述性或解释性的语言,尝试用不同的语调表达不同的语意和感情。

语速控制。选择有一定情节变化的地理故事,进行口头练习,根据情感的变化、文字的性质来调节语速,通常的情况是浅显快于艰深、描摹快于阐释、欢乐快于忧伤、紧张快于轻松、激动快于平稳。

语体转换。对同一地理问题,用日常口语、正规口语、典雅口语做表达练习;将晦涩难懂的文字材料转化为浅显易懂的教学语言进行练习。

多种教学语言操练方法对地理语言的提高各有何功效?

4.1.2.2 操练行动建议

(1) 结合教师地理教学基本功的训练,掌握声母、韵母的发音方法和声调的调值,对着镜子反复练习,通过口形检查自己发音的准确程度,摸索和积累吐词发音的技巧。

(2) 结合普通话训练,以录音磁带为范本,读准常用字,纠正方言读音,排除地理教学过程中方言语汇的干扰。

（3）对照地理音像教材，从模仿优秀地理教师的教学语言入手，锻炼以口语表情达意的技巧，提高自己地理课堂语言的表现力。

（4）经常到微格教室或用录音机同步录下一堂完整的地理课，从音量、语速、语调、节奏等方面看看是否符合要求，发现并克服存在的问题和不良习惯。

（5）有目的地观摩优秀地理示范课，注意从教学效果的角度揣摩其地理课堂语言特点，从中吸取养分以提高自己的课堂用语水平。

（6）设计几个地理课堂语言片段，有目的地在课堂上运用，课后注意比较和总结教学效果。

（7）结合日常地理教学，设计一些化枯燥为生动、化深奥为浅易、化呆板为风趣的语言片段，努力进入角色、投入情感，调动学生的学习积极性和思维情感。

4.1.3 地理课堂教学语言技能的评价

4.1.3.1 地理教师教学语言质量的指标

为了提高教学中的语言技能，熟悉并把握教师口头语言质量指标是必要的，这不仅可以吸收别的教师所使用的语言技能经验，还为提高自身的语言技能确立努力方向。地理教师口头语言的质量，除了看教学语言内容是否准确、科学之外，对口头语言形式本身，还应主要把握下列评价指标：

语音。语音是语言的物质材料。有了语音这一载体，才能使得语言以声音的形式发出、传递并被感知。在教学中，要用准确、流畅的普通话。语音力求清晰、清脆、悦耳，音色圆润、坚实、完整。

语调。语调是指讲话时，声音的高低升降、抑扬顿挫的变化。语调能强化表情达意的效果，增添口语表达的生动性。语调力求自然、适度、优美。

语速。语速即讲话时的快慢变化。教师上课时应根据内容需要，运用适当的语速讲话。快速讲话时，语言流畅；缓慢说话时，声声入耳。课堂教学中语速一般每分钟 200～250 字，但每个字所占时间并不一样；句中、句间还有长短不一的停顿。这些停顿构成快慢变化，形成和谐的节奏，可以加强语调表达的生动性。

语态。即态势语言，例如手势、身势、眼神和面部表情等。语态力求自然、大方、适度，不拘谨、不夸张。地理课堂教学中应使态势语言和有声语言巧妙配合。

4.1.3.2 评价标准

由地理教学语言的质量指标可知，对于地理教师的课堂教学语言，可以制定一定的评价标准，依据标准对教师的课堂语言进行评价。地理教师教学语言质量评价标准如表 4-1 所示。

表 4-1 地理教师教学语言质量评价标准

评价标准	优	良	中	差	权重
1. 语言流畅，节奏适当					0.10
2. 正确使用术语，具有地理性					0.13
3. 遣词造句，通俗易懂					0.13
4. 逻辑严密，条理清楚					0.12
5. 感情充沛，有趣味性、启发性					0.10
6. 讲普通话，字音正确					0.10
7. 语调抑扬顿挫，舒缓适当					0.08
8. 运用短句，防止语句冗长					0.08
9. 简明扼要，没有不必要的重复					0.08

续表

评价标准	优	良	中	差	权重
10. 没有口头语和多余语气助词					0.08

【案例4-1】

四季的划分

[教师]同学们,对于我们这个地方(学校所在地)来说,一年中何时白昼开始变长、太阳高度逐渐增大?一年中何时白昼达到最长、太阳高度达到最大值?一年中又在何时白昼达到最短、太阳高度达到最小值?昼夜长短和太阳高度的变化有什么规律?

[学生]略

[教师]它们的变化有什么规律呢?

[学生]略

[教师]对!分析得很全面。昼夜长短和正午太阳高度在一年中的这种变化规律,就是四季的变化。按照这种变化,对于一个地方来说,白昼最长、太阳高度最高的季节,就是一年中的夏季;相反,就是冬季;春、秋两季是冬夏的过渡季节。

然而,这是一种较传统的四季划分法,与各地实际气候的递变规律不一定符合。比如在我国,尤其北方地区,是以二十四节气的"四立"来划分,把"立春"作为春天的开始。而此时我国北方大地,还是隆冬时节,很难看到春天的景色。再比如"立秋",此时正是烈日炎炎的"三伏天",哪像秋天呢。为了使季节划分与各地气候相符合,现在北温带的许多国家创立了一种按公历的月份来划分四季的方法,即:春季——3、4、5月;夏季——6、7、8月;秋季——9、10、11月;冬季——12、1、2月。

[承转]四季只是一种天文现象,在实际应用中还应结合各地的具体情况来具体分析。

参与评价

针对"四季的划分"教学片段,请从教学语言技能标准的角度对其进行评价。

设计《普通高中教科书地理必修第二册》(人教版)第一节"人口增长"教学片段的教学语言,讲述后要求同学进行点评。

4.2 地理课堂教学图表媒体技能

教学叙事13

刘老师的教学小麻烦

刚工作一年的地理教师小刘在教学中出现了令人纳闷的问题:每次课他都会很用功地备

课,选择很多和教材内容相符的图表来加强内容的直观性,注意培养学生的读图析图能力,可是效果却不是很好。他经过反思,并在和有经验的老教师交谈之后,才发现自己每次课使用的图表量过大,流于形式了。同时学生也指出:每次刘老师展示的图表,他们分不清哪些是当堂课上最重要的图表;而且老师有时指图时坐在后面的同学看不清楚。至此,小刘老师明白了自己在图表教学方面犯了哪些错误,并在随后的教学中加以改正。在最近的一次测评中,小刘老师欣喜地发现学生在图表分析方面有了很大的进步。

随堂讨论

讨论以下问题:刘老师在图表教学运用方面存在哪些问题?课堂教学图表运用应注意哪些问题?

地理图表是对地理事物进行定量分析的手段,具有简明、生动、形象、易读的特点,是把地理概念具体化,把文字信息转化成图像信息的一种方式,在教学中对学生具有强烈的吸引力。因此,地理新课程标准特别强调学生读图、运用图表分析地理问题的实践能力。地理教材中地理图表类型是多种多样的,如图 4-1 所示。

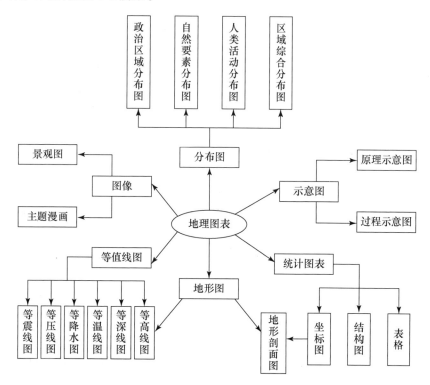

图 4-1　地理教材中图表的类型

地理学科本身的特性决定了地理插图及数据表格不仅是地理教材的有机组成部分,还是地理教学的重要工具。图表中蕴含了丰富的地理学科知识及人文素养知识。地理图表形象直观,容易引起学生的学习兴趣,在理解基础上进行地理学习,符合学生的认知规律;运用地理图表教学,有利于学生在学习过程中成为地理学习探究者及实践者;有利于让学生娴熟地掌握从图表到课本,从课本到图表全方位、多层次、多角度理解和分析地理问题的学习技能;有利于学生熟练地将图文知识相互转化,深刻领会地理教材中图表特殊语言形式的内涵深意;有利于学生地理基础知识整体的结构化与程序化;还有利于培养学生运用图表的学习技能,发展学生的智力及实践创新能力,对于提高学生地理课堂学习效果有着重要的实践意义。能否用好地理图表进行地理教学是衡量地理教师教学能力高低的重要标志之一。

4.2.1 地理课堂教学图表媒体的特点

4.2.1.1 内容的专用性

地理图表针对性强,主要考虑教学的需要。凡是地理教材中提到的,能用地图、表格等形式显示的地理知识,图表上均予以表示。为了便于教学,其内容和形式都体现了地理新课程标准和教材的要求。

4.2.1.2 取材的现实性

地理图表中的地理信息少于一般参考地图,重点内容突出,但是取材多于教科书,以便满足学生课外自学的需要。总之,既要满足教师讲授的需要,又要根据学生的年龄特征和知识水平,取材繁简适当。

4.2.1.3 呈现的鲜明性

地理图表层次分明,令人一目了然,采用的符号、线条简单粗重,色彩鲜艳夺目,富有表达力和感染力,不仅易读、易记,还能引起学生学习的兴趣。

4.2.2 地理课堂教学图表媒体技能的操练

4.2.2.1 操练方法建议

(1) 运用挂图的方法。

选图

选择挂图应注意的问题:

第一,紧扣教材。教师在备课时,应全盘考虑,选择同教材各章节内容相符合的挂图。第二,繁简得当;选择挂图时主、辅图明确,主图所反映的地理事物和地理现象应突出重点,内容力求单一、明确;辅图配合主图使用,但是,一节课的总用图量,一般不超过三幅;如果过多,挂图则一现而过,流于形式,收效不大。第三,注意图的整洁美观性,对破损和自制的挂图,要加以修补和整饰。

挂图

教学挂图的悬挂,应注意几个方面:

第一,位置适当。一般将图挂在黑板两侧墙壁或图架上,要高低适中,不可过偏,以全班学生都能看清为宜。第二,挂图适时。悬挂两张或两张以上挂图时,若同一时间对照使用两张图,可采用并列式挂图法;若不同时使用,可采用重叠式挂图法,根据教学内容先后出示,以免同时挂出,分散学生注意力。第三,准备充分。课前,教师应对课上使用的挂图、挂图架进行认真检查,以便于使用。

指图

指图应注意以下几个方面：

第一，教师指图时，站立位置要适当。一般站在图的一侧，不要遮挡学生视线。第二，指图要规范准确、快慢适中、讲指一致。对不同形式的地图符号，应采取不同的指示方式。如对点状符号所表示的城市、乡镇等居民点，应准确指在居民点符号上，而不应指在市镇注记上；河流、山脉等线状符号，指图时要沿着河流的流向和山脉的走向指出经过路线；交通线要由起点顺线指向终点；区域面线符号，如大洲、大洋、湖泊、国家和地区等，要沿边界线，指明地理事物的空间位置、范围、形状、大小和分布特点。总之，指图是依据地理事物的空间分布、运动方向、发展过程等特点而使用不同方式，这样符合学生的认识过程。如果指图速度过快，学生的观察跟不上，就不能留下较深印象，使指图流于形式；如果过慢，落后于学生的感知，就不利于调动学生的学习积极性。第三，合理使用指图杆。杆长一米左右，顶端涂红色，指图时清晰可辨。使用指图杆要严谨，不可随意乱挥乱划，以免分散学生注意力。

选图、挂图、指图是用图的准备，备课时教师应周密考虑、精心安排，做到熟练掌握，灵活运用。新教师应预先演习，以免课堂上顾此失彼，乱指乱划，找不到目标内容，收不到应有效果。

用图

运用教学挂图来说明地理问题叫作用图，这是运用教学挂图的高级阶段。教师在用图时，应注意几个方面：

第一，文图结合。挂图以课文内容为依据，是为了更直观地理解课文内容而编制的。挂图的运用与课文的讲述应互为补充，紧密配合。第二，师生共同活动。例如，在讲中国地形的一般特征时，在教师引导下，运用挂图，师生共同观察、共同分析，从图上寻求答案，逐一得出中国地形具有多样性和山区面积广大、地势西高东低大致呈阶梯状分布、各种地形交错分布的三个基本特征的结论。教师切忌单方面地用图和独白式地讲述。第三，主导、辅助作用要得当。新课讲授中，对于学生来说，新的地理事物是生疏的、未知的，教师在挂图上应当示范性地指出它们符号的位置，分析它们之间的关系。教师指示挂图或分析挂图，旨在辅助学生掌握独立运用地图册和图表的能力，因此，从教师指图示范的角度来看，挂图起到主导作用；同时运用挂图的目的，是为了辅助学生学会读图，因此从目的性来看，挂图又起着辅助作用。正确认识挂图作用的双重性是运用好挂图的关键。第四，用图还要考虑如何根据教学内容，以教学挂图为中心，用黑板略图辅助，与学生的地图册、填充图等配合，使教师的指导作用和学生的自觉学习结合起来。

（2）常用读图方法建议。

描述法

在阅读各类地图时，离不开对地理事物的位置描述和说明，一般包括对纬度位置、海陆位置、地理范围及各种相对位置等内容的描述，具体而言描述有以下几种：

① 顺序描述。在指导学生阅读各类地图时，常遇到顺序问题。例如，沿我国陆疆线从辽宁省开始逆时针方向到广西壮族自治区经过哪些省区？秦岭由西向东跨越哪些省区？沿京广铁路自北向南经过哪些省人民政府驻地？等等。

② 特征描述。特征描述法有利于学生在感性认识的基础上，形成有关的地理概念。如利用"热带雨林"景观图可描述植物特征：茂密、高大、常绿、多层；动物特点：喜攀缘或喜暖湿。

③ 对比描述。有利于提高学生的辨别能力，增强判断力。在教学中对比项目的选择要有助

于反映差异性,采用表格的形式,能使学生读图描述更鲜明。

④ 动态描述。适合于对隐含有动态变化的示意图、模式图进行描述。在教学中要重视运用教具、电化手段,形成动态感,增强直观性。例如,结合转动天文伞或星空转盘来描述"九月星空"图中各星座绕北极星作逆时针运转的情况,效果就比较好。

对应法

对应法有助于培养学生对空间关系、地理形象、图例注记的知觉感应能力,有助于发展想象力。

① 图例对应。在地图的图例中有标明表示农产品的象形符号、表示矿产的几何符号等;地图上常用不同颜色表示不同的地形、人口密度、人种等。可用于训练学生对常用图例、颜色意义等感知反应的速度。

② 多图对应。多图对应是通过多张地图的叠置培以养学生用联系的观点看待地理事物。如把行星风系模式图与风海流形成示意图对照阅读,学生就容易理解风海流的成因及流向。

③ 平面剖面对应。例如,学习某地的地势特征,可运用平面地形图与相应剖面图对应的读图法。

④ 变式对应。地图有不同的投影与表现方式,要引导学生在变式的地图中认识地理事物的本质特征。以"冬至日北半球昼短夜长"图为例,指导学生分别在一般的经纬地图和以北极为中心的经纬地图上读出晨昏线与北极圈相切、北极圈内阴影所表示的夜半球范围等情况,有助学生真正掌握这一知识。

组合法

组合法有利于提高课堂有意识记和有意注意教学活动的有效性,适合于阅读各类地图和部分示意图。

① 镶嵌拼合。地图中的大洲、大洋、国家、政区轮廓都是有一定形状特点的,在课堂上教师可以组织学生进行拼图游戏与竞赛,这样能提高学生对地理事物的识记速度。

② 搭配组合。地理知识彼此间相互联系,搭配组合法可指导学生以地图中的点线面为中心铺开,顺藤摸瓜,开展多记、巧记的学习活动,培养地理记忆力。a. 点线搭配:如熟悉铁路枢纽城市位置,可以和所经过的铁路干线搭配。b. 线面搭配:如熟悉自然带分布,可以和重要纬线结合起来。c. 点面搭配:如熟悉百万人口城市的分布,可以和所在的工业区或农业区相结合。d. 点线面搭配:如熟悉黄河中下游五省二市主要棉纺织工业城市的分布,可以和铁路干线、棉花产区结合起来。

分析法

① 数量分析。例如,读某河流量曲线图中的极值及其出现的月份,可归纳流量特点,分析成因,判断补给类型;再如,在"农业生产值构成示意图"中,读出并比较各业产值所占比重数,可分析出我国农业结构不够合理的特点。

② 过程分析。采用动态描述法引导学生研究地理现象的发展变化过程,有利于培养学生的逻辑思维能力。a. 转动过程分析:例如,地球公转产生了哪些现象?可转动天球仪模拟地球公转。b. 循环过程分析:阅读地壳物质循环、水循环等示意图,可边画箭头边分析物理变化过程。c. 扩散过程分析:可在地图上运用叠加投影的方法,分析我国和其他一些国家工业分布地区的变化过程。

③ 关系分析。a. 因果关系分析:以"上海7月份气温日变化平均情况示意图"为例,分析图中三条曲线对应情况,可知因果关系是太阳辐射→地面辐射→大气辐射。b. 输出输入关系分析:"人类与环境关系图""出口贸易货物运输路线图"等都属于这一类,在这类图上可用箭头表示事物运动的方向、用箭头的粗细表示数量、用颜色或符号表示性质等。

【案例 4-2】

如何阅读地理示意图

地理示意图是用简单的线条和符号显示地理事物的结构或相互之间的联系,其特点是主题突出,清晰易懂。地理教学中最常见的地理示意图是显示地理事物空间关系、地理事物形成过程、地理事物相互联系、地理事物剖面的示意图。

1. 地理事物空间关系示意图的阅读

这类示意图主要是显示地理事物的空间分布特点,即主要说明"在哪里"的问题。所以,阅读这类示意图的关键是把握地理事物的空间位置、各种地理事物的位置关系及其空间分布特点。如在太阳系示意图中,可确认太阳与八大行星的相对位置。

2. 地理事物形成过程示意图的阅读

这类示意图主要是表示地理事物的形成过程和形成原因,即主要说明"为什么"的问题。阅读时要学会利用图中的符号,如根据箭头指向以及箭头之间的关系,来分析地理事物的相互关系,包括顺序关系、因果关系等。

例如,图 4-2 表示的是地面冷热不均引起的大气运动示意图。这里必须把握冷热不同的地面、空气升降运动方式、气压高低变化、空气水平运动方向之间的因果关系。

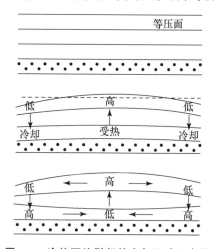

图 4-2　冷热不均引起的大气运动示意图

3. 地理事物相互联系示意图的阅读

地理示意图中有一种是用文字框图和线条箭头构成的示意图,这类图能简明、概括地表现地理事物之间的相互联系。阅读这类示意图,关键是要读出各要素间的相互联系、因果关系。

从图 4-3 中可看出,"大量燃烧煤、石油"和"大量砍伐森林"是两个并列原因,共同导致了大

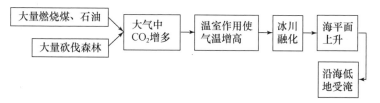

图 4-3　海平面变化要素关系示意图

气中的 CO_2 增多；CO_2 增多会导致气温升高；气候变暖导致冰川融化，进而使海平面上升，最终引起沿海低地被淹的不良后果。

4. 地理事物剖面示意图的阅读

中学地理教学中常见的剖面图主要是地形剖面图。将地形剖面图与相应的地形图对照起来阅读，可以判断出地形类型。阅读时要注意水平比例尺和垂直比例尺。

例如，阅读图4-4"我国某地区的地形剖面图"。根据图中所示条件，可以判断该地区位于我国中部，汉中谷地介于大巴山和秦岭之间，因此图中① 表示大巴山，② 表示秦岭，③ 表示渭河谷地或关中平原，④ 表示黄土高原。

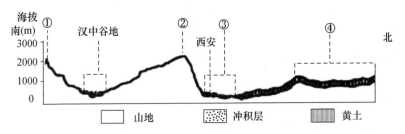

图 4-4 我国某地区的地形剖面图
（沿东经109°经线，北纬32°～37°之间）

［摘自：中学地理资源站，http: bbs.pep.com.cn/thread-329513-1-1.html.］

5. 常见图表解读步骤（见表4-2）

表4-2 常见图表解读步骤

类型	表格	坐标图	结构图	综合图
步骤一	认清表名及不同表格项目所表示的要素和内容	认清图名及不同坐标所示的要素和图注的内容	看清图例或图中文字说明，了解该图反映的地理项目	看清各要素的统计表反映方式
步骤二	抓住主要因素，综合分析地理规律	思考不同坐标所反映内容之间的关系	逐一读出图例对应的地理项目的比例和排列顺序	逐一分析（对不同统计图进行分别处理）
步骤三	对地理统计数据进行定性、定量分析研究	根据"点""线"或"柱"的高低所表示的数字信息，分析其变化趋势	"再现"有关内容，呈现相关知识	在分析的基础上，对各信息进行交互联系
步骤四	注意表格中地理事物的横向类比，分析并解题	对散点、曲线、折线和柱状变化等带来的问题进行分析、评价（解题）	揭示问题，作出评价，提出解决问题的建议和对策	综合思考以寻找它们之间的关联点，完成解题要求

随堂讨论

地理图表媒体怎样与教学语言进行结合教学？以何种方式结合才能达到较好的教学效果？

4.2.2.2 操练行动建议

(1) 选择地理教材一节中的内容,找出符合相关内容的图表,分析并熟练掌握各类地理图表的特点,尤其是各类地图。

(2) 根据方法建议,设计运用地理图表的地理课堂教学片段。

(3) 结合教学内容练习选图、挂图与指图并录像,之后观看录像查看练习后的效果。

(4) 练习读各种地理图表,归纳总结方法,努力提高自身的读图能力,并探索学法,力求提高地理图表教学能力。

4.2.3 地理课堂教学图表媒体技能的评价

具体评价标准见表4-3。

表4-3　地理课堂教学图表媒体技能的评价

评价标准	优	良	中	差	权重
1. 选用图表目的明确,解决教学重点、难点					0.10
2. 图表选择恰当,展示数量控制合理					0.10
3. 演示前对图表的介绍简明具体					0.10
4. 图表指示清楚,强调关键					0.10
5. 操作程序步骤清楚、合理、有条不紊					0.08
6. 指图规范、熟练准确、示范性好					0.10
7. 图表指示、讲解结合、有启发性					0.12
8. 图表演示效果明显,直观性强					0.12
9. 图表与教材内容切合度高,利于学生理解					0.10
10. 多种图表配合,效果良好					0.08

【案例4-3】

世界的人种

某地理教师对"世界的人种"教学内容设计了三个主要的教学环节:第一个环节,通过人种图片,激发学生的地理学习兴趣,由他们自己把散落的知识点串起来,完成旧知识转换为新知识的过程;第二个环节,利用"世界人种分布图",了解世界三大主要人种及地理分布,培养学生通过读图,获取相关知识的能力;第三个环节,利用阅读材料了解环境对人种的影响,拓展学生知识面,使学生树立正确的唯物史观,并对种族歧视、种族偏见形成正确的认识。

教学过程:(导入)世界的人种,根据体质方面的特征,可以分为三个主要人种——白种人、黑种人和黄种人。(展示)分别展示三个主要人种的图片,了解这三个人种的特征。(讨论)略;(展示)世界人种的分布图;(提问)白种人、黑种人、黄种人各分布在什么地区?(总结)教师和学生一起总结并填写表格(表4-4)。

表4-4　世界人种体质比较

	肤色	头发	面部	体毛	分布地区
白种人	色浅	波状	高鼻薄唇	多	欧洲、北美洲、大洋洲
黑种人	黑色	卷曲	厚嘴唇	少	非洲、大洋洲、美国境内
黄种人	淡黄色、棕黑色	黑直	扁平	中等	亚洲东部

技能评价

案例 4-3 中教学环节的设计注意到充分利用图片、图表的作用,采用简明的启发式教学法,帮助学生形成对世界上不同人种的认识。应用读图启发、归纳比较和综合分析等方法,在对比中得出不同人种之间的差别,总结人种特征,使学生形成较清晰、完整的认识。

技能操练

气候在地理环境形成和演变中具有重要作用,气候的形成又会受多种因素影响,课后请绘制影响气候形成的地理因素关系示意图。

4.3 地理课堂教学三板媒体技能

教学叙事 14

地理三板与多媒体重要性的辩论赛

某师范大学地理教育专业大三学生正在展开一场关于"三板媒体在多媒体时代的地理课堂中是否还重要"的辩论。正方认为在多媒体时代,"三板"媒体技能可以弱化,应该更多地加强现代多媒体技能的训练;反方认为即使在现代地理课堂中,"三板"媒体技能依然应该作为地理教师的一项基本技能,具有重要的存在价值。

正方:多媒体可以创设出生动有趣的教学情景,化无声为有声、化静为动、化遥远的过去为眼前的现在,使学生进入一种生动活泼的学习氛围,充分利用多媒体的这一优点,可以培养和激发学生地理学习的兴趣。例如,在高中地理教材中"洋流"部分,关于"密度流"的教学,书中仅有"密度流"的概念和一个图片,我们将这个图片充分利用起来,将第二次世界大战时发生在直布罗陀海峡的德军利用密度流悄然通过盟军封锁线的故事改为 Flash 动画的形式展现给学生,激发学生认知兴趣和求知欲。

反方:一堂地理课的板书,教师并不是执笔不停地在黑板上写,而是将预先设计好的定型的板书形式和内容,按教学进程需要,有步骤地边讲边写,使知识层次化、系统化。同时,学生的思维随着教师的板书和引导,步步深入,这样学生不仅学到了知识,还培养了能力。教师当堂作图,边讲、边画、边问,使各地理要素分层显现在这一平面上,有利于突出重点,分散难点,帮助学生抓住特征,加强识记,使教学内容由浅入深、由简到繁、逐步发展,把教学过程与认识过程统一起来。教师当堂作图,学生反复观察作图顺序和作图技法,有利于培养学生的作图兴趣和习惯。实验证明,凡视、听、做结合,经常随同教师作图的学生,其地理知识的当堂巩固率一般可达 70% 以上。

随堂讨论

请对辩论赛进行评判,讨论地理三板媒体技能的作用及在现代地理课堂中存在的价值。

一个优秀地理教师营造地理教学情境需要"武器",这就是充满"地理味"的板书、板图、板画(简称三板)。在以黑板为主要载体的教学条件下,"三板"教学技能水平与地理教师的课堂教学质量直接相关。即使在现代化多媒体技术发达的形势下,"三板"在地理教学中仍然具有"锦上添花"的作用,如自制幻灯投影和课件,仍离不开"三板"的设计基础和基本技法。

4.3.1 地理课堂教学三板的设计原则

4.3.1.1 地理板书设计的基本原则

(1) 科学性原则。科学性是地理板书最基本的要求。地理板书的科学性主要体现在内容的严谨性和结构的合理性两方面。内容的严谨性主要是指板书的文字表达要准确无误,板书中所运用的文字、图表,所表达的地理知识必须是正确的;结构的合理性主要指板书中各种文字、符号、图表还要按一定的形式结构组合起来,能简明扼要、形象直观地表达各种地理概念、地理原理、地理联系,这是板书科学性较高层次的要求。

(2) 针对性原则。板书设计要针对学生实际,一方面内容的信息量要适中,深浅度应适宜。针对课堂教学而言,地理板书的信息量过大,板书设计太复杂,学生看不懂,接受不了;板书过于简单,不利于引起学生的求知欲望和兴趣。另一方面板书的设计形式要合理,适应培养学生能力的需要,因为不同形式的板书在培养学生能力方面的功能是不同的。板书形式的选择,也要有针对性,因为不同的教材内容,培养能力的要求不同,形式就应有所不同。

(3) 启发性原则。启发学生积极思维,发展学生的智力,培养学生分析问题、解决问题的能力是地理教学的重要任务之一。在课堂教学中,教师除了运用语言、教具等手段进行启发外,充分运用富有启发性的地理板书,也是一种重要的方法和不可忽视的途径。板书的启发性主要体现在两个方面:一是板书内容设计要有启发性;二是板书的形式和布局要有启发性。

(4) 美感性原则。地理板书要做到不空不繁、不错不杂、纲目清楚、内容准确、结构合理、文字工整、符号清晰、布局匀称,所有这些都是板书美感的重要内容。好的板书使学生喜爱,从而激发起学习欲望。条理不清、板面紊乱、内容繁杂、残缺不全的板书,会使学生厌烦,从而失去板书在教学中应起的积极作用。

4.3.1.2 地理板图、板画的设计原则

板图、板画基本功包括设计、画、用三部分。现成的板图、板画资料不多,这就要求通过教师的设计或加工、改造,把教科书上的文字、插图以及其他教学参考资料上的图文,转化成板图、板画。教师应在深入钻研地理课程标准、地理教材、地理教学方法和图像教学艺术的基础上,依据设计原则,不断提高设计能力。主要设计原则有:简易性、地理性、科学性、典型性、有序性等。

(1) 简易性。在设计过程中,应尽量降低难度,节省时间,力求方便、实用、高效。例如,用一大一小两个相连的三角形,表示南北美洲的气候特征和影响因素,简单、容易、效果好;用几条折

线表示黄河和长江上、中、下游及其特征;用排笔表示阳光直射、斜射同地面辐射量的关系等。

(2) 地理性。 围绕地理教材中的重点、难点、疑点、关键点等,以地图、剖面图、原理图和图表为主,设计地理教学板图、板画,以突出地理性。如葛洲坝、坎儿井、天山牧场示意图等。

(3) 科学性。 科学性是评估地理教学板图、板画的重要原则。根据制图综合原理,为了突出地理特征,在作图过程中,允许简化或夸张。但是,这种简化和夸张是有条件和限度的,即以不损害板图、板画的科学性为前提。例如,作彗星图,彗尾显现的位置应在离太阳大约 3 亿 km 以内的轨道上;作对流层云图,自下而上依次应为层云、光积云、卷云等。

(4) 典型性。 所谓典型性有两层意思:其一,选材典型,区域之间千差万别,地形地物各有特点,这就要求选材典型,以充分反映地域差异,突出地理特征;其二,重点突出,必须严格按照地理新课程标准、地理教材、地理教学目的来选材设计,不仅每堂课的板图板画要限量,而且每幅图的内容要严格筛选,既避免图幅过多如开画展,又防止因每幅图内信息量太大而冲淡教学重点。

(5) 有序性。 地理教学板图板画的每幅画面,既要重点突出,又要层次清楚,排列有序,以显示鲜明的系统性和逻辑性。如黄土高原的成因与演变示意图,曲流与牛轭湖成因示意图,岩石风化过程图等,都具有明显的次序。

技 能 操 练

根据地理板图、板画的设计原则,以《普通高中教科书地理必修第二册》(中图版)第三章为例,选择一节内容进行板图、板画的设计?

4.3.2 地理课堂教学三板媒体技能的操练

4.3.2.1 操练注意事项与方法建议

(1) 板书设计注意事项。 第一,正确处理内容与形式的关系。地理板书的设计内容重于形式,形式为内容服务。不能为了追求形式,而使内容失真、遗漏,或者表达不准确。要保证知识的系统性和完整性,在此前提下考虑适当的形式,使板书具有较高的教学性,否则板书可能会成为教学中的干扰因素。

第二,正确处理书写与讲解的关系。地理板书在教学过程中存在一个书写时间问题。有时可以边讲边写;有时是先写板书,然后师生一起分析;也有先讨论、分析、归纳,然后再写板书。这些都根据教学的需要来决定,应考虑板书出现的最佳时效。教学中应避免那种因讲解而忘记板书,然后再去补写,或者因过多板书而影响讲解时间,要克服板书中的随意性和盲目性。

第三,正确处理设计与运用的关系。板书是在课前认真备课的基础上,根据教学需要而设计的。在实际教学中运用时,可能会出现许多矛盾。例如,有时板面不够,有时各部分之间间距小而文字写不下;有时来不及书写等。解决这些矛盾除了在实践中不断积累经验外,还要靠课前进行必要的试写。另外教学中也可以根据实际情况进行适当的增减和调整,但必须保证板书的完整性。

第四,正确处理艺术性与审美性的关系。地理板书是地理教学艺术的组成部分,加强板书艺术性是为了在教学中更好地运用这一教学手段。作为一个地理教师,除具备地理专业知识外,还须具备教学基本功。平时要加强文字、书法、板画等基本功训练,在教学中大胆实践,并且不断总结地理板书的理论和实践经验,使板书成为一门教学艺术。

 阅读卡片

> 板书可分为主要板书和辅助板书(副板书)。主要板书用于书写教学内容的提纲,帮助学生掌握每节课的主要内容,通常使用黑板中间部分,占黑板面积二分之一至四分之三。在黑板的两边写辅助板书或画板图。
> [摘自:郭友,杨善禄,白蓝.教师教学技能[M].北京:首都师范大学出版社,1993:108.]

(2) 板图、板画操练方法建议。地理教学板图、板画的基本作图要领是:暗线明描,树立信心,反复实践,水到渠成。为了保证作图速度和质量,初学者应准备一块特制的轻黑板作为起步的"拐棍"。这种黑板重量小,不怕湿,携带方便,教师事先稍做准备,即可当堂作图,比较顺利地边讲边画。

地理教学板图、板画基本功,以"易、快、好、省"为目标,主要有轨迹法、运筹法、线晕法、扫描法等。

轨迹法

地理教学板图、板画常用到一些直线和几何图形。运用轨迹法作图,不以规矩也能成方圆。

① 作直线。取长粉笔放倒,沿长轴方向运笔,这时,粉笔犹如沿轨道前进,可画出水平、垂直等各种方向的直线。线段画直了,作三角形、正方形、梯形、菱形、多边形等各种几何图形就容易了。

② 作弧、圆。第一,作大弧、圆:以肩关节为圆心,舒展单臂画弧、作圆,用以表示大地曲面、天球、地球的形状、经纬网、五带、气压带、风带等;以天突穴为圆心,舒展双臂作更大的弧、圆,用作两半球图,或表示世界水陆分布、洋流、自然带,以及世界海上交通的图等。身体离黑板越近,所画的弧、圆越大,越远则越小。第二,作中弧、圆:以拇、食、中指三指捏长粉笔,以小指或无名指为圆心,反掌旋转,得中弧或中圆,用以表示地球的运动、黄赤交角等的图。第三,作小弧、圆:取一段横镂笔放倒,用拇、食、中指压住一端或中间,沿短轴方向旋转180°~360°,得小弧或小圆,用来表示天体、居民点、工业生产符号等。

运筹法

为了提高作图速度,简化地理板图、板画,要求合理运笔,用笔经济,运筹有方,为课堂教学节省时间。第一,连续运笔:即一笔成图。一笔画小麦、棉花等图例符号,一笔画畜、禽、兽、鱼等的图。第二,顺笔点缀:即凡是可以顺笔点缀的,不再回笔,如在航海线上顺笔点缀一艘轮船的图;在航空线上顺笔点缀一架飞机等的图。第三,往返运笔:即以双程运笔,取代单程运笔,尽可能避免空笔,如一次画两株树干,几条枝芽。第四,一次写色:要求一种彩笔只用一次。往返运笔,一次写色,如作热带海滨景观画,先用赭石色一次将椰子树干、椰果、海岸、珊瑚岛等画完,再用绿色画树冠、海水,然后用白色依次画船、鸟、云等。

线晕法

即线描、晕渲一笔同时出现。由于落笔处线中有晕、晕中有线,所以容易显示地理现象的三维空间效果,使地理板图板画生动活泼,富于真实感。

扫描法

扫描是一种高效运笔技法,可以把功效提高几倍。如用板笔点绘,转眼就是一片沙漠图;用绿色横镂笔扫描,几笔就是一簇羽状叶片或条状树冠图;用白色横镂笔,可以迅速扫描出地形雨线图和斑马的条纹状保护色图;用赭、黄、白三色板笔横行,得美丽的霓纹图;旋转,可得长颈鹿的块状斑纹图;用各种彩色粉笔配伍做成的排笔横扫,可得线条光洁匀称的地质构造图。总之,运用扫描法,可以显著增强地理教学板图、板画的质感,而使课堂教学气氛活跃起来。

4.3.2.2 操练行动建议

(1) 进行基本的书法练习,然后练习粉笔字,根据板书设计原则学习设计板书。

(2) 在书法训练的基础上,先进行书写(边讲边写、侧面写、举手写、躬身写)训练,再进行版式训练,最后是根据教学内容、教案编写同步的板书设计训练。

(3) 深入钻研教材,正确揭示知识体系之间的内在联系,这是设计好板书的前提条件。选择地理教科书中几节课的内容,尝试进行不同的三板设计,在小组内展示,并进行评价修改。

(4) 进行不同形式的训练。例如,

变化训练:即将一种类型的板书改换成另一种类型的板书或改变其排版形式。

比较训练:将关于同一内容的若干幅不同类型不同版式的板书加以比较,评品优劣。

竞赛性训练:规模可大可小,做法不拘一格,充分调动全体受训者的积极性。

(5) 查找板书的典型实例,并对实例进行分析。明确这种板书的种类、优点,以及运用这种板书应注意的问题。

(6) 进行地理教学板书自测记录,设计一堂地理课,按照以下方法进行。

① 按照自己的板书结构原样照录。可以将板书情况拍摄下来进行分析。

② 观察自己的执笔方法与书写姿势。

③ 观察书写的速度、质量,字体的大小情况。

④ 观察书写与言语讲授配合情况,然后根据观察记录,与教师一起分析以下内容。

板书的科学性。图文是否准确,有无科学性的错误。

板书的概括性。能否突出讲授的重点、知识的要点,图文是否简明。

板书的条理性。能否显示知识体系的结构层次,揭示知识间的内在联系;布局是否合理。

板书的启发性。能否给学生提供记忆的线索、思考的脉络;形式是否单一。

板书的示范性。书写是否认真,字体是否工整,形象是否美观。

(7) 进行板图、板画基本功练习,分析研究各种线段的属性和画法,合理选用各种线段作图,提高作图速度、降低作图难度。

(8) 根据地理教科书上的图画,进行描绘练习。

【案例 4-4】

"冷暖锋形成过程"板画示意

"冷暖锋"是中学地理教学过程中的一个重要知识点,也是课堂教学中的重点和难点。如果在教学过程中,教师能够比较准确、快捷地在黑板上运用板画技能画出其形成过程,结合绘制过程讲解,则可起到非常好的辅助效果。

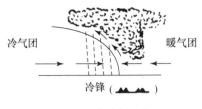

图 4-5 冷锋与天气

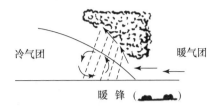

图 4-6 暖锋与天气

4.3.3 地理课堂教学三板媒体技能的评价

地理课堂教学三板媒体技能的具体评价标准见表 4-5。

表 4-5 地理课堂教学三板媒体技能的评价

评价标准	优	良	中	差	权重
1. 文图准确,有地理性					0.15
2. 层次分明,有条理性					0.10
3. 书写规范,整洁美观					0.10
4. 逻辑清晰,重点突出					0.15
5. 布局合理,有艺术性					0.15
6. 板书与讲授结合恰当					0.10
7. 形式与内容结合适宜					0.15
8. 顺序得当,速度适宜					0.10

阅读卡片

板书设计的评价方法

要素分析法是通过分析板书设计所含的要素做出评价的方法。
目标检测法是通过考察板书设计在实现教学目标方面所起的作用做出评价的方法。
教材对照法是通过考察板书设计是否符合教材实际做出评价的方法。
学生反馈法是通过了解学生对板书设计的感知和反映做出评价的方法。
客观比照法是通过不同板书设计的比较、对照做出评价的方法。

[摘自:杨国全.课堂教学技能训练指导[M].北京:中国林业出版社,2001:205-207.]

【案例 4-5】

日　　本

一、东亚岛国
1. 位置及领土组成
2. 首都、民族、语言、港口
二、多山的地形

山地丘陵众多,火山地震频繁

三、温湿的气候

温带海洋性季风气候和亚热带季风气候

四、东西融合的文化

五、发达的经济

1. 经济概况
2. 进出口贸易
3. 工业和农业
4. 渔业和交通运输业

六、主要城市

东京、大阪、横滨、名古屋、京都

参与评价

案例4-5是初中地理"日本"一节的板书设计,请对这一设计进行评价。

请试用其他板书形式对上述板书进行重新设计。

4.4 地理课堂教学现代媒体技能

教学叙事15

优质课竞赛

2017年,来自全省的40多位老师参加了湖北省地理优质课竞赛。竞赛结课以后,实习生小肖老师发现40多位老师全部是用多媒体课件上的课。听课的过程中,他觉得其中有好几位老师的地理课件做得特别精美,动态感强,认为这几位老师一定可以拿到前几名。可是竞赛结果公布以后,他发现自己认为课件做得特别好的几位老师并不是都获得了好名次。他非常不解,询问了一个评委老师。评委老师说了两句话:"课件做得漂亮并不一定能上一堂好的地理课;一个优秀的地理教师需要的是综合能力与素质。"

讨论教学叙事15中评委老师所说的两句话的含义,并分析地理课是否都有必要用地理多媒体课件。

现代教学媒体具有化难为易、化繁为简,缩短认知过程的时间,激发学生学习兴趣,提高课堂教学效率等优势。在地理教学中运用现代媒体教学能提高单位时间内地理教学信息传递的数量,提高学生的认知速度;中学地理教学中的诸多重点和难点的学习,学生可通过观察认识地理事物的复杂性,有助于建立空间概念,建立地理事物空间关系的心理地图,发展想象能力。

标准链接

【信息素养】
　　了解信息时代对人才培养的新要求。掌握信息化教学设备、软件、平台及其他新技术的常用操作,了解其对教育教学的支持作用。具有安全、合法与负责任地使用信息与技术,主动适应信息化、人工智能等新技术变革积极有效开展教育教学的意识。
　　[摘自:中华人民共和国教育部.中学教育专业师范生教师职业能力标准(试行)[S].2021.]

4.4.1　地理课堂教学现代媒体的类型与特点

地理课堂教学现代媒体,又叫电子技术媒体,具体可分为以下几类:电声类地理教学媒体、电光类地理教学媒体、影视类地理教学媒体以及计算机多媒体。表 4-6 罗列了地理课堂教学现代媒体的分类与特点。

表 4-6　地理课堂教学现代媒体的分类与特点

分类	主要媒体	特点
电声类	收音机、录音机、激光唱机以及相应的录音带、CD 等	① 能够提供标准的、可重复的、清晰的语言范例; ② 可以创设情景,容易突破教学难点
电光类	幻灯片、投影仪以及相应的幻灯片、投影片等	① 直观、形象; ② 放映不受时间限制,教师操作灵活; ③ 制作简单,价格低廉
影视类	录像机、电视机、VCD、DVD、电影放映机以及相应的录像带、碟片等	充分表现地理事物、事件、现象等的动态变化或运动原理,提高地理教学质量,扩大地理教学规模,营造教学环境与氛围
计算机多媒体	计算机与投影仪结合使用	速效、动态、互动、广泛,适宜个体需求
手机 APP	太阳测量师(Sun Surveyor)、MeteoEarth、Stellarrium、百度地图等	方式移动性、内容动态性、知识直观性、交互多样性、学习非线性

近年来,随着 4G 网络的普及、5G 网络的试行以及无线 WiFi 覆盖面积的不断扩大,移动智能终端(手机)及其应用程序 APP 也迅速得到发展和普及 。《普通高中地理课程标准(2017 年版)》在"实施建议"中强调要深化信息技术应用,尽量发挥移动设备和云平台的优势,让移动设备成为学生学习的工具,而不仅仅是囊括知识的容器。在课堂中运用手机 APP 辅助地理教学符合新课程改革的要求,是地理教学改革的助推器。具有地理学科特色的手机 APP 大致可以分为以

下几类:地球运动类、气象气候类、天象观测类、环境类、地图类、测评类、户外类、资信类及游戏类(表 4-7)。

表 4-7　地理学科特色的手机 APP 分类

类型	功能	APP 列举
地球运动类	模拟地球等天体运动,运行规律等	地球仪 3D、全球 3D VR、地球运动、小小地球仪、太阳测量师、城市时钟等
气象气候类	为用户提供实时天气气象状况,方便人们生产生活	Meteosphere、MeteoEarth(全球天气)、天气、气象雷达、天气预报、智慧农气象、EarthNow(NASA 地球仪)等
天象观测类	虚拟宇宙中的天体、星系、星座等,为用户提供宇宙天体观测途径	Star Walk、3D Solar System、Terra Genesis、Stellarium、Solar Walk(太阳系漫步)等
环境类	能监测并提供环境讯息	墨迹天气、PM 2.5 监测、全国空气质量、蔚蓝地图等
地图类	能提供电子地图、在线制图、线路规划等信息	Google Earth、ArcGis、奥维互动地图、Barefoot World Altas、百度地图、高德地图等
测评类	为地理学习提供资源,并进行课堂、课下反馈与互动	试题君、考 A 啦、酷学习、名师课堂等
户外类	为户外地理研究或学习提供帮助	户外助手、户外工具箱等
资信类	为地理学习者与爱好者提供地理知识、地理图片、地理景观、人文风俗、实时信息等	NASA 系列软件、中国国家地理、National Geographic 系列软件、Fotopedia、奇迹阿特拉斯等
游戏类	以游戏的形式为学习者提供地理知识,以发展其智力与兴趣	地理竞赛游戏、Geo Expert——世界地理、地理木拼、地理拼图等

由于计算机多媒体具有巨大的整合功能,因此,在经济发达地区的学校中被越来越多地运用到地理教学中,甚至有逐步取代其他媒体的趋势。不过,它在地理课堂教学中的地位目前仍处于辅助地位,也就是我们习惯上称的"计算机辅助地理教学"(Computer Assisted Instruction of Geography,CAIG)。

随堂讨论

计算机多媒体在地理课堂教学中是否能够完全取代传统媒体?

4.4.2　地理课堂教学现代媒体技能的操练

4.4.2.1　技能操练方法指导

(1) 制作与使用方法指导。

① 设备使用指导。

第一,幻灯。其一,是幻灯片的来源,可以购买,也可以自己积累。其二,是幻灯片的选择,其内容必须是教材重点、难点所涉及的,必须具有典型特征。表现区域特征的幻灯片必须考虑画面要素的组合具有显著的联系性,如表现瑞士首都伯尔尼的景观,可考虑商业一条街;琳琅满目的钟表广告,比比皆是的钟表商店,鲜明地表现该国钟表生产的地位。在选择幻灯片时还需注意画面要清晰、美观、协调。其三,幻灯片的使用,课堂运用幻灯片时必须与讲解配合,突出观察重点,以集中学生的注意力,使幻灯片更好地发挥作用。

第二,投影。投影片的制作比较简单,一般是根据教学的需要进行临摹,片子的内容与教学内容紧密配合,针对性强。在使用过程中可以系统地、有步骤地、分层次地输入信息,使信息的输入由浅入深、由易到难、由简单到复杂,帮助学生学会地理思维的方法。

第三,录像。录像和电影效果相似,但电影放映必须有固定的场地,需要一定的放映技术,这是一般学校和教师所不能及的,而录像设备的使用则比较方便,因此录像比电影更易普及。目前专门为地理教学拍摄的电影和录像数量有限,但可以从一些科教片中进行摘录和精选,在选择时要紧扣教材内容,放映时要加强指导,带着问题看片,放映后要进行讨论和总结,特别注意要与其他电教手段和常规手段配合使用。

第四,计算机多媒体课件。计算机多媒体包括的信息多样、丰富,其课件制作的关键在于文本、图像、音频、视频等各种素材的收集、整理和加工。多媒体课件制作的流程如图4-7所示。

其一,确定课题。一般选择课题的情景是:常规演示或教学方法不能解决问题时;在现实实验中仪器设备太笨重、太昂贵时;常规真实情景不可能长时间稳定时;通过多媒体手段能很好解决而且有优势,并能帮助形成切身体会时,例如,四季的形成、地壳运动等抽象的内容,利用计算机的图形、动画、视频等功能,进行显示、模拟,使之直观、形象化,可促进学生的理解和记忆。

其二,教学设计。以传播学和学习论的理论为基础,运用系统理论的原则和方法,研究教学系统、教学过程,制订教学实施的计划,以使教学达到最优化。

其三,系统设计。即按教学设计的要求来确定计算机课件的基本结构及实施的方案。具体包括:

A. 确定软件类型。

a. 课堂演示软件。针对某一课题内容,按一定顺序呈现教学信息,根据学生的反应和要求而变化,既能适应学生的能力和基础,又活跃了课堂气氛,利于调动学生的思维与学习的积极性。课堂演示软件主要适用于地理知识难度偏小、地理表象陈述较多、地理规律含量不高、学生活动相对较小的课型。

b. 交互软件。它设计了多层次分支结构,同一课题有不同的分支教学流程,能适应不同学生的需求,符合因材施教的原则。它适用于地理规律性强、难度较大、以单因素为动画演示、多因素为控制模拟方式表现教学内容,学生活动性较强的课型。

c. 测试题库软件。它可以调用题库中大量静态、动态图像,音频模块进行问题的设置,通过人机对话,及时做出客观反馈,能帮助学生建立知识间的联系,利于学生形成习惯性技巧。

d. 工具资料软件。此类型软件通过建设数据库,存储了大量的地理信息,便于学生查找和咨询。

e. 综合性软件。该类型软件编制较复杂,但软件内容丰富多样,功能强大,能灵活地服务于地理教学。

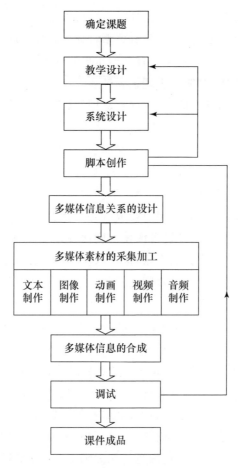

图 4-7 多媒体课件制作流程

不管使用哪一种类型的软件,一个好的多媒体地理课件都须具有以下特征:地理知识的准确性;图、声、文的交互性;画面的生动、形象、趣味性;操作的灵活性(界面的友好性);网络性(能在网上发行)。

B. 设计封面和界面。界面是信息交换的通道,通过键盘、鼠标等物理设备对屏幕作出反应,完成人机的交互作用。好的界面除了交互性强之外,还应考虑到界面的美观程度。例如,颜色的搭配是否协调、背景是否合适、按钮是否美观等。

C. 划定知识单元和知识点。

其四,脚本创作。系统设计的内容要结合创意进行脚本设计(即屏幕设计)。

脚本是制作课件的直接依据,包括:

a. 交代该课件讲什么。先设计一个框架,要能体现屏幕界面的风格。

b. 根据内容描述对等信息,即设计媒体信息的一个呈现手段。如用文字、动画、声音等来表现。对于文本,凡能标明字形、字色的都应尽量标明;对于图形,要尽量注明线型、线色;对于动画,要绘制出动画的初始状态,包括背景在内,要画出每个动画的典型位置……此外,还要考虑课件界面、屏幕对象、艺术风格等设计要求。

其五,多媒体信息关系的设计。即交互设计。交互性是多媒体课件的生命所在,交互途径通过课件的"用户界面"得以实现。该界面必须告诉使用者它有什么以及它能干什么,通常以超文本和热点的形式予以说明。

超文本(Hypertext):一个以文本为主的课件经常会用到超文本。采用超文本时,每个词都是"活的"——选中它,你可以直接跳转到你想去的任何一页。

热点(Hotspot):热点通常是屏幕上的一个按钮、图片或热对象,当你选中它,它会把你带入该课件的另一部分。

其六,多媒体素材的采集加工。这是多媒体信息合成前的最后一个准备阶段,工作量较大、内容烦琐。包括:

a. 文本制作。文本的输入固然容易,但设计者还要在它屏幕上出现的形式以及使用者软件与它进行交互的方式等方面费一番脑筋,在一些特定的环境里,如能制作一些特效字,应用到标题或说明性的文字中,则效果更好。例如,在讲"地震"的内容时,可将"地震"二字做成破碎状的动画字;讲"湖光山色"等旅游风光时,可利用水面倒影字的特殊效果;讲"火山喷发"时,可将文字做成熊熊燃烧的燃烧字等。这些特效字可利用一些常用的软件,如 PhotoShop、Cool 3D 或 3D Max Studio 等软件完成。

b. 图像制作。地理学科的许多内容用文字表达是远远不够的,必须使用大量的图像资料。图像素材的收集可来源于一些现成的 CD-ROM、扫描的图片,或自制的图片,另外网上下载图片也是一种快捷有效的方法。有了图片,再利用一些图像处理软件,如 PhotoShop、PaintShop、CorelDRAW 等对图像进行特效处理,可得到自己满意的效果,如图像的翻转、旋转、颜色的调整和一些特殊效果等。

c. 动画制作。可分为二维动画和三维动画,动画适宜表现教学中比较抽象的内容。利用 Animator Pro 软件可制作出许多令人满意的二维动画效果,如表现锋面雨带的移动、四季的形成、巴拿马运河船只出入的过程等。

d. 视频制作。视频信息可以大大丰富课件的内容,利用影皇(Video King)视频捕获卡等软件设备可方便地对视频信号数字化,并进行编辑处理。

e. 音频制作。多媒体课件一般都会用到大量的音频信息,如背景音乐、解说等,音频的使用不仅能起烘托视觉体验的作用,还能增强交互性,例如在测试题中用不同的声音来表示正确还是错误提示等。

其七,多媒体信息的合成。即将已准备好的文本、图形、视频信号、动画等多媒体素材或各个节点,根据课件设计要求,进行链接,形成多媒体课件。实践证明,在众多的多媒体创作工具中,PowerPoint 易学易用,适用于小型课件,Authorware 用于交互性要求强的课件,它具有跨平台兼容性,可通过不同平台创作、编辑、发送播放的应用程序。

其八,调试。检查每一个功能是否能达到目的,教学效果如何,并根据需要修改设计,重新调试,直到课件符合设计要求为止。

其九,课件成品。将修改好的课件备份存盘,便于长时间使用和保存。

(2) 电教媒体操作技术要求。

① 不求形式讲求实效。从地理教学实际出发,所选择的电教软件必须紧扣教学内容,选择的软件必须发挥作用,不要变成电教"表演课"。

② 视听与思考密切配合。要明确视听的目的,不是单纯为学生提供丰富的感性材料,而是

为了形成形象思维,并向抽象思维转化。因此,电教课不是感性材料的堆砌,必须与思考密切配合。

③ 多种媒体联合使用。各种媒体各具所长,教学包括许多环节和步骤,需要多种媒体配合,形成最优化组合,以加强学习效果。如幻灯长于表现真实的典型的景观,投影适宜表现各类简化的地图,录像的优势在于表现运动中的地理现象。应根据教学不同环节的需要,发挥各类媒体的作用。

④ 教师发挥主导作用。确定符合学生接受的信息量,选择适当的现代媒体,做到演播适时,讲解恰当。

(3) 运用现代媒体的注意事项。

① 了解所用设备的性能和使用方法,检查设备是否完好,电源电压是否与电教设备额定电压相符。

② 按课堂使用顺序编排好各种软件,反复使用的录音、录像要按使用顺序和次数,重复录制好,避免课上反复倒带寻找所用内容。

③ 使用投影、电视等提供视觉信号的电教设备,应避免光线直射屏幕,并注意室内遮光情况,以保证画面清晰。

④ 把电教媒体置于最佳位置,保证全体学生听得见、看得清。几种媒体综合运用时,还要兼顾操作方便。

⑤ 操作投影器时,要先将灯光选择开关置于弱光位置再开机。调节画面大小,充分利用屏幕,使图像位于屏幕中央。调节焦距,使图像清晰。更换投影片时,或先关机再更换,或先放上新的一张,再立即拿去旧的一张,避免银幕上出现空白。要用细而光滑的指示棒指示画面,避免用粗糙物体或用手指示。注意不要用身体遮挡光线。不用时,要及时关闭。

⑥ 应能熟练、准确地操作各种电教媒体,并具有一定的应变能力。将两种以上媒体配合使用时,应力求和谐统一,操作方便。

⑦ 运用录音机和电视、录像机时,不要在录音机播放和电视中解说的同时,教师进行讲解,可在播放前、后或暂时中断电教设备所发出的声音后再讲解。

⑧ 教师在操作媒体的同时进行讲解,应尽可能面对学生,并注意所站位置,既要使教师讲解的效果好,又不影响学生的视听。

4.4.2.2 技能操练行动建议

(1) 练习各种媒体的制作方法。

(2) 搜集整理相关素材。可从以下方面搜集:课本和配套的地图册、填充图册中的插图;从地理有关报刊上收集图片、图表、各种风光图片;从影像中收集相关内容的片段、音乐;从网上搜集资料;从光盘、软盘中搜集;收集乡土地理的有关信息;通过电视、广播等途径收集等。

(3) 结合教材具体内容,选择几节课进行媒体运用设计。

(4) 学习并掌握计算机的操作以及一些工具软件的运用,如:Authorware、PhotoShop、Word、Amimator 等,其中 Word 2007 用于生成各种文本及表格,Powerpoint 用于制作幻灯,PhotoShop 主要处理和制作各种图像、图表,Amimator 用于制作和修正动画、影像,而 Authorware 是一套功能强大的多媒体系统,主要用来对多媒体基本文件的编辑、合成及生成简单的图片,制作的动画生动、直观、形象。

(5)加强操作技能训练,如在制作地理课件时能熟练运用 Powerpoint 软件,进行幻灯片复制及删除、字体及背景颜色的改变、图片的插入、动作按钮的设置,以及"自定义动画"中的放映时间和效果的设置等。

(6)结合语言技能训练,在地理教材中选择几节适合现代媒体的内容,进行教学设计,并演练录像后找出不足之处进行改进。

【案例 4-6】

用 Excel 2007 制作地理图表

以"世界各种气候类型的降水量和气温月份分配图"中的"上海气候图"为例,介绍制作步骤如下:

1. 取文件名为"亚热带季风气候——上海.xls"。
2. 在 Sheet1 中输入表 4-8。

表 4-8　亚热带季风气候——上海气温

月份	1月	2月	……	11月	12月
月平均气温(℃)	3.1	4.3	……	12.5	5.9
月降水量(mm)	37.8	54.7	……	57.3	35.4

3. 点击"插入"菜单栏中的 ![图表] 图表按钮,弹出"图表类型"对话框,在"自定义类型"栏选中两轴线一柱图按钮,单击"下一步",弹出"图表源数据"对话框,在"数据区"的"数据区域(D)"栏中点击 ![按钮] 按钮,该对话框随即缩小为条带状,然后按住鼠标左键拖动选中 Sheet1 中的数据区域。再次点击 ![按钮] 按钮,点击"下一步",在"标题"栏加上"图表标题(T)"为"亚热带季风气候——上海","数值(Y)轴(V)"为"月降水量","次数值(Y)轴(Y)"为"月平均气温";在"网格线"栏中将"数值(Y)轴的主要网格线(O)"前打上"√",其余设置为默认值。再点击"完成"按钮,得到图(如图 4-8 所示)。

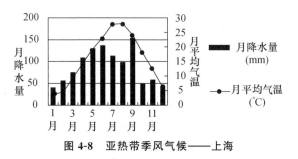

图 4-8　亚热带季风气候——上海

4. 对图 4-8 进行细化修改,方法是双击要修改的部分,根据需要修改弹出的对话框中的参数。经过对图案、刻度、字体、数字、对齐、坐标轴和数据标志等的修改处理后,便得到所需的图表(如图 4-9 所示)。

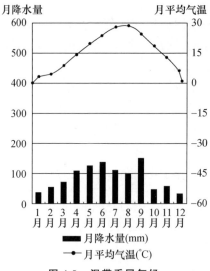

图 4-9 温带季风气候

4.4.3 地理课堂教学现代媒体技能的评价(见表 4-9)

表 4-9 地理课堂教学现代媒体技能的评价

评价标准	优	良	中	差	权重
1. 所选媒体与地理教学目标及内容相符					0.10
2. 所选媒体运用对突出重点、突破难点确有作用					0.15
3. 准确运用综合性原则					0.10
4. 演示与讲解统一					0.10
5. 现代媒体运用适时、适量					0.10
6. 发挥学生的主动参与性,师生共同参与					0.10
7. 反馈调控及时准确					0.10
8. 现代媒体操作熟练规范					0.05
9. 现代媒体制作内容科学准确,突出地理性					0.10
10. 选材真实、典型、有代表性					0.10

【案例 4-7】

MeteoEarth 手机软件在高中地理教学中的应用

MeteoEarth,中文名为"全球天气",是一款专业的天气软件,可设计 3D 旋转地球模型,其对气温、气压、风速、风向、云量、降水量等气象要素都能做全方位的展示。MeteoEarth 具有搜索、设置、分享、天气与气候模式切换、3D 旋转地球与平面地图显示模式切换、显示世界城市夜晚灯光、定点查看、显示图例等 8 项主要功能。

笔者根据 MeteoEarth 的功能特点,对其潜在的教学资源进行开发,以案例的形式探讨其在

"昼夜交替和时差""高压(气旋)、低压(反气旋)与天气""气压带和风带对气候的影响""影响人口迁移的因素""河流侵蚀地貌、河流堆积地貌"等教学因子在课堂教学中的具体应用。

[示例 1] 昼夜交替和时差

MeteoEarth"显示世界城市夜晚灯光"的功能和搜索功能可以用于晨昏线、昼夜交替、时区和区时等地理基础知识的教学。在实现手机和电脑同屏之后,教师在手机上打开 MeteoEarth,首先,利用"显示世界城市夜晚灯光"的功能,可以看到昼半球和夜半球的分布(见图 4-10),教师提问:"昼半球和夜半球的分界线是什么?如何判断晨线和昏线?"其次,教师可以在手机上播放未来 24 h 昼夜交替的动画,引导学生观察思考:"昼夜交替现象产生的原因是什么?昼夜交替的周期是多长时间?"再次,教师可以利用搜索功能,查看世界各地的当地时间(见图 4-11),导入问题,"伦敦和柏林的当地时间是不同的,那么世界各地是如何进行计时的呢?当地时间有什么含义?"从而引出时区和区时的学习。最后,教师可以在 3D 模型旋转地球上通过"定点查看"功能显示伦敦和柏林的经纬度,启发学生思考:"为什么伦敦的当地时间比柏林要晚 1 h?"学生分析得出伦敦的区时比柏林的区时要晚 1 h。学生由此加深对区时的理解,逐步探究出区时的计算方法,参与知识习得的过程。

图 4-10 全球昼夜分布

图 4-11 世界各地的当地时间

[示例 2] 气压带和风带对气候的影响

选择 MeteoEarth 的"气候模式",打开气温和降水图层,可以查看全球的气温和降水分布,探究影响气候形成的因素;通过"定点查看"功能,可以查看世界各地的各月平均最低气温、平均最高气温折线图和各月平均降水日数柱状图,得出世界各种气候类型的特征,此项功能可以作为"气压带和风带"第三课时"气压带和风带对气候的影响"的教学资源。

首先,打开气温图层,在 3D 旋转地球上引导学生观察全球的气温分布(见图 4-12),教师提问:"全球气温分布有什么特点?"学生通过对照图例读图可以得出全球气温"从赤道向两极递减"的规律,体现了纬度因素对气温分布的影响。教师可以沿 110°E 自南向北拨动 3D 旋转模拟地球立体地呈现这一规律。

其次，打开降水图层，在3D旋转地球上呈现全球降水分布，引导学生思考："全球降水分布有什么特点？"学生据图可以得出全球降水分布"从赤道向两极递减""由沿海向内陆递减"的规律，体现了纬度因素、海陆因素对降水分布的影响。教师可以沿40°N自西向东拨动3D旋转模拟地球，学生可以直观地看出从大陆西岸到大陆东岸降水量由多变少再增多的变化。

最后，通过MeteoEarth查看上海、罗马、北京、伦敦、莫斯科等城市的各月平均最低气温、平均最高气温折线图和各月平均降水日数柱状图(见图4-13)，教师引导学生读图分析亚热带季风气候、地中海气候、温带季风气候、温带海洋性气候、温带大陆性气候等气候类型的特征，其他气候类型的特征也可以按照这种方法由典型城市的气温和降水特点得出。

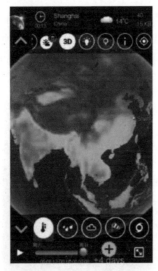
图4-12　全球气温分布

图4-13　上海的气候特点

[摘自：刘清，章莉，何爽．MeteoEarth手机软件在高中地理教学中的应用[J]．地理教学，2016(23)．]

【案例4-8】

高中地理"农业生产和地理环境"教学设计

教学准备

叶圣陶《多收了三五斗》文章摘录；世界农业地域类型分布图、世界水稻种植业分布图、我国水稻种植景观图、影响亚洲水稻种植业的因素图、菲律宾水稻梯田图、砍伐森林导致水土流失再导致农业减产关系图；四川都江堰工程视频资料；实物投影仪；VCD机，电视机。

教学过程设计

第一课时　农业的区位因素

导入新课：略

教师总结：农业生产是以动植物为生产对象，靠动植物的生长繁殖来获得产品的生产部门。

一、农业生产与地理环境

指导学生读课本57页,找出农业生产的特点。

[总结]略

[提问]可以用一个什么样的成语来说明农业生产的季节性和周期性特点呢?(春华秋实)

[讲述]农业生产作为一种重要的产业活动,它会受到哪些因素的影响呢?

展示影响农业区位的因素的投影图片。

[总结]影响农业区位的因素主要有三个方面:自然条件、社会经济条件和技术条件(板书)。

[提问]影响农业区位的自然条件主要有哪些?

[学生]气候、水源、土壤和地形

[讲述]略(展示《多收了三五斗》一文);讲述(播放关于都江堰工程的视频录像)

[提问]土壤因素对农业区位有什么影响呢?(教师提示课本19页的内容)

[回答]略

[讲述]略

展示"三江平原的种植业"和"青藏高原的畜牧业"两幅投影图。

[讲述]可以看出,不同的地形条件下,农业生产的类型是不同的。除了自然因素外,社会经济因素对农业生产的影响也是很大的,它包括市场、交通运输、政府政策、劳动力、土地价格、资金和管理等方面。

展示寿光蔬菜生产的投影图片并说明(略)。

[提问]我国在去年出台的一项对农业生产最重要的税收政策是什么?

[回答]略

[提问]废除农业税收政策,属于哪一个方面的因素?

[学生]政府政策。

[提问]苏北地区种植水稻,在劳动力方面有什么优势?

[学生]人口密集,劳动力资源丰富。

[讲述]略

[提问]据有关资料,美国的家庭农场平均耕地面积为2600亩,那么在进行农业生产的时候必须借助于什么?

[学生]机械化生产。

展示美国的机械化棉花采摘机生产投影图片。

[总结]略

技能评价

本节教学设计思路清晰,结构合理,重点突出。最大特色在于结合教学内容选取了多种教学资源和教学媒体进行组合,帮助学生对所学内容充满兴趣,能更加深刻地理解农业生产和不同地理环境的关系。

研究前沿

信息技术,如何解决"好看而不好用"的矛盾?

信息技术是新时代的技术成果,其应用于基础教育后,极大地改变了地理学科的教学方式和学习效果。从早期计算机辅助教学,到后来的多媒体教学课件,再到当下的AR、VR技术应用,信息技术在地理教学中发挥着越来越大的作用。

目前,学校教学中存在着信息技术"好看不好用"的矛盾,教师的公开课、比赛课几乎全部依赖信息技术讲授,而在平时的课堂中却很少应用。为何这样呢?教师说信息技术课观摩效果好,而学习效果差。如何解决信息技术"好看不好用"的矛盾,需要地理教师反思和探究。

[摘自:雷鸣.地理教育的六大难题[J].中学地理教学参考,2019:3.]

本章思考题

1. 调查附近中学地理教师利用地理教学媒体的情况,分析地理课堂教学媒体运用中的不足,并提出具体解决的建议。

2. 选择高中地理教材中3~5节的教学内容,进行地理教学媒体使用方案设计,并运用于课堂教学实践,体会不同教学媒体的功能。

本章小结

1. 地理教学语言是进行地理课堂教学的重要媒体之一,地理课堂教学语言主要具有以下基本特点:地理性、科学性、简明性、针对性。地理课堂教学语言技能的操练方法主要有四种:形式操练法、内容操练法、过程操练法、分解操练法。进行地理教师教学语言质量评价,主要把握下列评价指标:语音、语调、语速和语态。

2. 能否用好地理图表,是地理课堂教学的关键,也是衡量地理教师教学能力高低的重要标志。地理课堂教学图表媒体具有内容的专用性、取材的现实性、表现手法的鲜明性等特点。地理课堂教学图表媒体技能应从选图、挂图、指图、用图等方面进行操练;常用用图方法有描述法、对应法、组合法、分析法等。

3. 地理课堂教学"三板"媒体技能主要指板书、板图与板画。地理板书设计的基本原则有科学性原则、针对性原则、启发性原则、美感性原则;地理板图、板画的设计原则主要有:简易性、地理性、科学性、典型性、有序性等。地理板书设计的注意事项有:正确处理内容与形式的关系,正确处理书写与讲解的关系,正确处理设计与运用的关系,正确处理艺术性与审美性的关系。地理教学板图、板画的基本作图要领是:暗线明描,树立信心,反复实践,水到渠成。地理教学板图、板画基本功,以"易、快、好、省"为目标,主要有轨迹法、运筹法、线晕法、扫描法等。

4. 地理课堂教学现代媒体,又叫电子技术媒体,可分为以下几类:电声类地理教学媒体、电光类地理教学媒体、影视类地理教学媒体以及计算机多媒体。运用现代媒体应注意:发挥教师的主导作用,讲求实效,视听思考,多种媒体配合使用。在进行现代教学媒体操练时需注意:掌握一些工具软件的运用,加强操作技能训练,学会各种媒体的制作方法;注意结合教材内容,搜集整理各种素材,有针对性地进行媒体选择设计。

第5章 地理教学管理技能

本章概要

地理教学管理技能是地理教师必须掌握的基本技能之一。本章从三个方面概括了地理课堂教学过程中教师必须具备的管理技能。首先介绍地理课堂常规的含义和内容、地理课堂常规的建立方法以及建立地理课堂常规的基本要求。其次介绍地理教学组织技能,主要包括掌握好地理教学节奏、提高学生的注意力等。最后介绍地理教学的调控技能,包括营造良好的课堂氛围的技能、针对问题行为的调控技能、行为矫正技能、和谐沟通技能以及纪律约束技能等。

学习目标

通过学习,你能够:
1. 解释地理教学常规的基本含义,说明地理教学常规的建立方法。
2. 掌握把握地理教学节奏以及调控学生注意力的基本方法。
3. 针对学生的问题行为能够选择恰当的解决方法。

关键术语

◆ 地理课堂常规　　◆ 地理教学组织　　◆ 地理课堂调控　　◆ 学生问题行为

《中学教师专业标准(试行)》指出,教师在班级管理与教育活动中,应"建立良好的师生关系,帮助中学生建立良好的同伴关系;注重结合学科教学进行育人活动;根据中学生世界观、人生观、价值观形成的特点,有针对性地组织开展德育活动;针对中学生青春期生理和心理发展特点,有针对性地组织开展有益身心健康发展的教育活动;指导学生理想、心理、学业等多方面发展;有效管理和开展班级、共青团、少先队活动;.妥善应对突发事件"。

5.1 地理课堂常规管理技能

教学叙事 16

张老师的地理课堂

上课铃已经响过了,但是张老师的地理课堂里只有几个学生坐在自己的座位上,两名学生在教室里相互追逐,其他学生也跟着起哄。张老师不得不提高嗓门:"大家都回到自己的座位上去,现在开始点名!"点名过程中仍有学生叽叽喳喳说话。之后,张老师让学生打开课本,但是很多学生都没有带地理课本,于是又有一些学生相互商量如何共用课本,课堂又喧闹起来……

 **随堂讨论**

在张老师的地理课堂上,学生为什么会出现这种"不听话"的情形?如果事先告诉学生上课时应当遵守的纪律,情况又会怎样?

 标准链接

【育人实践】

理解学科核心素养,掌握课程育人方法和策略。能够在教育实践中,结合课程特点,挖掘课程思想政治教育资源,将知识学习、能力发展与品德养成相结合,合理设计育人目标、主题和内容,有机开展养成教育,进行综合素质评价,体现教书与育人的统一。

[摘自:中华人民共和国教育部《中学教育专业师范生教师职业能力标准(试行)》2021.]

5.1.1 地理课堂常规

5.1.1.1 地理课堂常规的含义

地理课堂常规是进行课堂教学活动的一种基本要求,是以实现教学目标、促进学生发展为宗旨,适当地处理影响课堂教学诸因素的前提。课堂常规的建立就是教师指导学生认识课堂常规,了解课堂常规,共同参与制定课堂常规,并切实执行课堂常规,进而将所认知的课堂常规内化为持久的态度,表现在行为和习惯上的历程。

建立地理课堂常规是为了更好地维护必需的地理课堂秩序,使学生有一个良好的学习环境。除此之外,建立地理课堂常规对于培养学生良好的学习习惯、增进师生之间的感情以及激发学生的学习兴趣也有很重要的作用。

5.1.1.2 地理课堂常规的内容

课堂常规的内容十分丰富,下面是地理课堂常规的主要内容:

(1) 带好上课的所有材料。应当让学生明白这节课应当带哪些学习资源。如地理教材、地图册、地图填充图册以及相应的作业本、笔记本、笔等。

(2) 上课铃声响了以后,应当坐在自己的座位上并准备好上课。教师宣布开始上课,由班长或值日生喊"起立""敬礼"等;听到老师点名,应回答"到"或者"有"。

(3) 在地理课堂上,非经允许,不得外出;不做与地理学习无关的事;发言要先举手;因事要离开教室时,要先起立报告,得到老师的许可;不妨碍他人的学习。

(4) 地理课堂上学生应尊重所有人并礼貌待人,当老师或者其他学生讲话时应当认真倾听,不允许课堂上出现打架、吵闹等现象。

(5) 对地理课堂和课外作业的要求明确具体。如按时完成作业并上交,按要求填写地理填充图等。

(6) 值日生工作要求。每次下课,把黑板擦干净;上课前、放学后都要做好教室清洁工作;做好老师交代的工作。

（7）爱护他人及公共财物。保持教室干净整洁；及时归还所借的物品；不在黑板、墙壁、课桌等处乱写乱画；使用他人物品要征得同意。

需要说明的是，地理课堂常规的内容很多，教师可以根据自己所在班级的特点和实际需要，指导学生共同参与制定，一同遵守。

5.1.2 地理课堂常规的建立

地理课堂常规的建立对于维护正常的教学秩序、顺利完成教学任务有重要的意义，因此如何建立课堂常规就显得十分重要。下面介绍几种地理课堂常规的建立方法。

5.1.2.1 自然形成法

自然形成法是在原来已经存在的班级内多数学生所共有的良好常规的基础上，加以具体化，使之成为全班学生应当遵守的行为规则的方法。

例如，在地理课堂上，大多数学生在上课铃声响过之后，都能迅速进入教室，将地理教材、地图册等学习材料拿出来，安静坐好。此时教师可以凭借学生的这种自然的行为加以处理，使之成为班级共同的常规，要求大家遵守并良性发展。

5.1.2.2 引导形成法

引导形成法是把握情景，利用一定的教育机会，将一个原本不存在的或者没有受到注意的常规引入班级，要求大家遵守的方法。

例如，在地理实验课中，由于学生没有按照规则操作，导致实验仪器损坏或者实验没有成功，这时地理教师可以借这个机会说明不遵守课堂常规可能引起的后果，并引导学生认识遵守规则的重要性，从而使学生遵守规则。

5.1.2.3 强制形成法

强制形成法通常是借助外力，采取取消学生某种权利或者予以处罚的方式，强行制约学生，以形成某种规矩的方法。

例如，在地理课堂上，经常有学生上课发言不举手，多次提醒都不见成效，刚好某一天该学生上课又不举手就说话，老师就可以用这种方式强制其改进。经过多次的这种纠正，全班学生都知道上课发言需要先举手，从而形成良好的常规。

5.1.2.4 参照形成法

参照形成法是老师或者学生发现其他班级有某种良好表现，而这正是本班学生所欠缺的，于是指导学生学习这些良好表现的方法。

例如，在地理课堂上，本班有的学生经常不认真听讲，甚至做与地理学习不相关的事情。而另一个班上的学生则不是这样，多次地理课程考试成绩都优于本班，教师可以以此为例，要求本班学生参照该班学生的行为加以学习，从而养成好的学习习惯。

5.1.2.5 替代形成法

替代形成法是以一种合适的行为来替代某一种不良行为的方法。

例如，有些学生在上课收交作业和分发学习材料时，喜欢大声吵闹，甚至随意走动。教师可以让这些学生担任收发学习材料的小组长，由他们来收交作业和分发材料，用以替代其原有的不良行为。

技能操练

作为一名地理教师,你认为应该如何建立一套合适的地理课堂常规,请写出基本思路。

5.1.3 建立地理课堂常规的基本要求

作为约束学生课堂行为的规范,地理课堂常规的建立实际上应当包含三个方面的内容:第一,必须根据学生的实际情况,制定明确的、切实可行的常规;第二,一旦常规确立,就必须严格执行,否则常规的制定就没有意义;第三,地理课堂常规的制定和执行情况如何,必须进行相应的评价。具体要求如下:

5.1.3.1 制定地理课堂常规的基本要求

地理课堂常规必须符合明确、合理与可行三个标准,并且以书面的形式呈现;课堂常规可以在全班张贴,或者制成小卡片分发给学生;初次制定的规则不宜过多,一般以 5~10 条为宜,等学生学会一些规则后,再逐渐增加;学生可以讨论规则,也可以提出修正意见;学期一开始就制定课堂常规,第一天是制定常规的最好日子,以后可以利用班会时间加以制定或修改;如果学生需要调整的行为很多,应先从最重要的 1~2 个开始,短时期实施起来较困难的行为标准,可暂时不要制定,也可以将其分解为数个次级常规,分层实施。

5.1.3.2 执行地理课堂常规的基本要求

地理课堂常规一旦制定后就应当严格执行。常规也可以进行一定的修改,但是经修改确认后仍然需要严格执行;建立良好的师生关系,营造和谐愉快的课堂气氛,更容易执行常规;选拔优秀学生干部,强化课堂组织功能,再适当授权,可以迅速有效地执行课堂常规;良好地理课堂常规的执行,是一个循序渐进的过程,需要留给学生一定的时间,使其逐步养成遵守常规的习惯;地理教师应当通过学生介绍以及自己的观察,了解学生遵守课堂常规的情况,并根据学生遵守的情况采取相应措施,以保障常规实施的效果;在执行常规时应当注意考虑不同年龄阶段的学生具有不同的心理特征。

5.1.3.3 检查地理课堂常规的基本要求

重要的课堂常规是否已经列举出来了?有没有遗漏的?对于学生不容易理解的常规,有没有举出适当的例子让学生对常规理解得更为清楚,从而有助于遵守?学生是否清楚遵守常规时可以获得何种奖励,以及违反课堂常规时会受到何种批评?所有常规是否经过正式公布,使学生都知道?常规是否每天都能加以检查?学生对常规的反应如何?常规的叙述是不是采取了正面积极的方式?表述是否通俗易懂?等等。

参 与 评 价

实地调查一个班级的地理课堂常规情况,根据建立地理课堂常规的基本要求,对这个班所建立的地理课堂教学常规进行评价。

5.2 地理教学组织技能

教学叙事 17

秦老师的地理教学组织的转变

冯老师是一名优秀的地理教师,在其课堂教学过程中,学生自始至终都能保持良好的学习状态。秦老师也是一位不错的地理教师,但与冯老师的课堂教学相比,在其课堂教学中,学生往往不能自始至终保持良好的集中状态,大多学生只能在一堂课的某一个阶段保持注意力的集中,其余时间则不够集中。为此,秦老师特意向冯老师请教。在听了秦老师的几节地理课堂教学后,冯老师指出秦老师需要改进和完善课堂教学组织方法和技能。听了冯老师的建议,秦老师加强了对地理课堂教学组织方法的学习和技能的训练,一段时间之后,学生的课堂表现果然有了很大的改观。

你认为地理教学组织技能应该包括哪些内容?如何组织?

5.2.1 地理教学组织的内容

5.2.1.1 候课的组织

候课是指预备铃和上课铃之间,即正式开始上课前的短暂时间段。这个时间段虽然很短,却是组织教学的重要环节。一般情况下,预备铃响以后教师都应该到达教室,这样做至少有两个方面的好处:其一,这会给学生传递一个信息,就是要准备上课了,让学生做好心理上的准备;其二,教师还可以利用这段时间检查学生的课前准备工作是否完成,为正式上课营造良好的氛围。

5.2.1.2 导课的组织

导课的阶段是指已经上课,但是还没有正式进入新内容学习的教学阶段。导课时间较短,一般也就几分钟,但是这个阶段组织得如何,对接下来的教学会产生重要的影响。

导课的组织方式主要有两种:一种是"环视法",一种是"课引子"组织法。"课引子"组织法也就是新课的导入法,前面章节已有阐述,这里主要介绍"环视法"。"环视法"实际上就是运用目光去指挥和调控学生的行为,目光可以是全面扫视,也可以是将目光固定于某个学生身上。一般情况下,最开始用目光扫视全班学生,如果所有学生都已集中精力,就可以开始进行教学活动;如果在扫视的过程中发现有个别学生还没有集中精力,则可以将目光固定在该学生身上,用目光提示该生注意,直到其改变为止。"环视法"组织教学是最经济的方法,用比较委婉的方式来提醒学生集中注意力,遵守课堂纪律,该方法也可以用于其他教学阶段的组织。

5.2.1.3 课中的组织

课中是指导入新课以后一直到完成新内容的教学为止的课堂教学阶段。这个阶段的时间最长,一般有 30 min 左右,教师的教与学生的学主要在这个阶段进行。它是课堂教学的中心阶段,教学组织得如何将直接影响到教学秩序和教学效率。要做好课中的教学组织,关键是要解决好教学节奏的掌控、学生注意力的调控和突发事件的应对。

【案例 5-1】

猜谜语记地名

在讲"中国行政区划"这节课时,谢老师在课前进行了精心的准备,先是按照不同的方位把中国划分成几个地区:如东北地区有哪些省区,西北地区有哪些省、市、自治区,沿海地区有哪些行政区域等。上课时谢老师讲得也很详细,让学生在地图中找出各行政区域。谢老师讲课的热情也很高,但很快就发现有些学生昏昏欲睡了,叫起一名学生回答刚刚学过的知识,学生也是答不上来。谢老师又叫起了另一名学生,可答题效果依然不好。突然有一名学生说:"老师,您这样讲课我们不感兴趣,提不起精神来,想记住可脑子不听使唤,您能不能换一种方式讲啊?"听了这些话,谢老师虽然有些生气,但觉得学生说得也有道理,可怎样才能使学生对课感兴趣呢?这时他想起一些有关省会的谜语,用猜谜语的方式讲授会不会更好一点呢?谢老师当即决定试一试。于是他说:"有几个关于省会的谜语,请大家猜一猜它们指的是哪里。"学生一听要猜谜语,马上都来了精神。有些人甚至已等不及了,喊着让谢老师快出谜语。"第一个,夏天穿棉袄——打一省会,是哪?""武汉!"不等谢老师说完就有学生喊了出来。谢老师见学生的学习热情高涨起来,心里很是高兴。"第二个,总是大吵大闹——打一省会",这次学生没能像第一个那么快把答案说出来。谢老师发现有些人在思考,有些人在相互讨论,而大多数学生则是把书翻开,在书中寻找,看是哪个省级行政中心。虽然说的几个谜底都不正确,但在大家的共同努力下最终找到了"南宁"这个正确答案。谢老师又出了几个相关的谜语,这期间学生的情绪始终高涨,思维敏捷而活跃,并一一找出了谜底。

随堂讨论

根据案例 5-1 中谢老师在地理课堂教学中的组织调控办法,你还可以提出哪些建议?

5.2.1.4 结课的组织

结课是课堂教学进程发展的最后一个教学阶段。结课作为一个教学阶段虽然时间很短,但它是学生最容易出现课堂问题行为的时间,也是教师最难调控的时间。教师做好这个阶段的课堂组织工作,及时调控,对维护正常教学秩序、圆满完成一节课的教学任务至关重要。结课组织要求主要有:按时下课,不要拖堂;结课要紧密联系教学内容;结课方式要灵活多样等。

5.2.2 地理教学组织策略

5.2.2.1 掌握好教学活动的节奏

课堂教学节奏是指教学过程中教学密度(单位时间内完成一定教学任务的程度)、速度、难度、重点度(课堂内重要的或主要的教学内容占全部教学内容的比例)、强度和激情度等成分,在时间上按一定的次序有规律地交替出现的形式。通过教学节奏的变化,教师不仅可以有效地传达自己的情感、态度,突出教学的重点、难点,还可以有效组织教学和提高学生注意力。处理好课堂教学节奏,既是教学本身的要求,又是课堂教学组织的需要。

在课堂上的 45 min 里,学生的学习不可能始终保持一种状态,他们有振奋、愉悦,也有疲倦和松懈。学生课堂学习过程中兴奋中心曲线变化如图 5-1 所示。

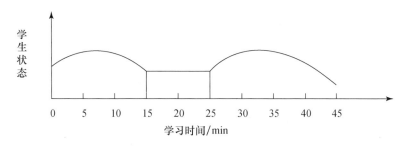

图 5-1 学生兴奋中心曲线变化图

图 5-1 表明,课堂教学的前 15 min 和第 25～40 min 的 15 min 是学生脑力的最佳状态,也是学生学习知识和技能的最佳时间,课堂内容的重点应当放在这段时间里解决。如地理概念、地理规律和地理技能等;第 15～25 min 这段时间是学生课堂疲劳的波谷期,是学生情绪上相对平衡的阶段,以处理一般性问题、填图读图练习或学生自学为佳。

控制地理课堂教学节奏时应当注意以下问题:

(1) 教学节奏要注意整体性。 地理课程的知识体系是由一节一节的地理课构成的,每一节地理课都是整个地理知识体系的一个组成部分。在安排某一节地理课时,必须考虑这一节课在整个地理学科知识结构中的地位及作用,以此来掌握地理课堂教学的整体结构。因此,地理教师应当合理安排每一节课的内容和进度。

(2) 教学节奏要体现渐进性。 地理学科的知识体系具有严密的逻辑结构,学生形成一个完整的知识体系结构,在认识上是一种渐进的过程。在教学过程中教师应当根据地理知识的这种渐进性,确定一节课的教学重点和难点,把握速度的快慢,帮助学生由低级向高级有层次地学习地理知识。

(3) 教学节奏要有停顿。 在教学过程中,教师如果适当地利用语言停顿,能够激发学生的注意力,诱发学生的思考,给学生以回旋的余地,从而收到好的教学效果。例如,在提问前后,教师都应留有短暂的停顿以引发学生思考,使学生能够条理清楚地作答。

(4) 教学节奏要适时变换。 在教学过程中,如果只让学生做同样的活动,学生很容易疲劳。因此,需要使用不同的教学方式,充分调动学生的各种感官,使学生保持清醒的头脑。当然,教学方式的改变频度要适当,过频的改变也没有必要。

(5) 教学节奏要动静相宜。 所谓动,是指在教学中教师运用启发式教学、互动式教学,让学生动脑、动口、动手,让每一个学生都有表现自己的机会。所谓静,是指由于某种教学目的的需要,教师在课堂教学时有意安排短时间的宁静状态,以便让学生积极思考问题。只有正确处理好动与静的关系,地理课堂教学才能体现出灵活多变的节奏感。

 **技能操练**

以《普通高中教科书地理必修第二册》(中图版)中"人类与地理环境的协调发展"的内容为例,设计该内容在教学过程中采用控制教学节奏的技能。

5.2.2.2 注意提高学生的注意力

(1) 声音控制。声音控制是指教师通过变化讲话的语调、音量、节奏和速度,来吸引和控制学生的注意力。例如,讲话速度的变化有助于引起学生注意。当教师从一种讲话速度变成另一种速度时,学生分散的注意力会重新集中起来;在讲解过程中适当加大音量,或放慢速度,则可以起到加强注意和突出重点的作用。

(2) 提问控制。地理课堂教学的提问对调节学生的注意力有特殊的作用。一般来说,教师提出一个问题后应有一个短暂的停顿。这时候学生都会相对紧张起来,认真思考并准备回答问题,此时学生都不会有分心的时间。当有学生走神时,也可以通过提问调节。

(3) 停顿控制。在讲述一个事实或者概念之前短暂地停顿或在讲解中插入停顿,能够有效地引起学生的注意。一般来说,停顿的时间以三秒钟左右为宜,太短不能引起学生注意,太长会导致学生的注意力涣散。

(4) 眼神和表情控制。教师眼神和面部表情的变化也可以起到调控学生注意力的作用。例如,教师与学生的目光接触可以表达教师对学生的暗示、警告和提示,也可以表达期待、鼓励、探询以及疑惑等情感。教师的面部表情、头部动作、手势以及身体的移动也传递着丰富的教学信息,有助于师生之间情感的沟通,及学生注意力的调控。

(5) 变换教学媒体控制。在地理课堂教学中,除了运用语言和文字,地图也是传递信息、进行地理知识教学的重要媒体。此外,图片、模型、实物等是地理教学中常用的媒体。因此,教师应当根据需要变换教学媒体,充分调动学生的各种感官获取信息。这样不仅可以有效地调控学生的注意力,还有利于学生对地理知识的理解、记忆和运用,促进学习能力的发展。

(6) 变换活动方式控制。课堂活动方式包括了师生交流方式、学生活动方式和教学评价方式等。在地理课堂教学中,地理教师应当根据教学的需要适时变换课堂活动方式。例如,由教师讲授变换为学生讨论、学生动手操作或者动脑思考和观察等。这些变化都会给学生以新的刺激,强化学生的注意,激发学生参与的兴趣。

 **技能操练**

以《普通高中教科书地理必修第二册》(湘教版)中"人类与地理环境的协调发展"的内容为例,设计该内容在教学过程中采用上述技能提高学生注意力的具体方式。

5.2.2.3 用精彩的教学吸引学生

地理教学实践表明,学生在上课时注意力分散,虽然有学生本身的原因,但是教师也有责任。如果教师教学水平不高,没有好好备课,讲课枯燥无味,学生当然不会感兴趣。因此,要集中学生的注意力,最根本的就是需要教师具有较高的教学技巧、精心备课、教学内容安排紧凑、教学形式多样、教态自然、语言风趣、重点突出。这样才能吸引学生,使学生积极参与到教学活动中来。

5.3 地理教学调控技能

教学叙事 18

尴尬的画像

上课铃声响过之后,王老师像往常一样走上讲台准备上地理课。突然,全班学生哄堂大笑,在笑声中夹杂着"真像""像极了""多像啊"这样一些话。

像什么呢?王老师很茫然。

王老师随着他们的目光,回过身来,看到黑板上有一个很大的人头侧面画像:高高的眉骨,翘翘的鼻子,加上在特征处明显的夸张手笔,一眼就可以看出来,画的就是王老师!

望着这略带几分滑稽的画像,王老师非常窘迫,该怎么办呢?

如果你是王老师,你准备怎么处理这件事?

5.3.1 地理课堂调控的内容

在地理教学过程中,教师所面对的是个性不同、习惯不同、具有独立思考能力的学生,每个学生都可能处于不同的心理状态中。因此,在地理课堂上可能出现一些偶发事件,影响教学过程的正常进行。为了避免这种事件的发生,或者将这些事件对地理教学过程的影响最小化,地理教师应当从以下两个方面对课堂进行调控。

5.3.1.1 学生良好课堂行为的激发

地理课堂教学过程中,如果学生出现一些不良行为,即使是最好的管理策略或者矫正技术,也会对课堂教学产生一定的影响。因此,采取预防措施,尽量避免学生不良行为的发生是最有效的课堂调控方法。学生良好课堂行为的激发,主要内容包括:培养学生的自我意识,使学生产生归属感和胜任感;注重地理课堂的常规管理,使学生知道什么时候应当做什么事情,减少违规行为发生的可能性;形成良好的课堂气氛,在这种气氛下学生能够在充满喜悦和成就感的心情下学习;建立良好的人际关系,包括学生之间的交往、师生之间的交流以及教师与家长之间的交流等;此外,地理教师的教学效果对问题行为的产生也有很大影响。如果教学生动有趣,能吸引学生,学生能够积极参与,这样就会减少课堂问题行为的发生。

5.3.1.2 地理课堂问题行为的处理

课堂问题行为就是学生违反课堂教学常规所表现出来的行为。这种行为会破坏课堂学习活动的连续性。大多数问题行为都是一种"本不应该出现,但是学生故意让它出现"的行为。例如,在上课过程中,一个学生不小心将文具盒打翻在地,发出很大的声响,这不能算问题行为;而学生为了达到某种目的故意将文具盒扔在地上,就是一种问题行为。

地理课堂问题行为按照其严重程度,可以分为以下五种类型:第一种是游手好闲型,主要表现为上课注意力不集中、不做作业等;第二种为课堂干扰型,主要表现为大声说话、大声叫喊、在教室走动、扮鬼脸、乱丢东西等;第三种为反抗权威型,主要表现为拒绝完成老师布置的任务;第四种为品德不良型,如欺骗、说谎、偷窃等;第五种为攻击他人型,对老师和同学进行语言上或身体上的攻击。

地理课堂上学生的问题行为不仅会影响课堂教学的顺利进行,还会对学生的身心发展产生一定的消极作用。这些问题行为产生的原因很多,主要表现在三个方面:首先,从教师方面来看,如果教师备课不充分,课堂教学中缺乏组织能力,表达能力差,都可能促使学生产生问题行为;如果教师缺乏真诚、友善、快乐和稳定的情绪,不具备自信、冷静面对问题、主动倾听等素质,也可能引发学生的一些问题行为;如果在课堂教学中,教师缺乏教学环节的过渡能力,不能进行交叉活动,也可能使学生产生问题行为。其次,从学生方面看,主要原因有寻求注意,即为了获得教师的注意和赞赏;争取权力;报复;有压力与挫折感,如学习任务繁重、同学之间的竞争激烈、考试、家庭关系紧张等带来的压力;学生的性别差异与年龄特点等。最后,教学环境,如班级人数的多少、班级座位的安排、教室空间大小、照明、通风情况、温度以及周围环境等,都是引发学生问题行为的因素。

随堂讨论

下面列举了一些问题行为,你认为应当如何处理这些问题?

1. 在你进行课堂讨论时,黎明和张欢总是在讲话和传纸条,影响其他学生,也有一些学生小声讲话或发呆。

2. 吴辽和王坤总是在讲话,当你要求他们打开课本时,他们都拒绝这么做而且跟你发生争执。

3. 乔亮能够完成大部分作业,但是在做作业的过程中,他总是表现出各种问题,如嘲弄座位周围的女生,令她们不断发笑,分散她们学习的注意力;他总是能够说一些俏皮话接你的话。

4. 你的课堂上学生的行为非常混乱,课堂讨论总是被无关言论打断,而且课堂内持续不断的小声交谈让教学活动很难正常进行;在你讲课时,学生相互写纸条,在写课堂作业时相互交谈,并且对任何要求都喋喋不休地抱怨。

5.3.2 地理课堂调控的策略

5.3.2.1 预防性的地理课堂调控

预防性的地理课堂调控策略认为课堂调控的重点在于预防。该策略主要内容如下:

(1) 有效的课堂调控关键在于教师准备和执行教学的能力。在地理课堂教学中,教师应当精心组织教学内容;为学生确立正确的学习目标;确保学生机会均等并适时获得帮助;增加地理学习活动的多样性;保持学生学习的注意力和兴趣;帮助学生顺利地从一个学习活动转向下一个活动,并保持进行活动的热情。

(2) **建立地理课堂常规并给予明确的说明。** 地理教师在首次接触一个班级时,应当对日常教学程序做出说明。例如,规定好需要准备好地图册、填充图、作业本等的时间。地理教师对地理课堂常规给予明确的说明,这样可以避免学生产生误解,减少问题行为的发生。

(3) **创造良好的课堂环境。** 良好的课堂环境包括两个方面:一方面是良好的物理环境,如合理的座位安排、完善的教学设备等;另一方面是良好的心理环境,如轻松活跃的课堂气氛、张弛有度的教学进程以及积极的学习交流等。

5.3.2.2 纠正性的地理课堂调控

纠正性的地理课堂调控就是教师运用强化手段,鼓励学生表现出更多的可接受行为,并减少问题行为出现的概率。一般是在问题行为出现后的一种对策,其步骤为:

(1) **准确地识别问题行为和恰当行为。** 地理教师应当清楚地确定哪些行为是问题行为,并且要对问题行为发生的频率进行评估。例如,教师发现学生在地理课上玩手机,这种行为显然属于问题行为。

(2) **收集关于这种问题行为发生频率的具体情况。** 如果确定了某个学生的问题行为,则要对该学生的问题行为进行详细了解,以便实施矫正计划。例如,地理教师可以以一堂课为时间单位估算该学生玩手机的时间,同时可以观察有多少学生有类似行为。

(3) **制订和实施具体的纠正计划。** 这一过程是对学生问题行为的纠正过程,可以采用不同的方法。应当注意的是,学生问题行为并不是可以完全纠正过来的,有的不可能完全消失,只要学生问题行为的发生率有明显的减少就认为是成功的。

(4) **收集关于问题行为和恰当行为在比例上已发生变化的证据。** 在纠正计划实施过程中,教师要做好记录,并收集学生行为发生变化的信息,进行比较。经过比较,如果发现学生的问题行为有明显减少,纠正活动就算达到目的,否则必须试用其他的方法。

阅读卡片

教 学 机 智

教学机智是教师在教学活动中表现出来的、对新的意外的情况正确而迅速地作出判断并付诸行动以解决问题的能力。它所依赖的心理品质主要有:高度的责任感;对学生的爱护、尊重和公正的态度;冷静、沉着的性格;对学生的深刻理解;教师思维的灵活性、创造性、深刻性、意志的果断性等。

[摘自:朱仇美.现代中小学教学辞典[M].合肥:中国科技大学出版社,1993:120.]

5.3.3 地理课堂调控的技能

5.3.3.1 营造良好课堂氛围的技能

营造良好的地理课堂氛围,应当注意以下几方面的问题:

(1) 采用民主型地理课堂领导方式。民主型课堂领导方式表现为：师生彼此接纳、尊重和理解；师生共同设立地理学习目标、拟订学习计划，学生按计划行动；互助合作，独立性强。因为，民主型课堂有具体的学习目标，学生又能比较主动地参与进来，所以不管教师在不在场，都能保持良好的秩序。同时，师生双方保持良好的互动状态，思维活跃、心情舒畅，学生对学习会充满信心。

(2) 建立和谐的人际关系。课堂教学过程是教师与学生、学生与学生之间的一种互动过程，在这个过程中，师生之间的态度应该是相互理解和尊重、彼此信任、关系融洽；学生之间应当团结友好、互帮互助。只有建立和谐的人际关系，才能使师生之间、同学之间乐于交流和善于交流，良好的课堂气氛才能形成。

建立良好的人际关系，教师最重要的是提升自身魅力。为此，教师首先应当注意自己的行为举止，要使自己的行为举止符合教师规范。其次要加强自身修养，包括知识、能力、才智、品德修养等。

(3) 实现良好的课程运作。地理教师要实现良好的课程运作，必须具备六方面的能力：一是洞悉，教师在教学的同时，能注意到课堂内发生的所有情况，并用语言与非语言方式予以处理，教师的这种能力是教师最重要的职业素养；二是兼顾，即教师在同一时间内能注意、处理两个以上事件；三是推进，即教师有计划地组织学生，使他们迅速而有效地从一个教学环节向另一个教学环节过渡；四是全员参与，即教师引导全班学生始终参与学习活动，要兼顾不同程度的学生，在提问、分配学习任务，设计教学目标时要注意覆盖面尽量大些；五是激励，即教师要创设生动活泼、多样化的教学情景，激发学生的学习动机和兴趣；六是责罚学生时避免连锁影响，即教师在责罚某一学生时，要避免在其他学生中产生负面影响，尽量做到责罚有度，既让被责罚学生警醒，又不至于影响到其他学生的情绪。

(4) 建立积极的教师期待。积极的教师期待是教师在了解学生心理特点的基础上对学生的发展期待。这种期待一旦形成，就有可能变为现实。教师要建立积极的教师期待，充分相信每一个学生，让他们对自己产生足够的自信，从而积极主动地参与到教学中来，形成良好的课堂氛围。

建立教师期待时有以下三点要注意：其一，教师在建立期待时要有区别，要结合学生的学习程度给予适当的期待，要让学生觉得既有挑战性又在其能力范围内；其二，结合学生的个性差异，了解学生的优点和缺点，以建立符合学生气质、性格的适当期待；其三，还应当随时调整不适当的期待，教师要有意识地监控自己的教学行为，不断调整对学生过高或过低的期待。

5.3.3.2 针对问题行为的调控技能

一般来说，学生产生课堂问题行为都是因为他们选择了错误的行为目标，也就是他们错误地相信这些行为会使他们得到认同和重视。学生错误的行为目标包括获得注意、寻求权力、寻求报复、表现无能和态度异化，解决问题行为必须针对具体的行为目标进行。

(1) 获得注意。学生的行为如果在地理课堂教学中无法得到其所需要的认同和重视，他们就会对自己在班级的重要性产生怀疑，因此会通过一些不良行为来促使自己获得别人的注意，由此来证明自己的被接纳和被认可。这些学生为了吸引老师的注意，有时会扰乱课堂秩序或者提出特别的要求，例如，大声喧哗、持续要求教师的帮助等。有些表现好的学生也可能特别想要引起教师的注意，如果得到了教师的注意，他们就会表现得很好，否则就有可能以不被接纳的方式来引起教师或同学的注意，从而产生问题行为。

当教师发现学生正在追求"获得注意"的错误目标时,通常的反应是要么继续注意学生,要么就忽视不管,拒绝给予学生注意或帮助。一般而言,这种类型的学生宁可被惩罚也无法容忍被忽视。因此,他们会制造出更多引人注意的举止。如果教师觉察不到学生的意图,对学生进行处罚,就增强了其获得注意的需求。因此,当教师觉察到学生正过度要求获得注意时,就应该坚决忽视其这些行为,如果教师这么做了,学生无法从该行为中获得所需要的注意,就会被迫去寻找获得肯定的新途径。教师也应当尽量在学生没有要求注意时给予注意,这样可以鼓励学生在课堂教学中产生内在的学习动机,以此来获得应有的地位,而不是依赖外来的注意来实现自己的目的。

如果学生的行为已经干扰了正常的课堂教学,教师就不能忽视这种行为,必须制止。教师可以不加批评地叫学生名字并注视他,或者可以平静地描述学生的行为,还可以直接指出学生的错误目标。教师要鼓励学生以良好的行为来寻求注意,而不是通过问题行为来实现。

随堂讨论

在地理课上,李老师要求全班学生独立完成课堂作业。但是每隔几分钟,小芳就举手要求老师过来一下,她问李老师这样一些问题:是不是应该把题目编号?是否要把名字写在习题纸上?这样做对不对等。

小芳的行为是"获得注意"行为的实例,你认为李老师应当如何处理?

(2) **寻求权力**。学生的不良行为往往会引起教师的注意,并招致教师的处罚,对此,学生会觉得受到伤害,他们会认为要获得他们想要的,唯一的方法就是对抗。他们会表现出争辩、反抗、说谎、发脾气和攻击等不良行为。如果教师为了维护自尊,以更加严厉的方式对待学生,强迫其顺从,那么这正是学生所希望的。因为学生的目的就是干扰教师,以获得教师的注意,至于他们本人从与教师的对抗中得到了什么,这并不重要,而教师对他们不良行为的反应,使他们达到了目的。在课堂上,在师生之间的权力对抗中,如果学生占优势,就会使学生更加确信权力的重要性,使其不良行为得到强化,如果教师占优势,学生可能为了获得权力,产生更严重的不良行为——寻求报复。

大多数教师对于学生"寻求权力"的行为的反应往往是感觉受到威胁,于是采取行动,制止学生的行为,并运用权力使学生顺从。而教师的制止与胜利让学生变得更加充满敌意,并且加倍反抗或企图报复教师。因此,此时教师不需要与学生争斗,也不要让步,应当采取以下一些措施:

其一,不要以权威的身份来压制学生。如果教师不与这些学生争斗,学生就无法达到"寻求权力"的目的。教师可以开诚布公地对全班学生指出自己已经知道有人需要权力,有效的方法之一就是停下全班的课堂活动,让大家等待捣乱行为的停止。其二,教师可以让这些学生参与决策或者赋予他们一定的责任,改变他们追求权力的方法。其三,教师可以公开地质问学生的不良行为,并要求学生提出解决问题的办法,如果学生提不出办法,教师就可以提出一些建议。

【案例 5-2】

"寻求权力"企图的失败

地理实验课上,小明在实验室里面不好好做实验,调皮捣蛋以致影响其他同学。当刘老师走近小明并要求小明停止做实验,离开实验室时,小明拒绝了。刘老师走到讲台,要求全班学生放下手中的实验,宣布要关闭实验室。他告诉学生,因为小明在教室里面捣乱,而且不愿意离开教室,所以实验课无法继续。这时候大家都看着小明,等他离开实验室。小明很快就选择了离开。

 技能评价

小明在实验室的举动表明他在寻求权力,其目的就在于干扰教师上课。刘老师明确地看到这一点,他没有立即制止小明,而是在全班学生面前指出小明干扰了大家的学习,由大家来制止,取得了一定效果。这说明刘老师在此方面具有一定的管理技能。

(3) **寻求报复**。如果学生的前两种错误的行为目标没有实现,即他们没有获得他们所需的班级地位,他们就会产生新的错误目标——只要我有能力去伤害别人,我的地位就会因此变得更重要。专注于寻求报复的学生,心理上早已准备好接受处罚,他们常常会表现出凶恶的、粗暴的、残忍的行为。教师越处罚他们,越会增强他们的不良行为。他们认为自己制造的问题越大,就越能使自己受到重视,并认为被人讨厌就是胜利。

报复的目标与寻求权力的目标联系紧密,有些学生认为他们可以做任何自己想做的事情,并认为凡是制止他行为的人就是敌人。这样的学生不在乎被惩罚,因为惩罚能提供他们进行报复的理由,他们觉得自己受到了伤害,因此,他们觉得伤害别人也是理所当然。这种类型的学生最需要的是了解和接纳,教师应当尽量满足他们的需要,并要求全班学生支持与鼓励这些学生。教师可以在班级中选出一名品学兼优的学生与他们建立友谊,并协助其发展出良好的行为;同时,教师也可以创造一定的情境,使他们有展现其才能或长处的机会,让他们良好地表现以在班上获得别人的认可与他们希望得到的地位。

 随堂讨论

在地理课上,王鸣没有认真听讲,而是在下面玩手机游戏。陈老师对王鸣进行了严厉的批评。等教室安静下来,陈老师继续讲课,当他面对黑板画板图时,感觉有人向他扔纸团。陈老师非常生气,责问这恶作剧是谁干的,没有人愿意回答,但是从学生的眼神中可以感觉到是王鸣做的。

如果你是陈老师,你认为应该如何处理这种情况?

(4) 表现无能。 如果学生因为种种不良行为受到了惩罚,会感到气馁,觉得自己很无助,认为自己是个完全的失败者,没有必要再去尝试获得自己的班级地位。这些学生会拒绝或者被动地参与地理课堂活动,不与任何人互动,以在心理上远离或者退出使其产生失败感的情境,维护自己的尊严。他们的错误想法就是:如果别人相信我是无能的,就不会再管我了。

追求"表现无能"的学生,往往觉得自己是一个失败者。他们想让别人发现自己的"无能",希望教师相信他们已经无可救药,不要再管他们。但是教师不应该放弃这些学生,即使这些学生所付出的是最小的努力并忽视教师的要求,也要给予他们鼓励和支持。尤其是当这些学生犯错误时,更需要鼓励,教师更应该重视他们的努力,而不要仅仅强调他们努力的结果。因此,教师应当与其他学生一起努力使他们体验成功的感觉。

教师应当常常检视自己对这类学生的反应。教师对他们的任何指责,都会增强学生的无价值感,也增强其表现无能的欲望。因此教师一定要帮助学生认清这样一个事实:一次小的失败并不意味着永远失败。

随堂讨论

在地理课上,齐老师布置作业,要求全班学生绘制一幅简图,来说明赤道平面与黄道平面的关系。大家都在认真画图,只有王洋坐在那里一动不动。于是齐老师走过去对他说:"王洋,你可以先看看课本上的插图。"王洋并没有听齐老师的话,还是没有动。齐老师感到很失望,他不想再劝说王洋,心想:好,你不想画,我还不想说你呢!

请对齐老师的想法和做法进行讨论,你认为合适的方式是什么?

(5) 态度异化。 在地理课堂教学过程中,学生应当以积极主动的态度投入学习,但是实际情况并不总是这样。例如,可能会出现学生在地理课堂上做其他学科的作业、看课外书籍等现象。出现这种问题行为的原因是多方面的,有的是对地理学科不感兴趣,有的是不喜欢任课教师的教学风格,或者是其他学科学习压力太大等。

处理这种类型的问题行为,教师需要做耐心细致的工作。在发现学生有这种问题行为时,教师应当首先以平静的语气要求学生将注意力集中到课堂学习中,然后弄清楚学生出现这种行为的原因。如果是教师自身的原因,一定要及时做出调整。

5.3.3.3 行为矫正技能

行为矫正技能的理论基础是斯金纳提出的"强化理论"。在地理课堂管理中,当学生出现了教师所希望看到的行为后,教师应给予强化,以增加这一行为出现的频率。

行为矫正技能基本上可以等同于"奖赏",即通过对学生好的行为进行奖励,帮助学生以渐进的方法来塑造行为。该技能要求教师能够以有组织、有系统、连续不断的方法来实施,才能获得理想的效果。建立行为矫正系统的方法主要有以下几种。

(1) 常规—忽视—奖赏。 地理教师首先与学生制定地理课堂常规,并把学生在课堂上应有的行为规范制成图表,张贴在教室墙壁上,让学生记住。课堂常规建立以后,教师要时刻注意学生的行为表现,观察哪些学生遵守规则。如果学生按照规则去做,就给予学生奖赏,并且尽可能使每名学生都能够得到奖赏。而对于违规行为则不予注意，也就是对于违规学生有意忽视，使这些学生无法从教师那里得到强化。

(2) 常规—奖赏—处罚。这种方法也是要先建立地理课堂常规，并且强调教师的奖赏，但是它不忽视学生的不良行为。学生只要遵守常规，表现出符合要求的行为，教师就表扬他们，表扬的方式很多，如口头称赞、书面表扬（发证书等）、物质奖励等。如果学生持续表现良好，他们就会得到更大的鼓励。

在建立地理课堂常规的时候，教师还应当和学生共同制定对违规行为的处罚方式，让每一名学生都清楚地知道违反常规的后果是什么。学生可以自由选择自己的行为，破坏常规也许是他们的权力，但同时也意味着他们选择了处罚的行为后果。

这种方式对高年级学生非常有效。它明确了教师所期望的行为、奖赏与处罚。学生也了解他们所得到的结果是自己造成的，并对自己的行为负责。

(3) 代币制。代币制是一种常用的行为矫正技术，由于该方法牵涉一套复杂的实物性强化系统，对有问题行为的学生特别有效。

代币制一般使用"代币"来激发学生达成教师所期望的行为。如果学生在地理课堂上表现出教师所期望的行为，教师就给学生一些代币（如星星贴纸、塑料筹码等），这些代币积累到一定数量就可以换取奖品或者某种特权（如笔记本、徽章、奖状等）。

教师使用代币制时应当注意，以代币作为奖赏必须公正而且持续不断，必须有足够的代币供应，以便让学生保存及运用他们的代币。此外，必须设定一段时间，如每隔几个星期就可以让学生兑换代币，兑换的物品可以由教师事先设定。

该方法在付诸实施以前，教师必须向学校、学生家长以及学生解释清楚，使每个人都了解教师的做法，以防范可能发生的困难。

(4) 订立契约。订立契约是一种非常成功的行为矫正方法，特别是在中学阶段使用有独特的效果。该方法要求教师通过契约明确指出哪些工作或者哪些行为必须在什么时候完成，同时契约也指出了如果学生如期完成工作或者表现良好，教师的奖励是什么。契约的订立能够引导营造合法、承诺和负责任的气氛。学生和教师在相互同意的前提下在契约上签字，有时还需要学生家长在契约上签字。

对高年级学生来说，契约是类似于法律的术语，用打印出来的正式形式呈现。也正是因为这样，学生才会十分认真地对待契约，契约也才有约束力。

【案例 5-3】

刘开的契约

刘开总是喜欢在赵老师的地理课堂上讲话，赵老师多次沟通但收效甚微，考虑到刘开是个球迷，于是赵老师和刘开定了个契约。如果刘开在赵老师的课堂上认真学习，不随便讲话，坚持一堂课就可以得到十点，累积到三十点，赵老师就赠送刘开一盘自己收藏的足球射门集锦的光盘。经过"契约"，刘开也开始喜欢地理课了。

随堂讨论

你认为刘开的契约有哪些积极意义,还应该注意些什么?

行为矫正技能的使用有以下要求:首先,地理教师应认定所要改变或改善的学生行为,找出学生目前做错的是什么事情,及确定将来想要学生有什么行为,这一过程要求教师分析课堂引发学生不良行为的情境,以及可以用来促进、辅导学生行为的奖赏或处罚方法;其次,教师要明确期望学生表现的新行为,通过系统的强化手段,引导学生产生适当的行为。行为矫正是一项复杂的工作,很难一蹴而就,在运用时不可急于求成。

5.3.3.4　和谐沟通技能

和谐沟通技能的基本理念是地理课堂上真正有效的管理,来源于学生内心的自制,只有在支持性的情境中,学生才能够表达其面临的问题及其内心真实的感受。如果地理教师能够采取一种接纳的态度,与学生和谐沟通,就能够由内而外地培养学生的自制行为和责任感。教师的主要任务不是代替学生解决问题,而是通过良好的沟通策略,引导学生发展其自制、合作、负责任的品质,减少或控制学生课堂不良行为的发生。

(1) 教师要表达理性的信息。 教师对学生说话往往会表达出学生给他们的感受,教师的讲话方式会影响学生的自尊心和自信心。理性的信息是指针对情境而不是针对学生人品的用语。当学生犯错误的时候,教师应当针对情境,描述与学生行为有关的事情,而不要评价学生的人品。

教师对学生反应的方式,可以显示出他们对学生的感觉。这些反应可能建立或者毁掉学生的自我概念。教师不良的反应会使学生对自己的能力、人格产生怀疑。教师较好的反应是指出事实,让学生自己判断他们的行为是否符合自我形象。

参与评价

下面情况中教师提供的信息是不是理性的?

1. 两个学生在老师讲课的时候讲话,破坏了课堂纪律。

[教师甲] 这是上课的时间,需要安静!

[教师乙] 你们两位怎么这么烦人啊,赶紧给我闭嘴!

2. 一个学生地理考试不及格。

[教师甲] 我关心你的考试成绩,你需要多努力,我能帮你什么忙呀?

[教师乙] 你很聪明,怎么会不及格啊,你最好还是努力点吧!

(2) 教师应表达自己的感受。 当课堂上出现了令教师生气的事情时,教师应当理智地指出使他愤怒的事情,并说出他的感受。即使在非常生气的情况下,教师也不应该辱骂学生,侮辱学生的人格。明智的教师在生气的时候会保持镇定,向学生说明他所看到的、所感受到的和所期望的。教师攻击的对象应该是问题而不是学生。此时教师应当给学生传达关于"我"的信息,例如

"我很生气""我很失望""我很惊讶"等,而不要用"你……"的表达方式,例如"你怎么这么懒啊""你太自私了吧"等。前一种表达方式说明教师对问题的感受,而后一种表达方式有攻击学生的意味。

> **参与评价**
>
> 上课铃声响了,老师走进教室,看见教室里乱糟糟的,地上满是纸屑。
> 张老师说:"我看到地上到处都是纸屑,我很不高兴,也很生气,纸屑不应该扔在地上,而应该放在垃圾桶里面。"
> 李老师说:"你们怎么这么没教养啊,一个个的那么懒,把教室搞得乱七八糟的,赶紧给我把地上的纸屑扔垃圾桶里去。"
> 请就上述二位老师的做法进行讨论,你认为合适的处理方式是什么?

(3) 应当与学生合作。学生作为独立的个体,也有自己的情感和需要,教师应当邀请学生合作而不是一味地要求学生服从。在课堂活动前,教师可以先与学生一起决定活动所需要的行为,给予学生选择的机会,这样,学生会觉得自己能够参与课堂决策。教师应该避免使用命令的方式,因为这样会引起学生的敌意,而应当尽量描述情况,由学生选择他们的行动方向。例如,地理教师在布置作业的时候,可以说"这次课的作业题在第56页",也可以说"把地理课本拿出来,翻到第56页",前一种表达老师只是说明情况,让学生听了就明白做什么,至于学生该做什么是学生自己的判断,而不是教师的命令,这样可以减少学生对教师的排斥;而后一种表达方式可能会引起学生的反感。

(4) 接受与承认学生的感受。在课堂教学的情境中,教师应当表达自己对学生的了解和接受。这需要在语言的表达上有所选择。

> **参与评价**
>
> 下面两种情况中教师的哪一种处理方式比较恰当?
> 1. 在课堂上,有学生在老师讲课时插嘴。
> [教师甲] 我想先把话说完。
> [教师乙] 你给我闭嘴,怎么这么没礼貌!
> 2. 教师在布置作业时,有两个学生在讲悄悄话。
> [教师甲] 我在布置作业,必须记下来。
> [教师乙] 你们讲话会影响其他同学,请拿笔记下来。

学生对周围的情境以及自我都有自己的感受,教师不要将自己的意见强加给学生,而应当尽量承认、接受学生的感受,减少学生的混乱矛盾。学生看问题经常会犯错误,即使他们是错误的,教师也不应当与学生争论,这样可能会引起学生的反感。相反,教师应当试着去接纳和了解学生的情感。

教师在接受与承认学生时,还应该加上一些话,例如"我该怎样帮助你呢?"这样,既可以给学生提供机会来解决问题,同时又表示教师对他解决问题的能力有信心。由于教师接受学生的感受并提供帮助,教师就不会否定学生的情感、拒绝学生的意见及攻击学生的人格,或者否定学生的经验,学生就会有机会去了解自己的感觉以及思考如何解决问题。

(5) 教师应当避免直接诊断学生的缺点。 经常有教师这样说学生:

你太懒,又不负责任,如果照这样下去,将来肯定是一无是处。
你就是我们班上的祸害,有损我们班的名声。
你太让我失望了,你将来只能去捡破烂去了。
你们怎么都这么笨啊!

教师与学生谈话应当避免直接诊断与预言,因为教师对学生的诊断是揭示学生的缺点,这样一些诊断会伤害学生。如果经常听到教师这样说他们,他们会相信教师的诊断是真的,从而会"实践"教师对他们的预言,他们的表现会开始符合这些负面的自我形象,特别是当教师企图预测学生的未来时情况更是如此。

当学生遇到麻烦时,教师应当协助学生,鼓励学生解决问题。例如"你这次的考试是没有考好,但是我们可以一起努力,下次你一定会考好的。"这样的语言不会让学生觉得你认为他们可以做什么和不可以做什么,但是会鼓励学生自己设定目标,使他们相信教师支持他们,并愿意协助他们达到目标。当教师相信学生时,学生就会开始相信自己。

(6) 适当地赞美学生。 适度的赞美可以使学生产生心情上的愉悦,更愿意朝着教师所期望的行为方向努力。但是赞美学生有时候也会产生不好的效果,也要注意采取合适的方式。

当教师赞美学生时,应该着重赞美学生的行为本身而不是学生的人格。例如,教师给学生作业的批语"这份作业水平很高。它在资源节约和环境保护方面的论述很精辟"就是赞美学生的行为,而如果教师说"你是个好孩子""你很了不起"就是评价学生的人格,这样赞美可能会影响学生对自己的感受。教师应当努力尝试不用言语评价学生的人格,但是又能表达出对行为的赞许。例如,"很高兴看到你们通过讨论交流,把填充图练习做得很好"等。

对好行为的赞美要把握好分寸。如果教师特别赞美学生某些行为,教师会显得对一些好行为感到惊讶,这也隐含着教师原来正期望不良行为的发生,有时候学生自然就会做出符合这些期望的行为。评价性赞美的危险是能够轻易操纵学生的行为,教师以赞美为手段使学生重复教师所期望的行为,有时候学生会抗拒这些明显的操纵,他们会觉得这些赞美不是真心的,只是想叫他们表现出教师所期望的行为。

5.3.3.5 纪律约束技能

采用纪律约束技能主要包括以下五个步骤。

(1) 步骤一:明确提出对学生的要求。 教师有权表达他们对学生的合理要求,也有权要求学生遵从这些要求。教师在课堂上表达对学生的要求时,应当以积极的要求和期望管理课堂。教师提出的要求应该面对全体学生,而不是某些特别好或特别差的学生,学生大都羡慕且尊敬那些对他们有高度期望并坚持到底的教师。在课堂管理上，教师有权要求家长、学校和其他行政人员提供支持。

(2)步骤二：学会使用果断的反应方式。

【案例5-4】

课堂问题行为的不同处理方式

夏老师在上课的时候，有两个学生互相打闹，导致夏老师没法上课。夏老师可以有以下几种处理方式：

1. 看了看这两个学生，说道："这是第十次了，拜托你们停止好不好？"接着，夏老师继续上课。

2. 怒声呵斥："好了，你们两个！这是我最后一次警告了，如果再不注意安静的话，我就要你们两个好看！"

3. 目光直视这两个学生，并把他们的名字写在黑板上，说："在上课进行中打闹，违反班规！"

在这个例子中，夏老师的第一种反应属于优柔寡断型，这种态度给学生的印象是教师害怕或无能力去处理他们的行为；第二种反应属于怒气冲天型，这种态度可能会伤害到学生，使学生失去对教师的尊敬；第三种反应属于果断反应型，这种态度能够维护师生双方的权益，这类教师能够让学生清楚地知道他们的期望，并能不断坚持要求学生符合这些期望。当学生遵守教师的引导，会得到正面的回报；反之，当他们选择不当的行为方式时，教师马上提出其不良行为会带来的自然后果。

(3)步骤三：确认对学生的期望行为和非期望行为的后果。

无论是什么活动，教师都必须确认自己所期望的学生行为是什么，并把这些行为列举出来，以适当的方式向学生宣布，让所有的学生都清楚什么行为是教师所期望的行为，什么行为是教师所不能接受的行为。例如，上课时不要随便说话、按时交作业等。教师应当根据学校的培养目标、课堂活动的内容和环境的变化，及时调整对学生的要求。

确立了课堂教学中学生应有的行为规范后，教师需要向学生展示遵守规范和违背规范所要面对的结果。在这一步骤中，可以采用下面的方法。

其一，规定适当的行为。要经常提醒学生该怎么做，如读书时要轻声；运用"我……"的信息，告诉学生有哪些行为会影响到"我"，如"你们太吵了，我没法上课"；"要求"学生，明确表示学生该怎么做，如"现在好好做作业"。

其二，用口语表达教师的要求。教师运用口头语言提出要求，即通过表达"暗示""我……"的信息，或者"要求"的方法，包括声音、眼神、手势、叫学生名字和身体接触等，处理学生的违规行为。

其三，还可以采用"破唱片"策略。当学生想要违反教师的规定时，教师可以使用该策略，该策略强调的是最初信息的一再重复。

【案例 5-5】

"破唱片"策略

[教师] 周涛,在课堂上是不准打架的,这种行为今后再不能发生了。
[学生] 这不是我的错,是罗亮先打我的。
[教师] 我知道事实可能是你说的那样,但是我没看到,问题是你们不应该打架。
[学生] 是罗亮先开始的。
[教师] 可能是这样,我会留意,但是你还是不可以打架。

该教师一直不让这个打架事件转移到由谁开始这个问题上,这一策略称为"破唱片"策略。这里就是重复说"你们不可以打架",必须坚持不断。在使用该方法时重复最多三次,如果需要的话,在第三次之后实施适当的惩罚。

(4) 步骤四:追究学生行为的后果。 追究学生,就是当学生遵守行为规范表现出正当或非正当行为时教师所采取的行动。当学生在课堂上表现出正当行为时,教师应及时给予鼓励并增强此行为;当学生在课堂上表现出非正当行为时,教师应给予处罚并削弱此行为。

在这一步骤中,教师应当注意先与学生相互约定好,不能恐吓学生;教师可以根据自己的标准自行选择几套对行为结果奖励或惩罚的方式,依照学生违规行为的严重性,安排不同程度的惩罚方式,这些安排,无论是正向的还是负向的,都应该让学生知道,教师是真心关怀学生,希望大家都朝积极的方向发展。规则制定后,教师可以假设情境预先进行演练。

【案例 5-6】

不良行为处理办法

张老师与学生讨论后,制定了处理不良行为的办法。

不良行为	行为后果
第一次	姓名写在黑板上,给予警告
第二次	姓名前打钩(10分钟暂停上课)
第三次	姓名前第二次打钩(15分钟停止上课)
第四次	姓名前第三次打钩(打电话给家长)
第五次	第四次打钩(面见校长)

(5) 步骤五:实行一套积极、果断的制度。 前面给出的都是消极的方法,即教师提出一些规则和限制,学生如果违背教师规定,教师应当采取的方法。在课堂教学中,如果学生的行为有所改善或取得进步时,教师也应当作出积极的反应,增加学生的影响力,减少学生问题行为发生的次数。

教师的积极反应主要包括:教师对学生的个人注意,如教师可以用欢迎、称赞、感谢、微笑和友善的眼神接触来表达注意;用积极的方式向家长反应,教师一个积极称赞的字条或电话,都会使学生和家长感到很振奋;给予学生特别的奖赏,如对作业的积极评语、颁发奖状等;赋予学生特别的权力,如帮助教师安置教具、帮助教师批改试卷等;物质的奖励,这些奖品不必太贵,如铅笔、笔记本、贴纸、邮票等;与家长合作,对好的表现进行奖赏,如获得看电视时间、吃一顿好的晚餐等;如果集体表现出进步时,可以对集体给予鼓励和奖赏,如郊游、集体游戏等,这样可以形成课堂的正向氛围。

研究前沿

地理教师自觉地运用"控制论"的原理,对地理课堂教学实施有效的调控,使课堂出现张弛有度、意趣盎然的教学格局,整个教学流程呈现预定的、有序的、最佳的调控态势,是现代地理教学的显著特点之一。在地理课堂教学中,常用的调控方式有教法调控、兴趣调控、情绪调控等。

[摘自:高延凤.地理课堂教学调控技巧[J].科教文汇,2008(3):123.]

健康的课堂管理要从课堂的激发、交流和纪律三方面入手,要加强教学节奏,创设情境,调整师生的焦虑情绪,增加学生的参与机会,满足学生的学习需要,顺利过渡,加强教学时间管理,弥补智力不足。精心设计每堂课的内容与活动程序,培养学生的自控能力。提供真诚面对的机会,理解学生的需要,建立良好的师生关系,帮助学生树立学习的自信心。树立健康的纪律模式,有针对性地矫治目标行为,积极引导,恰当使用惩罚手段,利用问题控制课堂行为,控制方式上由外在控制转向内在控制。

[摘自:查书平.在新课程标准下地理教师的有效课堂教学[J].新课程研究.2008(3):24-26.]

本章思考题

1. 地理课堂常规与其他课堂常规的区别有哪些?
2. 地理课堂上可以通过哪些途径提高学生的注意力?举例说明。
3. 地理课堂上学生的问题行为有哪些?针对这些问题行为应当采取什么样的措施?试举例说明。

本章小结

1. 地理教学常规是地理教师和学生共同参与制定的一套系统的规则,是地理课堂管理的基础。地理教学常规的建立方法有自然形成法、引导形成法、强制形成法、参照形成法、替代形成法等。地理教学常规的建立包括建立常规、执行常规以及评价常规等。

2. 地理教学组织内容包括候课的组织、导课的组织、课中的组织以及结课的组织,主要组织策略包括掌握好地理教学节奏、调控好学生的注意力等。

3. 地理教学的调控内容包括学生良好课堂行为的激发以及地理课堂问题行为的处理等,主要技能包括营造良好课堂氛围的技能、针对问题行为的调控技能、行为矫正技能、和谐沟通技能以及纪律约束技能等。

第6章 地理教学评课技能

本章概要

新一轮课程改革提出了教师是"研究者"的理念,评课是地理教师参与教学研究的重要方式,是地理教学工作的重要内容,应该把评课作为促进地理教师专业成长、提高学生学习效率、形成学校合作教研文化的重要手段。因此,地理教学评课应成为师范生掌握的一项基本技能。科学的地理课堂观察是科学评课的基础。本章在概述地理课堂观察和评课的基础上,通过具体的案例对地理课堂观察技能以及地理评课技能进行了论述,并提出了地理课堂观察和评课的标准以及需要注意的事项。

学习目标

通过学习,你能够:
1. 解释地理课堂观察的基本含义,说明地理课堂观察与地理教学评课的关系。
2. 结合地理课堂教学,选择观察视角(学生行为或教师行为)并制定观察量表。
3. 进入高中地理课堂观察或通过视频进行非参与性观察,利用自己制定的地理课堂观察量表记录信息,并写出观察报告。
4. 结合课堂实录,说出地理教学评课的基本内容。
5. 结合地理教师的教学设计案例,评价其地理教学目标设计的合理性。
6. 结合地理课堂实录,从地理课堂教学行为的角度评价其地理教学目标的达成情况。

关键术语

◆ 地理课堂观察　　◆ 地理评课　　◆ 操练　　◆ 评价

6.1 地理课堂观察技能

教学叙事19

"美国田纳西河流域的治理"一课的课堂观察

宁夏某市一中组织了一次"课堂观察"课例研究活动。课堂观察课的课题是"美国田纳西河流域的治理"。观察活动开始之前,该校教授政治、历史、地理的全体教师召开了课前会议,明确了"课堂观察"的四个维度,即课程、教师、学生和课堂文化,并进行了具体的观察分工。讲课教师从成都平原上著名的水利工程——都江堰的位置和作用入手(视频资料),引出美国田纳西河流域的内容。教师立足于学生的基础知识和认知水平,通过问题链和地理图表,与学生共同探究了田纳西河流域的基本情况。以田纳西河流域自然地理环境要素对人类活动的影响为线索,结合田纳西河流域的人文地理条件,介绍了治理前的田纳西河流域状况。教师指导学生阅读"田纳西河流域开发治理措施",然后以角色扮演的形式(四大组学生分别模拟电力部门、工业企业、当地农民、田纳西州州长)介绍其在治理后的本流域确立的发展规划和生活感受,然后教师进行简单小结。最后迁移到黄河流域宁夏段的开发与治理内容的探讨,方式是让学生以专家组、官员组、工业代表的身份介绍开发、治理的方法(用时超过 15 min)。在对该节课进行观察后的课后会议上,参加观察的教师分别从教学环节、教师提问、重难点突破、教学目标的落实、课程资源的利用等方面,以定性和定量相结合的方式对观察结果进行小结,提出教学改进建议。

 **随堂讨论**

阅读上述地理课堂观察案例,讨论地理课堂观察对地理教师的专业成长有什么意义。

6.1.1　概述

地理课堂观察,就是通过观察地理课堂的运行状况进行记录、分析和研究,并在此基础上谋求学生地理课堂学习的改善,促进地理教师发展的专业活动。地理课堂观察作为专业活动的观察,与一般的活动观察相比,它要求观察者带着明确的目的,用耳听(教学内容、教学语言等)、眼观(课堂状况、教师体态、学生的参与程度等)、心感、脑思、手记等方法,借助有关辅助工具(如观察记录表、录音录像设备、课堂观察电脑软件等),直接或间接从地理课堂上收集资料,并依据资料做相应的分析、研究。它是地理教师工作必不可少的组成部分,是地理教师专业学习的重要内容。地理课堂观察是一种行为系统。它由明确观察目的、选择观察对象、确定观察行为、记录观察情况、处理观察数据、呈现观察结果等一系列不同阶段的不同行为构成。地理课堂观察是一种研究方法,它将研究问题具体化为观察点,将课堂中连续性事件拆解为一个个时间单元,将地理课堂中复杂的情境拆解为一个个空间单元,透过观察点对一个个单元进行定格、扫描、搜集、描述与记录,再对观察结果进行反思、分析、推论,以此改善教师的教学,促进学生的学习。

 阅读卡片

美国教育心理学家林格伦说:"教师需要了解他们自己的行为,正如他们需要了解他所教的学生那样。"

[摘自:傅道春.教学行为的原理与技术[M].北京:教育科学出版社,2001:15.]

6.1.1.1　地理课堂观察的类型
根据不同的分类标准,地理课堂观察有不同的分类。

(1) 定量观察和定性观察。根据资料收集的方式以及资料本身的属性来划分,地理课堂观察可分为定量观察和定性观察。前者指观察者运用一套定量的、结构化的记录方式进行观察,一般有一定的分类体系或具体的观察工具,对预先设置的分类下的行为进行记录,这种观察记录的结果一般是一些规范的数据。后者指观察者依据粗线条的观察纲要,收集对地理课堂事件细节描述的信息材料,资料收集的规则是灵活的,是基于需要在观察的过程中形成的,在观察后根据回忆加以追溯性的补充和完善,并通过描述性和评价性的文字记录现场感悟。

(2) 自我观察和对他人的观察。根据观察者与被观察课堂的关系,地理课堂观察可分为自我观察和对他人的观察。在自我地理课堂观察中,观察者即上课的教师,在开展课堂教学的同时,对自己的地理课堂进行观察。观察对象主要是学生的行为,包括学生的学习行为、人际互动情况、对教师授课的反应等学习性行为表现,以及有关学生穿着、仪容、携带的物品等非学习性行为表现。在对他人地理课堂观察中,观察者主要观察他人的课程资源运用、讲解、提问、教学准备、组织、评价和学生学习的情感表现、认知程度以及目标达成程度等。

(3) 合作观察与独立观察。根据观察者之间的合作关系,地理课堂观察可分为合作观察与独立观察。前者指将观察的目标和重点分配到多个人,每一个观察者负责同一量表的某一或某几部分;也可以把观察者分成几个小组,每个小组负责一项或几项观察项目,由大家合作完成对一个课堂的观察活动。后者是指观察者个人独立完成对观察项目或主题的地理课堂观察。

(4) 集中观察和分散观察。根据对观察对象或内容的选择,地理课堂观察可分为集中观察和分散观察。前者指观察者选定一名或几名学生或选定一个观察点进行集中观察,对其他学生和目标则不做观察。后者指观察者在地理课堂观察时,无固定观察对象和目标,整个地理课堂中的人和事都可能成为观察者的观察对象和目标。

(5) 诊断性观察、提炼性观察和专题性观察。根据观察目的与作用的不同,地理课堂观察可分为诊断性观察、提炼性观察和专题性观察。诊断性观察(帮助上课人发现问题)指对地理课堂中出现的一些现象和问题进行分析判断,得出结论,并给出建议。提炼性观察(帮助上课人形成风格)指通过观察,提炼出被观察者课堂教学的风格和特色。专题性观察(从某个专题展开观察)指为了研究某一或某些课题,而进行的地理课堂观察,也可成为主题式观察。

地理课堂观察的分类都是相对的,它们之间往往是交叉、重叠的,同一个具体的观察活动也可以包含多种观察类型,具有多重属性。因此,对于这些不同类型的地理课堂观察,教师应灵活对待、综合运用。

6.1.1.2 地理课堂观察的意义

地理课堂观察对改善学生地理课堂学习、促进地理教师专业发展和形成校本合作教研文化等都有着极其重要的意义。

(1) 改善学生的地理课堂学习。地理课堂观察的起点和归宿都是指向学生课堂学习的改善。无论是地理教师行为的改进、地理课程资源的利用,还是课堂文化的建设,都是以学生地理课堂的有效学习为落脚点。地理课堂观察主要关注学生是如何学习、会不会学习以及学得怎样。这与传统的听评课主要关注教师单方的行为有很大的不同。即使所确定的观察点不是学生,最终还是需要通过学生学得是否有效来检验。因此,地理课堂观察是关注学习、研究学习和促进学习的过程,始终紧紧围绕着学生课堂学习的改善来进行。

(2) 促进地理教师的专业发展。 地理课堂观察是促进教师专业发展的重要途径之一。一方面是由于地理课堂观察的专业品性：它不是为了评价教学，面向过去，在观察之后对被观察者评出三六九等，而是为了改进地理课堂学习、追求内在价值，面向未来，在观察过程中进行平等对话、思想碰撞，探讨地理课堂学习的专业问题。另一方面，教师参与研究是教师专业发展的最重要且最有效的途径之一。地理课堂作为教师教学的主阵地，是教师从事研究的宝贵资源。地理课堂观察促使教师由观察他人课堂而反思自己的教育理念和教学行为，提升自己的教育教学能力。无论是观察者还是被观察者，无论是处在哪个发展阶段的老师，都可以根据自己的实际需要，有针对性地进行地理课堂观察，从而获得实践知识，吸取他人的经验，改进自己的教学行为，提升自己的专业素养。高质量的地理课堂观察就是一种"田野式"的研究活动，它在教学实践和教学理论之间架起了一座桥梁，为教师的专业发展提供了一条很好的途径。

(3) 形成校本合作教研文化。 地理课堂观察是一种团队合作，它由既彼此分工又相互合作的团队进行。在地理课堂观察的整个过程中，每一阶段都是教师之间多向互动的过程。教师借助地理课堂观察合作体，探究、应对具体的有关课程、教学、学习、管理的问题，开展自我反思和专业对话，在改进地理课堂教学的同时，促使该合作体的每一位成员都得到应有的发展。地理课堂观察作为一种合作的专业研究活动，有助于校本合作文化的形成。地理课堂观察是互惠性的，它不是行政命令，也不是规定性的任务，而是出于自愿和协商的专业学习活动，观察者和被观察者都能受益。地理课堂观察合作体的形成与活动的开展营造了一种合作的学校文化，能增进教师的责任感和对学校的归属感。

6.1.1.3 地理课堂观察的流程

开展课堂观察需要教师的广泛参与和一定时间的投入。因此，一套基本的流程对保证地理课堂观察的日常化和规范化、提高观察效率来说尤为重要。它包括课前会议、课中观察与课后评议三个阶段。从课前会议的讨论与确定，课堂中的观察与记录，到课后评议分析与反馈，构成了确定问题——收集信息——解决问题的工作流程。

(1) 课前会议——课前协商，明确目的。 课前会议指在地理课堂观察之前，观察者和被观察者集中一段时间进行有效的商讨，确定地理课堂观察的目的、重点、观察量表的制作等相关事项。其目的在于给参与人员提供沟通交流的平台，便于观察者确定自己的观察点，为后续的行为奠定基础。课前会议最好是在开课的前一天举行，持续时间视具体情况而定，一般至少需要 15 min。课前会议主要包括以下几个方面：一是被观察者说课，主要围绕下列问题展开：① 本课的内容主题是什么？在该课程中是什么地位？② 介绍一下本班学生的情况。③ 重点、难点在哪里？准备如何解决？④ 本课的大致结构是什么？二是观察者提问以及与被观察者的进一步沟通，观察者基于被观察者的说课，根据被观察者的要求、教研组的任务或自己感兴趣的方面与被观察者进行简短的交流。三是双方商议，确定观察点。经过观察者与被观察者的商议，观察者最终确定观察点。若观察点需要合作观察，则观察者之间再进行商议，明确合作观察的分工。

课前会议作为地理课堂观察的起点，整体规划十分重要，准备得越充分，观察者就越能从地理课堂情境中收集到更多有用且详尽的资料。比如，为了研究"如何整合教学资源以达成教学目标"这一问题，一名观察者通过课前协商，围绕"锋面系统"制定了如表 6-1 的观察量表。

表 6-1　整合教学资源以达成教学目标的观察量表

观察内容		1. 绘制"锋"的结构及图形	2. 说明"冷锋天气"的特征	3. 说明"暖锋天气"的特征	4. 解释典型的锋面天气
课堂资源利用	资源运用实录				
	学生反应（表情、提问、回答、作业、扮演等）				
	与目标关联度				
根据预设与课堂实际分析资源的整理策略（增、删、换、合）					

（2）**课中观察——进入现场，捕捉信息。** 课中观察指进入所研究的情境，在地理课堂中依照事先的计划及所选择的记录方式，对所需信息进行记录。

【案例 6-1】

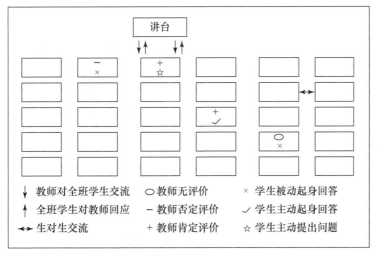

图 6-1　地理课堂师生问答互动行为记录信息

观察者进入现场之后，要按照一定的观察技术要求，根据课前会议制定的观察量表，选择恰当的观察位置、观察角度，迅速进入观察状态。应用不同的记录方式，如录音、摄像、笔录等，将定性和定量方法结合起来，记录观察到的典型行为，做好地理课堂实录，记下自己的思考结果。课中观察是整个观察系统的主体部分，所采集到的信息资料，是课后评议分析的信息基础。课中观察的科学性、可靠性关系到研究的信度和效度问题，以及针对行动改进的课后分析报告的质量。

参与评价

阅读案例 6-1,从图 6-1 中你能观察到哪些信息?评价该观察记录表有何作用?

(3) 课后评议——临床诊断,不断提升。 课后评议是指在观察结课之后,观察者和被观察者针对上课的情况进行探讨、分析、总结,在平等对话的基础上达成共识,制订后续行动跟进方案的过程。课后评议着重完成以下三个方面的任务。

一是被观察者进行课后反思,主要围绕下列问题展开:① 这节课的学习目标达成了吗?被观察者围绕着每个学习目标,就自己所看到的现象逐一分析学习目标的达成情况,分析时应基于学生的表现及证据说明。② 谈谈各种主要教学行为的有效性。被观察者最好以教学环节为主线,逐次说明每个教学环节自己采用了哪些教学行为,这些行为对促成教学目标的达成起了什么作用,随后自己做出判断。③ 谈谈有无偏离自己的教学设计,如有,继续说说有何不同,为什么?这个问题实质是预设与生成的问题。在教学实施过程中,偏离教学预设,按照地理课堂生成的资源改变既定的教学程序、教学策略甚至教学内容的情况,是常常出现的,被观察者有必要向观察者说明改变的原因。

二是观察者简要报告观察结果,每位观察者围绕课前会议确立观察点,根据自己所采集的地理课堂观察信息,提出基于有效教学的改进建议和对策。由于课后评议时间有限,这个阶段应遵循四个原则:① 要简明,观察者的报告应有全景式说明,但应杜绝漫谈式发言,应抓住核心说明几个主要的结论。② 要有证据,观察者发言必须立足于观察到的证据,再作必要的推论,杜绝即席式发挥。③ 要有回应,被观察者与观察者,或观察者与观察者间的回应是必需的。④ 要避免重复,各观察者的发言要避免重复性的阐述。

三是形成几点结论和行为改进的具体建议,结论主要体现三个方面:① 成功之处,即本课中值得肯定的做法。② 个人特色,即基于被观察者本人的实际情况,挖掘个人特色,逐步澄清该教师的教学风格。③ 存在问题,即根据本课的主要问题,基于被观察者的特征和现有的教学资源,提出几点明确的改进建议。如有可能,再进行跟踪递进式观察。

在课后评议的基础上,观察者对观察资料进行分析、整理,形成观察报告。课后评议旨在使观察者与被观察者进行有效的专业探讨,多视角、深层次地寻找有效教学的策略,实现地理课堂观察的目的。

6.1.2 地理课堂观察技能的操练

准确、细致的地理课堂观察是对课堂教学做出科学评价的前提。地理课堂观察技能的掌握对于优化地理教学,促进地理教师的专业成长发挥着非常重要的作用。因此,地理课堂观察技能是地理师范生应该掌握的一项基本技能。

地理课堂观察的对象一般包括学生的学习行为和地理教师的教学行为。地理课堂行为观察一般要经历观察点的确定、观察量表的制定、依据观察量表对教学行为进行记录、对所记录的教学行为进行分析并写出观察报告几个阶段。这里主要介绍(地理课堂教学行为)观察点的确定以及观察量表的制定两个环节。

6.1.2.1 地理课堂教学行为观察点的确定

(1) 地理课堂学生学习行为观察点的确定。 地理课堂是错综复杂且变化万端的,要观察到地理课堂里发生的每一件事是不可能的。因此,地理课堂观察要求根据观察点的品质、观察目的和内容等事先确定好观察点。就学生学习行为而言,针对不同的观察目的,可以从以下几个方面确定观察点。

从学生参与状态的角度,可以确定如下几个观察点:① 学生参与的广度,即多少学生积极地投入地理学习活动,参与地理学习活动的优、中、差学生的比例。② 学生参与的深度,学生提出和回答问题的深刻程度。③ 学生参与的自觉程度,学生是积极主动地参与,还是消极应付地参与等。

从学习交往状态的角度,可以确定如下几个观察点:① 学生在地理课堂上是否有多边、丰富、多样的信息交流与反馈,比如,学生与书本、学生与多媒体、学生与教师、学生与学生、小组与小组之间的交往等。② 学生在地理课堂上是否有良好的人际交往与合作的氛围。③ 学生在地理课堂上是否善于倾听其他学生的意见。

从学生思维状态的角度,可以确定如下几个观察点:① 学生是否敢于提出问题、发表见解。② 这些问题与见解是否具有挑战性与独创性。③ 学生是否能结合一些地理概念、原理提出一些生活化的直接经验或案例,做到理解、迁移和应用。

从学生的情绪状态的角度,可以确定如下几个观察点:① 在导入环节,学生的表情是兴奋、激动还是一般、无所谓。② 在整个教学过程中,学生是否有与教学无关的行为(比如,看小说、做其他学科的作业、睡觉等)。③ 学生是否对今后的学习更有信心、更有兴趣。

从行为类型的角度,可以确定如下几个观察点:① 一节课中学生有哪些学习行为,如回答、讨论、读图、绘图、填图、演示、阅读、朗读、算写、描述、演板、辩论、上网、实验、扮演、做笔记等。② 记录一节课中学生行为所用时间占整节课(一般 45 min)的比例。③ 选择一个学生学习行为,对其进行深入观察,比如,针对读图行为,可以确定如下几个观察点:学生是否能够准确定位;学生是否能够从图表中获取有用的地理信息;学生是否能够从图表中挖掘隐含的地理信息;学生能否利用这些信息进行正确的分析等。

从学生学习习惯行为的角度,可以确定如下几个观察点:① 学生是否按时完成地理老师布置的地理课堂作业。② 学生是否在课前准备好上课需要的课程资源,如地理教科书、地图册、笔记本、笔等。③ 学生是否做笔记。

学生学习行为观察点的角度很多。观察之前,要依据观察者的目的、所观察班级地理教师的个人风格、学生学习情况以及所观察课程的类型等角度选择合适的观察点。

(2) 地理课堂教师教学行为观察点的确定。 地理课堂教师教学行为观察点的确定可以从不同的角度进行,具体表现在以下几个方面。

从教学流程的角度,可以确定如下几个观察点:① 在课前,地理教师准备是否充分,如教案设计、课件、教具等;地理教师是否根据课程标准、学情对地理教材进行了"二次开发"。② 在课中,教师采用了哪些教学行为。③ 在课后,地理教师是否对本节课进行了反思,是否及时批改学生的作业等。

从行为预设与生成的角度,可以确定如下几个观察点:① 通过教学设计,地理教师预设了哪些教学行为。② 在真实的地理课堂情境中,教师是否生成了新的教学行为。评价者必须注意观察教师在教学过程中能否敏锐、快速地捕捉各种信息,能否根据学生的需要,灵活地调整教学策略,能否恰当地处理地理课堂教学中的偶发事件。

从行为类型的角度,可以确定如下几个观察点:① 一节课中教师有哪些教学行为,如导入、承转、提问、讲解、讲述、用图、板书、演示、联系、拓展、举例、评价、组织、应变等。② 选择一个教学行为,对其进行深入观察,比如,针对导入行为,可以确定如下几个观察点:教师导入是哪种类型(直接导入、复习导入、悬念导入、生活导入、故事导入、练习导入、时事导入、媒体导入),教师导入行为所花的时间,教师导入行为是否激发了学生学习的动机等。

从行为表现形态的角度,可以确定如下几个观察点:① 一堂地理课中有哪些主要教学行为,如呈示行为、对话行为、指导行为等。② 一堂地理课中有哪些辅助行为,如创设情境、激发动机等。③ 一堂地理课中有哪些管理行为。

从教师教学行为与教学效果的关系的角度,可以确定如下观察点:选择两个班级(一个班级地理总体成绩好、另一个班级地理总体成绩差),对其教学行为进行观察。

从教师个体差异的角度,就同一教学内容,可以确定如下几个观察点:① 专家与新手型地理教师教学行为比较。② 不同性别地理教师教学行为比较。③ 不同级别学校地理教师教学行为比较。

从教师基本素养的角度,可以确定如下几个观察点:① 地理教师教态是否自然、得体、大方。② 地理教师的板书是否工整、美观。③ 地理教师语言表达是否清晰、语速是否适中。

从时间维度上,可以确定如下几个观察点:① 地理教师某一教学内容时间分配的合理性。② 各种教学行为的时间分配。

从空间维度上,可以确定如下观察点:地理教师在一堂地理课中的空间活动流程图。

6.1.2.2 地理课堂教学行为观察量表的制定

地理课堂观察,应改变传统的听评课范式,以一种全新的专业视角观察课堂,改进教学。地理课堂行为观察量表的制定是影响地理课堂观察质量的一个非常重要的环节,它的水平决定着地理课堂观察的技术水平,也对教师的专业水平产生重要影响。具体的地理课堂行为观察量表的制定需要经历以下几个阶段。

(1) 确定观察点。要针对观察目的、所观察班级地理教师的个人风格、学生学习情况以及所观察课程的类型等具体情况确定合适的观察点。比如,如果所要观察的目的是了解学生主体性的发挥,那么你就可以从学生参与的广度、深度、自觉度以及学习行为类型及所占时间等角度确定观察点;如果所要观察的班级的教师是一位经验丰富、善于启发学生思维的地理老师,那么就可以从学生思维状态的角度,确定如下几个观察点:学生是否敢于提出问题、发表见解;这些问题与见解是否具有挑战性与独创性;学生是否能结合一些地理概念、原理提出一些生活化的直接经验或案例等。

(2) 制定观察量表。具体的观察点确定后,就要进一步对观察点的行为进行分解。比如观察提问,其要素就可以从"提问的数量""提问的认知层次""问题的目的指向""提问的方式""学生回答的方式""教师解答的方式"等方面分析,然后根据观察课的具体情境设计观察表,如案例6-2、6-3所示。

【案例6-2】

表6-2 "大气环境保护"一节学生应答方式观察量表

教学环节		无回答	集体齐答	讨论后汇报	自由答	个别回答
教学环节1 全球变暖	频次					
	要点记录					
教学环节2 臭氧层破坏	频次					
	要点记录					
教学环节3 酸雨	频次					
	要点记录					
统计	总频次					
	百分比					
分析						

【案例6-3】

表6-3 教师"提问"行为观察量表

行为类别	题号	编号			
		A	B	C	D
A. 提出问题的类型 1. 学术的:客观事实。寻求具体的、准确的回答。	1				
2. 学术的:观点性。就某一没有明确定论的复杂问题征求意见。 3. 非学术性:一些有关个人的、过程或纪律方面的事情,而不是课程内容。	2				
B. 需要做出回答的类型 1. 思考性问题:学生必须经过仔细推理得出结论或者是详细阐述事情过程。	3				
2. 事实性问题:学生需要通过回忆或看书得到答案。 3. 选择性问题:需要做出是非回答的问题。	4				
C. 挑选回答问题的人 1. 提出问题前叫出某名学生。	5				
2. 叫起自愿回答的学生(在提问之后)。 3. 叫起那些不自愿回答的学生(在提问之后)。	6				

续表

行为类别	题号	编号 A	B	C	D
4. 根据问题的难易程度选择学生。 D. 停顿 1. 在叫起一名学生前,先停顿几秒钟。 2. 在叫起学生前,没做出停顿。 3. 教师在提问前叫起学生。	7 8				

随堂讨论

比较案例6-2和案例6-3,讨论两个观察量表的差异是什么?它们分别有何作用?

(3) 修订观察量表。具体的观察量表制定好后,最好进入一线地理课堂中进行一次模拟观察,从而验证观察量表的可行性,发现观察量表存在的问题并及时修改。此外,还要征询一线地理教师或者地理教育专家的意见,对所制定的观察量表进行修订。

6.1.3 地理课堂观察技能的评价

6.1.3.1 地理课堂观察技能评价的要领

地理课堂观察技能的掌握程度将直接影响到课堂观察的质量,地理课堂观察技能评价的标准可以从以下几个方面考虑。

(1) 能否选择恰当的观察视角。在观察一堂地理课之前,确定具体观察视角是首要任务。首先,要看所确定的观察点是否可观察、可记录、可解释。其次,要看所确定的观察点是否是根据观察者和被观察者的需要来确定的,处在不同发展阶段的教师关心的问题不同、需求不同,因而确定的地理课堂观察点也就不同。比如,被观察者是刚毕业的地理教师,观察的视角可以更多地放在教学内容的科学性层面;被观察者是教学经验比较丰富的地理教师,观察的视角可以更多地放在其调动学生学习的行为层面。实际上,观察者和被观察者的需求往往不一致,这就需要在课前会议中通过协商确定观察点。

(2) 能否选择合适的观察工具。在复杂的地理课堂情境中进行课堂观察,必须借助于一定的工具才能进行有效的观察记录。因此,能否选择合适的观察工具成为衡量一个观察者观察技能的一项指标。地理课堂观察工具一般包括语言文字记录工具和音像动态记录工具两类。首先,要看观察者能否根据观察点选择合适的观察工具。比如,如果想观察"提问的数量",则应该采用定量的观察记录工具(如提问观察量表);如果想观察"问题的认知层次",则应该采用定性和定量相结合的工具。其次,要看观察者是否具备观察条件。比如,观察"地理课堂对话的效度",观察者要具备一些音像记录设备(如录音笔、摄像机等),否则,对话过程中的语调和神态等对话要素很可能无法记录。

(3) 能否及时提取有用的信息。具体场域中的地理课堂教学行为是短暂的。因此,观察者要善于从地理课堂场域中提取有用的信息。这与观察者自身的特征有很大的关系。比如,观察"学生活动创设与开展的有效性",如果从学生参与活动的人数和态度来判断,那么在界定不同态度和表现行为的基础上,采用定量的记录工具是合适的,但这与观察者是否有比较好的视力、良好的反应能力、快速的判断能力有关。如果想从活动的难度系数及学习目标达成情况来判断,那么需要记录一些教学片段中的行为、对话、情境等细节,而这与观察者是否有较快的记录能力和较好的记忆能力有关。

(4) 能否正确诠释观察的行为。地理课堂中可以观察到的任何行为都是对一定价值取向、思维方式、行为模式的反应。地理课堂中的行为受到很多因素(比如考试压力、班级规模、空间形态、教学时间、教学内容、学生特性、教师专业素养等)的影响。能否通过具体的地理课堂行为剖析出其背后的价值取向、思维方式以及影响其行为的因素,就成为衡量一位观察者观察技能的一个非常重要的指标。

(5) 能否提出改进行为的措施。地理课堂观察的目的是为了改善学生的地理课堂学习,促进地理教师的专业发展,形成合作的教研文化。根据地理课堂观察提出改进行为的措施是落实上述目的的有效途径,也成为衡量观察者观察技能的又一个重要指标。观察者在观察过程中要思考"假如我来教,我会怎样处理""我们还有哪些办法"这些问题。

阅读卡片

在进入观察现场前,研究者还应掌握一些与观察对象建立良好关系的"诀窍",要抱着谨慎、诚实、互动、虚心的学习态度。J. A. 马克斯威尔(J. A. Maxwell)提出了协商研究关系的"4C"原则:关系(Connection)、交流(Communication)、礼貌(Courtesy)、合作(Cooperation)。"研究者进入研究现场通常靠的不是理论,而是研究者本人的机敏,特别是研究者本人处理人际关系的策略、即兴的创造力以及应付突发事件的灵活性"。被研究者对研究者产生了信任,其他一切问题便都可以迎刃而解了。而要获得被研究者的信任,研究者自己必须做到坦率、真诚、信任对方。

[摘自:陈向明. 质的研究方法与社会科学研究[M].北京:教育科学出版社,2000:151.]

6.1.3.2 地理课堂观察注意的事项

对于观察者而言,进入现场要注意以下几个问题。

(1) 要提前做好观察准备。观察者要在上课开始前进入现场,最好提前 5 min 进入地理课堂,同时必须明确进入现场的观察任务以及可用的观察工具。如果没有既定的任务与可用的工具,观察者所获得的只是整体的一般印象或对某个问题的表面了解,不可能就所观察的问题做出深入分析,就有可能使课后评议成为妄议或空谈。

(2) 要选择适当观察位置。选择有利的观察位置,对观察的顺利开展十分重要。一般而言,要按观察任务来确定观察位置,以确保能收集到真实的信息。如果观察学生的地理课堂参与情况,观察者应选择离他们较近的位置,以便随时记录他们参与的时间等;如果观察教师情境创设的有效性,观察者应选择便于走动的位置,可及时移动来了解具体情况。但还应注意,观察者所选定的位置在一节课内通常是固定的,应以不分散学生的注意力为宜,尽量避免与教师的课堂走动发生冲突。

(3) **要如实记录观察信息。**观察者要如实地记录看到的与听到的种种现象,一般不宜当场花时间对现象进行分析或做出判断,以免影响记录的进程,遗漏一些重要的信息。

(4) **要慎重自身观察行为。**在观察过程中,观察者的行为表现应不影响正常的地理课堂教学;观察者的表情不能过于丰富,应保持冷静;观察者不应着奇装异服;尤其是观察位置面对或靠近学生时,观察者不应进行不必要的走动;观察者之间不应相互讨论,发出声音。因为这些行为举动在一定程度上会引起教师或学生的注意,影响教与学的进程。

(5) **要考虑观察伦理问题。**关注地理课堂观察报告撰写中的伦理问题。在写作过程中对伦理问题的处理,是衡量文本撰写是否成功的重要标尺。地理课堂活动的展现,难免要涉及地理课堂活动的主体——教师和学生。地理课堂观察报告要尽可能地隐去课堂活动主体的真实信息,如非呈现不可,则应征得教师、学生及其家长的许可。

技能操练

1. 根据表6-4课堂观察一览表,选择一节高中地理课,分别从学习氛围、课堂管理、教学过程、学生参与等几个方面进行现场观察,并写出观察报告。

表6-4 课堂观察一览表

序号	维度
1	感受学习氛围 教师中心————————学生中心
2	聚焦课堂管理 有序————————无序
3	教学过程的清晰性 清晰————————不清晰
4	教学指导方式的多样性 多样化————————单一化
5	教学目标定位 明确————————不明确
6	学生的参与度 高————————低
7	学生的学习成效评估 高————————低
8	培养高品质的思维能力 高————————低

2. 结合自己的研究兴趣或者观察的需要,从上述观察点中选择一个或几个学生学习行为或教师教学行为,制定出地理课堂行为观察表。

3. 用自己制定的地理课堂行为观察表,进入中学进行现场观察或者通过看录像进行非参与式观察,并在分析观察资料的基础上写出地理课堂行为观察分析报告。

6.2 地理教学评课技能概述

教学叙事 20

表 6-5 "从市中心到郊区,你选择住在哪里"一课的评课记录稿

评课人	评课内容
A 教师	这节课依托教材,整个教学设计,尤其是活动的设计能够使学生进行深入讨论;让学生自由发挥,充分调动了学生的积极性,激发了学生参与其中的兴趣;活动时间控制得较好,放得开,收得住。最后的课外探究设计恰当合理,是本节课问题研究的延伸
B 教师	在课堂中学生的学习兴趣都被调动起来了,学生思维活跃,课堂气氛很热烈,从学生展示研究结论的过程中,可以看出教师对学生学习方法的指导很到位,学生都能根据条件说出解决问题的思路,并且针对条件提出质疑,进行有效的思维和讨论。但教师在每个小组发言结束后应对其亮点进行更充分的评价,在整个活动结束后,可以再次引导学生对影响住宅选择的主要因素进行总结
C 教师	本节课作为一节活动课,从教学设计来看,可操作性强,充分体现了自主学习、探究学习和合作学习的新教学理念,更重视过程和方法,充分激发了学生学习的积极性,相信这样的一堂课对学生今后养成自主学习的习惯大有好处,学生在这节课中所掌握的知识将是非常牢固的。教师和学生的素质都很高,教师设计的教学框架和案例很典型,能够引导学生从多个方面考虑购房因素
D 教师	案例设计好,各个角度的购房者都有,相当典型,是这节课的亮点。但可以补充投资者的购房选择,体现地理的发展眼光,考虑城市发展趋势,从升值潜力来考虑选房的位置

阅读上面的评课记录稿,讨论 4 个教师分别是从什么角度进行评价的?这些评价有什么意义?

评课是指观察者听课后对授课教师的课堂教学活动行为和结果进行评价的教学研究和交流活动。评价的基准是价值。从这一意义上说,评课也是对授课教师地理课堂教学行为和效果进

行一系列价值判断的过程,具有十分普遍和重要的意义。对教师来说,它是促进自身专业成长和发展的重要途径;对学校领导而言,它是评价教师教学质量的有效手段;对研究者来讲,它又是收集事实资料的主要方法。

 阅读卡片

《基础教育课程改革纲要(试行)》强调"教师对自己教学行为的分析与反思,建立以教师自评为主,校长、教师、学生、家长共同参与的评价制度,使教师从多渠道获得信息,不断提高教学水平"。

[摘自:钟启泉,崔允漷,张华.基础教育课程改革纲要(试行)解读[M].上海:华东师范大学出版社,2001:10.]

6.2.1 地理教学评课的功能

6.2.1.1 研究功能

在优化地理课堂教学过程中,有许多问题值得探索和研究。例如,如何正确地处理教材?如何在地理课堂教学中培养学生的地理核心素养?如何合理运用现代化教学手段?这些问题均可从评价人员对地理课堂教学的分析、探讨中取得较为一致的认识,找出新的研究起点。

6.2.1.2 激励功能

地理课堂教学评价,是评价主体按照一定的价值标准,以现代教育教学理念、现代课堂教学观为依据,运用可操作的科学手段,对地理课堂教学的各个要素及其发展变化进行价值判断的过程。地理课堂教学评价的建议可以成为被评者设计教学、改进教学的良好参考,激励其进行创造性的教学。

6.2.1.3 交流功能

通过评议,既能了解别人的工作过程,也能与自己的教学情况对比,相互交流、相互沟通,共同探索优化教学的途径和方法,概括出带有普遍性的地理教学规律,用于指导地理课堂实践,提高地理课堂教学的质量。

6.2.1.4 改进功能

在评课活动中,评课者按评课标准逐项对照评价,可以获得众多的反馈信息,发现教学中存在的不足,从而明确改进地理教学的方向。

6.2.1.5 管理功能

地理课堂教学评价有助于教学管理部门了解地理课堂教学现状,以便做出合乎教学实际的决策;有助于推广先进经验,纠正地理课堂教学中存在的问题,提高地理教师的整体水平等。

6.2.2 地理教学评课的类型

6.2.2.1 示范性评课

示范性评课一般是指采取以老带新的方法,选择教学经验丰富的教师参与到青年教师的评课活动中,对授课教师的地理课堂教学进行示范性点评,从而使授课教师和参与评课的青年教师从中受益。骨干教师经历了多年的实践探索,积累了宝贵的地理教学经验,形成了各自的教学风格,是学校一笔巨大的无形资产和教育资源。他们在教学目标的制定、教学内容的确立、教学方法的选择、教学程序的设计、教学过程的把握、教学效果的检测等各方面都有值得借鉴之处和指导意义。他们的经验可以推动和激励全校教师在地理教学上开拓进取。

6.2.2.2 提高性评课

提高性评课主要针对两类人:一类是新教师,在走上讲台之后,怎样才能会上课、上好课,特别需要有经验的教师的指导;另一类是学生评价不好的教师,他们往往由于上课质量差而不受学生欢迎。一般以年级组或教研组为单位,骨干教师与青年教师共同参与评课活动。在随堂听课的基础上,可先由授课教师自我评课,再由青年教师充分评课,最后由骨干教师进行有针对性的总结评课。提高性评课旨在提高授课教师和青年教师的评课水平。

6.2.2.3 研究性评课

研究性评课一般以课题组或学科组为单位,采取集体备课的形式,相互切磋、共同探讨,写出教案设计,然后指定几位教师分别讲课,课后进行集体评课,不断完善教学方案。研究性评课旨在共同提高评课参与者的教研水平,应该突出一个"研"字,要搞清楚研讨的专题是什么,试图通过课堂教学解决什么具体问题等。如果研讨课是研究"如何培养学生的读图能力",那么在听课时就要注意这位教师采用哪些合适的教学手段、方法在读图教学的过程中培养学生的思维能力,是否达到了目的,要边听边想,边分析边归纳,形成自己对这堂研讨课的独到见解。

6.2.2.4 检测性评课

检测性评课一般由学校行政领导牵头,组成评课专家组,在随堂听课的基础上,对授课教师的地理课堂教学行为和结果进行一系列综合评价,并侧重对授课教师的教学质量进行专项测评。检测性评课旨在衡量授课教学水平,评价授课教师的教学能力。

【案例6-4】

"陆地环境差异性"一课的评课稿

上周三上午,黄老师上了"陆地环境差异性"的公开课,课后,听课老师在肯定其优点的基础上,提出了以下不足之处:

1. 学生参与度不够。课堂中,黄老师的教学启发引导不够,主要体现在:课堂提问较少且大多数提问是记忆性问题,学生参与思维的价值不大;较多的问题是自问自答(总共提问学生3人);在探究型问题中给予学生思考的时间较短(如根据全球的降水分布特征画出全球的雪线分布特征,给学生思考的时间不到一分钟,就让一名女学生来画图)。

2. 缺少正向性评价。学生回答问题后,黄老师基本上是就让学生坐下,没有对学生回答的正误进行评价,其实对于学生的行为,特别是良好的行为(如回答得很好)应该给予积极的鼓励、正面的评价。

3. 教学语言以直叙为主,缺少起伏;与学生交流时,主要集中于左侧学生;从教态的站位来看,主要是站在讲台前,较少走动,对学生的关注度不够。

随堂讨论

案例6-4中的评课属于什么类型,这些评价对黄老师会有哪些帮助?

标准链接

【关爱学生】

尊重学生的人格和学习发展的权利,保护学生的学习自主性、独立性和选择性,关注个体差异,相信每名学生都有发展的潜力,乐于为学生创造发展的条件和机会。

[摘自:中华人民共和国教育部.中学教育专业师范生教师职业能力标准(试行)[S].2021.]

6.2.3 地理教学评课的内容

6.2.3.1 看其目标是否明确

教学过程是否达到了地理教学目标,这是衡量一堂课好坏的首要标志。地理教学目标是上课的指导思想,是地理教学的出发点和落脚点,是贯穿全课的一根主线,决定着教学的方向。地理教学目标是以地理新课程标准和地理教学内容为依据,从学生实际出发,培养学生的地理核心素养。地理教学目标不仅要教师明确,还要用适当的方式让学生也知道,要求学生明确目标,主动学习,自觉配合。

6.2.3.2 看其思路是否清晰

地理教学思路清晰体现了教师实施教学有序的特点。善教者知道先讲什么,后讲什么,何处详讲,何处略述,哪里需要设疑、质疑,哪里需要停顿,哪里需要开拓新知等,环环相扣,层层拓展,有机推进;不善教者,量、度、位、序的安排不当,知识如一盘散沙,学生则如入荒山野道,举步维艰。

6.2.3.3 看其方法是否得当

优化运用地理教学方法是衡量地理教学水平的一个重要尺度。教学有法、教无定法、依据学情、重在得法。评课时应把是否充分发挥了教师的主导作用和学生的主体作用,作为衡量地理教学方法是否得当的准则。优化运用地理教学方法应方法灵活、有讲有练、图文并用、有板书、有演示……各种方法配合得当,运用自如。

6.2.3.4 看其过程是否规范

地理教学规范的评价,实际上是对教师教学素质的评价。评价一个地理教师有以下几条衡量标准:海人不倦的敬业精神,精深广博的地理知识,从容不迫的教学心态,饱满昂扬的精神风貌,自然大方的服饰仪表,科学规范的教学语言,抑扬顿挫的语音语调,合乎逻辑的教学结构,清晰流畅的教学过程,随机应变的教学智慧,合理美观的板书设计,驾轻就熟的板图能力等方面。这些是一个优秀的地理教师必须具备的条件,也是评价地理课堂教学不可缺少的因素。

6.2.3.5 看其效果是否明显

一堂地理课是否成功,归根到底是要看地理教学效果,看地理教学效率的高低。地理教学效

果表现为地理课堂教学活动中学生群体参与的程度与地理教学目标的达成度。地理教学效果明显,教学效率高,具体指:

(1) 地理课堂气氛活跃和谐,教与学之间的信息流畅;学生思维始终处于积极状态,师生情感交融,配合默契;学生反应敏捷,活动积极,地理课堂秩序活而不乱。

(2) 学生对重要的地理事项和地理基本原理的理解掌握,对地理知识和技能的掌握程度达成度高;学生注意力、情绪、意志等心理品质好;学生的共性和个性都得到发展。

技能操练

观看一节高中或初中地理教学录像,尝试着从教学目标、教学方法、教学思路、教学过程、教学效果中的某个或两个方面进行评价。

6.3 地理教学评课技能的操练

地理教学评课是师范生毕业后在教学研究过程中经常性的教学行为。评课技能是师范生应该掌握的一项基本技能。评课归根到底是回答两个问题:第一,授课者所定教学目标适宜吗?第二,如果目标是适宜的,这一目标达成了吗?因此,地理教学评课可以围绕地理教学目标的制定、地理教学目标的达成两个方面进行操练。

6.3.1 地理教学目标制定的评价

地理教学目标有以下重要功能:它决定着地理教学活动的方向,统率着地理教学活动的全过程,是选择地理教学方法和手段的依据,是评价地理教学效果的依据。对地理教学目标制定的评价可以从以下几个方面考虑:

6.3.1.1 教学目标的可行性

地理教学目标是评价地理教师的教学效果和学生学习效果的依据。教学目标要发挥"标准"的作用,就必须是可观测的。如果教师提出的教学目标是含糊的、笼统的,那就难以观测。地理教学目标设计应避免使用"掌握""懂得"等一些含糊笼统、抽象的行为动词。"掌握""懂得"等词,都是表示内部心理过程的术语,缺乏质和量的具体规定性。由于人的心理过程无法直接观察,对这些词语的理解就可能有很大差别。因此,用这些术语表述教学目标,就会使教学目标比较含糊笼统、抽象,难以测量和操作,从而使目标的设计流于空泛,甚至形同虚设。因此,在进行地理教学目标设计时应使用意义比较单一的行为动词。例如,对于综合思维、区域认知可用说出、举例、列举、表述、简述、回忆、排列、辨认、区别、比较、举例说明、归纳、判断、预测、收集、整理、分析、概述(括)、解释、阐述、选择、鉴别、评估、评论、计算、质疑、辩护、设计、撰写、修改等词衡量;对于地理实践力可用测量、测定、操作、制作、查阅、计算、实验、经历、尝试、参加、体验等词衡量;对于人地协调观可用体验、参与、寻找、尝试、交流、考察、接触、观察、反应、遵守、拒绝、接受、同意、反对、讨厌、关心、关注、怀疑、摒弃、领悟、形成、养成、热爱、树立、建立、追求、坚持、保持等词衡量。

本书第 2 章地理教学设计技能对地理教学目标设计的基本方法已进行了较为详细的介绍，这里主要是从评价的视角进行论述。

【案例 6-5】

"自然地理环境的整体性"教学目标可行性评价

素养水平一：
① 人地观念：举例说明人类对待自然环境的态度不同，其结果也不同，初步懂得人类活动要遵循自然规律，形成人地协调发展和可持续发展的观念。② 综合思维：能够综合自然地理环境各要素，从整体性角度出发，举例分析它们之间相互作用、相互影响、相互制约的关系及发展和演化。③ 区域认知：知道地理环境处于动态变化中，人类通过对生物、水等要素施加影响，对环境的整体演化产生深刻作用。④ 地理实践力：能够与同伴进行有效沟通、合作，发现问题、解决问题，共同完成任务。

素养水平二
① 人地观念：举例说明人类活动对地理环境的积极与消极影响，能够初步预测人类活动影响下自然环境的发展变化趋势，提出改善自然环境、协调人地关系的对策和措施。② 区域认知、综合思维：围绕家乡建设与区域发展，找出其中主要的人地关系问题，以地理环境整体性的眼光进行综合分析，初步提出解决方案。③ 地理实践力：在小组探究活动中居于核心地位，能够引导小组顺利开展探究任务，解决问题。

［摘自：陈杰，陈良烟.从"三维目标"走向"核心素养"——以人教版"自然地理环境的整体性"教学设计为例[J].中学地理教学参考，2017(03)：28－31.］

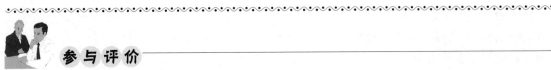

参 与 评 价

如何评价案例 6-5 中的教学目标在行为主体、行为动词、行为条件、行为结果等方面，您觉得是否具有可行性？

6.3.1.2 教学目标的四维性

《普通高中地理课程标准（2017 年版）》将高中地理课程的总目标确定为"通过地理学科核心素养的培养，从地理教育的角度落实立德树人根本任务"。教学目标必须在课程目标的指导下进行设计。因此，教学目标需要从地理核心素养的四个方面进行设计。"人地协调观"方面，要求"学生能够正确看待地理环境与人类活动的相互影响，深入认识两者相互影响的不同方式、强度和后果，理解人们对人地关系认识的阶段性表现及其原因，认同人地协调对可持续发展具有重要意义，形成尊重自然、和谐发展的态度"。"综合思维"方面，要求"学生能够形成从综合的视角认识地理事物和现象的意识，对地理各要素之间的相互作用关系有较强的分析能力，并在一定程度上解释地理事物和现象发生、发展的过程，从而较全面地观察、分析和认识不同地方的地理环境特点，辩证地看待地理问题"。"区域认知"方面，要求"学生能够形成从空间—区域视角认识地理事物和现象的意识,对地理事物和现象的空间格局有较强的观察力,并运用区域综合分析、区域比较、区域关联等方法认识区域,简要评价区域现状和发展"。"地理实践力"方面,要求"学生能够运用所学知识和地理工具,在室内、野外和社会的真实环境下,通过考察、实验、调查等方式获取地理信息,探索和尝试解决实际问题,具备活动策划、实施等行动能力"。

【案例6-6】

"城市化"一节内容教学目标

某位地理教师在"城市化"一节的教学设计中把教学目标定为以下三项:

1. 理解城市总人口增加、城市人口比重上升和城市用地规模扩大是城市化的三个主要标志。
2. 了解世界城市化的历史进程。
3. 理解发达国家与发展中国家城市化的不同进程及其特点和原因。

[摘自:昝玉娅."城市化"教学设计[J].中学地理教学参考,2001(1—2):63.]

参 与 评 价

案例6-6中的地理教学目标设计存在以下问题?①地理教学目标维度不完整。该目标设计仅以静态的知识维度设计了城市化的三个主要标志、城市化进程特点及其原因等内容,忽视了其他维度目标。②地理教学目标指向不具体,案例中使用的"理解""了解"等动词很抽象,没有将学生的学习行为具体化。因此,可操作性不强。③如果按照新课标地理核心素养培养目标的设计要求,应该从"人地协调观""综合思维""区域认知""地理实践力"四个维度进行教学目标设计。目标运用行为动词也应该是具体的、可操作的。

6.3.1.3 教学目标的差异性

学生学习客观上存在多种差异。地理教学目标设计应对所有学生具有引领作用。难度适中的教学目标有利于激发学生的求知欲并由此产生学习需要,激发学生的认知内驱力并由此产生学习动机,激发学生的好奇心并由此产生学习兴趣;有利于学生端正学习态度,实现智力与非智力因素的协调;有利于学生选择学习策略,提高学习效率。如果教学目标太容易,就激不起学生强烈的学习动机,起不到激励作用。如果教学目标太难,往往又会挫伤学生的学习积极性。因此,地理教学目标难度要适中,使学生"跳一跳,摘到桃子",要把教学目标确定在学生的"最近发展区"内。因此,评价教学目标是否适当,还要看教学目标是否体现了差异性,是否关注了学生认知水平的差异。

6.3.2 地理教学目标达成的评价

一堂地理课的教学目标制定好后,在具体的地理课堂教学实施过程中是通过一系列的教学行为链(教师教学行为、学生学习行为)实现的。因此,评价一堂课的教学目标是否达成,可以从不同视角对教学行为进行分析评价。

6.3.2.1 教学行为的情感性

学习是学生认知与情感相结合的活动。认知和情感是学生学习过程中不可分割的组成部分,是彼此融合在一起的。学习不能脱离学生的情感体验而孤立地进行。教学行为的情感性有利于人文情怀与科学态度的养成。在评价教学行为的情感性时,可以从以下几个方面进行:首先,地理教师的导入行为能否激发学生学习的兴趣。兴趣的激发能充分调动学生学习的主动性。其次,师生关系是否渗透人文关怀,和谐、民主的师生关系,是学生学习的基础,能使学生产生最佳的学习心态,形成自信、自强等良好的意志品质,从而轻松愉快地参与学习。地理教师在教学中应把信任的目光投向每一个学生,把尊重的话语送给每一个学生,把和谐的微笑洒向每一个学生。地理教师要用热爱与尊重学生的行为赢得学生的喜爱、尊重与信任。

6.3.2.2 教学行为的多样性

新课程提出的地理核心素养培养目标有人地协调观、综合思维、区域认知和地理实践力四个维度,在地理课堂中的教学行为应该具有多样性。这是因为:人地协调观是指人们对人类与地理环境之间关系秉持的正确的价值观。需要认识不断出现的人口、资源、环境和发展问题,尊重自然规律,协调好人类活动与地理环境的关系,成为和谐世界的建设者。综合思维是指人们运用综合的观点认识地理环境的思维方式和能力。需要认识人类生存的地理环境是一个综合体,在不同时空组合条件下,地理要素相互作用,综合决定着地理环境的形成和发展。"综合思维"素养有助于人们从整体的角度,全面、系统、动态地分析和认识地理环境,以及它与人类活动的关系。区域认知是指人们运用空间—区域的观点认识地理环境的思维方式和能力。需要认识人类生存的地理环境多种多样,将其划分成不同尺度、不同类型的区域加以认识,是人们认识地理环境复杂性的基本方法。"区域认知"素养有助于人们从区域的角度,分析和认识地理环境,以及它与人类活动的关系。地理实践力是指人们在考察、实验和调查等地理实践活动中所具备的意志品质和行动能力。考察、实验、调查等是地理学重要的研究方法,也是地理课程重要的学习方式。"地理实践力"素养有助于提升人们的行动意识和行动能力,更好地在真实情境中观察和感悟地理环境及其与人类活动的关系,增强社会责任感。

【案例 6-7】

"我国南北差异"部分内容实录

一位地理教师在带领学生探讨"我国南北差异"这一主题时,抓住了一种易得而又易忽视的课程资源:学生及其家人外出旅行时的照片。课前布置学生收集整理照片,课堂上有选择地展示出来。

〔师〕:我们大家或多或少去过外地,也都照过一些照片。现在就请大家把带来的照片展示一下。请注意照片上景观的差异,并认真倾听上台同学的讲述。

(部分学生上台在实物展示台上展示自己收集的照片并作说明)

学生1：这是我去长白山时拍的照片，是在秋天。

学生2：这是我去海南时拍的照片。

……

师：我们把照片按拍摄地点从北到南排列起来。大家能从中观察到什么？

学生a：从南到北，树木从阔叶变成针叶。

学生b：能看出气温的差异。

……

技能评价

案例6-7"我国南北差异"一课改变了传统的教师讲、学生听的教学模式，采取了教师引导、组织，学生收集、演示、描述、排列、讨论等多种多样的教学行为，充分体现了教学是师生互动的过程。这一过程中，师生通过多样的教学行为，优化了地理学习过程和方法，升华了师生之间的情感，有利于地理教学目标的达成。

6.3.2.3 教学行为的主体性

新课程理念下的课堂不是教师表演的舞台，而是师生之间交往、互动的舞台；不是对学生进行训练的场所，而是引导学生发展的场所；不只是传授知识的场所，更应该是探究知识的场所；不是教师教学行为模式化运作的场所，而是教师教育智慧充分展现的场所。这充分体现了教师教学行为和学生学习行为主体性的发挥。学生的学习行为将由过去死记硬背、机械训练的被动方式向主动参与、合作探究、勤于实践的方式转变。学生学习行为的主体性将成为教学活动的中心和目的，教师主体为学生主体服务。教学行为的主体性，尤其是学生学习主动性的充分调动是教学目标达成的重要保障，学生学习主动性是否在行为上呈现出来，可以观察地理教学过程中学生是否有"说出、描述、列举、比较、归纳、判断、预测、收集、整理、分析、概述(括)、解释、评论、计算、测定、操作、制作、查阅、实验、交流、考察、关心、关注、领悟、形成、树立、建立、追求、坚持、保持等学习行为"。

6.3.2.4 教学行为的差异性

地理课堂中学生个体差异是客观存在的。这些差异既表现在年龄、性别等群体差异，也表现在观察力、记忆力、想象力、思维力和迁移力等智力因素和学习兴趣、学习动机、学习习惯等非智力因素方面的个体差异。因此，地理教师要承认差异、关注差异，客观地善待差异，因材施教，使每个学生在原有的基础上都能得到发展。地理教学目标的差异性设计就是关照学生的个体差异。但这种差异性的体现需要在教学过程中通过不同的教学行为来落实。因此，教学行为的差异性是达成教学目标的又一考核指标。

【案例6-8】

"商业中心和商业网点"的教学行为要求

学习"商业中心和商业网点"一节时,在课堂上万老师将学生划分为不同的学习小组,并分别提出了如下要求:

① 居住在城市商业中心附近的同学和绘图能力较强的同学合作将城市商业中心分布状态绘制成图。

② 思辨力较强的同学在课堂上分析讨论商业区布局的合理性。

③ 综合能力较强的同学对不合理的商业区布局写出整改方案,并画出新图。

④ 决策能力强的同学对整改方案进行讨论和修改,最终完成"我们城市商业中心和商业网点的发展建议"稿,提供给相关部门作为规划参考。

参 与 评 价

案例6-8中有哪些地理课堂行为?这些差异性的地理教学行为是如何有利于地理教学目标的达成的?

6.3.2.5 教学行为的互动性

实践表明,地理教学活动中,不仅存在教师的教和学生的学这两种主客体间的对象性活动,还存在一种人与外部的意义关系,即存在一种意义的活动。在这种意义活动中,教师与学生之间处于一种人格平等的"主—主"关系或"我—你"关系(表现为主体间性),教学也就成为教师与学生间的平等对话;成为教师与学生间的一种精神性交往,成为教师与学生间的相互作用和影响。在教师与学生之间进行的授—受过程实际上就是一种互动,除此而外,师生之间的提问与对话、生生间的合作学习、师生间的研讨、师生间的评价等都应是互动的;对于师生或生生之间的双向互动,需要强调的应是一个优势互补、资源共享、相互讨论、共同提高的过程,而不是一个虚假的表面形式(如时下不少的地理课堂讨论是流于形式),所以我们可以从多元性、双向性、流畅性、实质性等方面评价一堂课中的师生互动。

6.3.2.6 教学目标的生成性

对每一堂课,我们首先要考察教师是否预设了合适的、明确的、具体的教学目标;与此同时,在评课时,我们认为还要关注教师是否重视了"生成性目标"。地理课堂是具体的、多变的、情景性的,学生在这一环境中受到某一信息的"刺激",会产生一些教师事先没有、也不可能预设的行为结果。因此,有必要在教学过程中对预设的地理课堂教学行为目标进行及时调整和重新定位,从而实现教学目标的动态生成。教学目标的动态生成是对学生学习过程中表情变化、思维速度、回答问题、练习、测试、动手操作程度的综合反馈。它充分体现对存在于地理课堂中的生命个体的生存状态的人文关怀,也是教师教学机智应对的充分体现。

6.3.3 地理教学评课的标准

 阅读卡片

评课应有利于课堂文化的重构

在新课程背景下,我们期望通过评课评出一个对话的课堂,一个开放的课堂,一个探究的课堂,一个建构的课堂,一个感悟的课堂,一个快乐的课堂,一个有效学习的课堂,追求一种理想的课堂文化。课堂教学文化是在交流对话中生成的,评课也应该是在交流对话中实现。评课者和被评者平等对话,在交流中倾听被评者的解释和说明,鼓励被评者自评,充分尊重被评者的个性和创造性,尊重其劳动成果。在交流中,评课者把从课堂获得的信息进行比较整理,并进行原因分析,然后反馈给执教者,共同分享其教学成功的喜悦,一起总结不足,研究改进意见。

[摘自:蔡胜铁.评课应有利于课堂文化的重构[J].福建教育,2007(21)]

6.3.3.1 地理教学评课的原则

好的评课有利于促进地理教师的专业成长,有利于素质教育理念的落实,有利于理论工作者、教研员和一线地理教师间形成合作的教研文化。好的评课应体现以下原则:

(1) 导向性原则。 评课的目的在于鼓励教师学习和运用新的教育理论和教学方法,提倡刻苦钻研精神,肯定正确的教与学的方法和成功经验,避免错误重复出现,从而达到提高教学水平和地理课堂教学效果的目的,使地理课堂教学规范向着科学性的方向发展。因此,评课者应站在现代教育理论的前沿,对评课有一个明确的认识,使被评者和旁听者都达成一个今后朝着什么方向努力的共识。沿着这个方向,发扬成绩、改正错误、弥补不足、不断丰富自己、提高自己、完善自己。

(2) 科学性原则。 科学性原则表现在评语简明、准确恰当,话不在多,指在关键处,说在点子上,使被评者心悦诚服;优点找得多而准,不足之处谈得细而不失误,被评者认为您认真仔细。科学性原则的另一层含义是指理论依据应该准确。评课者理论依据不同,导致在评课中的用语词汇差异很大。评课者应依据当代教育理论和心理学的成果,以及我国现行教育的特点和地理学科教学的基本要求去评课。过程评得准,理论上又说得清,这就是评课中应该坚持的科学性原则,它是评好课的关键。

(3) 实事求是原则。 实事求是主要指教学条件。我国地区差异悬殊,城乡之间和同一地区之间的学校条件差距都很大。这是我国的国情决定的。鉴于此,评课时应因地、因校制宜,标准应有所不同。由于教学条件的不同(教学设备、学生基础、教师水平等),教师在教学中处理同一问题的方法可能也不同,教学效果也不一样。只要教师在现有教学条件的基础上,创造性地发挥教学潜力,最大可能地获得好的教学效果,都应予以充分肯定。

(4) 教与学结合的原则。 对地理课堂教学的评价,实际是对地理课堂教学过程的评价。而地理课堂教学过程又是教的过程和学的过程的融合统一,教与学是协调统一的。因此,评议地理课堂教学,只评教而不评学是不完善的。地理课堂教学评价重心应转移到教师的教与学生的学的结合上来,要重点评议教师如何组织、培养学生去阅读、分析、归纳、运用知识的能力。既要评教知识,更要评如何教会学生获得知识、积极思维、形成能力的方法,指导学生由学会到会学,具有创新意识,这是高素质人才培养的需要,也是学校教育的根本目的。因此,教与学结合的评价是评价地理课堂教学的基本原则。

(5) 爱护性原则。 爱护性原则要求是指评课者本着爱护、鼓励的原则以极大的热情,相互学习和共同研讨的态度去对待被评者。爱护性原则要求评课者与被评者之间感情融洽,目的一致,相互信任和理解,使被评者能最大限度地听取和接受评课者所提出的诸多观点、看法,从而使评课者与被评者之间形成更多的共识而取得更好的评课效果。评课者应以真挚的感情、和蔼的态度、亲切的语言去评课,被评者会认为您是在真心诚意地帮助他提高教学水平。因此,爱护是评好课的前提。

6.3.3.2 地理教学评课量表

在新的课程理念下,地理教学评课量表应发生一些变化。新时期地理课堂教学评课可以参考表6-6。

表6-6 地理课堂教学评课量表

执教人:_____ 课题:_____ 年级:_____ 班级:_____

项目	评价要点	优	良	中	差
教学目标	目标适宜,符合培养地理核心素养和学生实际				
教学内容	内容体现与生活世界的沟通				
	突显地理学科的教育价值,能有效整合教学资源				
过程生成	导入的情境创设具有适宜性				
	导入提出的问题具有地理性				
	学生地理学习兴趣浓厚,具有旺盛的求知欲				
	学生学习主动、积极,敢于质疑,敢于发表自己的看法				
	关注全体,重视地理学法指导,注重启发性				
	教学方法灵活、生动,注意生成资源,发挥教学机智				
	师生互动、生生互动质量高				
	课堂气氛有序、宽松、民主、和谐				
	小结具有提炼性、作业具有延伸性、开放性				
教学效果	地理核心素养目标的达成度高,学生反映好				
教师素养	学科技能扎实,知识面广,技术运用得当				
	有较强的教育学、心理学等方面的理论素养				
	努力形成教学特色,有创新意识				
整体效果					

6.3.3.3 地理评课注意的事项

(1) 要实事求是,避免各种不良效应。 要克服评课的"折中效应"。所谓折中效应是指评价者对评价对象既不愿给优者以太高的评价,也不愿给劣者太低的评价,尽量缩小差距,向中间状态集中的一种心理现象。

要克服评课的"成见效应"。所谓成见效应,是指对评价对象受既有的看法和态度影响而不能做出正确判断的一种心理现象。

要克服评课的"晕轮效应"。所谓晕轮效应,是指由于对评价对象的整体印象,影响到该对象具体特征的认识,或因某些特点而掩盖了其他特点的一种心理现象,评价中表现为"以点代面""以偏概全"等。

(2) 要平等交流,形成新型评课文化。上课、评课是课程与教学研究的重要文化形式。上课和评课之间存在着语言范式或风格的不对等性,评课者的语言成了具有"霸权意义"的文本。眼下,评课过程中虽然比较尊重上课教师的意见,但实际工作中,没有得到应有的尊重。评课本来是一种研讨,是一种平等参与的对话,是一次彼此学习的机会,然而,现实中的评课还是让人感觉到许多不自在:"评"者高高在上,"被评者"俯首帖耳;"评"者是权威,"被评者"是等待"法官"宣判的"罪犯";"评"者俨然自得,大权在握,"被评者"心惊胆战,怕揭"伤疤"。在这样一种状态下,大家又怎能展开平等的对话?积极的、发展性的评课要促进平等交流,形成新型评课文化。

(3) 要针对对象,发挥评课的导向作用。对评优课应突出一个"严"字,倡导一个"学"字。即采用地理课堂评课标准,从严要求,在分析对比中选优,在选优中总结教学经验。将评优与推广先进的教学经验结合起来,可推动地理教学改革的发展。评优课不仅仅具有评比、竞赛、激励的功能,更具有导向的功能。

对教改观摩课,应突出一个"研"字,倡导一个"争"字。评课时要紧紧围绕教改的主题,畅所欲言,充分肯定其成绩经验,认真分析其问题不足。观摩课可根据其执教教师的特长而进行。如教学模式的选择,观摩地理课上地图的运用,比较法的运用,填图作业的指导,分析能力的培养,以及地理概念、观念的形成等教学情况。

对年轻地理教师,应突出一个"导"字,倡导一个"帮"字。新教师讲课,由于缺乏教学经验,或对地理教材吃不透,讲课中往往存在较多问题。例如:在指图时"指图杆"不能一步到位;或往往把"由北到南"说成"由上到下",把"东西"说成"左右"。有的教师在阐述概念时语言不准确,总结规律时语言太绝对等。例如:在讲"地热"时,只讲到地下热水是地热,从而把地热的外延缩小了。出现类似的错误时,他们需要理解、疏导、帮助。评课时,一要支持,二要保护,三要扶持,以利于地理教师及时纠偏,不断提高教学能力。

研究前沿

课堂教学,如何变革形式花哨与氛围沉闷?

课堂教学是地理教育的主阵地,"上好一堂课,影响一代人"体现了地理教师的神圣感和地理课堂的重要性。近年的有些公开课,课堂形式花哨,多媒体展示、互动活动、实验等占据了大量的时间,注重授课的浅表形式,追求表面的感官刺激,而实际上没有触及学生的思维。另有一些常规课堂氛围沉闷,缺少师生互动和思维碰撞,不能让学生领会学科的魅力和对世界的意义。如何变革这两种有偏差的课堂,创新教学方式与提高实效,考验着地理教师的功底和智慧。

[摘自:雷鸣.地理教育的六大难题[J].中学地理教学参考,2019(3):1.]

本章思考题

1. 你认为地理教师是否应该具备地理课堂观察能力？为什么？
2. 根据你的理解，说明地理课堂观察、地理教学评课与地理教师专业发展三者的关系。
3. 作为一名地理师范专业的本科生，学习了本章内容之后，你将如何规划你的教师专业发展之路？

本章小结

1. 地理课堂观察有利于改善学生的地理课堂学习、有利于促进地理教师的专业发展、有利于形成校本合作教研文化。地理课堂观察的流程一般包括课前会议——课前协商、明确目的；课中观察——进入现场、捕捉信息；课后评议——临床诊断、不断提升几个阶段。

2. 地理课堂行为观察一般要经历行为观察点的确定、行为观察量表的制定、依据观察表对行为进行记录、对记录学习行为进行分析并写出观察报告几个阶段。地理课堂行为观察视角的确定可以从地理课堂学生学习行为、地理课堂教师教学行为两个大的层面考虑，每个层面根据不同的角度又可以分出更细的观察点。

3. 地理课堂观察技能评价的标准包括能否选择恰当的观察视角、能否选择适合的观察工具、能否及时提取有用的信息、能否正确诠释观察的行为、能否提出改进行为的措施几个方面。

4. 地理教学评课的内容一般看其目标是否明确、看其思路是否清晰、看其方法是否得当、看其过程是否规范、看其效果是否明显几个方面；地理教学评课有研究功能、激励功能、交流功能、改进功能、管理功能；根据不同的标准，地理教学评课可分为：示范性评课、提高性评课、研究性评课、检测性评课。

5. 地理教学评课技能的操练应围绕地理教学目标的制定以及地理教学目标的达成两个方面进行。其中，地理教学目标的制定的评价可以从教学目标的可行性、教学目标的四维性、教学目标的差异性三个方面进行；地理教学目标预设好后，通过具体的教师教学行为和学生学习行为落实，因此，地理教学目标的达成的评价可以从教学行为的情感性、多样性、主体性、差异性、互动性、生成性等多个方面进行评价。

6. 好的地理教学评课应体现导向性原则、科学性原则、实事求是原则、教与学结合的原则、爱护性原则；要实事求是，避免各种不良效应；要平等交流，形成新型评课文化；要针对对象，发挥评课的导向作用。

第7章　地理教学说课技能

本章概要

地理教学说课技能是当前地理教师实施教学行动研究、开展校本教研的重要手段，也是加速地理教师成长、掌握教学技能的重要途径。地理教学说课具有多方面的功能。在地理教学说课的设计过程中，应注重对说课内容的把握与掌控，能依据评价标准对地理教学说课进行评价。本章主要介绍地理教学说课的含义、功能、类型、内容等，提出地理教学说课技能训练的建议，并给出地理教学说课评价的标准，以促进地理教师对这一技能的掌握与运用。

学习目标

通过本章学习，你能够：
1. 陈述地理教学说课的含义与功能。
2. 了解地理教学说课的基本内容。
3. 掌握地理教学说课技能。
4. 能依据具体的评价标准对地理教学说课进行评价。

关键术语

◆ 地理教学说课　　◆ 说课的功能　　◆ 说课的模式
◆ 说课的内容　　　◆ 说课的评价

7.1 地理教学说课概述

教学叙事21

"说课"的缘起

"说课"这个名词在20世纪80年代中期以前还是令人感到陌生的，三十余年后的今天，教育界的各位同仁不知这一名词的已经不多。当前，在全国范围内，掀起了一股"说课"热潮，数以千计的学校、数以万计的教师自觉地参与了这一活动，甚至，不少学校聘任新教师时，也采用"说课"这种方式，以便甄别受聘者的专业能力。这些都充分显示了"说课"的无穷魅力。

"说课"的诞生地是河南省新乡市红旗渠区，1987年6月底，为了选出本区参加新乡市"教坛新秀"评比的优秀教师，区教研室起初决定现场听评各位参选教师的教学情况。但这时已经接近期末，新课已经讲完，采取现场听评的形式已不可能。怎么办呢？这时，区教研室一位教研员提出一个建议,能否不到现场听评课,而是选取几节教学内容交给参选教师,由他们各自进行课堂教学设计,然后将本节课的课堂教学设计说给各位评委听,由评委打分。初步试验之后,大家认为这一办法效果良好,而且省时高效,简便易行,于是采取这一办法,选出了当年参加市"教坛新秀"比赛的教师名额。联想到电影导演的"说戏",于是就将教师的这一活动称为"说课"。"说课"产生以后,经过几年的探索,逐渐成为一种比较成熟的教研形式,并迅速在全国推广开来。时至今日,"说课"已经由最初仅仅是备课和上课之间的一个教学环节,发展成为一种综合性的教学研究活动。

随堂讨论

你以前听过"说课"这一名词吗?看了上述"说课"的缘起材料,有什么感受?请用自己的话给"说课"下一个定义。

7.1.1 地理教学说课的含义

7.1.1.1 什么是地理教学说课

说课是一种具有"中国特色"的教学研究行为,但对于它的定义,仍存在很多分歧。有人认为"说课"是一种有计划、有组织、有目的的教学研究活动;有人认为"说课"是教师依据课程标准、教学理论等,针对某一章节的具体内容向其他人员就课程目标、教学方法、教学过程等方面进行的口头阐述;有人认为"说课"是指教师运用口头语言解释教学设想及其依据的一种课前教研活动,是教师正式教学活动的课前预演;也有人认为"说课"是教师在备课的基础上,口头阐述自己的教学设想,同听者互相交流,以达到相互促进和提高的一种师资培训活动;还有人从系统、整体的教学观念出发将"说课"看作一种教学行为,认为"说课"是课堂教学行为的延伸和扩展,它服务于教学活动。

可以看出,关于"说课"存在诸多方面的分歧,对于这些分歧,目前还很难达成一致的看法。在梳理不同定义的基础上,华东师范大学郑金洲教授认为:"说课是教师主要用口头语言对自身教学设计、教学实施等情况进行分析和说明的教学行为。它作为教师职业活动的基本构成,是课堂教学行为的延伸与扩展,是教师总结教学经验、发现教学问题、提高教学智慧的重要手段和桥梁。"他指出对于这一定义的理解,需要注意四点:一是明确说课侧重于"说",主要通过口头语言进行;二是明确说课是一种教学行为,至于说课能否称得上教研、能否起到师资培训作用,则没有必要深究;三是作为一种教学行为,作为课堂行为的延伸,说课可以在课前,也可以在课后实施;四是说课不限于教学设计,也可以涉及教学目标、教学方法、教学过程、教学效果等方面。

我们一般认为:地理教学说课就是地理教师依据一定的教育教学理论,在进行精心教学设计的基础上,面对领导、同行或教学研究人员,主要通过口头语言和有关辅助手段,阐述某一地理课题的教学设计(或教学得失),并与听者一起就地理教学目标的达成、教学方法的选择、教学流程的安排、教学内容的把握及教学效果的评价等方面进行预测和反思,共同研讨进一步改进和优化教学设计的地理教学研究过程。

阅读卡片

说课是具有中国特色的一种教学行为,它是课堂教学行为的延伸与扩展,是教师对自身教学进行的较为系统细致的梳理。在素质教育和新课程改革的背景下,每次的说课行为,都应成为教师反思自身行为、探究教学存在问题、明确教学努力方向、积聚教学实践智慧的良机。

[摘自:郑金洲.说课的变革[M].北京:教育科学出版社,2007.]

7.1.1.2 地理教学说课与其他地理教学行为的关系

(1)地理教学说课与上课的区别和联系。 在一定程度上,说课的质量与上课的质量存在着较明显的正相关关系。但也有例外,即某些教师地理教学说课表现优异,但实际上课效果却不理想,一个重要原因是上课时的学生因素。参与地理教学过程的状态是动态的,地理教学中如何调动学生进行积极思维,有效控制教学进程,均需地理教师在教学过程中自觉地、能动地表现出来,而说课则往往不涉及这些。地理教学说课与上课,两者主要存在以下区别:一是内容不同,说课主要是给听者说清楚教什么内容,如何教这些内容,并且需要对教学的依据进行具体的说明,即给出理由,说明思路;上课则主要是讲述地理教学内容,不需要进一步的解释与说明。二是目的不同,说课主要是用简洁明确的教学语言把备课中的心理思维过程说出来,向听者进行说明介绍;上课主要解决的是如何将书本知识转化为学生的知识,进而达到培养能力、完成预定的教学目标与教学设想目的。三是方法不同,说课以教师的口头解说为主;上课则主要是师生双边活动,可以教师讲解为主,也可以学生自学为主,还可以通过师生互动、探究、讨论等方法进行学习。四是对象不同,说课的对象主要是同行、评委或领导;上课的对象则主要是学生。

(2)地理教学说课与备课。 二者的区别和联系,主要可以从以下方面进行比较:从内容上讲,说课与备课均以地理教材为主,大体内容相同,但侧重点不同,备课主要解决课堂教学"教什么、如何教"的问题,说课除了上述问题外,还要说出"为什么这样教"的依据,阐述"为什么这样教"的理由;从目的上说,二者都是为地理教学服务,都要求教师要有明确的教学目标,并能根据实际,选取正确的教学方法和媒体手段,以实现理想的教学效果;但具体目的还是有所差别,主要表现在说课在于帮助教师认识规律,提高能力,而备课主要以面向学生为目的,以实现地理教学目标为宗旨;从对象上说,说课的对象主要是教师、领导以及其他教育工作者,其本身带有一定的研究性质,对教师的地理教学理论水平要求要高一些,而备课的对象是学生,主要要求教师能够考虑学生的年龄特征、心理特征、认知规律等,选取合理的教学方法与手段,促进学生对知识的理解与接受,并不需要教师讲述相关的理论。

(3)地理教学说课与评课。 评课是对地理教师的上课过程、效果等进行分析评论,检查教学质量,总结经验的一种方式,评课形式多种多样,如自我评课、同行评课、领导评课、学生评课等。说课则主要是地理教师行为的自我分析。评课主要是对课堂教学实施情况做出判断,属于价值判断;说课主要是对课堂现象以及教学准备情况的说明,属于事实描述。

随堂讨论

结合新课程改革的基本理念,你认为地理教学"说课"会发生哪些方面的变化,请举例说明?

7.1.2 地理教学说课的功能

7.1.2.1 反思功能

对自身教学行为进行持续不断的反思,是地理教师成长的重要途径。地理教学说课是探究地理教学背后隐含价值的过程,达到促进教师反思的效果。通过说课,地理教师以自己的课堂教学行为作为分析对象,对自己的教学行为及其产生的结果进行理性的审视与思考,将显性地理教学行为背后的假设和思路显现出来,可以在一定程度上达到促使地理教师反思的目的。地理教学说课作为地理教师自我反思的实践活动,可以在反思中更好地认识自我,更好地把握地理教学的要求,把握自己的行为与理念。通过对地理教学行为的深入分析,地理教师可以形成自己对某些地理问题的新感悟、新认识,从而形成地理教学的新视野和新本领。

7.1.2.2 研究功能

地理教学说课在内容、形式和方法上具有高度的灵活性,是一种良好的教研形式,具有较强的研究功能。说课者与听说课者通过探讨研究,共同总结教学经验,使地理教学由实践上升到理论,促使教学研究进一步深入展开。通过研究改进教学,是地理教学说课的主要目的之一。地理新课程改革中,有着一系列亟待解决的理论和实践问题,有些问题,并不是地理教师自己可以独立解决的,需要通过地理教师的群体共同研究解决。说课中地理教师对问题的揭示,常常可以启发其他地理教师,从而使说课成为教师群体共同研究问题的平台。

【案例 7-1】

"说课"的研究功能

武汉市某中学王老师在教"日界线"知识点时,精心备课,上课时先提问题:小刚和小强是双胞胎,小刚是哥哥,小强是弟弟,但出生时却是小强在先,小刚在后,这是为什么?话刚说完,聪明的学生甲马上站起来说:"因为妈妈生他们时从东向西越过了日界线,所以后出生的日期要减一天。"王老师没想到学生这么快就答对了,没有出现自己预先设计的教学情境,一时间有些尴尬,只好对学生冷冷地说坐下。然后继续按照自己的备课步骤一步一步讲下去,结果平淡无奇,学生甲的情绪低落,也不再举手发言了。课后,王老师意识到自己的课堂做法有些不妥,在说课时做了自我分析,但苦于一时找不到好的解决问题的方法。

这时,听课的李老师谈起了自己的类似经历,但结果不同。同样是"日界线"知识点的教学,课的开头设计跟王老师差不多:小玉和小琪是双胞胎,小玉是姐姐,小琪是妹妹,但出生时却是小琪在先,小玉在后,这是为什么?刚说完,也是有一位学生举手说:"因为妈妈生她们时从东向西越过了日界线,所以后出生的日期要减一天。"李老师当时接着问:"你是怎么知道的?"原来他课外读过这类知识。于是李老师接着说:"这个同学真能干,有那么多的知识,这节课就让我和这位同学一起当你们的老师,大家一起来学习这节课的内容吧!"李老师反应灵敏,把学生引入新课,既保护了学生的学习热情,也使老师走出了困境。

在李老师的带动下,其他一些教师也谈到了自己在类似问题上的解决办法,这时的说课转变成了案例分析课,教师任教的课仅仅成了一个待分析的对象。通过说课,大家将分析的焦点转向某一个需要共同研究的问题上来,说课成为教师共同研究问题的平台。

参 与 评 价

针对案例7-1,请你结合实例对地理教学说课的研究功能作出评价。

7.1.2.3 交流功能

地理教学说课是说课者运用教育教学理论研究地理教学实践的过程。"说课"的重点之一是说"理":一是重在有深度,二是重在交流。说课者将一节课的教学指导思想、教学方案设计等在同行中讲授,阐述自己的教学理念与设计过程,然后同行和专家进行分析评价,对听课者来说有了一个学习和讨论的机会,对说课者来说是一次锻炼和反思。说课者对"课"的解说不是即兴发挥的,而是有充分准备。对教材理解的独到之处、对教材处理的巧妙之法、对教学过程的精心安排,对每一位听者、评者可能都会有启发。说、评双方围绕着共同的课题相互切磋、交流。在这一交流过程中,说课者要努力寻求现代教育理论的指导;交流者也要努力寻求说课教师的特色与成功经验的理论依据。这样,"说课"和"评说课"往往交织在一起,互为条件、互为凭借,其氛围就使对地理教学的个体思考行为变成了教师间相互的交流行为。

【案例7-2】

"说课"的交流功能

某校秦老师在说课中谈道:"等高线"原理是初中地理教学中的一个重点和难点,初中学生年龄尚小,缺乏空间想象能力,难以理解等高线的含义,每年讲到此处时都令人感到头疼。在一次说课结束后,秦老师和黄老师进行交流时提出:在进行这一问题教学时能否利用计算机多媒体技术突破这一地理教学难点呢?之后,两位老师密切配合,查找资料,思考方法,最终发现使用由人民教育音像出版社和北京超图公司开发的"超图"备课系统,能够很好地解决这一难题。"超图"利用GIS中目前最先进的虚拟现实技术,通过等高线数据为学生创造了一组立体地形。在课堂教学中,教师可以通过拖动鼠标带领学生从不同的角度观察这组立体地形,再利用"淹没"功能观察不同高度等高线的形状,从而理解等高线的含义;还可以根据山体不同高度的颜色,讲解分层设色地形图的含义,帮助学生观察不同种类的地形在分层设色地形图上的特点。

后来,他们将这些方法用到教学中,使原来枯燥、难懂的等高线原理课变得生动、活泼起来。

7.1.2.4 培训功能

地理教学说课,要求教师认真钻研教材、考虑用什么方法教学以及为什么采用这种方法教学,因而能够促进教师不断学习和运用教育教学理论,改进教学方法。说课者设计的每一步教学程序都应蕴含一定的教育思想、教学原则,从而保证课堂教学设计的科学性,达到优化教学过程的目的。说课的过程可以较为充分地展示地理教师备课的整个思维过程,使听众能直接领会其精神实质。尤其是对于青年教师来说,不仅可以学到名师的经验,欣赏到扎实的基本功,说课的过程也是对教育理论、课程标准、教学内容、教学方法的进行学习过程;对新教师来说,可以借鉴别人的长处,用较短的时间,得到较大的收获。因此,说课是培训教师提高课堂教学效率的有效形式之一,充分利用好说课这一形式,可以使教师培训更深入、更具体。

地理教学说课能很好地体现一个地理教师的教学经验和教学能力,反映一个地理教师的教学理论素养。因此,说课还具有评价功能、检查功能、诊断功能等。

随堂讨论

你现场听过地理教学说课吗?若听过,请结合具体内容谈谈说课还具有哪些方面的功能?

7.1.3 地理教学说课的类型

根据不同的划分标准,可以将地理教学说课划分为不同的类型。按照说课的时序可以将地理教学说课分为课前说课与课后说课两种;按照地理教学说课的作用可以将说课分为研究性说课、评比性说课、检查性说课、示范性说课四种;按照地理教学说课的内容可以将说课分为说教材、说教法、说学法、说教学程序四种。在此,主要介绍按照作用分类的其中三种。

7.1.3.1 研究性说课

研究性说课主要是指同行之间为了切磋教学方法,先由一位地理教师事先准备好说课稿,说给大家听,之后大家评议,以达到相互交流、共同提高的目的。这种类型的说课有利于将教师的个人教学智慧变为集体智慧,是当前地理教学中集体备课常用的形式,也是广泛提高地理教师业务素质和研究能力的有效途径,一般以教研组为单位开展。此外,研究性说课还可以以地理教师在课堂教学中遇到的重点、难点或热点问题为主题进行交流。比如,以如何处理地理课堂上的突发事件、如何使用多媒体辅助地理教学、如何引导学生的地理课堂参与等为说课主题,在进行一段时间的校本实践和探索的基础上,由某个地理老师用说课的方式向其他老师(包括专家和领导)汇报,通过交流、探讨,提升研究过程,实现共享。这种类型的说课,对于提高地理教师课堂教学的研究能力、丰富地理教研活动的内容,促进地理教师的专业成长具有重要作用。

7.1.3.2 评比性说课

评比性说课就是把地理教学说课作为评价地理教师教学能力的一个指标。评比性说课是对地理教师运用教育教学理论的能力、理解课程标准的程度、对学情做出分析的能力、对教材进行"二次开发"的能力、地理教学过程设计的合理性、地理教学方法与手段选择的科学性等做出客观公正评判的教研活动。一般的做法是:参赛的地理教师按指定的教材和课题,在规定时间内自已写出说课稿,然后登台说课,最后由听课评委评出比赛名次。

评比性说课有时除了说课外,还要求将说课内容付诸课堂实践,以便把"说课"活动推向更高的层次。这样不但可以检验地理教师的授课水平,还可以考查地理教师的教学组织能力和备课情况等综合素质。评比性说课既是评价教师教学能力的一种方法,也是促进教师专业成长的有效途径。

7.1.3.3 示范性说课

示范性说课一般是指地理教学素质好、教学能力强的优秀地理教师,如教学能手、学科带头人或特级教师等,向听课教师(包括教研人员)做示范性说课,然后让说课教师将课的内容付诸课堂教学实践,最后组织听课教师和教研人员对该教师的说课及课堂教学进行深度评析、总结,以起到对其他教师启发、示范的作用。通过示范性说课,听课教师能从听说课、看上课、讲评课中增长见识,开阔思路,不断提高自己运用教学理论指导课堂教学实践的能力。示范性说课也是促使教师快速成长的重要手段。

参 与 评 价

到附近中学学习观摩地理教学说课实况(或观看录像),体会不同地理教师进行说课时的不同表现和特点,说出你的感受及启示。

7.2 地理教学说课的内容与评价

教学叙事 22

地理"说课"大赛总结发言(摘录)

2018年秋季,某省高等学校教师教育专业大学生说课大赛地理学科组的比赛结束后,大赛组委会地理学科组组长胡教授做了以下总结发言:

各位领导、老师、同学们,大家好!

经过紧张的准备、初赛、决赛三个阶段,历时一个多月的说课大赛即将落下帷幕。本次大赛地理组共有来自全省18个院校的66名同学参加。本次大赛的主要目的是对同学们正式"入职"前的地理教学素养进行一次检阅。比赛过程表明,参赛同学已经具有作为中学地理教师必备的教学技能,同学们的说课质量令人满意,尤其是获得一等奖的同学更是表现出先进的教学理念、扎实的专业知识和娴熟的说课技能。同时也可以看出,同学们之间的水平还是有差别的,差别主要体现在对说课内容的处理上。

说课说些什么?这是说课中教师首先需要思考的问题。原则上说,凡是教师在教学前为课堂教学所做的准备及一切影响课堂教学实施的因素都可以作为说课的内容,但如何对这些内容进行合适的处理,就要因人而异了,这也是影响说课效果的一大原因。说课到底包括多少内容,这不好界定,但一些基本的内容还是不可缺少的,少了这些环节,说课内容就不完整了。我个人认为,说课的基本内容应该包括说教学目标、说教学内容、说教学过程、说教学方法、说教学手段、说板书设计等,其他老师可能有不同看法,我们可以下去交流。从本次参赛同学表现来看,基本上都有这些内容,只是处理上有差别而已,技巧是需要刻苦练习的……通过这次说课,我认为同学们的表现是合格的,经过努力,你们是可以成为新时期优秀的地理教师的。

随堂讨论

根据前面学习过的有关内容,结合胡老师所做的总结发言,你认为地理教学说课的内容主要有哪些方面?

7.2.1 地理教学说课的内容

7.2.1.1 说课标要求

新一轮的地理课程改革中颁布的《普通高中地理课程标准(2017年版)》代替了2003年颁布的《普通高中地理课程标准(实验)》,从而成为地理教材编写、地理教学实施和地理教学评价的基本依据。《普通高中地理课程标准(2017年版)》中说明了课程性质和基本理念,重点阐述了学科核心素养与课程目标,完善了课程结构和课程内容,制定了基于核心素养培养的学业质量评价标准,从教学与评价建议、学业水平考试命题建议、教材编写建议、地方和学校实施课程的建议等方面给出了实施建议。

地理教学说课中的"说课标"要求,就是指要以地理新课程标准中的相应要求作为说课内容的指导思想,从课程论的高度驾驭地理教科书和指导地理教学设计,重点说明说课教学内容与课程标准的关系,为自己的教学设计提供依据。

【案例7-3】

"人类对太空的探索"一节说课标要求

根据《普通高中地理课程标准(2017年版)》中课程内容的要求,"宇宙中的地球"是高中阶段地理必修1中的内容,是学习其他部分的基础。课程标准对学生学习本部分的内容要求是:运用材料,描述地球所处的宇宙环境,说明太阳对地球的影响。本内容是培养学生人地协调观和地理实践力素养的良好载体。

从地理科学的角度来看,地球的宇宙环境是地球表层环境形成的大背景,对地球的宇宙环境进行一定的考察和分析,是认识和理解地球表层环境演化和发展规律的基础和前提。人类对太空的探索是认识宇宙的重要方法和途径。在本部分教学当中,要实现课标要求,教师应尽量多收集实例,为学生展现人类对宇宙不懈的探索过程。

请选取《普通高中教科书地理必修第一册》中的一节内容,进行地理教学说课的课标要求分析。

7.2.1.2 说教材分析

地理教材(这里讲的教材,就是指地理教科书)是地理课程的重要载体,是地理新课程标准的直接体现,是课堂教学师生活动的信息源泉。能否准确而深刻地理解教材,高屋建瓴地驾驭教材,合乎实际地处理教材,科学合理地组织教材,是地理教学说课的重要内容。对教材深度和广度的分析是否恰当直接影响说课质量。只有认真理解和领会所说教材内容的地位与作用以及知识的前后联系,才能准确把握所说教材的关键内容,将教材的编排思路变为自己的教学思路,并通过具体的教学活动予以体现。因此地理教师必须在明确地理新课程标准的基础上,领会地理教材的编写意图,分析地理教材的逻辑系统,把握地理教材的知识结构,分析课题内容在地理教材知识体系中的地位和作用,并阐述教材处理的理论依据。

说教材,其实质就是要求说课者在认真研读教材的基础上,系统阐述自己对教材的理解,把握新旧知识的衔接点和生长点以及教材内容处理的方法和依据。

【案例 7-4】

说"自然地理环境的整体性"一节教材分析

本节教学内容属于《普通高中教科书地理必修第一册》(人教版)第五章"自然地理环境的整体性与差异性"中的第一节。本节内容与前面各章教学内容紧密相连,是前面各章教学内容的总结和延伸,我们知道:人类是地理环境的产物,也是地理环境的塑造者,人与地理环境之间存在着极为密切的关系。前面几章内容分别学习了组成地理环境的各要素(地球上的大气、地球上的水、地表形态的塑造等)的知识,通过上述各章内容的学习,本节内容进一步归纳和概括了自然地理环境的整体性和分布规律,进一步从总体上认识地理环境。本节内容对于培养学生的总结、归纳、概括能力有非常重要的作用,同时,也非常有利于学生树立科学的环境观、资源观与可持续发展观。

选取《普通高中教科书地理必修第二册》(中图版)一节教材内容,进行地理教学说课的教材分析。

7.2.1.3 说教学目标

教学目标是地理教学过程中师生通过教学活动预期达到的地理学习结果的表达,是对学习者通过学习后能做什么的一种明确的、具体的要求。它对地理课堂教学活动起宏观控制作用,也是地理教学后续评价的重要依据。在实际教学过程中,地理教学目标的设计应紧密结合地理课程目标来设计,也就是说,地理教学目标与地理课程目标应该是一致的,具体要体现核心素养的四个方面:人地协调观、综合思维、区域认知和地理实践力。进行地理教学说课时,一定要全面考虑四个素养的培养。具体说来,确定教学目标时应注重三点:一是目标的完整性,教学目标应包括人地协调观、综合思维、区域认知和地理实践力四个方面;二是目标的可行性,即教学目标要符合新课程标准的要求,切合学生实际;三是目标的可操作性,即目标要求要具体、明确,能直接用来指导、评价和检查该课题的教学工作。在进行地理教学目标的陈述时,尽量不要使用一些套话,如"通过教学……使学生了解……使学生理解……""通过教学……培养学生……精神,使学生树立……观念"等,避免出现教学目标设计的不全面、不可行、可操作性差等问题。地理教学目标的设计和陈述应尽量使用可观察的、可测量的、可操作的行为动词,以增强地理教学目标应有的评价功能。

说教学目标时可以分为两个层次:一是说出确定本节课地理教学目标的依据;二是科学、准确地表述出教学目标的具体内容。

【案例 7-5】

说"自然地理环境的差异性"教学目标

本节课的重点是在前面认识地理环境的整体性的基础上理解差异性。差异性是指自然地理环境是一个开放、复杂的巨系统,它是一个统一的整体,但同时存在着明显的特征差异,无论是纬向、经向、垂直三维都存在差异,并需要将其实际应用,解释某一区域的自然地理环境的整体性和差异性。教学中应选择典型区域,解释区域内各要素如何相互联系与影响,形成区域自然环境特征。可以通过对比分析,解释区域自然地理环境的差异性。据此,确定以下教学目标:

1. 学生能够形成利用图表等图像资源和实际案例,从综合的视角认识自然带的概念、自然地理环境的差异性以及地域分异规律,并在一定程度上解释自然地理环境的地域分异规律形成的原因。(综合思维)

2. 学生能够形成从空间—区域视角去分析具体区域(比如所在地区)的自然环境特征,并在掌握差异性规律的基础上运用区域综合分析、区域比较、区域关联等方法认识这一区域,解释区域自然环境的差异性。(区域认知)

3. 学生能够运用所学知识分析实际区域自然地理环境特征,并能设计考察方案,探索和尝试解决某一区域的实际环境问题。(地理实践力)

4. 学生能够建立尊重自然、顺应自然、保护自然的概念,正确看待地理环境与人类活动的相互影响以及自然环境对可持续发展具有重要意义。(人地协调观)

技能操练

选取《普通高中教科书地理必修第二册》(沪教版)第二章的任一内容,进行地理教学说课的教学目标设计。

7.2.1.4 说教学重点和难点

进行地理教学说课时,地理教师必须明确说出教学的重点和难点所在,并说明如何在教学过程中加以体现。明确地理教学内容的重点,能够起到提纲挈领的作用;找到难点、化解难点有利于教学目标的顺利达成。说重点,就要说明重点是什么,为什么是重点,以及如何在地理教学过程中体现重点;说难点,就是要说出难点是什么,为什么是难点,以及如何在地理教学中突破和解决难点。一般来说,地理教学重点是和教学目标直接相关的内容,往往是教材知识结构中带有共性的知识和概括性、理论性强的知识。主要是地理基本概念、地理基本原理、地理基本方法等。这些知识往往是学习其他知识的基础,掌握了这些共性的知识,就能够举一反三、广泛迁移。地理教学重点除知识重点外,还包括能力和情感的重点。确定教学重点时,首先要找出哪些地理知识是学生已经学习过的,或者是以学生原有的地理知识为基础的,在此基础上,进一步分析哪些地理知识是学生过去没有接触过的,甚至一点都不了解的,这部分地理知识往往就构成教学内容的重点和难点。如对高一学生而言,"认识地球是一颗既普通又特殊的行星;地球上存在生命物质的条件"就是难点,难就难在比较抽象、离学生现实生活较远。在教学实践中常见的地理教学难点有三种:一种是与教学重点相同的教学难点,即既是教学重点,又是教学难点;一种是教学难点并不是重点,但与重点有着直接关系的教学难点;一种是与重点无关或没有直接关系的教学难点。所以,难点的具体表现形式是不一样的,确定教学难点要依据教材知识体系和学生认识能力以及教学条件,并要具体分析教学难点和教学重点之间的关系。

7.2.1.5 说教师教法

说教师教法的主要目的在于通过这一环节促进地理教师运用教育理论,学会根据不同的教学内容、教学对象和自己的特点,总结教学经验,改进教学方法,提高教学水平。选择何种教学方法,关键在于地理教师对教材内容和学生认知特点的把握。在教学目标和教学重点、难点确定之后,用什么教学方法和手段实现课堂教学目标、突破重点和难点,极为重要。

说教师教法,应说出教师"怎么教"的办法以及"为什么这样教"的根据。以下几方面在具体说课时均应有所涉及:本节课所采用的最基本或最主要的教学方法及其所依据的教学原理或教学原则;本节课所选择的一组教学方法和教学手段,以及对它们的优化组合及其依据;教师的教法与学生应采用的学法之间的联系,重点说出如何突出重点和化解难点的教学方法与教学手段。此外,还应结合具体的教学内容,清楚地说出教学媒体的选择和应用程序。所以,说教学方法时,应注意说清楚两方面的问题:一是教学方法和教学媒体选择的具体依据是什么;二是在此基础上,进一步说明如何依据教学内容进行教学方法与教学媒体的优化组合以及组合的依据是什么。

【案例7-6】

说"洋流"教师教法

由于本节知识点较多,不同概念的内涵容易混淆,根据教学目标要求、教材内容和学生特点,本节课主要采用讲授法、谈话法、读图分析法和比较法。

讲授法能够在较短时间内用口头语言,简洁地传授地理知识。如上课之初,通过讲述"德军潜艇偷渡英吉利海峡"的故事,导出本节课所要学习的主题,提出所要达到的目标,使学生明确学习目标,激发学习动机。

谈话法主要通过师生互动,联系学生已有生活经验,启发和帮助学生学会发现问题、提出问题、分析问题和解决问题。在本节教学"密度流的成因"问题时,教师通过谈话互动,结合多媒体动画演示,引导学生对密度流的成因进行探究。探究过程中,教师不要急于给出结论,要留给学生足够的探究时间,开阔学生的思维。

本节课的教学内容有许多地方学生容易混淆,如暖流、寒流的概念、成因及对所经地区自然环境造成的影响;风海流、密度流的概念、特征及成因等。通过读图分析法和比较法进行教学,可以让学生比较深刻地认识不同地理事物、不同地理概念之间的异同、区别与联系,可以更好地掌握所学地理知识的本质特征。

在教学媒体的选择和使用上,结合本节教学内容,制作动态、直观、形象的多媒体课件。通过使用多媒体动画,将教材中的静态信息加工转换成动态信息,化抽象为具体,充分调动学生多种感官,以生动直观的画面给学生留下鲜明、深刻的印象,为攻克本节课的教学难点打下基础。

技能操练

选取《普通高中教科书地理必修第二册》(鲁教版)第四章一节内容,进行地理教学说课的教师教法设计。

7.2.1.6 说学情、学法指导

说学情,学生是地理教学活动中的主体,对学生进行学情分析是地理教师顺利实施地理教学行为的关键,也是地理教师真正贯彻因材施教原则的前提。学生学情,涉及的内容非常广泛,诸如学生现有的地理知识结构、学生地理学习的兴趣、学生地理学习的思维状况、学生地理学习的动机、学生地理学习的个性差异、学生地理学习的环境要求等,都可以作为说课时把握学生学情的切入点。但是,必须注意学情分析并不是要求教师对所有方面像记流水账一样面面俱到,而是要求教师应有重点的,有选择,依据本节教学目标与教学内容,选择那些与本节教学密切相关同时也是教学过程中必须加以考虑的方面作为学情分析的内容。说学情,要求教师既要分析学生的整体特点,也要分析学生之间的个体差异,切忌流于形式和空泛。

说学法,主要解决地理教学过程中学生"怎样学"的问题。地理教师要想在具体教学过程中增强学生的主体意识,发挥学生的主体作用,使教与学双方和谐发展,就需要对学生的学习基础、学习方法、学习过程等进行具体的分析,以使地理教学真正做到有的放矢,达到预期目标。说学

法,要求教师必须说清以下方面的问题:针对本节教学内容特点及教学目标,学生宜采用怎样的学习方法来学习它?这种学习方法具有哪些方面的特点?学生在运用这些学习方法时可能会出现什么障碍?如何解决这些障碍?学生所运用的学法与教师的教法有什么样的联系?会对教师的教法产生什么样的影响?如何解决?如何根据学生的年龄特点和认知规律,在教学过程中恰到好处地融进学法指导,以确保学生的有效学习?

【案例 7-7】

说"城市与城市化"学情学法指导

本节教学内容与学生生活联系紧密,充分利用此课题开展探究性学习活动,既能让学生在活动中体会学习的乐趣,又能使其学到对生活有用的地理知识,并将地理课堂知识运用到生活实践当中。在学情方面,高中学生具有较强的推理能力和自学能力,故本节课的教学在过程上以启迪学生思考为核心,以学生主动参与为标志,在自主学习方式下,进行有效的探究教学。根据本节课的教学目标、教学重点和难点,结合教师教法,主要引导学生采用以下学习方法:设疑导学法和合作探究学习法。

设疑导学法主要指教学过程中教师通过设置疑问情境,引导学生进入问题学习过程。本节课教学中,由于学习内容与学生生活紧密联系,教材提供了两段资料供学生讨论。教师可以在课前布置任务,让学生收集资料,并设置疑问情境"从市中心到郊区,你选择住在哪里?"在此基础上,引导学生进入情境学习。

合作探究学习法主要指在教学过程中,教师组织学生分组合作,对所学问题进行探究、交流、总结,完成对问题的学习。本节课在学习方法的设计上,为了调动学生的探究积极性,使学生充分融入对问题的探究学习之中,教师将全班同学进行合理分组,各个组分别探究不同的问题。在教师的引导下,组员就探究过程及结论进行交流与沟通,各小组派出一名代表对本组的探究成果进行归纳总结。最后,师生共同总结并得出结论。

技能操练

选取《普通高中教科书地理必修第二册》(湘教版)第五章一节内容,进行地理教学说课的学法指导分析。

7.2.1.7 说教学过程

说教学过程,就是说地理课堂教学安排的具体程序设计以及为什么这样安排与设计。一般而言,说教学过程主要包括以下五方面:

(1)教学思路的设计及其依据。教学思路主要包括各个教学环节的时序安排及其内部结构,如"新课如何导入?新课如何讲解?各教学环节之间如何过渡?各部分教学内容如何小结?新课如何巩固?"等。说教学思路设计时,要求地理教师能够根据整个教学思路的设计,逐点解释设计的依据,并且依据的解释要能够联系教法、学法、教学手段、学生的认识规律等方面。思路整体设计要层次分明,富有启发性,能体现教师的主导作用和学生的主体作用。

(2)教材展开的逻辑顺序及其依据。重点说明教材展开的逻辑顺序、主要环节、过渡衔接及时间安排。介绍教材展开的逻辑顺序时,需要说出两方面的问题:一是教材展开的逻辑顺序是什么;二是为什么按这样的逻辑顺序展开——也就是教材逻辑顺序展开的理论依据。

(3)**教师的教学活动及其依据**。主要说出本节课教学过程中采用了哪些教学方法,这些方法是如何体现教与学有机结合的,依据是什么?在进行重点、难点知识的教学过程中,教师采取了什么样的教学活动,其理论依据是什么?

(4)**学生的学习活动及其依据**。主要说出本节课教学过程中,为了使学生更好地学习地理知识和掌握地理技能以及培养学生的核心素养,组织了哪些学生活动,预期效果如何?其理论依据是什么?

(5)**"三板"(板书、板图、板画)设计及其依据**。主要介绍本节课的三板类型是什么?为什么这样设计?三板设计要注意地理知识的科学性、系统性与简洁性。说依据可联系教学内容、教学方法、学生特点等加以解释。

【案例7-8】

说"中国的经济发展"教学过程

为了体现学生地理学习的主体性,在本节课堂教学过程中,可以设置如下三个教学环节:创设情境、激发兴趣;主动参与、探索新知;综合实践、学以致用。

一、创设情境、激发兴趣

首先播放一段有关交通运输的视频,激发学生去了解交通运输的热情,从而导入新课。

二、主动参与、探索新知

学生看完视频后,引导学生解释什么是交通运输。为解决这样一个疑问教师提出两个贴近生活的问题:

问题一:大家每天往返于学校与家之间,都借助什么工具?

问题二:你们说的这些交通工具都有哪些作用?

归纳得出:利用交通工具把人或物从一个地方运到另一个地方就是交通运输。

接着展示有关管道、地铁的图片,提问:管道、地铁属不属于交通运输工具呢?学生讨论,教师加以引导:它们都属于交通运输工具。这一问题的设置让学生加深对概念的认识。

接着可以问学生:我国古代的丝绸之路用什么方式把丝绸运出去的呢?(利用骆驼)那么今天我国同西亚、欧洲等地的贸易往来是否仍借助骆驼呢?让我们一起关注中国交通运输的发展,大家自会明白,进入第二板块学习。

交通运输的发展变化(板书)

首先出示课件"交通运输工具的发展",这一环节仍然可以利用问题让学生以小组合作的方式自主学习。结合教材内容,提出以下问题:

1. 三个阶段的运输特点有何不同?
2. 交通运输为什么会出现这样的变化?
3. 三个阶段的交通工具相比,哪个对环境的影响最大?为什么?

学生进行自我学习,教师点拨,学生掌握交通运输的发展变化及原因,同时考虑到现代交通工具与环境的关系,让学生既掌握知识,又关注生活。

出示课件并引导学生阅读材料,教师加以小结,从而进入第三板块的学习。

经济发展的先行官(板书)

出示课件:插入两张反映五岭县20世纪80年代和20世纪90年代面貌的图片,要求学生以小组为单位,根据相关的资料分析书本上所提出的四个问题。学生热烈讨论,教师加以点拨,从而让学生明白交通运输不仅与人们的生活息息相关,还对地区经济的发展起着极其重要的作用。它在实际的经济生活中,扮演的是"先行官"的角色。

这样就完成了对新课知识的学习,进入第三环节。

三、综合实践、学以致用

出示戴南镇图片,激发学生参与的热情,让学生从交通方面探讨戴南发达的原因。

戴南镇地处江苏省中部,南临长江,北接淮水。宁盐一级公路,宁靖盐高速公路纵贯镇城南北,并有互通口。经江阴大桥至上海、南京仅需两个多小时;距新(新沂)长(长兴)铁路兴化站20 km,境内省级航道盐靖河直通国家级口岸泰州港。戴南地处长江三角洲的北翼,在以上海为中心的"世界第六大城市圈"范围内有得天独厚的地理优势。

分析市委市政府将农村交通汽车站停车地点放在江浙广场的原因。

这些活动让学生运用所学知识去解决实际问题,从课内走向课外,关注本地经济发展,从而解决了教学的难点:交通运输与经济发展的关系。

最后简单小结,布置作业。

四、板书设计

设计思想:简洁明了、重点突出、易于把握。

[摘自:http://blog.sina.com.cn/s/blog_5f2709c00100cj3r.html.2009-03-18(兴化市地理说课稿)]

技能操练

选取《普通高中教科书地理必修第二册》(人教版)第四章一节内容,进行地理教学说课的教学过程设计。

综上所述,地理教学说课应以课程标准为依据,以教材分析为基础,以教学目标为方向,紧紧抓住教学重点和难点,联系学生学情,选择教学方法,优化教学过程,说明其基本的教学思路,并按照教学思路设计教学实施方案。地理教学说课是新时期地理教师的一项重要的教学技能和教研方式。地理教学说课不仅能够展现说课者对具体教学内容的程序安排,还在一定程度上反映了说课者的教学思想与教学风格。以上七个方面,只是为地理教学说课内容提供一个大致的范围,并不意味着具体说课要面面俱到。在实践当中,说课教师应该根据自身特点及教学实际有所侧重,以便在有限时间内进行有效的陈述。

技能操练

选取《普通高中教科书地理必修第一册》(人教版)一节内容,写出地理教学说课稿。

7.2.2 地理教学说课的评价

有说课,必然要有对说课过程及结果的评价,否则难以引导和把握说课的方向,也很难保证说课的质量。只有把地理教学说课的"说"和"评"结合起来,才能使地理教师更理性地对待说课,更有效地通过说课促进地理教师的反思与专业成长,不断提高地理教学研究的有效性。

7.2.2.1 地理教学说课评价的基本要求

及时评价。要使地理教学说课能收到最佳效果,最好是"当场说,当场评"。这样可以避免因时间的拖延造成遗忘而降低评价的效果。在教师说课结束后,及时进行点评,可以让说、评的双方充分交流、相互启发,提高地理教学说课的评价效果。

客观评价。客观性就是要求参加地理教学说课与评课的相关人员都要本着实事求是的原则、和善坦诚的态度,公正地对说课的过程进行现场评说。要以说课者客观真实的表现为基础,不带任何偏见,既要善于发现说课中的闪光点,肯定说课者的成功之处,又要能够指出说课者存在的不足和问题,坦诚提出改进的建议。评课者与说课者交流、探讨时要坦率诚恳,切忌抱着挑剔心态或不良动机去评课,从而丧失客观性。

导向评价。地理教学说课的评价要体现导向性,要有可依据的评价标准。评价标准要贴近说课内容,指标要具有可观察性、可测量性和可操作性,既能让评价者有据可依、准确评判,又能使说课者通过评课认识到自身的优势和不足。具体评价时,应注意从地理教学理念、教学的内容、过程、方法等方面给出相应的引导,能够让说课人、听课者、评课方均能在评价过程中受到启发,从而不断提高自己的地理教学素养。

7.2.2.2 地理教学说课的评价内容及标准

评价地理教学说课的内容基本上是和地理教学说课的内容相对应的。具体来说,主要围绕以下方面重点展开。

对说地理新课程标准中有关要求的评价。地理新课程标准是地理教师组织并实施地理教学内容的重要依据。因此,评价说课者是否真正理解和把握了地理教材,应看该教师在说课中是否全面正确地理解了地理新课程标准,是否真正把握了地理新课程标准所规定的课程目标和教学要求。

对说教材分析的评价。地理教材是学生学习地理知识、发展地理学习潜能的信息源泉,也是教师组织地理教学活动的重要依据。评价说课者对地理教材的分析主要从两个方面进行:一是说课者是否正确地理解和把握了本节教学内容在教材中的地位和作用;二是说课者是否恰当地把握了教材中的教学重点和难点。

对说教学目标的评价。新一轮的地理课程改革把地理核心素养的培养作为地理课程的培养目标,并使之贯穿于整个基础地理教育的始终,这无疑为地理教育教学改革指明了方向。评价说课者制定和落实教学目标的情况,不能仅依据是否阐述了核心素养目标来判断,还要从说课所设计的教学环节和教学活动来审视,从学生参与教学活动的过程来判断。对说教学目标的评价主要评价说课者是否能依据课程标准要求、教材内容特点和学生学习实际,明确、具体地制定和落实地理课堂教学目标,其理论依据是否充分,是否有说服力。

对说教师教法和学生学情学法的评价。主要评价说课教师如何采取适当的教学方法和指导学生学习的方法来实施教学过程、达到教学目标。对教师教法和学生学情学法的评价主要从三个方面进行：一是教法和学法是否紧密联系教学内容，体现出了地理学科的教学特点；二是所选择的教法和学法是否符合学生的年龄特点和认知规律，教学方法是否体现了对全体学生的关注，对不同层次的学生是否制定了不同的学习指导方法；三是教法和学法是否灵活，创设的教学情境是否贴近学生已有的知识和经验，具有较强的趣味性和启发性，问题的设计是否具有一定的梯度，是否有利于不同学生学习的需要，是否有助于调动学生地理学习的积极性。

对说教学过程设计的评价。主要评价说课者对地理教学过程各个环节的设计是否合理。过渡是否自然，总结是否恰当，组织学生进行课堂探究活动的可行性如何。评价说课者教学过程的设计，主要通过以下几个教学环节来做出判断：教学过程的设计是否围绕教学目标展开；所安排的各项学习活动能否有效地为教学目标服务；教学过程中是否关注了新课程所倡导的自主、合作、探究等学习方式，并有效地处理了与传统教学方式的关系；教学结构、教学节奏的安排是否合理；教学过程是否流畅、条理清晰。

对地理教学基本功的评价。主要评价说课教师在语言、教态、板书及教学特色等方面的表现。教学语言主要评价表述是否准确、科学、流畅、清晰；普通话是否规范，节奏是否快慢适中；教态主要评价是否自然大方、和蔼文雅、手势和表情运用是否适当；板书主要评价是否重点突出、文字精练、脉络清晰、布局合理；教学特色主要评价说课者是否体现了自己的特色和风格。

地理教学说课评价标准如表7-1所示。

表 7-1　地理教学说课评价标准

项目	评分内容	评分			
		A	B	C	D
课标分析 （10分）	符合新课程标准理念，正确理解课标	10	8	6	4
教材分析 （10分）	教材地位定位合理，教材作用理解透彻； 教学资源分析全面，教材内容处理恰当； 确定教学重点、难点正确，依据充分	10	8	6	4
教学目标 （15分）	结合课标要求、教材特点、学生实际确定教学目标； 核心素养目标明确完整，且能说出具体依据	15	12	9	6
教学方法 （15分）	教学方法灵活，教学素材结合学生生活实际，情境设置新颖，富有启发性，且能说出合理依据； 教学媒体恰当，注重促进学生地理学习能力的提高； 学法指导与教法相结合，体现学生自主、合作、探究的学习方式，学法指导的理论依据正确	15	12	9	6
教学过程 （30分）	教学思路清晰，教学过程流畅； 导入自然、有地理学科特色，各教学环节之间衔接自然； 教学活动设计灵活、开放、有效，体现自主、合作、探究等学习特点； 重点、难点处理得当，技能、能力训练有层次性，有利于学生地理核心素养的培养； 有较好的反馈、评价意识，反馈、评价的形式灵活多样	30	24	18	12

续表

项目	评分内容	评分			
		A	B	C	D
教学基本功 （20分）	普通话标准、语言简练、语速适当； 教态亲切、自然、大方； 板书设计科学合理、文字精练、重点突出； 教学应变能力强，回答同行问题质量高	20	16	10	8
合计					

【案例 7-9】

"城市内部空间结构"说课评价

开封市某中学地理组全体教师听取了高二地理任课教师薛老师关于"城市内部空间结构"的说课。本节课的主要内容是"城市形态"和"城市土地利用与功能分区"两部分，重点是分析后一部分。说课结束后，听课教师通过将近 1 h 的讨论交流，对薛老师的说课情况进行了分析，做出了如下评价：

1. 教学准备很充分，课程与教学资源的开发和利用意识良好。

2. 教学目标设置准确，教学方法与媒体选择恰当。

3. 具有较高的地理教学基本素养，教学应变能力较强。

4. 在教学过程的设计上，善于创设教学情境，引导学生在情境中参与地理学习过程（比如"让学生观察开封市土地利用规划图，根据图例说明开封市的土地利用主要有哪些类型""设想一下，如果你是开封市规划局长，你将如何对开封市的不同功能区进行合理规划"等，这些问题能够激发学生的学习兴趣，而且具有较强的实用性）。

问题与建议：

1. 语言比较清晰，但语调缺乏变化，激情不足。

建议：注意语速、语调的调节，尤其是在新课的引入及重点知识的讲解过程中，如果在音量、音调方面做出强调，将会取得更好的效果。

2. 对课程与教学资源开发与利用的预设过程做得很好，但对课堂教学当中出现的一些生成性资源的把握能力还需要加强。比如在让学生合作探究"城市功能分区的实质"问题时，对学生中出现的一些新的想法缺乏重视和引导。

建议：在上课过程中，要强化捕捉和运用课堂即时生成教学资源的意识，锻炼关注学生学习中出现的新问题、新想法的能力。

3. 整个教学过程设计合理，各个环节过渡自然，但从整个过程设计看，与学生之间的沟通、交流还需加强。

建议：在上课时，要注意学生的实时反应，注意增加与学生沟通、交流的机会，充分发挥学生参与教学的积极性。

整体而言，薛老师的说课是比较成功的。

参与评价

以下案例是某省高等学校教师教育专业大学生说课大赛参赛作品,请阅读后,依据地理教学说课评价标准对本节说课内容做出你自己的评价。

各位评委老师,大家好!

今天我说课的题目是"澳大利亚",主要从五方面进行说课:教材分析、教学目标、教学重难点、教学方法和教学过程。

一、说教材分析

本节选自《义务教育教科书地理七年级下册》(人教版)第八单元第四节,是在学生学习了多个国家和地区之后的又一个区域地理的学习内容。本节内容既是前面学习内容的延伸,又可为后面知识的学习奠定基础。

教材没有直接介绍澳大利亚的地理特征,而是选取了三个非常形象的标题,来突出澳大利亚国家特有的自然环境特征及经济发展特点,因而引起了学生探究的兴趣,也为教师的教学活动和学生的探究活动提供了空间。

二、说教学目标

根据课程标准和教材分析,确定以下教学目标。

(1)学生能说出澳大利亚典型的动植物,简述自然环境的基本特点、特有的自然地理现象及其形成原因,说出澳大利亚的农牧业分布、主要矿产资源及其分布(综合思维、区域认知)。

(2)学生能运用地图和收集的资料,证明澳大利亚自然环境的基本特点和特有的自然地理现象、澳大利亚农牧业分布与地形、气候的关系(地理实践力)。

(3)学生能认识澳大利亚的自然环境特征与人类发展的关系,懂得人地关系协调发展的重要意义(人地协调观)。

三、说教学重点、难点

依据地理新课程标准和教材内容以及初中生的认知能力,确定本节课的教学重点、难点。

教学重点:

(1)澳大利亚特有的古老生物及其生存环境。

(2)澳大利亚的主要矿产资源及其分布。

教学难点:

澳大利亚农牧业分布与地形、气候的关系。

四、说教学方法

依据本节教材内容的特点,结合初中生活泼好动、注意力不易集中,空间概念不强等特点,主要选用以下教学方法、并利用多媒体辅助教学。

1. 图导图练法

指导学生进行动眼识图、动脑析图、动口说图和动手绘图等的训练,使学生理解和巩固地理知识,培养学生的用图习惯。

2. 自学讨论法

提出自学讨论提纲,引导学生读书析图,找出解决问题的办法,引导学生积极思维,在主动的学习中获取知识,变学会为会学。

五、说教学过程

本节课主要教学环节为:导入新课——讲授新课——课堂小结——课下活动。

1. 导入新课

利用多媒体,播放柔和的音乐,配以悉尼歌剧院优美的图片以创设情境,使学生轻松愉悦地进入教学环境。然后设疑"你们知道悉尼歌剧院在哪个国家吗?你们对这个国家了解多少呢?"激发起学生的好奇心和求知欲,进入新课讲述。

2. 讲授新课

主要分四方面进行:

(1) 世界活化石的博物馆。

首先,展示世界地图,引导学生观察地图,找出澳大利亚的地理位置、范围、特点;让学生分小组讨论研究,在主动的学习中获得知识;每小组派代表发言,我给予纠正与补充;最后在课件上展示讨论结果。

接着,播放澳大利亚特有的几种动物图片,这样既可以调动学生学习的兴趣和积极性,又可以增强学生对澳大利亚特有古生物的感性认识。设问"为什么澳大利亚有这么多的古生物呢?"激发学生的探索兴趣,使学生带着问题进入学习。针对初中生逻辑思维能力不强的特点,采用播放Flash动画的方法,把大陆随时间分裂漂移的现象直观形象地演示出来,使深奥的理论形象化,抽象的原理具体化,复杂的概念简单化,以利于学生的理解和记忆。最后归纳总结得出两点原因。

(2) 骑在羊背上的国家。

主要采用图示法、小组讨论法,设置活动以引导学生学习。

活动1:展示澳大利亚地形图,提出问题"澳大利亚地形分几部分?""如果你是牧羊主,会把羊放在哪个地形区?"让学生观察思考,小组讨论,师生交流,得出结论。

活动2:展示澳大利亚气候图,由学生结合课本,读图回答"请说出澳大利亚有哪些气候类型?""如果从气候角度考虑,你会把牧场建在哪里?为什么?"学生答后我进行详细的补充和讲解。最后,将地形、气候放在一幅图上展示出来,引导学生填图,总结出地形和气候对农牧业分布的影响。通过活动,培养学生的读图、析图及归纳总结能力,培养学生综合分析地理事物的习惯。

对于农牧业生产特点这部分内容,辅导学生自主学习,培养学生自主学习能力。

(3) 坐在矿车上的国家。

展示澳大利亚矿产分布图,提出问题"澳大利亚主要有哪些矿产?""澳大利亚的煤矿、铁矿主要分布在哪些地区?"引导学生读图、小组讨论、师生交流,总结澳大利亚主要矿产资源及其分布。

(4) 城市、人口分布。

让学生阅读并分析澳大利亚地形及气候图,结合前面内容,思考问题:假如你是规划师,你准备把城市建在哪里? 接下来,结合澳大利亚城市分布图展示主要城市位置及图片,给学生以直观认识;最后,展示澳大利亚人口城市分布图,师生共同总结澳大利亚人口及城市的分布特点。新课讲授至此结课,接着进入下一环节。

3. 课堂小结

(1) 世界活化石的博物馆。

① 澳大利亚地理位置、范围及特点。

② 特有古生物及其生存环境。

(2) 骑在羊背上的国家。

① 地形、气候对农牧业分布的影响。

② 农牧业生产特点。

(3) 坐在矿车上的国家。

主要矿产资源及其分布。

4. 城市、人口分布

① 人口分布特点。

② 主要城市。

③ 课下活动。

为了检验课堂教学效果，巩固所学知识，设计课下活动"地理小报展示：＊＊＊的澳大利亚"。通过学习澳大利亚的自然环境特征及经济发展特点，让学生主动搜集资料以构建自己对澳大利亚国家地理特征的总体印象与知识框架。这样不仅可以丰富学生的课外知识，还开放了地理教学课堂，可培养学生通过不同渠道获取地理知识的能力。

以上是我说课的全部内容。谢谢！

研究前沿

说课的新发展

说课从诞生到今天，已经发生了很大的变化。说课，已经不再局限于教案撰写意图的说明，而是根据培养学生核心素养的要求，遵循新课程改革的理念，做出了新的改变和发展。新时期说课的趋势更加注重分析课堂教学行为的得失；甄别教学设计与实际教学的差距；提倡将说课看作是实施行动研究、开展校本教研的重要手段，真正使说课起到推进新课程改革、促进教师专业发展的作用。对说课方面的研究，也更加关注教师角色的转变，体现新课程理念，建立说课反思制度，增强说课的问题意识，创造说课文化等方面。

本章思考题

1. 调查本地中学开展地理教学说课的现状，并提出合理建议。

2. 选择《普通高中教科书地理必修第一册》（人教版）中一个单元的教学内容，设计一个系列说课方案，并运用于具体的教学实践，体会说课与其他教学行为之间的关系。

3. 根据上述实践，分析说课在地理教学中的功能和作用，并思考为了更好地开展地理教学说课，地理教师需要具备哪些方面的能力，如何获得这些方面的能力？

本章小结

1. 地理教学说课是一种具有中国特色的教学研究行为,是当前地理教师必备的一项教学技能。地理教学说课具有促进反思、提升研究、加强交流、加强培训等功能;地理教学说课在类型上有研究性说课、评比性说课和示范性说课等类型。

2. 地理教学说课内容主要包括说课程标准,说教材分析,说教学目标,说教学重点和难点,说教师教法,说学情、学法指导和说教学过程等内容。在具体的说课实践中,上述内容并非一定要面面俱到,可以根据实际情况有所侧重。

3. 地理教学说课评价需要有基本的评价要求和一定的评价标准,有了评价要求和评价标准,可以更好地进行地理教学说课技能训练。

第8章 地理学习方法指导技能

本章概要

地理学习方法指导是指地理教师在教学过程中,通过一定的途径和方式向学生传授地理学习方法,帮助学生掌握科学的地理学习方法并灵活运用于地理学习之中,逐步形成较强的地理学习能力的过程。地理教师的学习方法指导有助于学生顺利完成地理学习任务和提高学生的地理学习效率,有助于培养学生的学习能力。本章在简单介绍地理学习方法指导的含义、类型、功能和基本要求的基础上,重点阐述了地理教学中读图学习活动指导技能、地理合作学习活动指导技能和地理探究活动指导技能。

学习目标

通过学习,你能够:
1. 解释地理学习方法指导的含义,区分其类型,列举其功能和基本要求。
2. 简述地理教学中读图指导的基本内容,结合具体图像,设计读图指导方案。
3. 简述地理合作学习、探究学习指导基本程序,并能指导学生进行地理合作学习、探究学习。

关键术语

◆ 地理学习方法指导　　◆ 读图学习　　◆ 合作学习　　◆ 探究学习

8.1 地理学习方法指导概述

教学叙事23

会指导与会讲课同样重要

马丽和高翔是某重点中学两位青年地理教师,工作踏实认真,教学基本功都比较扎实。高翔的讲课技能还略胜一筹。随着时间的推移,两人的教学效果渐渐出现差别。马丽的教学班学生在地理学习中表现出浓厚的兴趣,思维活跃,学习主动,期中考试成绩优异。高翔的教学班课堂一般比较沉闷,学生学习兴趣不高,期中考试成绩一般。对此,高翔百思不得其解,自己讲课比马丽强,但教学效果却不尽如人意。地理教研组长在对他们的课堂教学进行跟踪后分析说,马丽老师虽然讲课技能稍逊一筹,但比较注意对学生进行地理学习方法的指导,并且指导恰当。高翔老师虽然讲课技能强,但过多强调自己的教学行为,忽略了学生的学习行为。这说明会指导与会讲课同样重要!

 随堂讨论

教学叙事23中的马丽老师注意对学生进行地理学习方法的指导对其教学效果有什么影响?高翔老师应该注意在哪些方面改进与提高。

8.1.1 地理学习方法指导的含义

迄今为止,还没有地理课程与教学论方面的论著或论文对地理学习方法指导下定义,但教育学方面的论著对学习方法指导的含义进行了研究。谢德民将学习方法指导定义为"是教育者通过一定的途径对学习者进行学习方法的传授、诱导、诊治,使学习者掌握科学的学习方法并灵活运用于学习之中,逐步形成较强的自学能力。"徐妙中将其定义为"是教师指导学生理解运用学习方法的简称。它是教师通过一定的途径,指导学生运用学习方法学习书本知识,进而形成技能,学会学习的过程"。刘晓明将其定义为"是依据现代学习理论,对学生学习过程中的心理结构、心理特点和心理规律加以分析,并给予指导,以优化学习心理,达到有效学习的目的。简而言之,就是让学生学会学习"。

 阅读卡片

学习指导

学习指导,是指教师在教学活动中,通过各种渠道向学生传授有关学习的知识,指导学习方法,调动学习积极性,使学生形成正确的学习观点、较强的学习动力和学习能力。简而言之,就是要使学生懂学习、爱学习、会学习。

[摘自:钟祖荣.学习指导的理论与实践[M].北京:教育科学出版社,2001:63.]

因此,综合以上关于学习方法指导的各种定义,我们可以对地理学习方法指导定义为:是指地理教师在教学过程中,通过一定的途径向学生传授地理学习方法,使学生掌握科学的地理学习方法并灵活运用于地理学习之中,逐步形成较强的地理学习能力的过程。

8.1.2 地理学习方法指导的类型

8.1.2.1 直授型指导

这主要是面向学生集体,用直接传输的方法解决学生学习方法中的共性问题。具体的做法有以下两种:① 讲座式,教师根据学生地理学习的需要,采取专题形式定期或不定期地举办地理学习方法讲座;② 规程式,教师将学生在学习地理的过程中应遵循的基本要求和方法制定成"地理学习规程",印发给学生,要求学生按照既定的地理学习规程进行活动,使他们掌握基本要求与方法并形成习惯。

8.1.2.2 渗透型指导

即在地理教学过程中结合教学内容渗透地理学习方法。主要有以下三种常用形式:① 归纳式,是指学生在接触了较多的具体材料之后,教师引导学生从同类的若干案例中归纳出某种学习方法;② 转换式,指教师以教法引导掌握学法,在教的过程中将教法自然转换成学法;③ 联结式,是指学生在学习某种新知识时,唤起他对同类原有知识的回忆,找出新旧知识间的联结点,从而掌握学法的一种指导方法。

8.1.2.3 个别型指导

这是针对学生个体的差异,有目的地给予辅导,帮助学生克服学习方法上的障碍的指导方法,一般有诊疗式、计划调控式、自我总结式等几种具体方式。

8.1.3 地理学习方法指导的功能

8.1.3.1 有助于学生顺利完成地理学习任务,提高地理学习效率

对学生进行地理学习方法指导,有助于学生顺利完成地理学习任务。例如,初次遇到在气压图上判断某地风向的题目时,学生往往束手无策,当教师讲解了在气压图上做出风向判断的一般步骤:① 过某点作气压线的切线;② 过该点作切线的垂线段,高压指向低压;③ 过该点偏转做出风向,学生再遇到这类题目就可迎刃而解了。显然,学生掌握科学的地理学习方法,有助于学生提高地理学习效率,取得更好的学习效果。例如,掌握地理名称是学习地理的一个难点,当学生学习了一定数量的地名以后,教师可适时引导学生运用地图记忆法、意义记忆法、分类记忆法、联想记忆法、口诀记忆法、编写"地名小词典"记忆法等方法来提高记忆效率,达到事半功倍的效果。

8.1.3.2 有助于培养学生学习能力,适应终身学习的需要

地理教师通过学法指导,可以帮助学生掌握计划法、预习法、听课法、笔记法、阅读法、读图法、观察法、思考法、讨论法、练习法、复习法、总结法等学习方法,培养学生的学习能力,使他们在毕业离开学校以后还能不断自学,适应信息社会终身学习的需要。

8.1.3.3 有助于地理教师转变教学观念,提高教学质量和教学技能

对地理教师而言,学法指导有助于地理教师转变地理教学观念;有助于地理教师及时了解学习反馈,调整和改进地理教学,提高教学技能,促进专业成长。

8.1.4 地理学习方法指导的基本要求

8.1.4.1 学法指导与教法改革相同步

美国认知心理学家奥苏贝尔指出:"教与学是一件事的两个方面,两者在逻辑上是可以分开来研究的,但在实质上是联系在一起的。"实践表明,凡对教与学进行同步考虑,都能产生好的效果。例如,巴班斯基教学最优化理论,就是按教学环境与成分,同时考虑教学最优化的方法和学习最优化的方法。因此,学法指导要产生实效,要求教师改革教学,为学生运用学法创造条件。

坚持这个要求要注意两点:

第一,备课时,要将学习方法作为教学目标来考虑设计,既要备教法,又要备学法,并使两法相协调、相配合。

第二,根据不同的教学内容,选择相应的教学方法或教学模式。应当说,自学法、发现法、探究法、讨论法是比较能够发挥学生主动性的方法,容易使学生得到训练,使教师也能恰当地发挥其作用。讲授法也同样将学生的学法考虑在内,其中包括听讲法、笔记法、思考法等。总之,要利用多种教学模式,让学生的学法有用武之地。

此外,不仅教师、学生要改革方法,学校也要改革管理方法和考试方法,比如课程与课时安排的改革、图书馆管理办法改革、考试内容与形式的改革等,通过这些改革,才能更好地保证学法指导的成效。

8.1.4.2　学法指导与学生心理发展水平相适应

学生的心理发展水平是进行学法指导的依据。因此,在进行学法指导的过程中必须充分考虑学生的心理发展水平。要坚持这一基本要求,首先开展心理调查,了解学生心理发展现状,摸准学法指导的依据。这是进行学法指导的前提。其次,学法指导应从简单、基本、具体而易掌握的学习方法入手,逐步加深,循序渐进,绝不能搞"法海战术",一下子把许多学习方法都硬塞给学生。最后,学法指导要积极适应学生的心理发展,既不能落后于学生的心理发展,也不能消极等到学生的心理发展达到某种水平才开始指导,更不能操之过急,急于求成,拔苗助长。教师应该既看学生心理发展水平的现状,又要考虑到学生心理的"最近发展区",在适应现有水平的基础上,适当提前。

8.1.4.3　集体指导与个别指导相结合

学法指导采取集体指导的形式是很重要的。它可以面向全体学生,有利于大多数学生掌握最基本的学习方法,按照学习常规,形成良好的学习习惯。实践表明,只有当学习方法适应学生的各自特点与各自的知识、经验水平时,才能充分发挥功效。因此,在坚持集体指导的同时也要针对学生的实际情况进行个别指导,指导学生选择适合自己年龄特征和能力、兴趣、气质、性格等方面的个性特点的学习方法。个别指导有利于有的放矢,解决实际问题,有利于学生掌握科学的学习方法,合理运用学习时间,提高单位时间的利用率,大幅度提高学习成绩。

8.1.4.4　学法指导与激发学习动力相结合

苏联学者库里科关于学习技能与学习动机两者相互关系的研究结果表明:学习动机水平与学习技能水平之间存在明显的相关性,学习技能的提高总是伴随着学习动机的完善。这告诉我们:要提高学生学习方法水平,需要辅助学习动力的教育。一个人有了较高的动机水平,会主动总结和运用学习方法,甚至去创造、发明方法,使学法更臻完善;反之,要解决一些学生学习动力不足的问题,也可以从方法入手,让他们掌握一些实用的学习方法,取得成功。有了成功感,学生的动力就能够被激发起来。实践也证明:学习方法能否发挥应有的作用,学习能力能否提高,与学生的学习动力,即学习兴趣、动机、注意、情感、意志等因素有密切关系。如果不调动学习动力,再好的学法也难以转化为学生自身的实际行动。因此,学法和学习动力的指导不是两个孤立进行的项目,二者需要很好地配合,才能保证学习任务的完成和学习效率的提高。

技能操练

设计指导学生学习《普通高中教科书地理必修第一册》(人教版)第三章"地球上的水"的方法。

实践活动

到附近中学观摩一节地理课堂教学或观看一节地理录像课,观察地理教师在课堂教学中怎样指导学生进行地理学习的。

8.2 地理读图学习指导技能

教学叙事 24

不同教师的读图指导

面对相同的教学任务:指导学生阅读地图册上"我国1月平均气温图",总结我国冬季气温分布特点,三位地理教师运用了不同的指导技能。

张老师给学生布置完学习任务,让学生读图思考,自己就在班上巡视。有学生问他,就给出答案:(1)气温由南向北逐渐降低;(2)南北温差大。

李老师先给学生讲解了等温线图的判读技巧:(1)温度值从南向北由大到小排列,说明气温由南向北降低;反之亦然;(2)等温线沿东西方向延伸,说明气温变化主要受纬度因素影响;(3)等温线密集,说明温差大。再让学生读这幅图回答问题。学生很快得出结论。

雷老师一边让学生读图一边提问:(1)从南向北温度值怎样变化?(2)黑龙江省最北部的1月平均气温大约是多少摄氏度?海南省的1月平均气温大约是多少摄氏度?我国南北气温大约相差多少摄氏度?(3)秦岭——淮河一线的1月平均气温大约是多少摄氏度?学生在回答上述问题后很快得出结论。接着雷老师通过以下问题链来引导学生归纳等温线图的判读技巧:(1)图中等温线数值由低到高大致是怎样排列的?说明我国气温分布的特点是什么?(2)每一条等温线大致是沿什么方向延伸的?说明影响气温变化的主要因素是什么?(3)等温线的疏密状况如何?说明气温的南北差异怎样?学生根据问题链讨论、交流、归纳出判读技巧。

随堂讨论

三位地理教师的读图指导技能有什么不同?你认为哪位教师的读图指导技能最好?为什么?

中学地理教材由课文系统、图像系统、作业系统三部分组成。图像在中学地理教材中具有举足轻重的地位。中学地理教学的重要目标之一就是培养学生的图像技能,因此,掌握读图指导技能就成为地理师范毕业生和中学地理教师必备的教学技能之一。

8.2.1 地理读图学习指导技能的操练

8.2.1.1 基础知识的讲解

掌握地理图像基础知识是学生学会读图的前提和基础。教师应向学生介绍两方面的地理图像基础知识。一是地理图像的概念、类型、特征、功能等知识,如根据性质,地理图像可以分为六类:地图、景观图、等值线图、示意图、统计图表、漫画。其中地理示意图又包括概念图、剖面图、过程图、联系图、模式图等五种。要求教师系统讲解以使学生学会识别各类图像。二是地图的三要素:方向、比例尺、图例和注记方面的知识。教师通过专题讲解和指导训练,使学生能在地图上识别方向、进行比例尺的换算、熟悉常见的图例,通过图例获取地理信息。

 **技能操练**

设计一个关于"地图的三要素"的教学方案。

8.2.1.2 读图程序的指导

掌握读图程序是学生学会读图的关键。学生读图时,首先,应阅读图像中的基本要素,其目的是为了对图像有一个初步的印象。具体又可分为以下几个方面:① 阅读图号、图名,确定主题;② 阅读图例、比例尺以及方向,图例是阅读地图的一把"钥匙",可以帮助学生了解各种符号的尺寸、图形、颜色及不同规格注记所代表的具体含义、分类指标等详细内容,进而使主题更加突出,阅读更加省力;③ 阅读一些补充材料,如图旁、图下的一些文字解释及重点说明,增强对主题的认识。

其次,是对图像的主体——地理要素的阅读。这一部分是阅读图像的重点所在,一般是先进行概略性的浏览,其目的是了解本图中所包含的一些最基本的地理概念,如地形、气候、水文、植被、土壤、居民点、交通、城市等。接下来再按照主题内容详细阅读,重点是读出图中主题地理事物的分布以及变化情况。

最后,要对阅读的结果加以综合分析,"以图导因",这样做的目的是为了学生真正读懂一幅图,掌握一幅图,及时总结出一些心得、技巧,既可以更深刻地理解所学的内容,又可以为以后的读图打下基础,做到举一反三。

【案例 8-1】

"太阳黑子相对数与年降水量平均超额量的相关性"读图程序指导

河南洛阳某中学向老师以《普通高中教科书地理必修第一册》(人教版)第一章"行星地球"中的图"太阳黑子相对数与年降水量平均超额量的相关性"为例给学生讲解读图程序,下面是向老师的讲解词:

阅读这幅图我们需要分六个步骤。第一步,阅读图名,确定主题:根据本图的图名"太阳黑子相对数与年降水量平均超额量的相关性",可以知道阅读本图的目的是了解太阳活动对地球气候的影响,本图是以黑子对降水的影响为例来说明这一点的。第二步,阅读图例:从图中右下角的图例中我们可以明白,其中蓝线代表降水量的变化,红线代表黑子的数量变化。第三步,阅读一些补充材料:该幅图下有三个提示性问题,通过对它们的阅读使我们的主题更加明了,也就是提示了我们阅读时要完成的三个任务。第四步,对该图内容进行一般性的阅读:通过观察,我们可以发现,图中的横坐标表示时间,左纵坐标表示年降水量平均超额量,右纵坐标表示黑子相对数;三幅小图分别代表不同经纬度的地区;三幅小图中红、蓝两线的变化各不相同,代表了黑子和降水量二者的变化及关系各不相同。第五步,按照主题内容详细阅读:根据第三步中我们明确的目的,接下来详细阅读,可以很容易地得出结论。从年降水量平均超额量曲线中可以看出:年降水量平均超额量是不断变化的;这种变化出现波状起伏的形态;变化的周期大约是11年。从太阳黑子相对数曲线中可以看出:黑子相对数是不断变化的;这种变化出现波状起伏的形态;变化的周期大约是11年。将两条曲线叠加,可以得出:第一幅小图中黑子和降水量二者的关系是正相关;第二幅小图中二者的关系呈负相关;第三幅小图中,二者开始是负相关,后来又变成正相关。第六步,综合分析:我们可以看出,太阳黑子相对数与年降水量平均超额量存在一定的相关性,太阳活动对地球上气候产生了一定的影响。通过上述的程序,我们可以把一幅教材插图分析得透彻、清楚,目的突出,结果明了。

技能操练

1. 案例8-1中向老师讲解的读图程序正确吗?
2. 若正确,请按向老师讲解的读图程序指导学生阅读"地球上的水"中的"世界表层洋流的分布(冬季)";若不正确,请予以纠正。

8.2.1.3 读图顺序的指导

读图还应遵循一定的顺序。主要有以下几种顺序:① 按地理事物的空间顺序读,这种顺序适合阅读反映地理事物空间分布特征的地图,通常的做法是从西向东,从北到南,整体——局部——整体观察,如气温分布图、人口分布示意图等;② 按地理事物的时间顺序读,适合于阅读表达地理事物随时间发生变化的地图。如地球公转示意图、人口增长图等;③ 按地理事物内在因果关系读,适合于阅读揭示地理事物内部联系的地图,如人地关系相关模式图、气候形成示意图等;④ 按地理事物的内容读,从自然到人文,侧重地理位置——地形地貌——气候——河流——矿产——城市等方面的观察。按一定的顺序读图,思路清晰,繁而不乱,不仅使读图的内容遗漏少,还能使学生加强记忆,对地理事物的空间位置及相互关系有一个准确的把握,往往会达到事半功倍的效果。

8.2.1.4 图像判读技巧的指导

各类地理图像,都有一定的判读技巧,教师应在归类的基础上进行系统讲解。如地理等值线图的判读技巧如表8-1所示。

表 8-1　地理等值线图的判读技巧

图像	类型	判读技巧
地理等值线图	1. 等高线图 2. 等温线图 3. 等压线图 4. 等降水量线图 5. 等盐度线图 6. 等震线图 7. 等太阳高度线图	1. 识别等值线反映的是何种地理事物 2. 判读等值线排列疏密状况,并分析原因 3. 判读等值线闭合处的数值大小 4. 判读等值线变化规律和最高、最低值位置 5. 根据数值变化及排列状况,推断出规律,并分析成因

技能操练

设计一份关于"太阳光照俯视图判读技巧"的教案。

8.2.1.5　读图策略的指导

(1) 直观分析法。各种地理图表中,有些图表的内容是浅显易见的,直观分析法多适用于学习地理事物的空间分布图。例如,在讲"我国降水量的空间分布"时,可让学生在地图上找到年降水量最大的地方——台湾的火烧寮和年降水量最小的地方——新疆的托克逊,然后在这两点间划一直线,再循着这条线从东南向西北方向观察颜色的变化,便可知道"我国年降水量由东南沿海向西北内陆逐渐减少"。

(2) 比较分析法。地理读图学习中指导学生将几张不同地理事物现象、区域的图像进行对比,有助于学生在比较中掌握地理事物、区域的特点及成因。例如,在学习气旋和反气旋时,要求学生比较气旋和反气旋成因及天气图。通过读图便知道,气旋的气压中心是低压,水平方向上空气由四周指向中心,垂直方向上空气作上升运动,天气现象为阴雨;反气旋则与之相反。学生通过观察、比较,可加深对气旋、反气旋特点、成因以及形成的天气的认识。再如,冷锋、暖锋成因及天气图的比较等。

(3) 联系分析法。同一知识类型图之间的联系:如学习"世界洋流分布规律"时,让学生联系"世界洋流模式图"阅读"世界洋流图",学生会很容易地发现世界大部分洋流的分布规律。

不同类型知识图之间的联系:如让学生将"世界人口分布图"与"世界气候类型和洋流""世界地形""世界主要工业""世界主要农业"等图像联系起来,可以寻找出世界人口分布特征与自然、社会、经济等要素之间的关系。又如,学习中国气候特点时,学生在阅读"中国温度带的划分""中国干湿地区"和"中国地形图"的基础上,把影响气候的诸因素联系起来,便可得出结论:"疆域辽阔,南北跨纬度广,东西距海远近差别极大,地势高低相差悬殊,地形类型齐全,分布错综复杂"是造成气候复杂多样的主要原因。

运用读图策略指导,分析《普通高中教科书地理必修第一册》(人教版)第四章"地表形态的塑造"中的图像系统,说明哪些图像适合用直观分析法读图,哪些适合用比较分析法,哪些适合用联系分析法。

8.2.1.6 设计地理问题与活动,引导学生自己得出结论

对于地理教材中有些没有设计问题和活动的图像,教师可设计一些富于启发性的问题和活动,要求学生观察、思考,慢慢悟出道理和结论。例如,讲述我国地势,让学生读地图册上分层设色的中国地形图时,可以设计如下的活动和问题:

(1) 找出青藏高原、塔里木盆地、黄土高原和华北平原。
(2) 说出青藏高原的大部分地区海拔在多少米以上,塔里木盆地和黄土高原海拔在多少米之间,华北平原的海拔大约多少米。
(3) 说出从青藏高原向东向北延伸,我国的地势有什么变化?

通过上述读图和提问的逐步引导,学生能归纳出我国的地势特征。

技能操练

在指导学生阅读《普通高中教科书地理必修第一册》"热带雨林景观"时,可以设计哪些问题和活动?

8.2.1.7 总结读图过程,引导学生归纳读图方法

教师应通过一些读图活动,启发学生归纳同类图像的阅读方法。例如,讲授《义务教育课程标准教科书地理八年级下册》(人教版)第六章第一节"全国政治文化中心——北京"后,教师要求学生读图6-1和图6-3回答:

(1) 北京经纬度位置:经度_____;纬度_____。
(2) 海陆位置:东临_____海,距海较_____(远、近)。
(3) 相对位置:北京地处我国五个温度带中_____,四个干湿地区中_____;以及位于_____山脉以东,_____山以南的_____平原北部边缘地区;地势开阔平坦,向东出_____关可进入东北地区,从西北出_____关可进入内蒙古高原,东南可通_____海,西面是_____高原能源基地和广袤的大西北。
(4) 交通位置:北京有四通八达呈放射状的铁路线,你知道有哪几条铁路线在北京交汇:_____;北京公路也很稠密,还有众多的高速公路。请说出一条高速公路的名称:_____。
(5) 对北京的地理位置做出简要评价。

教师可进一步指出,这个分析过程在每个区域都是相同的,尤其是省级区域,启发学生归纳出区域图的一般分析过程:先通过对经纬度位置、海陆位置、相对位置、地形、资源等诸多要素的阅读来了解这个区域的自然特征,然后可进一步分析该区域的人文地理特征。

技能操练

以某等高线图为例,设计引导学生归纳出等高线图判读的一般方法。

8.2.2 地理读图学习指导技能的评价

地理读图学习指导技能评价标准如表8-2所示。

表8-2 地理读图学习指导技能评价标准

优秀	合格
1. 指导的内容全面 既进行地理图像基础知识的介绍,又进行读图程序、读图顺序、判读技巧、读图策略等读图方法的传授;既进行读图规程、习惯的培养,又进行读图学习动力的激发	1. 指导的内容比较全面 注重地理图像基础知识、读图方法的指导,但对读图规程、习惯的培养和读图学习动力的激发注意不够
2. 理论与案例相结合 结合具体的案例来介绍地理图像基础知识,讲解读图的程序、顺序、技巧和策略	2. 侧重于理论指导 介绍地理图像基础知识,讲解读图的程序、顺序、技巧和策略时,侧重于理论,很少结合案例
3. 指导具有启发性 在指导学生读图时,对于图下的问题和活动,引导学生通过观察、思考,自己得出答案;对于没有问题和活动的图像,设计一些富于启发性的问题和活动,通过学生观察、思考,让他们慢慢悟出道理和结论来	3. 指导具有一定的启发性 在指导学生读图时,对于图下的问题和活动,引导学生通过观察、思考,自己得出答案;但对于没有问题和活动的图像,自己没有设计富于启发性的问题和活动
4. 集体指导与个别指导相结合 既面向全体学生,指导学生掌握常规性的读图方法,又针对不同学生的实际情况进行个别指导,指导学生选择适合自己的读图方法	4. 侧重于集体指导 主要面向全体学生,指导学生掌握常规性的读图方法,对不同学生进行个别指导较少
5. 指导效果良好 学生对读图学习非常感兴趣,有很强的读图能力,对绝大多数地理图像都能独立阅读	5. 指导效果较好 学生对读图学习有一定的兴趣,有较强的读图能力,对许多地理图像都能独立阅读

实践活动

阅读《中学地理教学参考》杂志中有关地理图像判读方法的文章,并归纳出将各类地理图像判读的方法,使之系统化。

8.3 地理合作学习指导技能

教学叙事 25

苏老师的地理合作学习指导经验

某市地理教学研究会组织地理合作学习指导经验报告会。长期潜心于地理合作学习指导理论研究与实践、指导经验丰富的苏老师在大会上做主题发言：要搞好地理合作学习指导，一是合作小组的组建要合理，小组规模应适当，一般以4~6人为宜；应充分考虑学生的学习水平、学习能力、性格和心理特点、家庭背景、居住的区位分布、男女生间的比例、小组成员的相对稳定等要素，按"组内异质、组间同质"的原则组建小组；小组内要进行明确合理的角色分工。二是应精心选择有合作价值的地理学习任务，小组讨论的地理问题要具有挑战性、争议性和开放性。三是要协助学生制定小组合作规则，教给学生合作的技能，让学生学会倾听和评价、支持与扩充、表达与争辩、建议与接纳、求助与帮助、协作等。四是在合作学习过程中要对学生进行全程指导。五是在小组活动结束之后，应组织各小组汇报交流，并给予总结评价。

你认为什么是合作学习？教师对地理合作学习进行指导有什么意义？

合作学习是学生在教师的组织下，以共同目标为学习追求，以学习小组为基本单位，以合作交流为基本特征，具有明确个人责任的互助学习活动。随着基础教育课程改革的深入推进，合作学习作为一种重要的学习方式被广大地理教师普遍接受，并被尝试运用于地理课堂之中。几乎在所有的课堂上，我们都可以看到小组讨论式的合作学习。因此，掌握地理合作学习指导技能是时代对地理师范毕业生和中学地理教师的客观要求。

8.3.1 地理合作学习指导技能的操练

【案例8-2】

一次失败的地理合作学习活动

河南新乡市某中学地理组张老师尝试组织学生进行合作学习。张老师在提出讨论的问题后，要求前后桌4人一组立即进行讨论，课堂气氛顿时热闹了起来。几分钟后，张老师叫停，请各小组来汇报讨论结果。但是有的小组你推我让，还有的小组一个学生站起来只谈了自己的观点。

随堂讨论

你对上述地理合作学习活动有什么评价,张老师的指导技能存在什么问题?

8.3.1.1 组建合作小组

学习小组是合作学习必要的组织形式,是合作学习展开和实施的前提和基础。组建合作小组时需要考虑小组的规模、小组的构成以及组内成员的分工。

(1) **小组规模**。小组规模的大小可以依据任务的性质、小组成员的合作技能、所能提供的时间而定。一般而言,任务越复杂,成员合作技能越好,小组合作的时间越长,小组规模应越大;反之,小组规模应越小,一般情况下小组规模以 4~6 人为宜。

(2) **小组构成**。小组的组建应按"组内异质、组间同质"的原则进行。"组内异质"就是学习小组内各成员要有差异性和互补性,为互助合作提供环境;"组间同质"指各小组的总体水平要基本一致,为保证全班各小组间展开公平竞争创造条件。混合编组需要考虑的要素有学生的学习水平、学习能力、性格和心理特点、家庭背景、居住的区位分布、男女生间的比例、小组的相对稳定等。

(3) **小组角色分工**。根据合作学习内容,小组每位成员分别承担或扮演不同角色,参与合作学习过程。

【案例 8-3】

"气候资源"的合作学习小组分工

学习"气候资源"一节时,万老师安排了合作小组专题讨论会,讨论气候资源的特点及其对农业、交通、建筑、旅游资源的影响。第三组共有六名同学:赵华、张洁、李浩、王刚、高金、陈慧,他们的具体角色分工如表 8-3 所示。

表 8-3 "气候资源"的合作学习小组分工

角色	责任	范例
组长 (赵华)	召集小组活动,发放材料,对小组成员进行角色分工	"第三组的同学赶快就位啦,我来分下工,主持人张洁,记录员李浩,报告员王刚……"
主持人 (张洁)	引出讨论主题,激励各组员积极参与活动,要求小组成员各抒己见	"高金,你认为气候对农业有何影响?" "陈慧,你谈一下街道与子午线成 30°~60°角,对建筑物采光有何好处?"
记录员 (李浩)	记录小组的个人发言	"张洁,你再把你的观点重复一遍,慢一些,否则我记不下来。"
报告员 (王刚)	代表小组向老师及全班同学汇报观点	"我们这节课主要讨论了以下几方面的问题,我们小组对某问题的共同看法是……"

技能评价

"气候资源"的合作学习分工不是很合理,该组有六名学生,但小组角色分工中只有四名学生,其他两名学生的作用得不到体现。针对气候资源这一内容,可以让四名学生分布从气候资源对农业、交通、建筑、旅游等方面的影响展开论述,然后交流自己的看法。

在小组合作学习中,小组成员需要进行角色分工,以明确各自的责任。这样做既保证了小组活动的职责明确、进展有序,又能使个人的工作真正与小组的总体工作相协调。每个小组的分工,根据任务、目标的不同而有所差别,但组长、主持人、记录员、报告员这几个基本的角色是学习小组所必须具备的。小组讨论时,角色轮换一遍,以锻炼学生多方面的能力,增加学生的角色体验。

 随堂讨论

组长、主持人、记录员、报告员各个角色的主要职责是什么?

8.3.1.2 选择有合作价值的地理学习任务

采取合作学习的前提条件应该是:某项任务需要多人的合作才可以完成或者多人合作确实比一个人独立完成效果好,这样的学习任务才能使学生之间产生积极互动。因此,一方面合作学习的任务应是团体任务,而不是个体任务,即任务所要求的资源(信息、知识、技能、材料等)是单个学习者不可能全部具有的。另一方面,合作学习的任务最好是结构不良的问题,那些开放式的、答案不唯一或具有争议性的问题,因为这样更能引起学生深层次的讨论。除此之外,合作学习的任务还要能满足学生兴趣需要,激发他们讨论研究的热情。

由于地理教学内容具有综合性、地域性、开放性和实践性等特点,有很多教学内容都适合开展合作学习,但合作学习的深度、广度及形式则会因学习内容的不同而各具特色。比如,绘制校园平面图、制作等高线模型,这类活动一个人很难完成,小组合作自然成为最佳选择。还有一些地理实验、地理观测、地理考察、地理调查等实践活动也可以进行合作学习。而地理课堂上的合作学习有角色扮演、小组辩论、小组竞赛等,其中最常用的是小组讨论。小组讨论的重要价值是让学生的地理思维互相碰撞、互相启发,使他们能多角度、全方位地认识某一地理问题。小组讨论选择的地理问题应遵循以下要求:① 具有挑战性。较复杂、综合的具有挑战性的地理内容,才有必要进行小组讨论,这样能够充分发挥集体的智慧,共同解决问题。② 具有争议性。如果地理问题的答案或学生对地理问题的看法出现分歧,可让学生在小组内去讨论争议,这样可以加深他们对问题的理解。③ 具有开放性。如果地理问题的答案具有开放性或者答案不唯一,可让学

生进行小组合作交流,这样可以开阔思路,改善学习效果。

为了使地理合作任务具有价值性,教师必须深入钻研地理教材,把握地理教材的重点和难点,并深入了解学生的生活实际,充分考虑学生的心理接受能力,精心设计地理问题。

【案例8-4】

姜老师设计的讨论问题

河南商丘某中学姜老师在讲授《义务教育教科书地理七年级上册》(人教版)中的"人类的居住地——聚落"时,设计了以下问题供学生分组讨论:

(1) 聚落的概念和聚落的分类。
(2) 影响聚落形成与发展的主要因素。
(3) 保护世界文化遗产的重要意义。

参 与 评 价

案例8-4中的问题都适合学生分组讨论吗?为什么?

8.3.1.3 协助制定小组合作规则

俗话说:"没有规矩,不成方圆。"小组讨论若要顺利开展,必须制定相应规则。教师可采取"自下而上""民主集中"的方法制定小组讨论的规则。具体做法是:先由每个学生各自拟定小组讨论规则,经由教师汇总、整理,提出小组讨论规则讨论稿;然后把讨论稿提请全班学生讨论,根据学生的意见,对讨论稿进行适当修改;最后,形成小组讨论规则试行稿,张贴在教室前端。在实施过程中,根据实际情况对试行稿不断进行完善。由于小组讨论规则是由师生双方共同制定,所以学生乐于接受,并能自觉遵守。

【案例8-5】

浙江省杭州市实验中学实施的小组讨论规则

(1) 每名小组成员都有权利和义务参与小组讨论。
(2) 每名小组成员都应该积极参与小组讨论,主动提出自己的观点,尽可能为小组讨论多做贡献。
(3) 每名小组成员在发言时应该控制好时间,言简意赅。
(4) 每名小组成员在发言时,应该控制好自己的音量,做到既能让小组内其他组员听到,又不影响其他小组的讨论。
(5) 未经允许,不得发言。

（6）当小组某一成员发言时，其他组员应该认真倾听，不插嘴，等到他人发言完毕时，方可进行补充、评价。

（7）不讨论与主题无关的内容。

（8）在请教老师之前，应该先请求小组其他成员帮助。

（9）当某名小组成员代表小组向全班学生汇报之后，小组其他组员有义务进行补充、修改、完善。

随堂讨论

1. 案例8-5的小组讨论规则合理吗？
2. 制定小组讨论规则对小组讨论的开展有什么意义？

8.3.1.4 学生合作技能的指导

当学生有了合作意向，并且面对面地坐在一起时，合作学习依然不一定能保证顺利进行。究其原因，更多的由于学生缺乏必要的人际交往技能和小组合作技能。例如，因为陈述者的表达不甚明白，有一个学生对他说："算了吧，你自己都不知道要讲些什么！"这样的行为会导致怎样的结果，我们可想而知。假如学生这样说："你刚才说的我不太清楚，能不能请你再详细说明一下？"结果会是另外的一种情况。由此可见，教师除了要引导学生进行合作，还要指导学生学会倾听和评价、支持与扩充、表达和争辩、建议和接纳、求助与帮助、协作等，从而帮助学生形成良好的合作行为习惯。

阅读卡片

关于合作技能的研究

（1）教给学生什么技能。我国学者陈燕提出，课堂合作学习的基本技能有十项，它们是：听取、说明、求助、反思、自控、帮助、支持、说明、建议、协调。

（2）如何教给学生技能。合作学习的重要代表人物约翰逊等人推荐了一种系统的技能学习方法。他们认为，学习技能需要经过五个步骤：第一，要使学生对所需要的技能有清晰的认识；第二，要使学生理解怎样及何时使用这些技能；第三，要给学生以练习的机会，使他们掌握这些技能；第四，要经常反馈学生使用技能的情况，并及时处理这些反馈；第五，要保证学生不断地实践这些技能，直到内化为自己的经验。

[摘自：周小山，严先元.新课程的教学策略与方法[M].成都：四川大学出版社，2003：264.]

8.3.1.5 合作学习过程的指导

地理教师提出讨论主题后，主要扮演听众的角色，应专心倾听，尽量少讲话，而把更多的讲话时间让给学生，这样学生从讨论中获益较多；当教师不得不对小组讨论进行评价时，应做到客观公正,不带有偏见和个人感情色彩。

在讨论过程中教师要密切关注学生讨论,并做讨论笔记,对出现的问题及时指导,如有学生提出疑问或困难,尽力进行解答和提供帮助。如果发现带有普遍性的问题,教师可以进行必要的全班指导。在讨论过程中的某些中间环节上,教师可适时地做阶段小结,明确当前面临的问题。这样既帮助学生概括出已走过的轨迹,预示下一步讨论的方向,又教会了学生讨论的方法。当出现某些特殊情况时,教师应及时予以处理。讨论中,往往由于学生缺乏讨论的基本技巧而会出现一些妨碍讨论开展的情况,这些情况主要包括:

第一,违反小组合作规则。如小组发言的声音音调过高,干扰其他小组的讨论或某个学生发言时间严重超时,教师可以给予必要的提醒和制止。

第二,枝节问题耗时太多。如果连续几个人的发言离题太远,教师应插入几句简短的话,提醒学生回到讨论主题。

第三,出现了事实上或逻辑上的错误。如果真是这样,那么讨论将失去有效性,这时教师应及时指出错误。

第四,个别人发言过多或不参与讨论。对发言过多者,要求其概括主要观点,而后转问别人的意见;对没有参与发言者,先问一个事实问题,而后追问解释性或评价性问题,引导学生发表看法。

第五,无人发言。如果教师提出讨论主题后无人发言,应怎样做?等候并打破沉默。安排合理的等候时间是必要的,因为学生需要一定时间把思考的内容加以组织并表达出来,30 s 或再长一段时间是可以接受的。但如果等候时间过长,则易形成尴尬气氛。因此教师需要询问沉默的原因,或者大声说出对沉默原因的猜测,如说:"第一个发言的人富于冒险精神。"可能会促使学生打破僵局。

第六,讨论难以继续。这种情况是指讨论某主题的价值已全被挖掘出来,继续讨论已不再具有任何教育意义。这种情况的主要表现是:重复已提出的观点,发言的间隙延长,发言不断离题,显露出厌烦情绪等。教师应注意转换讨论主题,或讨论原主题的一个新侧面。

第七,出现争执。面对学生之间的争议,教师可采取如下策略:不偏向其中某一方;引导学生认识到双方的相同之处;提醒学生讨论的主题;运用幽默化解双方冲突;概括双方观点,提出共同面临的问题,把讨论引向深入。

 技能操练

在小组讨论学习过程中,当出现以下情况时,作为地理教师你会怎么办?
1. 无人发言;2. 抢着发言;3. 个别人一直发言,而有的人一直不发言;4. 出现争执;5. 离题。

8.3.1.6 组织汇报交流

小组讨论之后,教师应安排各组报告人围绕讨论题向全班学生汇报,与此同时,要求每个小组对汇报内容做记录,把讲错、没讲清楚或特别精彩的观点记录下来,待某一小组的汇报完成后,本小组成员可以做必要的补充,其他小组的评价人可以进行评论,也可以小组之间进行辩论。对某些有争议的问题,教师可以适当点拨;对比较分散的观点,教师可以适当归纳。

需要注意的是,报告人代表小组发言时,应该说:"我们小组的观点是……"而不应该说:"我的观点是……"

标准链接

【学习指导】

能够依据学科特点、中学生认知特征和个体差异,指导学生开展自主、合作、探究性学习,注重差异化教学和个别化指导,帮助学生针对学习重点与难点进行有效学习。

[摘自:中华人民共和国教育部.中学教育专业师范生教师职业能力标准(试行)[S].2021.]

8.3.1.7 进行总结评价

在每一次小组讨论和组间交流完成时,教师应该根据每个小组讨论时间的长短、遵守讨论规则的情况、合作交流的情况、发言的质量、提出不同意见的情况以及讨论结果交流汇报的情况等,对每个小组进行评价。评价可以是书面的,也可以是口头的。小组评价具有巨大的激励作用,是小组讨论中一个不可或缺的环节,它能够极大地激发学生学习的动力,增加小组的凝聚力,增强学生的责任感和荣誉感。

需要注意的是,评价应以小组为单位,这样可以促进小组成员之间的合作。此外,应该鼓励小组之间进行互评,当评价人代表本小组对其他小组进行评价时,应该说:"我们小组不同意他们小组的观点……"而不应该说:"我不同意他们小组的观点……"

8.3.2 地理合作学习指导技能的评价

地理合作学习指导技能评价标准如表 8-4 所示。

表 8-4 地理合作学习指导技能评价标准

优秀	合格
1. 合作小组的组建合理 小组的规模适度;按"组内异质、组间同质"的原则分组;组内进行角色分工	1. 合作小组的组建比较合理 小组的规模适度;按"组内异质、组间同质"的原则分组;但组内没有进行角色分工
2. 设计的地理学习任务具有合作价值 地理学习任务是团体任务;讨论的问题具有开放性、争议性;学习任务满足学生的兴趣需要	2. 设计的地理学习任务具有一定的合作价值 地理学习任务是团体任务;讨论的问题开放性、争议性不强
3. 协助学生制定出全面、详细具体的小组合作规则 对学生制定出的小组合作规则反复修改完善,使之全面详细	3. 协助学生制定出一些粗略的小组合作规则 对学生制定出的小组合作规则进行了修改完善,使之比较全面详细
4. 教给学生全面、详细具体的合作知识与技巧 教给学生详细具体的有关倾听与评价、支持与扩充、表达与争辩、建议与接纳、求助与帮助、协作方面的知识与技巧	4. 教给学生一些粗略的合作知识与技巧 教给学生一些合作知识与技巧,但不够详细具体

续表

优秀	合格
5．能有效调控地理合作学习过程 当学生提出疑问和遇到困难时，能尽力进行解答和提供帮助；在讨论过程中的某些中间环节上，能适时地做简短的阶段小结；出现某些特殊情况时，能随机应变、灵活处理	5．在地理合作学习过程中能给予学生指导和帮助 当学生提出疑问和遇到困难时，能尽力进行解答和提供帮助
6．指导效果良好 在地理合作学习过程中，学生学习兴趣浓厚，课堂气氛热烈；认为此次地理合作学习自己收获很大，期盼下次地理合作学习的开展	6．指导效果较好 学生能顺利完成地理合作学习任务，此次地理合作学习自己有一些收获

实践活动

到附近中学观摩地理合作学习课堂，结合地理课堂教学实例，说明地理合作学习指导的基本程序。

8.4 地理探究学习指导技能

教学叙事 26

地理探究学习指导问题访谈录

在尝试地理探究学习的过程中，许多地理教师不知道该怎样对学生进行有效指导，尤其是不知道该怎样指导学生提问题或提出猜想与假设。《地理学习报》特邀某中学地理特级教师严老师解答。

［问］地理教师应从哪些方面对学生的地理探究学习进行指导？

［答］应从基础知识、研究方法、资料搜集分类、思维方法、心理素质等方面对学生进行全面指导。从提出问题到提出猜想与假设，从搜集证据到解释结论，从评价反思到展示交流，教师的指导应贯穿地理探究学习过程的始终。

［问］地理教师应怎样指导学生提出地理问题？

［答］营造民主和谐的地理课堂气氛——使学生敢问，创设地理课堂问题情境——使学生想问，提出问题的方法与途径的指导——使学生会问，最后对学生提出的问题进行选择评价和修改。

［问］地理教师应怎样指导学生提出猜想与假设？

［答］组织头脑风暴活动——使学生充分假设，进行思维方法的指导——使学生学会假设，对提出的假设进行规范——使学生科学假设。

 **随堂讨论**

阅读上述访谈录，你认为什么是探究学习？教师对地理探究学习进行指导有什么意义？

《普通高中地理课程标准(2017年版)》的课程基本理念提出"创新培育地理学科核心素养的学习方式。根据学生地理学科核心素养形成过程的特点,科学设计地理教学过程,引导学生通过自主、合作、探究等学习方式,在自然、社会等真实情境中开展丰富多样的地理实践活动;充分利用地理信息技术,营造直观、实时、生动的地理教学环境"。由此可见,在中学地理教学过程中开展探究学习是时代发展的必然要求。因此,掌握地理探究学习指导技能也就成为地理师范毕业生和中学地理教师必备的基本技能之一。

标准链接

教学与评价建议

为了培养学生地理学科核心素养,教师要了解高中地理课程的设计思路,明确知识、技能教学与核心素养培养的关系,注意教学各方面的一致性,建立基于核心素养培养的整体教学观念;要秉承多样化观念,灵活使用教材,积极使用多种资源,了解、理解、驾驭不同的教学思路和教学模式,使教学具有开放性;要鼓励学生独立思考和相互探讨,发现并提出问题;要以学生的基础和需求为出发点,把握教学内容,设计教学过程,丰富教学活动,积极创造条件开展地理实践教学;要辅以必要的直观手段和生活经验,在地理情境中,强化学生的思维训练;要将过程性评价与终结性评价相结合,用评价引导学生在地理学习中学会认知、学会思考、学会行动。

[摘自:中华人民共和国教育部　普通高中地理课程标准(2017年版)[S].北京:人民教育出版社,2018.]

8.4.1　地理探究学习的概念

地理探究学习,是指在地理教师的指导下,学生从地理学科或现实生活中主动选择和确定研究课题,以一种学术或科学研究的方法,自主、独立地发现地理问题,进行实验、操作、调查、信息搜集与处理、表达与交流等探究活动,在认识和解决地理问题过程中培养学生的地理核心素养。

8.4.2　地理探究学习指导技能的操练

8.4.2.1　提出地理问题的指导

爱因斯坦说过:"提出一个问题,往往比解决一个问题更重要。"现代教学论指出,产生学习的根本原因是问题,问题是探究学习的起点。能否发现和提出具有挑战性和吸引力、探究价值高的问题对地理探究学习的开展至关重要。

(1) 构建民主和谐的地理课堂气氛——使学生敢问。 科学研究证明,在平等宽松的环境下,人的思维处于最活跃状态,各种智力和非智力因素能发挥到最佳水平。因此,在地理教学过程中,教师要努力创设宽松的学习环境、和谐活泼的课堂气氛,既要对喜欢质疑、提出不同意见或超过教师认识水平的学生持鼓励欣赏态度,也要看到学生思想单纯、认识能力不足,允许学生有自己的见解或这样那样的错误,更要宽容、理性地对待学生"突发奇想""异想天开"的问题。要鼓励学生对一些已有结论、现象、规律不盲从,而要大胆质疑。

(2) 创设地理课堂问题情境——使学生想问。 教师应精心设计能促进学生思维的地理问题情境,学习只有发生在有意义的情境中,才是有效的;只有在问题情境中,才能促使新旧知识发生冲突,产生困惑、疑问。一个好的问题情境可以说是地理探究活动实施的关键。

① 利用地理教材研究性学习活动创设问题情境。教材每章后面都安排有"问题研究"等活动,教师可以充分应用这些问题,鼓励学生思考探究,创设问题情境。例如,在"行星地球"后面安排有研究性学习活动"月球基地应该是什么样子?"

② 通过文字资料或案例创设地理问题情境。这是创设地理问题情境最常用的方法。

③ 通过历史故事创设地理问题情境。教师在地理课堂上,将一些历史事实、历史故事作为课堂教学的感性材料讲述给学生,也是创设地理问题情境的方法。

例如,讲述"大陆漂移学说"时,可以给学生介绍相关的历史背景。魏格纳是德国历史上一位非常著名的地球物理学家。有一次生病,他躺在医院里的病床上休息。突然,他发现南美大陆的东海岸与非洲大陆的西海岸轮廓非常吻合。他意识到两块大陆可能曾经是在一起的,后来才逐渐漂移分离开来,"大陆漂移学说"就这样不经意地被发现。然后,设置问题:"同学们,如果你是当初的魏格纳,请问你将用什么方法来让人们接受你的观点呢?"运用这样的问题,启发学生进一步思考。

④ 利用古诗词创设地理问题情境。中国是一个有着几千年历史的文明古国,古老而灿烂的中华文化是人类史上的瑰宝,古诗词就是其中的一朵奇葩。在地理课堂教学中,巧妙地利用古代诗词,创设课堂教学的问题情境是教师的基本教学技能。

例如,讲述"海拔高度与气温的关系"时,可以引用"人间四月芳菲尽,山寺桃花始盛开"使学生产生疑问:为何山里山外气候的时间差如此明显?例如,讲"山坡的光照和热量"时,可以引用唐朝诗人宋之问的一句古诗"南枝向暖北枝寒,一种春风有两般",促进学生思考:为什么山坡两侧向阳坡与背阳坡的光照及热量存在差异?

技能操练

1. 你还记得哪些与地理有关的古诗词?
2. 你能运用这些古诗词创设地理问题情境吗?

⑤ 利用图片、影视资料创设地理问题情境。地理课堂教学中,借助现代化教学手段,利用图片、影视资料,结合教学实际设置地理问题情境,是课堂教学有效而现实的方法。

例如,讲述"印度"时,借助现代教学设备,将印度的洪灾和旱灾的有关情境的影像资料展示给学生。一方面,学生看到了印度洪水泛滥,工厂、农田、道路和房屋被毁,工农业生产陷入瘫痪,灾民流离失所。另一方面,又看到印度干旱缺水,土地龟裂,河流断流,农田颗粒无收,连饮水都有困难。录像资料促使学生产生疑问:印度处于什么位置?属于哪一类气候类型?为什么会有这样的现象?一连串的问题会激发学生思考,学习注意力高度集中。

⑥ 通过奇特现象或生活现象设置地理问题情境。教师注意在讲述某一部分地理知识前,介

绍相关的奇特现象或从生活现象中提出学生感兴趣的地理问题,以创设情境。

例如,在讲述"地形的变化"时讲到:"中国科学工作者在喜马拉雅山区考察时,发现山中的岩石含有鱼、海螺、海藻等海洋生物的化石。这些原是生活在海洋中的生物,怎么被埋在今天的'世界屋脊'上?"从而引发学生思考。

总之,无论用何种方法创设地理问题情境,都应注意在设置课堂问题情境时,把握好问题与情境间的相关性和逻辑关系。

1. 以《普通高中教科书地理必修第一册》"宇宙中的地球"这部分内容为例,尝试采用多种方式和手段创设系列地理问题情境。

2. 这些问题情境分别可以启发学生提出哪些探究性问题?

(3) 提出地理问题的方法与途径的指导——使学生会问。 地理探究学习时,教师要注意教给学生提出问题的方法,发展学生提出问题的能力。提出地理问题的一般方法有:

① 透过现象,分析原因。例如,教师在讲述"我国的气候灾害"时,让学生观看有关台风的视频,了解台风的危害,引发学生思考:台风的本质是什么?为什么我国东南沿海经常会有台风?

② 通过类比,找出异同。通过比较相近概念、事物的本质差别和不同概念间的本质关联,比较各种现象、规律的异同,从而发现问题,提出问题,找出解决类似问题的思路和方法。例如,比较温带季风气候与温带大陆性湿润气候的特点,思考二者有什么不同,为什么亚洲大陆的东岸是温带季风,而美洲大陆的东岸却是温带大陆性湿润气候?

③ 归纳总结,寻求规律。通过归纳,从个别总结出一般规律。例如,从等高线图、等压线图、等温线图等归纳出等值线图的一般判读技巧。

④ 演绎推理,发现问题。例如,用世界洋流分布规律去考察印度洋洋流方向,会发现北印度洋洋流的方向不符合一般规律,思考其原因。

地理探究学习时,教师还要注意教给学生提出问题的途径。提出问题的一般途径有:

① 地理文献资料。地理教材、工具书、学习参考书、科普读物、杂志、报纸中均蕴藏着丰富的地理探究学习的问题来源。

【案例8-6】

指导学生从地理教材中提出探究性问题

武汉市某中学王老师在指导学生学习《普通高中教科书地理必修第二册》(人教版)中的第一章"人口的变化"时提出了以下问题:

我国的人口问题;德国人口负增长问题;我国人口老龄化问题;我国人口政策的演变及走向;中印人口政策的比较及启示;影响人口分布的因素;影响人口迁移的因素;历史上我国人口迁移的规律;改革开放以来我国人口迁移方向的变化;当代世界人口迁移的特点;人口迁移对迁入地

和迁出地经济和社会发展的影响;运用本地人口资料,绘制图表,探究本地人口的发展模式和人口迁移的特点;流动人口的计划生育问题。

随堂讨论

你认为针对案例8-6中该章内容可以指导学生提出这些探究性问题吗?

1. 尝试用《普通高中教科书地理必修第二册》(人教版)中的第二章"城市与城市化"这部分内容指导学生提出探究性问题。
2. 尝试用《普通高中教科书地理选择性必修第二册》(人教版)中的第四章"区域经济发展"这部分内容指导学生提出探究性问题。

② 生活实践。"处处留心皆学问"。学生的生活阅历是地理探究学习中问题的重要来源。例如,某学生在一次清扫厨房的过程中,对油烟问题有了以下一些思考:厨房中油烟有哪些成分?其中有几种致病物质?油烟中主要的污染物是什么?其危害是什么?油烟对居室物品有何影响?对人体健康的危害如何?可以通过哪些途径来减少油烟污染?可以提出哪些减少油烟污染的方案?

1. 尝试从我国一年一度的"春运"现象中引导学生提出探究性问题。
2. 尝试从学生上学途中发现城市交通拥堵严重的现象启发学生提出探究性问题。

③ 社会热门话题。我国和世界的各种区域热点是人们关注的焦点,也频频出现在各种媒体报道中,学生对这些热点问题有强烈的好奇心,通过适当引导,可使学生更加牢固地掌握知识并拓展知识的外延。例如,可以把我国的西部大开发、东北振兴、中部崛起、西气东输、南水北调、三峡工程、青藏铁路建设、杭州湾跨海大桥建设、铁路大提速、"嫦娥奔月"工程、水土流失、沙尘暴、暴雨洪涝、赤潮和水体污染等国内热点,世界范围的人口过快增长、粮食安全、新能源开发、全球变暖、巴以冲突、阿富汗问题、伊拉克问题、科索沃问题、非洲贫困等国外焦点、热点问题作为课题,让学生参与调查活动,感受生活,了解世界,表达自己的思想和情感,从而培养学生观察问题、发现问题、提出问题、分析问题、解决问题的能力。

在方法与途径的指导过程中,教师应该做好示范。在教学过程中教师的高质量的提问是对学生最好的"示范"。教师提问的角度、方式及问题与学习内容间密切联系的揭示,无不为学生提出问题提供了一种范例,使学生学会如何从学习内容中去发现问题、提出问题。

【案例 8-7】

徐老师提出探究性问题的示范

湖北某高中一(3)班有个学生不知道如何提出探究性问题,向地理教师徐老师请教。徐老师以"热力环流"的内容为例,提出了系列问题,给这个学生进行示范。问题如下:

① 地面冷热不均,空气如何运动?② 近地面和高空的高、低气压是怎样形成的?③ 近地面和高空气压分布有什么特点?④ 气压分布与气温、高度有什么关系?⑤ 引起大气运动的根本原因是什么?⑥ 风有什么特点?⑦ 地球上哪些地方存在明显的热力现象?⑧ 研究城市热岛环流有何意义?

参与评价

1. 案例 8-7 中徐老师提出的这些问题具有什么特点?能否起到示范作用?
2. 以"气旋与反气旋"为例,你可以尝试提出哪些问题?

(4) 对学生提出的地理问题进行选择评价和修改。 学生刚开始提出的地理问题五花八门,有的离题较远,有的过大,有的过小,表述也不规范,教师要对这些地理问题进行选择梳理。

首先,紧扣教学目标和问题情境,从众多的地理问题中提炼出核心问题,使得研究方向较为明确。

其次,对提炼出的地理问题按照以下标准进行评价、选择和修改:① 难易适度性,学生提出的这些问题既要略超出学生的知识范围,又要处于学生的"最近发展区",使其"跳一跳可以摘到桃子"。② 趣味性,当某一事物能够满足学生的某种需要时,学生才会产生积极的情感体验,并把它作为学习活动的对象。因此,探究的内容应与学生的个人兴趣相结合。③ 实效性,一是指学生所选择的问题应该尽可能与自己所学到的知识挂钩,也就是能够运用地理课程中学到的知识来解决问题,取得学习的实效性;二是开展探究学习的问题要贴近学生的现实生活,尽可能在生活实际中找到原型。④ 适宜性,是指要充分考虑当地的自然环境、人文环境和现实的生产生活,去发现需要研究和解决的问题。⑤ 价值性,有价值的问题才有必要探究,对那些已经被实践证明是错误的问题没有必要再加以探究。⑥ 可行性,选择问题要从学生的认知水平和所处的具体环境出发,不能脱离主客观条件盲目选题,也就是说,要考虑学校的软件硬件条件、自己的家庭条件、个人的学习情况和动手能力等,选择那些适合自己的实际,通过自己的努力能够解决的问题。

在具体的指导上,可以运用范例引路、选题推介、随机点拨和借题发挥等方法,同时还要对选题过程及时总结。

以下是学生提出的地理探究性问题,判断它们是否合理。若不合理,请加以评价修改。
1. "春运"局面形成的原因是什么?怎样消除?
2. 如何准确预报地震?
3. 自然资源的概念是什么?自然资源有哪些种类?

8.4.2.2 提出猜想与假设的指导

猜想与假设是科学思维的一种形式,是根据已知事实或已有的知识对事物或现象之间的因果性、规律性做出的尝试性解释。提出猜想与假设是科学研究的重要环节,是地理探究学习的关键。在此,教师要引导学生利用已有经验知识,结合实际问题进行想象和分析,做出对问题答案的设想。教师可以从以下方面对学生提出的猜想与假设进行指导。

(1) 组织头脑风暴活动——使学生充分假设。为了让学生放开手脚,冲破固有模式的束缚,大胆想象,提出自己的独特见解,教师可以组织头脑风暴活动。从形式上看,头脑风暴有点像讨论,是把参与某一主题的人员集中起来,让他们充分发表观点,集思广益。同一般的讨论相比,头脑风暴更加自由,更加灵活。它试图创造一种宽松、自由的讨论环境,让每一个与会者充分发表自己的观点。它的主要规则包括:当有人发言时,其他人必须仔细地倾听;任何人都不许对他人的发言进行好坏正误等评价;只要没有其他人发言,你可以随时发表任何见解。由于与会者不必考虑自己的见解是否正确,因此可以保证每个人充分发表自己的意见,在这种完全自由的情境下,一个人所提出的哪怕是很不成熟的观点也可能激发其他人的思维,引发一系列新的想法。

(2) 进行思维方法的指导——使学生学会假设。培养学生科学创新的思维能力是探究学习的最终目标之一。但受传统教育思想影响,许多学生思维刻板、盲从权威和教师、怕出错、怕冒险、过分追求确定性、缺乏创造性和想象力、答案趋同。因此,教师应注重在地理探究学习过程中转变学生传统的思维方式,让学生运用求异思维、发散思维、类比思维、右脑思维、非言语思维、次协调思维、辩证思维等一些科学创新的思维方法,培养学生的批判精神和创新精神。要尽可能地启发、引导学生主动地发现问题、多角度地分析问题,最终达到多渠道解决问题的目的。具体地讲,就是让一个学生就某一个问题提出多种解决方案(即训练思维的发散性),让个学生提出与他人不同的办法(即鼓励求异思维)等。

(3) 对提出的假设进行规范——使学生科学假设。学生提出的假设要做到:第一,所建立的假设要具有解释性,假设不应该与已知经验的事实和科学理论相矛盾;第二,在假设中,应该有两个或更多的变量,对自变量和因变量的关系应做出明确的预测性表述;第三,假设必须是可操作、可检验的;第四,假设在表述上是简明的、精确的。

8.4.2.3 搜集证据的指导

在这一阶段,教师的任务不是代替学生去探究,而是以指导者和合作者的角色出现。第一,要提供必备的资源,包括开放图书馆、网络、实验室,并争取社区和家长的支持。第二,讲解一些搜集资料、获取信息资源等的最基本科研方法。第三,对于学生在探究过程中产生的问题,教师要及时了解并做出反馈。反馈时,不是直接给出答案,而是提供与问题相关的资料或资料来源,激励学生去搜集相关资料。当探究进程受阻、学生无法继续探究时,教师可以提供新信息或提出新问题,推动探究的进行。第四,要鼓励学生与他人合作,以较多地获得他人的帮助。此外,还要注意协调整个班级的探究学习活动,使研究过程能和谐发展。

8.4.2.4 解释结论的指导

从资料的搜集到资料的分析整理,再到形成解释,这个过程学生可能会感到非常困难。此时,第一,教师要传授一些有关资料分类、分级技术和资料整理方法的知识,如比较、类比、归纳、演绎、分析与综合、统计等地理信息处理方法。第二,要让学生学会利用数据对事物的过去和现状进行统计分析,预测事物的发展趋势。第三,要求学生努力表述自己的解释,再将它们集中起来形成对问题的完整解释。第四,要指导学生采用不同的成果展现方式。

8.4.2.5 评价反思的指导

这一阶段,首先,教师要对学生的探究结果进行检查,包括:探究计划是否严密?有关的证据是否支持提出的解释?这个解释是否足以回答提出的问题?从理论指导到解释的推理过程是否明显存在某些偏见或缺陷?从相关的证据中是否还能推论出其他合理的解释?对解释的理由与结论进行修正。其次,要组织好学生进行个体反思和学生小组交流与反思。在学生个人反思中,教师可就反思的内容提供指导,帮助学生就证据、逻辑推理和解释进行评价,教师应提供该问题的参考解释,作为解释评价的参照。在小组交流中,教师要以组织者、协调者的身份出现,一方面组织学生就各小组的成果进行交流,使交流按照正确的方向进行;另一方面,指导学生以宽容、辨证分析的态度来对待其他学生或小组的解释,营造一个融洽而富有批判意识的氛围。在这一阶段,教师的一个重要任务就是"使探究活动直接指向过程本身",让学生对探究过程进行反思,教师可以提供某种反思的思路,如可根据探究学习过程的四个阶段让学生分别进行反思。教师还应指导反思的方法,促进学生元认知能力的发展。

8.4.2.6 组织展示交流

这一阶段主要是以班级活动或校级活动方式进行。每个学生或各个小组在有关地理老师的组织安排下,根据研究课题内容的不同,将研究的结论或成果采用文字、多媒体演示、报告会、辩论会、答辩会、展板、墙报、刊物、网页等形式,向全班或全校展示,大家分享其研究成果,提高课题研究的价值。

8.4.3 地理探究学习指导技能的评价

地理探究学习指导技能评价标准如表 8-5 所示。

表 8-5 地理探究学习指导技能评价标准

优秀	合格
1. 指导的内容全面 从基础知识、研究方法、资料搜集分类、思维方法、心理素质等方面对学生进行全面指导	1. 指导的内容比较全面 注重基础知识、研究方法、资料搜集分类的指导,但对思维方法、心理素质的指导不够

续表

优秀	合格
2. 对地理探究学习进行全程指导 从提出问题到提出猜想与假设,从搜集证据到整理资料,形成结论,到评价反思以及展示交流,教师对学生进行全程跟踪指导	2. 能对地理探究学习的大部分过程进行指导 侧重对搜集证据、整理资料、形成结论、评价反思以及展示交流的指导,对提出问题、提出猜想与假设指导较少
3. 对指导时机的把握适宜,对指导程度的把握恰当 在学生经过冥思苦想但又毫无结果时介入指导,对探究学习指导程度的把握准确、恰到好处	3. 对指导时机的把握比较适宜,对指导程度的把握比较恰当 介入指导的时间较早或较晚,指导的内容较多或较少
4. 集体指导与个别指导相结合 既面向全体学生,给予基础知识、研究方法、资料搜集和分类、思维方法、心理素质的指导,又针对不同课题给予内容指导	4. 侧重于集体指导 主要面向全体学生,给予基础知识、研究方法、资料搜集和分类、思维方法、心理素质的指导,对不同课题进行个别指导较少
5. 指导效果良好 在地理探究学习过程中,学生学习兴趣浓厚,出色完成探究任务;认为此次地理探究学习自己收获很大,期盼下次地理探究学习的开展	5. 指导效果较好 学生能顺利完成地理探究学习任务,认为此次地理探究学习自己有一些收获

实践活动

1. 在高中地理教材中选择一幅图像,设计两个读图指导方案,进行优化比较,并说明理由。

2. 到中学观摩高中地理课堂教学(或观看录像),按照文中地理合作学习和探究学习指导技能评价标准分析和评价地理教师的合作学习和探究学习指导行为,谈谈对你的启示。

3. 到附近中学某班上一次地理讨论课。

研究前沿

怎样重视问题式教学

《普通高中地理课程标准(2017年版)》要求"重视问题式教学",并指出,问题式教学是用"问题"整合相关学习内容的教学方式。问题式教学以"问题发现"和"问题解决"为要旨,在解决问题的教学过程中,教师应引导学生运用地理的思维方式,建立与"问题相关的知识结构",并能够由表及里、层次清晰地分析问题,合理表达自己的观点。教师要特别关注开放性的没有标准答案的问题。因此,在具体的问题设计和教学过程中需要注意:问题设计要以学生的认知水平和知识基础为起点设计教学;要围绕问题设计不同层次的问题链条;要将完整呈现问题和相应情境作为学生学习的基础和背景;要让所有学生参与问题解决的整个过程;要在学习能帮助学生形成一定的地理知识结构框架,并综合地理解、解释和解决地理问题;要提倡和鼓励学生呈现开放性思维,具有创新性表现。

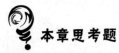

本章思考题

1. 为什么地理合作学习小组的规模不宜过大也不宜过小?

2. 改变课堂空间形式会影响地理合作学习的效果吗？为什么？地理课堂空间可以设计成哪些形式？

3. 地理合作学习中小组合作技能包括哪些方面？怎样培养学生的小组合作技能？

本章小结

1. 地理学习方法指导的类型多样，按指导方式可以分为直授型指导、渗透型指导和个别型指导。

2. 地理学习方法指导对学生和地理教师都具有重要的意义。地理学习方法指导的基本要求是：学法指导与教法改革相同步，学法指导与学生心理发展水平相适应，集体指导与个别指导相结合，学法指导与学习动力指导相配合。

3. 地理读图学习指导的基本内容为：介绍地理图像基础知识，讲解读图程序，讲授读图顺序，传授判读技巧，教授读图策略，设计问题与活动，引导学生自己得出结论，总结读图过程，引导学生归纳读图方法。

4. 地理合作学习指导的基本程序为：组建合理的合作小组，选择有合作价值的地理学习任务，协助制定小组合作规则，教给学生合作的技能，合作学习过程中进行调控指导，组织汇报交流，进行总结评价。

5. 地理探究学习指导的基本程序为：提出地理问题的指导，提出猜想与假设的指导，搜集证据的指导，解释结论的指导，评价反思的指导，组织展示交流。

第 9 章　地理实践活动指导技能

本章概要

　　地理实践活动是为帮助学生直接获得地理经验和地理信息而设计的一系列以教育性交往为中介的学生主体性活动项目及方式。地理教师的组织指导是地理实践活动得以顺利进行的保证。本章在简要介绍地理实践活动的类型、组织指导的意义和基本要求的基础上,着重阐述了地理知识学习活动组织指导技能、地理操作实践活动组织指导技能、地理课题研究活动和地理研学旅行活动组织指导技能。

学习目标

　　通过学习,你能够:
　　1. 区分地理实践活动的类型,列举地理实践活动组织指导的意义和基本要求。
　　2. 简述各种地理知识学习活动、地理操作实践活动、地理课题研究活动组织指导策略,并根据指定的地理知识学习活动、地理操作实践活动、地理研学旅行活动设计出相应的组织指导方案。
　　3. 阐述地理知识学习活动、地理操作实践活动、地理课题研究活动组织指导技能的评价标准,并针对某个案例提出评价意见。

关键术语

◆ 地理实践活动　　◆ 地理知识学习　　◆ 地理操作实践
◆ 地理课题研究　　◆ 地理研学旅行

9.1　地理实践活动组织指导概述

教学叙事 27

何老师的活动教学日记

　　今年暑假,我组织高一(2)班学生进行了乡土地理旅游活动,活动经历了三个阶段:
　　一、准备阶段
　　我首先拟订了活动计划,然后对学生进行了考察前的动员与安全教育。接着组织学生复习了地理课本中的有关知识,并将学生分成四组,选出组长。
　　二、旅游阶段
　　7月12日,我们从学校出发,首先来到汉江渡口,观察了汉江两岸的沉积岩层结构与特征,了解了这一带金矿的成因。进入十堰市区后,我引导学生观察了十堰市地形特点,讲述了十堰城市二十多年来的发展变化。

次日,我们登临云盖寺,首先引导学生鸟瞰了这一带地形,进而引导学生观察了植被分布的特征。同时,还观察了断层、向斜、背斜地形;介绍了地层走向、倾向、倾角的测量方法。接着,我们在矿长的带领下,深入矿井,对绿松石矿形成的地质条件和开采情况进行专题考察,并采集了矿物标本。

三、总结阶段

活动结束回学校后,我指导学生对采集的矿物、矿石标本进行了鉴定整理,选出了24块并贴上注有标本名称、采集地点、时间、采集人姓名的标签,由地理教研组保存收藏。让学生对考察活动的摄影图片,作了地点、时间、观察内容的文字说明,作为乡土地理教学史料保存起来。指导学生对搜集的资料进行科学分析、综合归纳,写出对绿松石矿区的考察报告、地理游记和心得体会等文章27篇。组织学生座谈,交流了这次乡土地理旅游活动的心得体会和收获。

（注：何老师系湖北省十堰市某中学地理教师）

教学叙事27中的何老师在这次乡土地理旅游活动中发挥了什么作用？

《普通高中地理课程标准(2017年版)》指出："地理实践是支持学生地理学科核心素养发展的重要手段。地理教学应将实践活动作为教学的重要方式之一。地理实践活动的设计和实施,要以地理学科核心素养的培养为宗旨,与地理理论知识的学习和应用相结合,引导学生用地理视角去观察、行动和思考,并在对真实世界的感受和体验中进一步提升理性认识,逐步建立起地理知识之间的关联……教师应有意识地发掘地理实践活动的价值和意义,并努力付诸实践。"新课标对地理实践活动开展的目标、实施过程、基本方法提出了明确指导。

9.1.1 地理实践活动的类型

根据教学目标侧重点的不同,地理实践活动可以分为四种类型：以增长地理知识为主的地理知识学习活动,以训练地理操作技能为主的地理操作实践活动,以培养地理研究能力为主的地理课题研究活动和以实地旅游体验中学习地理知识为主的研学旅行活动。

9.1.1.1 地理知识学习活动

地理知识学习活动主要包括地理专题讲座、地理课外阅读、地理影视欣赏、地理旅游参观、地理知识竞赛等活动。其中地理专题讲座的主讲人可以是本校地理教师,也可以是校外有关的专家、学者;在规模上可以年级为单位,也可面向全校学生;内容上主要包括时事政治地理、自然灾害地理、区域发展战略、重大建设工程知识等。地理课外阅读的对象广泛,包括工具书、学习参考书、科普读物、杂志、报纸等;地理课外阅读的内容也非常丰富,既包括地理专业知识,也包括天文学、气象学、水文学、土壤学、生物学、地质学等相关学科的知识。地理影视欣赏指收听广播电台与地理有关的节目、收看含有地理内容的电视节目、观看地理电影与录像,其内容非常广泛,既有国内节目,又有国外节目;既可以是自然地理知识,也可以是人文地理知识。地理旅游参观主要是观赏地质地貌景观、水文景观、气象气候景观、植被动物景观等自然地理景观,参观历史古迹、著名建筑工程、风土人情、工农业生产、商业活动、交通运输、市政建设等人文地理景观。地理知识竞赛在形式上既可以是口试，也可以是笔试；内容上主要包括国情地理知识、乡情地理知识、人口知识、资源知识、环境知识、工农业生产知识、商业知识、交通运输知识、旅游知识等。

9.1.1.2 地理操作实践活动

地理操作实践活动主要包括地理实验、地理观测、地理制作、地理墙报编辑等四种活动。其中地理实验包括地球运动实验、大气运动实验、水循环实验、地壳变动实验等。地理观测包括天文观测、气象观测、地震观测、河流水文观测、交通观测等。地理制作主要有地理标本采集与制作、地理模型制作、地理摄影、地图绘制、地理教具与学具制作、地理多媒体课件制作等。地理墙报编辑的表现形式可以分为地理图片、地理素描、地理诗歌、地理谜语、地理短文等；内容上主要有时事政治地理和地理专栏，如重大工程项目的建设、我国各地风土人情、世界地理趣闻等。

9.1.1.3 地理课题研究活动

地理课题研究活动主要包括地理考察、地理调查、地理规划设计等活动。其中地理考察包括地质考察、地形考察、天然植被考察、土壤考察、土地利用现状考察等。地理调查的内容包括工农业生产条件与布局调查、商业点布局调查、交通点线布局调查、旅游景点分布调查、市政建设调查、社区人口状况调查、资源开发利用与保护调查、环境质量调查、环境承载力与潜力调查等。地理规划设计主要包括工业规划、农业规划、商业规划、交通规划、旅游业规划、城镇规划、市政规划设计等。

9.1.1.4 地理研学旅行活动

研学旅行是由教育部门和学校有计划地组织安排，通过集体旅行、集中食宿的方式展开的研究性学习和旅行体验相结合的校外教育活动，是学校教育和校外教育衔接的创新形式，是教育教学的重要内容，是综合实践育人的有效途径。

标准链接

组织活动育人

【课外活动】

了解课外活动的组织和管理知识，掌握相关技能与方法，能组织中学生开展丰富多彩的课外活动。

[摘自：中华人民共和国教育部. 中学教育专业师范生教师职业能力标准（试行）[S].2021.]

9.1.2 地理实践活动组织指导的意义

《普通高中地理课程标准（2017年版）》指出：地理实践活动因其特殊性，还会在客观上强化学生与真实世界的联系，引发其感悟、欣赏、价值判断等方面的变化。同时，也会出现跨学科的教育机会。教师应有意识地发掘地理实践活动的价值和意义，并努力付诸实施。

9.1.2.1 促进地理教师教学观念的转变

地理实践活动的指导需要地理教师了解地理科学前沿知识以及相关科学知识，掌握地理科学研究的方法，实践探究学习这一新的学习方式，并能对学生自主选择学习的要求和他们的创造精神有切身感受。这些都需要地理教师教学观念的转变，进而促使地理教师教学方法的革新。

例如,经常指导学生开展地理实践活动的地理教师在课堂上就非常注重讨论学习、辩论学习、问题解决学习、自主学习、合作学习、探究学习等学习方式和启发式教学方式的运用。

9.1.2.2 提升地理教师地理科研能力

地理实践活动的指导促进了地理教师对地理科研知识的学习。因为,在指导学生进行选题、开题、研究、结题、交流、答辩等过程中,地理教师熟悉了地理科学研究的一般流程,掌握了选题的一般要求和途径以及开题、结题报告的撰写方法。在研究过程中,教师指导学生围绕地理问题展开资料收集与分析、实验、观测、野外考察、社会调查、规划设计等活动。这些活动,对提升地理教师的地理科研能力具有重要意义。

9.1.2.3 保证地理实践活动顺利进行

学生在地理操作实践、课题研究活动和地理研学旅行活动中可能会遇到各种问题和困难。由于生活阅历、知识、能力有限而自己又无法解决和克服时,活动就会受阻而停止。这时只有依靠地理教师的指导和帮助,活动才可能继续进行。实践表明,在地理专题讲座、课外阅读、影视欣赏、旅游参观、知识竞赛等活动中地理教师的指导有无,大大影响学生地理知识学习的效果。

9.1.2.4 培养学生地理核心素养

开展地理实践活动,一方面,可以培养学生的地理实践力,如学生搜集和处理地理信息的能力、实践操作能力、发现地理问题和解决地理问题的能力;另一方面,还可以培养学生其他的地理核心素养。例如,在进行地理野外考察之前,将该地区的地图及相关资料发给学生,引导学生关注所考察事物的区域位置,从而培养学生的区域认知素养。在考察某个特定地理事象时,引导学生关注该事象与周围其他事象的关系,了解其演变发展的过程,特别是其与人类活动的关系,从而培养学生综合思维和人地协调观素养。

9.1.3 地理实践活动组织指导的基本要求

9.1.3.1 突出自主性

它要求地理教师在实施地理实践活动时应牢记自己指导员的身份,始终将学生置于主体地位,大胆放手,切忌越俎代庖,由指导变为代办。

在地理实践活动中,始终将学生视为主人,保证其在活动中的主体地位,这是由实践活动的本质决定的。无数事实表明,学生的独立感、自信心及创造精神的养成往往得益于学生的自主活动。因此,在实施地理实践活动时,应主要让学生自己选择地理活动类型,自愿参加地理专题讲座、课外阅读、影视欣赏、旅游参观、知识竞赛等活动,独立参与地理实验、观测、考察、调查、设计、写作、制作、编辑等活动。

9.1.3.2 强调全程性

它要求从地理实践活动的准备到结束,地理教师应给予全程跟踪指导。学生在选择活动类型、设计活动计划、方案时给予一定的指导。在活动开始前对学生进行思想动员、安全教育、分组分工,要求学生复习相关知识,准备好活动器材。在活动前交代活动的目的与要求、内容与程序及注意事项,讲解设备、仪器、工具的使用、调试、简单维修的方法和查阅、实验、观察、测量、制作、调查的方法。例如,在交通观测活动前交代注意事项、在野外地质考察活动前讲解使用罗盘测量岩层产状要素的方法。在活动过程中,定期检查各小组活动的进展情况,协调、控制各小组活动的进度,指导研究思路、方法;当学生遇到各种问题和困难而自己又无法解决时给予适当的帮助。在活动结束后,进行总结指导,如在地理课外阅读和影视欣赏后要求学生写出读后感、观后感。

9.1.3.3 坚持集体指导与个别指导相结合

在地理实践活动实施过程中,由于学生个体间差异的客观存在,教师除了集体指导以外,还应给予个别自主活动有困难的学生以更加具体详细的指导。如在用乒乓球制作简易地球仪的地理制作活动中,有学生始终不能在已画好经纬线的乒乓球上正确标注经纬度,这时教师就应给这个学生讲解经纬度的分布规律,并在乒乓球上做出示范,让学生依此类推。

【案例 9-1】　　　　　　　　　　　指导学生绘制环境地图

学生在绘制环境地图的过程中,教师应对选题,观察调查准备,观察调查记录,资料选择、整理和地图制作和说明等每一个环节进行适当的指导。

(1) 选题阶段:教师可以预先进行宣传和讲解,让学生了解哪些问题是需要关注的,让学生选择自己感兴趣的某一方面主动探究。受学生年龄和知识结构的影响,主题的确定不宜过大,教师可以提供一些细化的主题,如"小区油烟排放""医疗垃圾处理"等,供学生们参考。

(2) 准备阶段:要求学生准备观察调查所需的地图和相关用具,确定在户外进行观察调查的步骤,思考使用怎样的比例尺、制作的过程等。

(3) 观察调查记录阶段:教给学生观察和调查的方法,要求学生挑选适当的时间和天气条件外出观察调查,并养成在户外当场记录观察调查结果的习惯。另外要提醒学生注意安全。

(4) 资料选择、整理和地图制作阶段:教师要先示范,让学生掌握制作步骤:先整理好记录,选择适当的形式表达成地理底图;然后选择适当的填充颜色,注意搭配处理,突出地理底图;接着将调查的照片、图片等资料融入地图,将调查数据转绘成统计图表,作为辅图增强地图的表现力;最后艺术地处理地图的三个基本要素——比例尺、方向、图例和注记,使环境地图的表达更准确、更科学,同时也更活泼生动,再让学生按照步骤自己操作,教师在一旁指导。

(5) 添加说明阶段:要求学生查看成图,对制作地图的动机和方法、自己的感想和建议等信息进行说明。可以用漫画、卡通、花边、艺术字体等形式点缀,注意要和主题图协调,增强地图的观赏性。

[摘自:向军.如何指导学生绘制环境地图[J].中学地理教学参考,2008(5):27.]

技 能 评 价

案例 9-1 中该教师从选题、准备、调查、地图制作、说明等几个阶段对"学生绘制环境地图"这一活动进行指导,突出了全程性,体现了可操作性;尤其注重对学生绘制地图方法的指导,强调学生在教师的指导下自己操作,体现了自主性;此外,教师还提醒学生注意安全,充分体现了教师的人文关怀。

实践活动

查阅报刊、书籍、网络等的资料,结合自己对地理实践活动组织指导的认识,撰写一篇有关地理实践组织活动指导的学术论文。

9.2 地理知识学习活动组织指导技能

教学叙事 28

指导学生参加地理影视欣赏活动
——李老师的活动教学心得

在组织学生观看了几场地理电影之后,河南安阳市某中学地理组李老师总结了自己关于地理影视欣赏活动的教学心得体会:

一、做好影视欣赏的准备

① 根据地理性、科学性的要求精选地理影片和电视节目。② 告知学生影视欣赏的主题,要求学生复习相关地理知识。③ 要求学生带好纸笔,准备记笔记。

二、做好影视欣赏过程中的指导

① 教师对影视中出现的难点知识进行简短的提示和解释。② 启发学生把观察到的现象与书本知识联系起来,真正起到获得感性知识,以及验证、理解、掌握有关知识的作用。

三、做好影视欣赏后的总结

影视欣赏结束后,要求学生写出观后感,也可通过分组讨论、谈话等形式总结知识。

 随堂讨论

根据教学叙事28,结合下面有关地理影视欣赏活动组织指导的一些观点,请判断正误:

1. 在地理影视欣赏活动中,对于遇到的难点,教师应停机并进行详细讲解,直到学生听懂为止。
2. 地理影视欣赏活动结束后,教师应组织学生分组讨论、交流,总结知识。

地理知识学习活动主要包括地理专题讲座、地理课外阅读、地理影视欣赏、地理旅游参观、地理知识竞赛等活动。学生参加地理知识学习活动,有助于通过各种感官获得地理感性知识,拓宽地理知识视野,加深对书本理论知识的理解。

9.2.1 地理专题讲座组织指导

9.2.1.1 专题讲座的准备指导

① 如果主讲人是地理教师本人,应在确定主题后广泛搜集资料,做好充分准备。讲座内容可以选择与当时形势结合紧密的时事政治地理,如巴以冲突、阿富汗问题、伊拉克问题、科索沃问题、朝鲜半岛问题、伊朗核问题等。介绍这些焦点、热点问题的现状,结合地理知识,分析其产生的根源。或选择我国的一些区域发展战略和重大建设工程,如西部大开发、东北振兴、中部崛起、西气东输、南水北调、三峡工程、青藏铁路建设、杭州湾跨海大桥建设、铁路大提速、"嫦娥奔月"工程等,谈谈这些区域发展战略提出的背景和具体内容,这些工程项目所具备的地理条件、工程建

设规模及其意义等。也可以选择在教科书中内容比较简单,但与生产、生活密切相关,应用频率大的某些地理专题知识,如台风、龙卷风、高温、寒潮、梅雨、暴风雪、冻雨、冰雹、暴雨洪涝、干旱、地震、滑坡、泥石流等自然灾害地理,结合具体案例或事件,系统阐述其概念、产生的原因、危害及防治措施等。② 如果主讲人不是地理教师本人,则要事先联系好主讲人,确定讲座的主题。③ 告知学生讲座的主题,引导学生复习相关地理知识。④ 要求学生带好纸笔,准备记笔记。

9.2.1.2 专题讲座前的指导

专题讲座前,地理教师应对学生记笔记与请教提问进行指导。它是地理专题讲座组织指导的核心内容。记笔记的基本要求与方法是:

第一,处理好听讲与做笔记的关系,以听为主,以记为辅。因为听讲是学生听专题讲座的主要任务。

第二,内容上有"四记"。一是记思路,研究的问题是怎样提出的、用什么方法解决、最后得出了什么结论;二是记纲要,以提纲形式记录报告的主要结构和逻辑线索;三是记要点,记下重要的定义、原理、实验或计算的过程、重要的举例、结论;四是记问题,记下听报告时不懂的问题以及准备在报告后进一步研究解决的问题。

第三,形式上,以纲要式和图表式为主。这两种形式层次清楚,语言简练,一目了然,便于记忆。大问题之间要空行,不要连成一片。

第四,布局上,做笔记不能满篇都写,每页纸应该在左边或右边空出1/3的地方,以便于报告后可以添上遗漏的内容,补充新的材料,列出提要或关键词,写心得体会。

第五,语言上,对于讲座者精心设计、概括提炼的标题可以抄录;对于讲座者解释性的话,则尽可能迅速提炼出自己的话,用自己的语言记录,这有助于思维能力的培养。

当老师或专家学者讲座结束以后,学生如有疑问可以向讲座人进行请教提问。请教提问时应注意:一是态度要谦虚诚恳;二是明确提问的内容,发问点要么是自己没有听懂的地方,要么是自己持有异议的地方;三是问题的表述要准确具体。

9.2.1.3 专题讲座后的总结指导

讲座结束后,教师应组织学生分组讨论、交流讲座内容,以加深对知识的认识和理解;指导学生联系地理学习内容,进行拓展思考;指导学生联系社会生活实际,进行迁移应用。

技能操练

若你准备给学生举办题为"粤港澳大湾区"的专题讲座,谈谈设计思路,并制作成多媒体课件。

9.2.2 地理课外阅读组织指导

9.2.2.1 介绍阅读方法,指导做读书笔记

阅读可以分为精读、泛读、快速阅读三种方式。精读是深入理解的阅读,目的是达到完全掌握。精读的程序分为五步:第一步,浏览,看书的前言、内容提要、目录、书中大小标题、图表、参考文献等内容,

对全书有一个大概的了解;第二步,提问,通过看大小标题和一些关键词,根据自己的需要和兴趣提出一些问题,以便使后面的阅读更有针对性;第三步,阅读,带着问题深入阅读,写批语,做笔记,抓住关键和重点;第四步,复述,这是回忆性的复述,即合上书本,就所提问题进行解答,并回忆各章节主要内容,以此对阅读的效果进行自我检查;第五步,复习,相隔若干天后,再有重点地复习,熟记主要内容,巩固阅读成果。要想达到精读的目的,在阅读时要注意几点要求:第一,总体来说,精读不能图快,速度要慢,根据经验,精读的内容一般一个小时读3~5页;第二,精读要深入思考,深入理解,"字求其训,句索其旨""熟读而精思",为达此目的,需要参阅许多其他资料,帮助理解,还需要圈圈点点,做记号,写批语,突出关键和重点;第三,精读的书需要反复读,需要精读的书往往比较难懂,有时读一两遍还不能理解其意,需要读几遍,而每读一遍,都会有新的理解和收获;第四,精读的书需要进行系统的研究,一般要从头看到尾,一部分一部分地阅读思考;第五,精读的书不能太多,要精心选择。

泛读是广泛的、粗略了解的阅读。其目的是通过广泛的阅读扩充知识面;搜集材料,检索相关信息,为深入研究做准备;娱乐和消遣,使业余时间比较充实、健康、有意义。泛读的程序更随意些,要求与精读正好相反:第一,速度要快,这样才能广泛阅读;第二,泛读也要尽可能理解,但可以不求甚解;第三,泛读的书一般不需要反复读,读一遍即可;第四,泛读的书一般不要从头到尾地看和系统地阅读,只要翻翻目录、提要、标题即可,或者选择重点的需要的部分,有挑选地阅读;第五,泛读的书范围要广,但也要注意选择,因为书籍浩如烟海,不加选择就会被淹没;第六,要注意记信息要素,便于日后搜索,这里的信息要素指作者、文章或著作名、原载报刊名或出版社名、发表或出版日期等。

速读往往被看成是一个人阅读能力强的标志。现代社会信息激增,提高阅读速度已成为人们获取信息的主要手段。为了提高阅读速度,阅读时要注意以下要求和方法:第一,要默读而不要朗读。第二,扩大视距,整体认知,阅读是眼停的时候认知文字,眼动的时候转向下面的文字。[一次眼停(时间大约是1/3秒)所认知的字数(一般6~7个,最少1个),称为视距。]要提高阅读速度,关键是扩大视距,变点式阅读为线式阅读和面式阅读,一次看一个句子和几个句子,整体认知就是把一句话或一段话作为一个整体,直接理解它的意义。第三,抓住重要的关键信息,抓住关键的词、句、段,可以很好地把握整个文章的意义,对一个很长的句子,关键是抓住主语、谓语、宾语,也就是用压缩的方法来理解;对于复句,可以根据关联词来理解;对一个段落,要抓起始句、总结句或中间的关键句;对一篇文章,可以通过分析文章的标题,寻找主要段落来把握文章的中心思想,根据组织材料的线索把握文章的内容。第四,预测和推测,阅读材料看了一部分后,或者有了大致了解后,可以根据作者的思路以及上文,推测下文和结论,省略部分的阅读。第五,查阅,根据读者的需要,事先明确想要了解什么信息,或者提出问题,然后直接从文中查找所需要的信息。

读书笔记根据加工的程度,可分成摘录式笔记和评注式笔记,前者加工比较少,内容基本来自原书;后者加工比较多,读者记录了比较多的心得和自己的见解。一般来说,对客观性的知识资料,主要是摘录;对需要研究的思想观点和社会科学的东西,应该多加评注。

做读书笔记和记听讲笔记有很多要求是相同的。比较特殊的和需要注意的是:要重视资料的分类,把相同的资料归在一起,才能对某一问题有比较多的见解。为此,使用笔记本时,可以一个问题和专题用一个笔记本;使用卡片则要经常分类。另外,做笔记时,一定要注明资料的来源和出处,以便核对和查找。

9.2.2.2 推荐阅读书目,指导阅读专题计划

地理教师应向学生推荐适合其课外阅读的地理知识读物。这些读物包括各类地理学习参考书、地理科普读物,如《地球》《天文爱好者》《气象知识》《海洋》《旅游》《地理知识》《中国国家地理》等地理科普杂志;《地理教学》《地理教育》《中学地理教学参考》等地理教育杂志,以及《十万个为什么》中的天文、气象和地理分册等。同时可以根据地理课堂教学内容进展和图书资料条件有选择地分时段设计一些阅读专题,如人口问题专题、资源问题专题、环境问题专题等,使阅读活动系统化和层次化。

9.2.2.3 提出阅读要求,指导迁移应用

为了提高阅读质量,老师可提出阅读要求:如根据某一专题在某段时间内读完相应读物,写出读书心得或读书内容简介;高年级学生可以写书评或专题报告;也可编辑出版地理墙报或召开以某一问题为中心的主题班会。

1. 判断正误:
(1) 地理课外阅读活动中,教师可根据学生需求状况,按学生的水平层次组成若干课外阅读小组。
(2) 地理课外阅读是学生的自由阅读,教师不必向学生强行推荐地理知识读物。
2. 结合高中地理一个教学专题,设计一个推荐阅读书目,指导阅读专题计划。

9.2.3 地理知识竞赛组织指导

9.2.3.1 指导学生复习准备

(1) 引导学生学会概括总结。概括总结可以使知识结构化、系统化,便于理解和记忆,是复习的主要内容和任务之一。教师讲完一个单元,就可以引导学生进行知识小结,把各部分知识加以分析比较,区别异同,明确因果关系,找出本质特征,然后归纳成重点突出、纵横联系、前后贯通的知识网络。这种网络式的小结可以是表格型,也可以是图示型的。

归纳《普通高中教科书地理必修第一册》(人教版)"地球上的水"的知识网络。

(2) 教给学生科学的记忆方法。记忆是地理复习的又一重要内容与任务。掌握科学的记忆方法是提高记忆效果的关键。教师应结合实例教给学生提纲记忆法、图表记忆法、归类记忆法、比较记忆法、联想记忆法、谐音记忆法、串字头记忆法等记忆方法。

(3) 让学生掌握复习策略。复习的基本策略:及时复习;多种感官并用;集中复习与分散复习相结合;意义记忆与机械记忆相结合;反复阅读与尝试回忆相结合等。

9.2.3.2 进行应试技能指导

要求学生考试时做到：答题前浏览试卷，合理分配时间；答题时先易后难；仔细审题，明确问题；答案简洁，条理分明；书写整洁、清晰；答完后认真检查。

9.2.3.3 组织地理知识竞赛活动

组织地理知识竞赛活动。首先，要先准备好竞赛试题。其次，要制定出参考答案、评分标准和竞赛规则，竞赛开始时，由教师宣布有关事项，公平竞赛。最后，将竞赛结果公布，奖励优胜者，为今后开展类似的活动打好基础。

【案例9-2】

"能源应用与环境影响"知识抢答竞赛的组织

1. 活动准备

（1）准备好竞赛试题，制定出参考答案、评分标准和竞赛规则。

（2）赛前将大量参赛题目公布，给学生充分的准备时间。

（3）宣布竞赛的详细规则，包括分组、抽签、抢答规则，主答人与非主答人的职责等规定。

（4）可事先或在临赛前依分组规则将全班学生分成若干组。

2. 实施竞赛

（1）主持人开场：能源是工农业生产和我们日常生活中不可缺少的物质基础。同时，能源的利用方式又对地球环境有重要的影响。因此，能源与环境是大家共同关心的问题。今天举办的知识竞赛就是以此为主题的。请大家充分提出自己的观点，显示出自己的才华。

（2）宣布竞赛开始：出示题目，组织抢答。

……

[摘自：段玉山.地理新课程教学方法[M].北京：高等教育出版社，2003：187.]

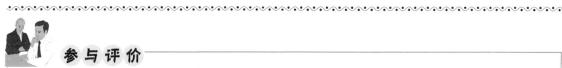

参与评价

1. 案例9-2中的知识抢答竞赛的组织是否周密？若不周密，请予以补充。
2. 若由你来组织，你的方案与上述一样吗？

9.2.4 地理知识学习活动组织指导技能的评价

地理知识学习活动组织指导技能的评价标准如表9-1所示。

表9-1　地理知识学习活动组织指导技能评价标准

优秀	合格
1. 活动前准备充分 教师制订了详细的活动计划，做好必要的联络、实地踏勘和安全教育工作，并要求学生做好相关知识和物品准备	1. 活动前作了一定的准备 教师制定了活动提纲，做好联络、安全教育工作，并要求学生做好物品准备

续表

优秀	合格
2. 活动前给予必要的交代与讲解 活动前教师通过必要的交代使学生明确活动的目的与要求、内容与程序，通过详细的讲解使学生掌握活动的方法	2. 活动前给予简单的交代与讲解 活动前教师使学生大致了解活动的目的与要求、内容与程序，简单讲述活动方法
3. 活动中注意适时调控、引导启发、及时鼓励、解答疑问 活动中教师注意调控学生的活动节奏，引导学生注意力，启发学生将现象与理论相联系，鼓励学生独立观察，认真解答学生疑问	3. 活动中注意引导学生进行活动和解答疑问 学生在教师的讲解下进行活动，疑问和困惑能得到及时解答
4. 活动后注意指导学生做好活动总结 活动后教师注意及时对活动情况进行概括总结，布置并指导学生写好活动总结报告	4. 活动后注意要求学生进行活动总结 活动后教师布置学生写出活动总结报告
5. 学生对活动非常感兴趣，认为收获很大 活动中学生兴趣浓厚，表现主动积极，气氛热烈；认为此次活动自己学到了很多东西，期盼下次实践活动的开展	5. 学生对活动有一定的兴趣，认为有一定的收获 学生能按时、按要求完成活动任务，认为自己从中学到了一些知识，增长了见识

实践活动

从三种主要地理教育杂志中收集有关地理复习和应试指导方面的文章，仔细研读，将地理复习和应试指导知识与经验系统化。

9.3 地理操作实践活动组织指导技能

教学叙事 29

"学生主体地位"的讨论

在"地理教学技能综合训练"的课堂研讨中，主讲杨老师提出了怎样组织指导学生进行地理操作实践活动的问题。

A 同学说：我认为为了确保学生的主体地位，老师只要提出操作实践活动的课题，准备一些物品就行了。

B 同学说：我不完全赞同 A 同学的观点。老师仅仅提出操作实践活动的课题，准备一些物品是不够的。活动前，老师还应制定出活动提纲，对学生进行安全教育和分组，使学生大致了解活动的目的与要求、内容及注意事项，简单讲述设备仪器的使用方法、操作的方法与步骤、观察的方法。活动中，老师应对学生进行示范指导，使学生的疑问和困惑能得到及时解答。活动后，老师应布置学生写出活动总结报告。

C 同学说：我比较同意 A 同学的观点。另外我补充两点：一是活动前老师还应做好准备性操作实践;二是活动后老师注意及时对活动情况进行概括总结,并组织学生展示交流活动的成果。

随堂讨论

以上学生的说法,你赞成吗?你认为有什么需要更正或补充的吗?

地理操作实践活动主要包括地理实验、地理观测、地理制作、地理墙报编辑等活动。组织指导学生参加地理操作实践活动,有助于培养学生的动手能力和观察能力,进而提升学生的行动意识和行动能力,提升地理实践力,培养地理核心素养,增强社会责任感。

9.3.1 地理操作实践活动组织指导

地理操作实践活动组织指导的程序如图 9-1 表示。

9.3.1.1 提出操作实践课题,选择和设计实践操作方案

确定一个操作实践活动课题往往可以有不同的方法。选择和设计地理实践操作方案的依据有:① 所选操作实践课题的内容、目的与要求;② 操作实践活动(硬件)的基本要求;③ 学校实验仪器和材料、观测设备情况;④ 学生已有的地理知识、地理实践操作技能等情况。

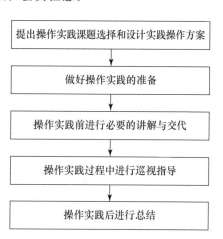

图 9-1 地理操作实践活动组织指导的程序

选择和设计地理实践操作方案的基本要求:① 可行性,即操作实践活动的选择与设计要考虑所在学校、学生的条件能否保证实验、观测、制作的实施,教师应尽量使用学校具备的设备、仪器和日常生活中可以方便找到的材料来设计实验、观测、制作活动;② 科学性,即实验、观测活动的选择和设计要能正确反映某一地理过程的内在规律,实验、观测的结果能帮助学生形成正确的结论;③ 表现性,即操作实践活动的选择和设计要使学生能明显地看出实验、测量结果,便于学生针对实验、测量结果进行分析、讨论,并得出结论;如果实验的设计和实施使学生很难看出效果,或需要很长时间才能看出,这样的实验的表现性就比较差;④ 教育性,即选择和设计的操作实践活动对于学生全面发展,特别是他们的思维能力、动手能力和创造能力的发展具有积极意义。从学生学习的角度讲,地理实验、观测有两个层次:验证性实验、观测和发现性实验、观测。为了鼓励学生善于思考和勇于创造,教师应该多设计发现性实验、观测,让学生从自己操作的实验、观测中得出地理原理、概念和事实。这种没有现成答案情况下进行的实验、观测,会使学生对学习充满浓厚的兴趣,并在成功之后对自己充满自信和成就感。

9.3.1.2 做好操作实践的准备

《普通高中地理课程标准(2017 年版)》指出:设计模拟实验活动,要引导学生经历相对完整、规范的科学研究过程,从实验方案设计到实验过程的观察、记录、操作实施、数据处理分析,最后撰写实验报告及汇报交流,培养动手实践能力及求真求实的科学态度。

做好充分的准备工作是地理操作实践活动顺利进行的保证。在操作实践活动开始前,需要教师和学生做好如下准备:

第一,做好准备性操作实践活动。若是地理实验活动,教师一定要按实验的要求和步骤亲自做一遍实验,了解操作过程和观察内容的各个细节以及操作和观察中容易出现的问题,以便在学生实验时能规范熟练地进行示范和正确地进行指导。

第二,制订活动计划。为保证地理操作实践活动的有序进行,教师要根据课题的内容、目的与要求,结合本校和学生实际情况,制订详细的活动计划。计划的内容包括操作实践的课题、目的与要求、原理(实验)、时间、地点、次数(观测)、所需设备、仪器、工具和材料、资料、内容、操作方法与步骤、注意事项、操作过程中易出现的问题、操作记录表等。活动计划越详细周密,越有助于活动的顺利开展。

第三,思想与安全准备。地理观测活动通常要到校外甚至野外进行,往往是一个长期的过程,这就需要学生有吃苦耐劳的精神和坚强的意志力。因此,地理观测活动前,要对学生进行思想动员和教育,让学生有充分的思想准备。同时,还要对学生进行校外活动安全教育,并备好药品、绷带、纱布、剪刀等应急用品。

第四,组织准备。地理操作实践活动一般要分组活动,教师应指导学生组建活动小组。为了既能保证活动顺利进行,又能保证每个学生都有动手机会,每组人数应适当,一般实验、制作、墙报编辑活动2~4人为宜,观测活动5~8人为宜。分组时还要考虑不同层次的学生合理组合,一般按照"组内异质、组间同质"的原则分组,把学习成绩、能力、性别、家庭背景等方面不同的学生分在一个活动小组内。这样,小组内的学生在能力、个性、性别等方面是不同且互补的,便于学生之间互相学习、互相帮助,充分发挥小组的作用。但每组需要一名组织能力较强的学生做组长,协调组员间的关系。此外,各小组成员要有明确具体的分工。

【案例9-3】

星空观察活动的小组分工

设组长1名。其职责是选择星空观察的时间、地点,联系交通工具,分配任务,督查小组内各成员任务的完成情况,组织好观察过程中各个环节的实施,保持与老师及其他小组的联络,协调组内成员间的关系,维持活动过程中的纪律,处理交通受阻、天气变化、成员间意见冲突等突发事件,作出本组活动的总结和评价。

设资料员2名。其职责是搜集该活动的有关材料,通过到图书馆查阅有关天文的书刊、网上搜索、询问家长或咨询专家等方式获取活动当日星空各主要星座的具体位置、主要天体的位置、概况及它们之间的相互关系、有关传说等,了解当日的天气情况。

设技术员2名。其职责是进行各种器材的准备、调试、使用,简单的工具维修。准备小型天文望远镜一台,高倍率照相机一部,手电筒等。事先学会望远镜、照相机的使用、调试方法。

设记录员2名。其职责是记录各活动环节,准备所需文具,活动过程中收集与整理信息,绘制星空观察图,记录各成员的发言,撰写星空观察报告。

设汇报员1名。其职责是代表小组向老师及全班学生汇报本组观测结果,与其他小组进行交流。

技能评价

案例9-3"星空观察活动的小组分工"中有1名组长、2名资料员、2名技术员、2名记录员、1名汇报员。这种小组分工不合理。因为是星空观察活动,重点是要设置观察员,而小组分工中却没有观察员,可将上述8人做如下调整:1名组长、1名资料员、1名技术员、2名观察员、2名记录员、1名汇报员,其中每一名观察员配备一名记录员,以方便记录。

第五,知识准备。地理实验、观测、制作、墙报编辑等活动都需要相应的理论支撑。因此,应要求学生熟悉地理教材中的相关基本知识、基本原理,做好实验、观测、制作、墙报编辑的知识准备。

第六,物品准备。教师准备或要求学生准备操作实践活动所需的设备、仪器、工具、材料、资料和记录表。将活动所需用品准备齐全,并检查是否损坏。

9.3.1.3 操作实践前进行必要的讲解与交代

操作实践前,教师要通过必要的讲解和交代,使学生明确活动的目的与要求,弄懂活动的原理,清楚活动的时间、地点、次数、内容及注意事项,学会实验、观测所需设备、仪器和工具的使用、调试与简单维修的方法,掌握操作的方法与步骤,掌握观察的方法。例如,观测云层时,告诉学生云层观测的内容包括云的位置、云状、云量、高度、厚度以及色彩变化。观测河流水文时,讲清测量水速的具体方法和步骤。观察星空时,教师要手把手地教会每组的技术员怎样正确使用、调试天文望远镜,怎样排除常见故障。教给学生观察星空的方法:先找到要观测星座中亮度最大的一颗星,然后再根据星座中主要天体的相互位置找到其他天体。

阅读卡片

地理实验的观察方法

● 全面观察的方法。全面观察是观察地理事物和现象的全部内容,即对地理事物的各部分、彼此之间的联系、地理现象发生及发展的全过程、发生的环境条件、影响地理事物变化的各个因素等有一个整体的、全面的印象。

● 细致观察的方法。细致观察是指对地理事物的细节、地理现象过程中的特点、物体每一组成部分以及地理事物的细微差别等进行观察。

● 重点观察的方法。重点观察是根据观察的目的,对观察的内容进行选择,突出最重要部分的观察。

● 重复观察的方法。重复观察是对同一地理事物和现象进行两次以上反复的观察。

● 顺序观察的方法。顺序观察是按照地理事物发展变化的时间顺序、空间位置顺序、实验操作顺序、现象变化的逻辑顺序等进行观察。

此外,在观测活动前,还应介绍观测内容或让学生阅读必要的准备材料。如观测星空前,教师应向学生详细介绍银河系、恒星、行星、大熊星座、小熊星座等有关知识。

9.3.1.4　操作实践过程中进行巡视指导

在操作实践活动过程中,教师要进行巡视指导。主要看学生的表现是否积极,操作是否正确熟练,观察是否客观全面,记录是否完整规范。对于活动积极、操作正确熟练、观察客观全面、记录完整规范的学生要给予肯定和表扬;对于学生错误的操作、片面的观察与不规范记录要及时纠正,发现共性问题可暂停操作,及时向全班补充说明;对存在困难较大的小组,要通过提示和示范给予适当的帮助,使每个学生都积极投入活动。同时还应及时耐心地解答学生的疑问。

9.3.1.5　操作实践后进行总结指导

操作实践活动结束后,教师对实验、观测、制作、墙报编辑的情况要进行简短的概括和总结,指出做得较好的和没有达到要求的活动及活动中的优缺点,分析原因并提出改进意见。布置并指导学生写好操作实践报告,如实验报告包括实验题目、实验目的、实验原理与方法、实验工具与材料、实验步骤、观察到的现象、实验结论等。各小组在地理老师的组织安排下,由汇报员向老师及全班学生汇报本组实践操作结论和成果,并与其他小组进行交流。

【案例9-4】　　　　　　　**"简易测算本地经纬度"实践活动组织指导方案**

活动准备:将参加活动的学生分为若干小组,每组人数为5~6人。要求各组准备好下列器材:① 长约2 m的木杆或竹竿一根;② 钢卷尺或皮卷尺一个;③ 指北针一个;④ 较精确的手表一块;⑤《四位数学用表》、计算器、记录本各一个;⑥ 粉笔若干支。

活动过程:① 要求学生选择晴天进行活动,日期最好是两分日或两至日中的一天,整个活动时间为当地午前2 h至午后1 h之间。

② 让各活动小组学生在学校操场或其他较平坦的空旷处将木杆下端垂直埋于地下并加以固定,用卷尺量出地面以上杆高长度,在记录本上记下其数值。在直杆与地面交点处依据指北针所示,在地面沿正北方向用粉笔画一条射线。

③ 让学生观察上午太阳在天空中位置和直杆在地面上投影方向与长度随时间推移的变化,并得出结论:太阳自偏东方向向天顶靠近,而杆影则自偏西方向逐渐向正北方向移动,其在地面投影的长度也由长变短。

④ 当杆影与地面所绘指向正北方向的射线重合的瞬间,教师指导学生迅速量出杆影长度,同时记下此时手表上显示的时间数值(教师解释:当杆影指向正北方向时,说明此时太阳已位于一天中离地球最近的位置,即它已位于"上中天"的位置,而此时阳光与地面之交角即为正午太阳高度角,而此时亦是当地的地方时正午12点)。

⑤ 教师指导学生继续观察发现:太阳继续往偏西方向移动,而直杆在地面的投影则向偏东方向移动,且杆影又由短变长。

⑥ 教师指导学生根据测得的有关数据求出当地的地理经度和纬度,在测算过程中,教师结合课本中已学过的知识边提问、边解释,使学生巩固掌握。

活动总结:实测活动结束后,师生共同对这次实践活动进行总结。

[摘自:文士霞."简易测算本地经纬度"实践活动的设计[J].地理教学,2001(9):34.]

参 与 评 价

对上述案例9-4中地理教师的指导是否合理做出评价。

1. 判断正误：
（1）教师应按照可行性、科学性、表现性和教育性的要求选择和设计地理操作实践的课题和方案。
（2）教师一般应做好准备性地理实验，以便在学生进行地理实验时能规范熟练地进行示范指导。
（3）地理操作实践活动小组的人数越少越好，以便每个人都有更多动手的机会。
（4）地理操作实践活动一般要按照"组内同质，组间异质"的原则对学生分组。
（5）地理操作实践前，应给予学生必要的交代与讲解，使其明确活动的目的与要求、内容及注意事项，掌握设备仪器的使用方法、操作的方法与步骤、观察的方法。
（6）地理操作实践过程中，教师不必巡视指导，只需等学生提问和求助时给予解答和帮助就行了。
（7）地理操作实践活动重在让学生动手操作体验，活动结束后没有必要进行总结。

2. 2008年的"5.12"汶川大地震后，某中学高二(4)班学生准备编辑一期墙报，请你设计组织指导方案。

9.3.2 地理操作实践活动组织指导技能的评价

地理操作实践活动组织指导技能的评价标准如表9-2所示。

表9-2 地理操作实践活动组织指导技能评价标准

优秀	合格
1. 选题和操作方案恰当 选题和操作方案具有较强的地理性、科学性、教育性和表现性，符合学校和学生实际	1. 选题和操作方案基本符合要求 选题和操作方案具有较强的地理性、科学性，但教育性和表现性一般，符合学校和学生实际
2. 活动前准备充分 教师做好准备性操作实践，制订了详细的活动计划，对学生进行思想动员、安全教育和分组分工，并要求学生做好知识和物品准备	2. 活动前做了一定的准备 教师制定了活动提纲，对学生进行安全教育和分组安排，并要求学生做好物品准备
3. 活动前给必要的讲解与提醒 活动前教师通过必要的交代使学生明确活动的目的与要求、内容及注意事项，通过详细的讲解使学生掌握设备仪器的使用方法、操作的方法与步骤、观察的方法	3. 活动前给予简单的交代与讲解 活动前教师使学生大致了解活动的目的与要求、内容及注意事项，简单讲述设备仪器的使用方法、操作的方法与步骤、观察的方法

续表

优秀	合格
4. 活动中进行巡视,注意及时表扬与鼓励、纠正与讲解、提示与示范、解答疑问 　　活动中教师注意巡视指导,对活动积极、操作正确的学生进行表扬和鼓励,对错误的操作及时进行纠正和补充讲解,对操作困难的小组进行提示和示范,并及时解答疑问	4. 活动中先示范,再让学生模仿操作,并及时解答疑问 　　学生在教师的示范指导下进行活动,疑问和困惑能得到及时解答
5. 活动后注意指导学生做好活动总结 　　活动后教师注意及时对活动情况进行概括总结,布置并指导学生写好活动总结报告,组织学生展示交流活动成果	5. 活动后注意要求学生进行活动总结 　　活动后教师布置学生写出活动总结报告
6. 学生对活动非常感兴趣,认为收获很大 　　活动中学生兴趣浓厚,表现主动积极,气氛热烈;认为此次活动自己学到了很多东西,期盼下次实践活动的进行	6. 学生对活动有一定的兴趣,认为有一定的收获 　　学生能按时、按要求完成活动任务,认为自己从中学到了一些知识,增长了见识

实践活动

到附近中学观摩学生的地理操作实践活动,结合地理活动实例,说明地理操作实践活动组织指导的基本程序和应该注意的问题。

9.4　地理课题研究活动组织指导技能

教学叙事 30

一位地理教师的咨询

云南省一位地理教师就地理课题探究活动组织指导问题咨询上海市一位地理特级教师。他在信中写道:

尊敬的甘老师:

您好!您是中学地理教学界一位很有影响的特级教师,又较早地组织开展了地理研究性学习活动教改实验,对组织指导地理课题探究活动有比较丰富的经验。我是西部一个年轻的地理教师,正尝试组织学生开展地理课题探究活动,为了使活动顺利开展且富有成效,特向您请教几个有关地理课题探究活动组织指导的问题,盼您能于百忙之中,不吝赐教。我的几个问题是:

1. 课题研究活动前,地理教师应做好哪些方面的准备?
2. 在研究课题选题方面,地理教师可以为学生提供哪些帮助?
3. 课题研究实施过程中,地理教师应怎样进行指导?

以上就是我最想了解的有关地理课题研究活动组织指导的几个问题,请您指教,并表示诚挚的谢意。祝您一切愉快!

 随堂讨论

设想：如果你是信中的甘老师，你将怎样回答这位青年地理教师提出的问题？

地理课题研究活动主要包括地理野外考察、地理社会调查、地理规划设计、地理论文写作等活动。组织指导学生参加地理课题研究活动，有利于培养学生搜集和处理地理信息的能力，提高学生发现和解决地理问题的能力，提高学生的交往能力和合作能力，培养学生地理核心素养。

9.4.1 地理课题研究活动组织指导

地理课题研究活动组织指导的程序可以用图9-2表示。

9.4.1.1 实施准备

由于长期受传统的"授受"学习方式影响，学生对地理课题研究活动缺乏感性认识。因此，在实施前地理教师有必要对学生进行地理课题研究活动动员和辅导。

首先，向学生介绍地理课题研究活动的性质、目标、实施步骤、意义等，使学生形成一个整体性认识。如地理课题研究活动的目标为：提高学生发现和解决问题的能力；培养学生创新能力和创新精神；培养学生收集并进行分析利用信息的能力；提高学生的交往能力和合作能力；培养学生的科学态度等。

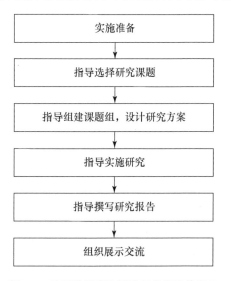

图9-2 地理课题研究活动组织指导的程序

其次，结合实例向学生介绍一些常用的地理科学研究方法以及如何选题，撰写开题、结题报告等。如地理科学研究方法主要有实验法、观测法、野外考察法、社会调查法、文献法、统计法、地图法、类比法、比较法等，而社会调查法又包括访谈调查法、座谈调查法、问卷调查法等。应注意的是教师不仅要要求学生掌握多样的研究方法，还要让他们学会根据选题选择最恰当的方法进行研究。

9.4.1.2 指导选择研究课题

选题是地理课题研究活动实施的前提。研究课题可以先由教师拟定若干课题，供学生自选，也可以由学生通过查阅资料自己提出。作为地理课题研究活动组织者、指导者的教师，要善于捕捉学生的研究兴趣、激发学生的研究热情，鼓励学生自己提出研究课题，在师生共同研讨中最终确定研究课题。选题的指导策略如表9-3所示。

表9-3 选题的指导策略

1. 给学生一个相对自由的选题空间和足够的选题时间
2. 通过各种途径，如请专家、有关专业人员或教师给学生开展学术讲座以介绍各种地理信息，组织学生考察某些地方，参观访问某些单位等，为学生选题提供相关主题的背景资料，鼓动学生进行联想
3. 鼓励学生对一些已有的结论、现象和规律不盲从，质疑多问，"异想天开"

续表

4. 鼓励学生在日常生活和学习中多发现实际的地理问题,根据已有的问题设计研究课题
5. 让学生在观察思考中寻找和发现问题,善于捕捉地理情境的每个细节
6. 组织学生互相讨论启发,逐步集中到他们感兴趣的内容并概括成问题
7. 引导学生寻找小而具体的地理课题,将大的课题分解成一个个小的课题
8. 要求学生多渠道收集相关资料,对提出的问题进行反复论证并作出选择,进一步明确要研究的课题和研究的方向
9. 当学生不能选出适合自己研究的课题,比如课题过大或者不具有地理性时,地理教师都要及时提出自己的意见

地理课题研究活动的课题选择除必须符合地理研究性学习的综合性、实践性、探究性、开放性、社会性、问题性等主要特点外,还需遵循下列要求:

(1) **地理性**。地理学科的综合性和开放性使得地理课题选择的范围相当广,但同时也容易造成所选择问题的地理针对性不强。课题研究立意要注重"人地关系""空间结构""学科综合性"等。如"北京市商业中心的发展与展望"与"北京市商业中心合理布局的探讨"这两个课题的主题完全不同,后者属于地理课题研究的范畴。

(2) **价值性**。衡量课题是否具有价值有三个标准:社会需要的程度,是否有发展前景,是否科学。如"武汉市交通拥挤情况调查研究""武汉东湖污染问题的研究"等,这些问题直接针对本地区存在的交通拥挤和环境污染的现实难题,具有较大的社会、经济和环境意义。因此,课题的价值性是我们在选题时首先要考虑的因素。

(3) **可行性**。一个学校、一个班级、一个小组在研究地理课题时,除了受自身条件影响外,还常常会受到多种客观条件如时间、场所、经费、器材等的制约。在选题时,要从实际出发,量力而行,选择适宜的课题。在地点的选择上要就近舍远,便于调查研究;在时间上要长短适宜,既要保证相对完整的课题研究过程,又要符合中学地理教学计划,在允许的时间内完成任务;在费用上,要考虑中学教学资源和中学生的经济实力;在器材设施上,要考虑本校的教学条件和当地的教学资源状况。当然,还要注意遵循当地政府的有关规定,遵守学校的校纪校规。

(4) **适宜性**。确定调查研究对象的内容范围应适中,范围过大会因点多线长面广而导致泛泛而谈的情况。这样既掩盖了主题,又影响了解决重点问题。范围过小则需要比较高深的专业理论作指导,又给选题增加了一定的难度。选题若能以点带面,就可以避免上述缺陷。例如,有一小组的选题原为"武汉城市规划状况调查",这样调查的内容和范围太大太广。因为城市规划包括工业、交通、城建、科技、文化等领域,于是经过老师的指导和小组的讨论,进行了相关内容的调整,最后确定为"武汉市区绿化情况调查",这样调查的内容范围就比较适宜。

(5) **地域性**。地域性是地理学的一大特点。不同的地区其地理环境是不同的,因而地理课题设计应因地制宜,从本地实际出发,结合乡土地理来选择。比如,北方的学生可选沙尘暴、节约水资源等课题,南方的学生则可以选择有关洪涝灾害的治理、湖泊的治理、南方山区梯田的开发等课题。

 **技能操练**

以下是河南省南阳市某中学学生提出的地理课题研究活动的课题,请根据选题的一般要求对这些课题进行评价,如有不当之处请进行修改。

1. 南阳市经济发展模式研究;2. 南阳市自然旅游资源的深度开发;3. 南阳市 2020 年城市交通远景规划;4. 南阳市农村人口迁移状况调查。

地理课题研究活动的选择可以从以下几个途径进行:

(1) 从地理教材中引申地理研究课题。 地理教材是学生学习地理的主要资源。由于篇幅限制,地理教材中的很多内容只是点到为止。如果地理教师善于挖掘、引申和拓展,很多内容都可以引申为地理研究活动的小课题。

(2) 从学生的日常生活中发现地理研究课题。 地理学是一门与社会、生活密切联系的科学。要学习和研究"生活的地理"。结合社会和生活实际,有许多课题值得研究,如区域经济的发展、城镇的发展过程、区域商业网点的建设、风土人情与地域文化;旅游点的选择、家乡旅游景点的开发;气候与房屋建筑、气候与饮食有何关系,住房区位与环境质量分析等。总之,贴近学生生活选题,不仅能增强其实用价值,还能使学生理论联系实际,把书本知识运用到生活实践中去,为学生获取学习信息拓宽渠道,同时也符合学生的认知规律。

(3) 从乡土地理中挖掘地理研究课题。 乡土地理中蕴含的地理课题研究活动的素材相当丰富。从自然地理到人文地理,从很多平时司空见惯的地理事物和现象中往往可以挖掘出极具价值的学习课题。乡土地理便于学生收集资料和进行实地考察,研究成果也容易被认可和采用。

(4) 从中国和世界的热点问题中提炼地理研究课题。

我国和世界的各种区域热点问题是人们关注的焦点,也频频出现在各种媒体报道中。学生对这些热点问题有强烈的好奇心,通过适当的引导,学生会更加牢固地掌握知识并拓展知识的外延。如可以把我国的东南沿海开放、中部崛起、南水北调、青藏铁路、雄安新区建设、港澳大湾区建设等现实发展问题作为研究课题;把世界范围的巴以冲突、阿富汗问题、伊拉克问题、科索沃问题、非洲贫困等焦点、热点问题作为课题。让学生参与调查活动,感受生活,了解世界,展示自己并表达自己的思想和情感,从而培养他们观察问题、发现问题、提出问题、分析问题、解决问题的能力。

9.4.1.3 指导组建课题组,设计研究方案

确定课题后,就要组建课题组,设计研究方案。研究小组的组成应依据学生的兴趣和特长,同时要考虑男女生搭配、学生学习成绩差异以及学生社会活动能力的强弱合理组合。组长由大家推选确定。然后组员们一起合作设计研究方案,研究方案包括课题名称、课题组成员、课题研究背景、目标、范围、内容、方法、步骤、课题组成员的分工、研究所需条件以及预期研究成果。研究的背景,应简明扼要;研究的目标,要根据学生的文化水平、能力层次确定;研究的范围,要根据研究课题的中心及课题涉及的知识确定;研究的内容,要根据课题和研究范围具体化;研究的方法,既要根据研究课题的内容,又要根据学生的特长确定,可以先调查、实践,后进行研究,也可以边调查、实践,边进行研究;研究的步骤,要有计划地循序渐进,逐步深入,先进入问题的情境,进行实践体验,再进行表达交流。方案应具有灵活

性,在研究过程中,会出现一些新的情况和问题,应随时修改补充。

学生拟订研究方案后,需要以班为单位组织开题报告。开题报告由各课题组选派一名代表向指导教师和全班学生汇报,指导教师和全班学生均可提出问题,小组内各成员均可参与回答问题。指导教师根据全班讨论的情况,并依据选题原则对研究方案进行评价,或提出研究方案修改意见。明显不合理、难以实施以及没有准备的选题不予通过。不予通过的小组应重新讨论、修改,准备第二次报告。

9.4.1.4 指导实施研究

此阶段进入具体的实践体验阶段,学生通过查阅资料、咨询、考察、调查(包括抽样调查、跟踪调查、座谈、问卷、访谈等)、实践等方式,搜集地理信息,然后综合整理获得的信息,得出科学的结论。这一阶段,教师的指导策略如表9-4所示。

表9-4 研究课题实施中的指导策略

1. 采取多种方式,不断激发学生的研究兴趣,使学生保持积极热情的学习态度,乐于参加各种地理课题研究活动
2. 对学生进行挫折教育、意志教育,鼓励学生克服困难,坚持地理课题研究活动
3. 帮助学生了解一些与研究主题相关的地理基础知识,如适当介绍百科全书条目检索的方法、减少资料寻找的盲目性、推荐一些相关书籍、介绍有关课题研究的最新动态等
4. 为学生提交的所缺物品和资料的购买申请以及到校外参观调查、查阅资料的申请创造条件
5. 鼓励、启发学生自主了解、寻找和设计各种收集资料的途径,如图书馆资料检索、野外考察、访问专家和权威部门等
6. 抓住各种机会,如集体讨论时、个别指导时针对具体课题进行资料搜集方法的传授,如社会调查活动中访谈的技巧、问卷的设计等,尽量使学生避免无谓的错误
7. 要求学生设计具体资料搜集方案,以明确需要哪些资料、采取什么方法搜集资料
8. 引导学生建立资料搜集档案,清楚哪些资料是查阅过的,哪些还没有搜索到
9. 系统传授学生资料整理、信息处理的方法。其步骤如下:按调查问题的内容和观点异同进行信息点分类;判断信息的真伪和价值所在,进行取舍;把每个信息点按解决某一问题的作用大小进行分类排序,把重复的、作用很小的信息删掉;对这些信息点进行综合、联想、比较,努力寻找他们之间的联系,进行整合创新;找出研究目标和已拥有的信息的差距,决定下一步寻找信息的方向和重点
10. 定期检查各小组研究的进展情况,协调、控制各小组课题研究的进度,纠正研究思路、方法
11. 为学生提供专业内容方面的咨询,及时解决学生面临的困难和问题

【案例9-5】

人口调查活动实施阶段的指导

人口调查实施前,教师要召开全体调查人员的工作会议,进行必要的动员、培训,务必使全体参加者都能充分认识人口调查的意义,明确调查的目标,掌握社交礼仪常识和调查的方法、步骤。

具体的调查方法、步骤,包括以下几个方面:

(1) 查找资料

包括人口普查基本资料,反映调查区域内人口变动情况的具体资料,以及耕地、粮食、水资源等辅助资料。可向居委会、民政局等部门调查。特殊情况下,还可向居民直接调查,以获取所需的第一手资料。

(2) 资料整理

把调查来的资料,根据调查的目的,进行归纳统计,并把结果填入事先设计好的表格内。

[摘自:王静爱.乡土地理教学研究[M].北京:北京师范大学出版社,2001:174.]

随堂讨论

案例9-5中关于人口调查活动步骤的指导是否完整?

9.4.1.5 指导撰写研究报告

这一阶段,学生将自己的实践体验归纳整理、提炼总结,写成研究报告。根据研究课题的不同,报告可以是对情况的反映,也可以是调查报告、学术论文等。其内容大致为:问题的提出,问题的分析、研究,问题的解决及取得的成果,尤其是重要的、创新的成果等。报告的体例为:题目、报告完成人、摘要、关键词、报告主体、参考文献等。其中报告的主体包括:引言、工作方法和过程、结果或结论。报告应在小组内反复讨论、修改,有关地理老师应及时指导,由专人执笔完成。

【案例9-6】

东湖水环境调查

——研究小论文撰写指导

武汉市某中学一个地理课题组开展"东湖水环境调查",在有关专家和旅游局、环保局的帮助下,获取了大量真实的数据,从网上也下载了许多资料。但开始写论文时,他们不懂如何取舍和分析资料,文章只是罗列数据,缺乏分析和整理。于是,老师指导他们该如何撰写地理小论文:

(1) 用恰当的表达方式如图形、表格、曲线等,按东湖对武汉城市环境产生的作用、东湖开发的现状和存在的问题、进行合理开发的规划方案三方面内容对记录的原始资料和数据进行整理,使之一目了然。

(2) 对材料进行理性分析。如绘制东湖泥沙沉积与水位变化的曲线图,分析图中各要素的内在联系,找出它们的规律。

(3) 地理研究性小论文一般包括:选题目的、方法和步骤、实施过程、结果分析、收获和体会等几个方面。

(4) 写作时主题突出,数据客观,推理合理,语言组织严密,文章具有科学性和预见性,论文的结束语要给出适当建议。

经过指导,学生终于写出了一篇较为规范的研究论文。

[摘自:段玉山.地理新课程研究性学习[M].北京:高等教育出版社,2003:142.]

参与评价

评价上述案例9-6中地理教师的指导技能。

9.4.1.6 组织展示交流

这一阶段主要是以班级活动或校级活动方式进行。各小组在地理老师的组织安排下,根据研究课题内容的不同,将研究的结论或成果采用文字、多媒体演示、报告会、辩论会、答辩会、展板、墙报、刊物、网页等形式,向全班或全校展示,让大家分享其研究成果,提升课题研究的价值。这一阶段教师的指导策略如表9-5所示。

表9-5　表达与交流的指导策略

1. 提倡采用有地理特色的成果表达方式如绘制底图、用统计图表表达地理数据等
2. 总结交流,注重将理性分析和直观表达相结合,例如,制作并演示地理多媒体课件
3. 指导学生进行合理分工,保证全员参与,例如,除了完成小组研究论文外,要求每个学生都写学习小结;小组答辩时,安排主辩手和多名副辩手,为学生提供更多的表现机会
4. 研究成果的展示过程强调交流互动性,要求研究小组与评审者、观众进行积极的讨论

1. 判断正误:

（1）由于学生当前的认识有限,不一定能够提出适合自己实际研究能力的地理课题,因此应由教师直接提供参考课题,供学生选择。

（2）地理课题研究活动的选择需遵循地理性、价值性、可行性、适宜性、地域性等要求。

（3）地理课题研究的方案应由教师制订。

（4）地理课题研究活动中教师不必现场巡视指导,但要定期检查各小组研究的进展情况,协调、控制各小组课题研究的进度,纠正研究思路、方法。

2. 河南省新乡市某中学学生提出"新乡市工业布局情况调查"的研究课题,请你制订出详细的组织指导方案。

9.4.2　地理课题研究活动组织指导技能的评价

地理课题研究活动组织指导技能的评价标准如表9-6所示。

表 9-6　地理课题研究活动组织指导技能评价标准

优秀	合格
1. 引导学生自己提出研究课题,教师给予评价、点拨和修改 教师为学生选题提供相关的背景资料,进行选题基本要求和途径的指导,对学生提出的课题给予评价、点拨和修改	1. 教师直接提供参考课题,供学生自选 教师按照选题的基本要求提出若干参考课题,指导学生结合自己实际情况选出课题
2. 让学生自行设计研究方案,教师主持开题报告进行评审 指导学生组建课题组,并告知研究方案的格式,由学生共同制订研究方案,教师主持开题报告,按照选题基本要求与全班学生一起进行评审,提出修改意见	2. 教师给予研究方案格式的指导 指导学生组建课题组,指导学生按照格式要求撰写出研究方案,教师给出修改意见
3. 活动中给予知识与方法指导、适时检查调控、及时鼓励、解疑帮困 活动中教师注意给予学生与主题相关的地理基础知识和具体研究方法的指导,定期检查各小组研究的进展情况,协调、控制各小组课题研究的进度,鼓励学生克服困难,为学生提供专业内容方面的咨询,及时解决学生面临的困难和问题	3. 活动中注意解疑帮困 活动中注意为学生提供专业内容方面的咨询,问题和困难能得到及时解决
4. 告知学生研究报告的格式,对研究报告的格式与内容提出修改意见	4. 告知学生研究报告的格式,对研究报告的格式提出修改意见
5. 学生对活动非常感兴趣,认为收获很大 活动中学生兴趣浓厚,表现主动积极,气氛热烈;认为此次活动自己学到了很多东西,期盼下次实践活动的进行	5. 学生对活动有一定的兴趣,认为有一定的收获 学生能按时、按要求完成活动任务,认为自己从中学到了一些知识,增长了见识

研究前沿

新课程改革要求:"重视对地理问题的探究……开展地理观测、地理考察、地理实验、地理调查和地理专题研究等实践活动"。在地理教学改革实践中,积极开展不同形式的地理实践活动已成为教学改革的基本内容。当前,地理实践活动中如何提升学生的研究意识、提高主动探究的能力,在环境保护,预防自然灾害,尤其是预防地质灾害的实践活动中,帮助学生运用地理知识,强化"生存意识",学会进行自救和他救的方法等,成为研究热点。

实践活动

1. 自选地理实践活动组织指导的案例,按照本章各类实践活动组织指导技能评价标准分析和评价案例中教师的组织指导行为。
2. 自选地理实践活动的某个课题,设计其组织指导方案。
3. 组织指导附近中学某班学生开展一次地理社会调查活动。

9.5 地理研学旅行活动组织指导技能

教学叙事 31

地理研学旅行的策划

河北省某市第一中学的地理教研组长吴老师主持组织了一次以徒步路线为主的地理研学旅行,以下是他做的策划。

一、学情分析

高中二年级的学生,已经学习过自然地理、人文地理的课程,区域地理课程也有所学习,能够快速掌握简单的地理测量方法,并进行实际操作,有一定地理学科知识和地理核心素养;另外,相关学科知识也较丰富,再者,学生身体状况良好,对野外学习兴趣浓厚。

综合考虑,本次研学旅行以高中二年级学生为参与主体,可在学校期中测试后,结合地理课程内容的学习研讨开展一次地理研学旅行。

二、内容安排

经过前期踏勘,确定本次地理研学旅行以永定河峡谷(沿河城至官厅水库段)为路线,以徒步为方式,总体活动时间为两天。与地理组老师协商后,共同确定了此次研学旅行目标、人员组织、实施步骤、评价指标和总结方式,并要求,第一天从沿河城徒步至幽州村,第二天从幽州村沿永定河大峡谷北上徒步至官厅水库。徒步途中,重点关注沿线的地貌、地质构造、村落布局、交通状况等区域地理研学旅行内容。

随堂讨论

结合教学叙事 31,说明地理研学旅行的策划和实施中,应当注意哪些问题?教师在此过程中,应当具备哪些技能?

2016 年 12 月,教育部等 11 部门印发了《关于推进中小学生研学旅行的意见》(以下简称《意见》),要求各地将研学旅行摆在更加重要的位置,推动研学旅行健康快速发展。《意见》指出,中小学生研学旅行是由教育部门和学校有计划地组织安排,通过集体旅行、集中食宿方式开展的研究性学习和旅行体验相结合的校外教育活动。开展研学旅行,有利于促进学生培育和践行社会主义核心价值观,激发学生对党、对国家、对人民的热爱之情;有利于推动全面实施素质教育,促进书本知识和生活经验的深度融合;有利于满足学生日益增长的旅游需求,从小培养学生文明旅游意识。

地理研学旅行是地理实践活动的重要方式,是初、高中地理课程方案中的组成部分。组织指导学生参加地理研学旅行,对于全面培育人文底蕴、科学精神、学会学习、健康生活、有责任担当,综合思维,发展区域认知,实践创新、人地协调观念等,发展学生的地理核心素养,落实立德树人根本任务具有重大意义

9.5.1 地理研学旅行活动组织指导

地理研学旅行活动组织指导的程序如图9-3所示。

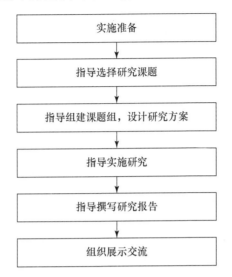

图 9-3 地理研学旅行活动组织指导的程序

9.5.1.1 设计研学旅行线路，建设研学旅行教材

设计研学旅行线路和建设研学旅行教材是开展研学旅行的基础。

(1) 研学旅行线路。

研学旅行线路及其特点

研学旅行线路是由各个研学旅行地点串联而成，它不只是旅行交通线路，还是在研学的过程中逐步展开的探究线路。研学旅行线路应有如下特点：① 所经由的地点、道路能合法开展研学活动；② 安全条件、措施与交通服务设施完善，不受自然灾害或人为危害的威胁；③ 具有研学旅行产品性质，可以作为一次研学旅行的预订产品；④ 能遵照地理课程标准或研学旅行课程标准，完成一次研学旅行的全过程和全部任务；⑤ 研学资源、产品和设施集中，具有一定的典型性和代表性；⑥ 旅行路线合理，便于开展研学，时间长短适宜；⑦ 积累一定的研学旅行经验，研学活动效果好，线路设计比较成熟、稳定；⑧ 能兼顾集体旅行与集中研学的良好成效，能避免"只研不旅，只旅不研"的现象发生；⑨ 管理、运行、维护的体制、机制完善，可持续发展；⑩ 具有一定的弹性，适用面较广；⑪ 设计和投产程序符合规范，有教育主管部门及交通等相关部门批准、监管和评估。

研学旅行线路主要类型

研学旅行的路线可以分为专题型和综合型两种研究旅行线路。专题型研究线路是研学某一专门主题旅行线路，包括地理类、自然类、历史类、科技类、人文类、体验类等方面的专题线路。综合型研学旅行线路是多学科、多领域综合研学的旅行线路，关键是探究不同主题之间的关系。专题型和综合型线路均可用于小学、初中和高中等学段，综合程度不同。研学旅行线路还可分为国家、省、市、县等级别的。

研学旅行线路的设计与选择

研学旅行线路的设计与选择：① 实地勘探，确定走向、路程和时程，把握好旅行效率与研学效益之间的关系；② 规划沿线交通、服务设施，必须支持研学旅行课程的实施，通过教育、交通等相关部门的评审；③ 设计适应天气变化的沿线休憩、服务设施，医疗卫生设施、公共厕所配置合理等；④ 配置研学旅行课程实施所必需的沿线指示、解说设施；⑤ 配置安全保障机构，预警、警示设施；⑥ 规划管理体制、机制。

（2）研学旅行教材。

研学旅行教材是研学旅行教科书、研学旅行指导书、研学旅行读本、研学旅行用书等的统称，包括正式出版物和适用时空灵活性的非正式出版物。

研学旅行教材的基本内容

研学旅行教材是开展研学旅行的指导用书，内容一般应该包括：研学旅行的意义、目的和具体目标；研学旅行的知识基础；研学旅行的组织开展及其过程；研学旅行的基地、营地、线路、实践点及其活动任务；研学方式、方法和装备；研学旅行的成果与评估；研学旅行的注意事项与应急措施等内容。

研学旅行教材的主要特点

研学旅行教材属于实践活动教学用书，不同于课堂教学学术型课程教材，其特点表现在：能够指导师生研学旅行所有行为，包括师生互动行为、学生小组合作学习行为、多学科教师协同指导行为；能够适用研学旅行全过程，包括行前预备、研学旅行、行后总结评估和成果推广应用；具有区域性、部门性，教材必须具备范畴内全局指导意义，应通过相应教育主管部门审定。乡土性、校本性教材是地方、学校研学旅行接受教育主管部门检查评估的重点之一；地域性教材必须兼顾域内外学生的研学旅行活动需求；可以分学段编制，也可以综合编制。综合性教材必须满足不同学段的选学需求；能够提供充足的研学旅行所需知识、信息，作为研学活动的基础；教材的重点在研学旅行活动上，包括认知活动、操作活动、思维活动、情感活动等方面的指导建议，保证实用性和可操作性。

9.5.1.2　做好研学旅行前的准备

做好充分的准备是地理研学旅行活动顺利进行的保证。在地理研学旅行活动开始前，需要教师和学生做好如下的准备：

（1）制订好研学旅行过程中的活动计划。 学生应当在教师的指导下，仔细学习研学旅行教材，熟悉其中的内容，教师应对教材中欠缺的内容进行补充讲解。在师生共同参与下，制订研学旅行中的具体活动计划，并对其中有可行性的计划进行模拟实施，以便学生在研学旅行中能够顺利实施计划。

（2）做好研学旅行的思想准备和安全教育。 地理研学旅行通常要到校外甚至外地进行，往往需要较长的车程和旅程，有的就是徒步旅行，这就需要学生具备吃苦耐劳的精神和坚强的意志力。因此，在研学旅行前要对学生进行思想动员和教育，同时还要对学生进行研学旅行中的安全教育，并备好药品、绷带等野外活动应急用品。

（3）做好研学旅行的组织准备、知识准备和物资准备。 地理研学旅行过程中一般要分组活动，学生应在教师的指导下组建研学活动小组。分组时应考虑不同层次学生的合理组合，一般按照"组内异质，组间同质"的分组原则，把学习成绩、能力、性别、家庭背景等方面不同的学生分在一个活动小组内。同时每组需要一名组织能力较强的学生担任组长，协调组员间关系及处理突发状况。

做好知识准备。地理研学旅行中的活动都需要相应的理论支撑。因此，学生应当结合研学旅行教材，并在教师的指导下，熟悉本次研学旅行中涉及的基础知识、基本原理，做好研学旅行的知识准备,熟悉研学旅行的作业要求、总要求和评价办法。

做好物品准备。教师准备或要求学生准备研学旅行中需要的观测仪器、试验设备、工具、材料、记录表等。结束后,要将所有用品回收齐全,并检查是否损坏。

9.5.1.3 研学旅行中做好有效的组织管理

地理研学旅行的实践表明,作为地理教师,在研学旅行活动进行的过程中要注意履行好如下的职责,确保研学旅行实践活动有效开展:① 要注意落实教育立德树人根本任务,达到综合培育学生地理核心素养的活动目标;② 要组织带领学生参加研学旅行活动全过程,注意在野外或社会现场中进行指导,指导学生做好研学旅行作业;③ 要注意管理学生的集体旅行、集体食宿、集体研学;④ 要注意教育、监督学生遵纪守法、注意安全。

9.5.1.4 研学旅行后进行总结

研学旅行活动后,教师评阅学生研学旅行作业,公正、客观、科学地撰写学业评语。指导学生写好研学旅行活动报告。各个活动小组在教师的组织安排下,由汇报员向老师和全班学生汇报本组的研学旅行活动情况和研学成果。

地理教师还应对研学旅行活动中活动计划实施情况、实施效果等进行简短的概括和总结,指出做得较好的和没有达到要求的内容以及整个研学旅行过程中的优缺点,并分析原因,提出整改意见。

9.5.2 地理研学旅行活动组织指导技能的评价

地理研学旅行活动组织指导技能的评价标准如表 9-7 所示。

表 9-7 地理研学旅行活动组织指导技能评价标准

优秀	合格
1. 研学旅行线路设计和教材建设恰当 研学旅行线路设计和教材建设具有较强的科学性、地理性、教育性和指导性,符合学校和学生实际	1. 研学旅行线路设计和教材建设基本符合要求 研学旅行线路设计和教材建设具有较强的科学性、但地理性、教育性和指导性一般
2. 研学旅行活动前准备充分 教师做好研学旅行前的准备工作,制订了详细的活动计划,对学生进行思想动员、安全教育和分组分工,并要求学生做好知识和物品准备,熟悉作业要求、总结要求和评价办法	2. 研学旅行活动活动前做了一定的准备 教师制定了研学旅行活动提纲,对学生进行安全教育和分组,并要求学生做好物品准备
3. 研学旅行活动中进行有效的组织管理,注意及时表扬与鼓励、纠正与讲解、提示与示范、解答疑问 活动中教师注意巡视指导,对活动积极、操作正确的学生进行表扬和鼓励,对错误的操作及时进行纠正和补充讲解,对操作困难的小组进行提示和示范,并及时解答疑问	3. 研学旅行活动中先示范再让学生模仿操作,并及时解答疑问 学生在教师的示范指导下进行活动,疑问和困惑能得到及时解答
4. 研学旅行活动后注意指导学生做好活动总结 活动后教师注意及时对活动情况进行概括总结,评阅学生作业,并指导学生写好活动总结报告,组织学生开展交流活动,展示研学旅行成果	4. 研学旅行活动后注意要求学生进行总结 活动后教师布置学生写出活动总结报告
5. 学生对研学旅行活动非常感兴趣,认为收获很大 活动中学生兴趣浓厚,表现主动积极,气氛热烈;认为此次活动自己学到了很多东西,期盼下次实践活动的进行	5. 学生对研学旅行活动有一定的兴趣,认为有一定的收获 学生能按时按要求完成活动任务,认为自己从中学到了一些知识,增长了见识

【案例9-7】

玛纳斯河的研学旅行

新疆石河子市第一中学开展研学旅行以学校主导的形式开展,在高一地理教研组教师的指导下,学校有计划地带领高一学生进行"游""学"体验活动,引导学生用地理学的视角对玛纳斯河沿岸的自然景观、环境、生产、生活等进行观测及考察。

板块一:创设主题

活动开始前两星期石河子市第一中学地理教研组动员师生结合人教版高中地理"必修1"教材内容及新疆的资源优势,共同创设了以"玛纳斯河游学大讲堂"为主题的两日游学活动。

板块二:活动策划

(1)活动目的

此次研学旅行的目标包括培养人地协调观、综合思维、区域认知、地理实践力四个方面。具体而言,体现在了解玛纳斯河上中下游的不同地貌、地形、气候、水文、植被及风土人情,解读玛纳斯河畔各自然及人文环境要素之间的关系,深化对人地和谐及生态平衡的理解;形成自主观察、搜集信息、研游结合的学科能力和组织活动、沟通合作、参与社会、服务社会的实践能力;激发对大自然的热爱,增强对自然资源和环境的保护意识,形成可持续发展的观念。

(2)地点选取

结合教材内容及核心素养的培养要求,此次选取了包括山地、平原、湿地、绿洲及荒漠等景观的玛纳斯河流域为游学地点。

(3)时间选择

一方面,玛纳斯河发源于天山北麓,为内流河,以冰川融雪补给为主,冬季有漫长的结冰期,汛期出现在夏季;另一方面,结合学校的课时安排,选择6月中旬某个星期六、星期日开展活动。

(4)交通方式

师生星期六在校门口集合乘坐校车到玛纳斯河上游,然后边游边徒步返程;星期日从北湖公园切入,沿既定路线游学到驼铃梦坡下游,尔后集合乘车返校。

(5)资金来源

此次游学,学校出资2/3的交通及食宿费用,学生自愿补费报名。

板块三:活动执行

(1)游学前准备

为达目标,避免"只游不研"或"只研不游",活动开始前按班级划分研游小分队,各班将参与活动的学生划分为地势地貌组、气象水文组、土壤植被组及民族文化组等,并为各小分队准备研学课题。

(2)上游游学过程

考察地点:玛河大峡谷、塔西河水库、旱卡子滩、哈萨克民族乡、红山嘴背斜地貌区、大福寺洪积扇区等的观察描述、问题质疑、教师解疑(表略)。

(3)中下游游学过程

考察地点:北湖湿地公园、147团部、150团部驼铃梦坡沙漠景观生态区等,相关观察描述、问题质疑、教师解疑(表略)。

板块四:研学总结

在这次身体力行的游学中,学生切身感受到了大自然的强大,同时也感受到了它的脆弱。两天行程结束后各小分队纷纷进言献策,展示研究成果,从地势地貌、气象水文、土壤植被、民族文化等方面归纳了玛纳斯河游学收获。

[摘自:郭孟月,徐丽萍,葛本伟.研学旅行:让教育自然发生——以"玛纳斯河游学"为例[J].中学地理教学参考,2017(7):66-69.]

技能评价

对案例9-7中活动执行板块中,如何提升学生的实践力,提出评价和建议。

以《普通高中地理课程标准(2017年版)》为依据,参考《普通高中教科书地理必修第二册》(人教版)"城镇与乡村、产业区位选择、区域发展战略"等内容,结合自己所在的家乡,设计一个地理研学旅行活动方案。

本章思考题

1. 在地理实践活动中怎样处理好学生自主性与教师指导性之间的关系。
2. 本章中地理课题研究活动指导技能与地理研学旅行指导技能有何异同?

本章小结

1. 地理实践活动的类型多样,按活动方式可以分为地理知识学习活动、地理操作实践活动、地理课题研究活动和地理研学旅行活动。

2. 地理实践活动的组织指导具有重要的意义:它保证地理实践活动的顺利进行;提升地理教师地理科研能力;培养学生地理核素养。地理实践活动组织指导的基本要求是:突出自主性、强调全程性、坚持集体指导与个别指导相结合。

3. 地理教师应介绍地理课外阅读活动的阅读方法,指导记读书笔记;推荐阅读书目,设计阅读专题计划;提出阅读要求,指导迁移应用。在地理知识竞赛活动中,地理教师应引导学生学会概括总结知识,教给科学的记忆方法,让学生掌握复习策略,进行应试技能指导,并组织好竞赛活动。

4. 地理操作实践活动组织指导的程序为:提出操作实践课题,做好操作实践的准备,操作实践前进行必要的讲解与交代,操作实践中进行巡视指导,操作实践后进行总结。准备工作包括准备性操作实践活动、制订活动计划、思想与安全准备、组织准备、知识准备、物品准备。

5. 地理课题研究活动组织指导的程序为:实施准备,指导选择研究课题,指导组建课题组与设计研究方案,指导实施研究,指导撰写研究报告,组织展示交流。选题的基本要求是：地理性、价值性、可行性、适宜性、地域性。选题的途径有：地理教材、学生日常生活、乡土地理、中国和世界的热点问题。

6. 地理研学旅行活动组织指导的程序为：设计研学旅行路线,建设研学旅行教材；做好研学旅行前的准备；研学旅行中做好有效的组织管理；研学旅行后进行总结。研学旅行前的准备工作包括：制订好研学旅行过程的活动计划,思想准备和安全教育,组织准备、知识准备和物品准备。

第10章 地理课程资源开发技能

本章概要

没有课程资源就没有课程。地理课程资源的开发和利用对提升地理新课程实施水平,转变地理学习方式,促进教师专业化发展水平的提高具有积极的意义。为保证基础教育地理新课程改革目标的顺利实现,地理教师应强化课程资源意识,树立与新课程相适应的课程资源观,熟悉校内地理课程资源开发的技术与手段,明确社区地理课程资源开发的主要形式,掌握社区地理课程资源开发的主要内容,并能结合教学实践,进行地理课程资源的开发与利用。

学习目标

通过本章学习,你能够:

1. 阐释地理课程资源的重要性、地理课程资源的内涵与类型,从宏观上感受地理课程资源开发与利用的价值和意义,树立与地理新课程相适应的课程资源观。

2. 结合案例,初步掌握校内地理教学的环境条件建设的技术与方法,并能够结合本地区、本学校的实际情况进行合理的开发与利用。

3. 结合案例,能说明社区地理课程资源开发的主要内容,并能够结合本地区、本学校的实际情况进行合理的开发与运用。

4. 针对不同类型的地理课程资源,结合本地区、本学校的实际情况,设计相应的课程资源开发方案。

关键术语

◆ 校内地理课程资源   ◆ 社区地理课程资源   ◆ 开发   ◆ 利用

10.1 地理课程资源概述

教学叙事32

众说"课程资源"

新学期开始,学校组织教师进行新课程教学课程资源开发和整合能力培训。培训刚开始,地理组的几位老师就进行了激烈的争论:

[张老师] 课程资源不就是教材吗?地理课程资源就是地理教科书、教学参考资料、教辅读物、考试试卷、练习册等。

[王老师]课程资源不应该仅仅指教材,还应该包括那些有助于地理课程实施的物质与场地资源,如自然界中客观存在的地理事物、学校设置的地理专用教室与地理园等,还有社会上各种与地理课程相关的博物馆、研究所、产业部门等。

[赵老师]课程与教学是密不可分的,地理课程资源就是地理课程教学信息的来源,所谓琴棋书画、花鸟虫鱼,教师、学生、家长以及他们的情感、体验等,一切能用于丰富地理课堂教学的资源都是地理课程资源。

[李老师]我觉得赵老师的看法有点将课程资源泛化,所谓"满眼皆资源,处处是资源",什么都是课程资源,也就都不是课程资源了。我认为只有那些进入地理课程,与地理教学活动联系起来的资源,才是现实的地理课程资源。

……

随堂讨论

教学叙事 32 中相关教师的看法,你比较认同哪种观点?你觉得哪些观点有失偏颇?为什么?

10.1.1 认识地理课程资源

10.1.1.1 地理课程资源的内涵

地理课程资源是实现高中地理课程目标的重要保障,学校应该高度重视校内外地理课程资源的开发。课程资源的开发与利用问题是在我国基础教育改革日益深入的时代背景下提出的。目前,关于课程资源的概念还没有一个明确的界定,从历史上看,理论界对课程资源的认识也经历了一个发展过程。综合国内外有关课程资源的部分文献,人们对课程资源的理解有广义和狭义之分。广义的课程资源是指有利于实现课程目标的各种因素,如生态环境、人文景观、国际互联网、教师的知识、学生已有的经验等;狭义的课程资源则仅指形成课程的直接因素来源,典型的如教材、学科知识等。新课程提倡的是广义的课程资源概念。

本章所指的课程资源是指广义的课程资源。即地理课程设计、实施和评价等整个地理课程教学过程中可资利用的一切人力、物力以及自然资源的总和,它包括地理教材、教师、学生、家长以及学校、家庭和社区中所有有利于实现地理课程目标,促进地理教师专业成长和学生地理素养发展的各种资源。

可以说,在地理教育教学活动中可以开发与利用的资源多种多样,但需要说明的是,并不是所有的资源都是课程资源,只有那些经过相应的教育学加工,进入地理课程并与教学活动联系起来的课程资源,才是现实的地理课程资源。从这个意义上说,课程资源的合理开发与有效利用是课程目标顺利实现的必要条件,也是课程改革顺利进行的有力保障。

10.1.1.2 地理课程资源的分类

要正确地理解地理课程资源,还有必要把众多的地理课程资源按照一定的标准、原则、特点区分开来,明确地理课程资源的次序,建立地理课程资源系统,以便更好地认识、开发和利用它们。下面是几种常见的划分方法,如表 10-1 所示。

表 10-1 常见地理课程资源分类表

划分依据	基本内涵	举例
根据功能特点,可划分为素材性课程资源和条件性课程资源	素材性课程资源作用于地理课程,并且能够直接成为地理课程的教学素材或来源	地理知识、技能、经验、活动方式与方法、地理态度与地理观念等
	条件性课程资源作用于地理课程却并不是形成地理课程本身的直接来源,但它直接决定着地理课程实施的范围和水平,是保障地理课程实施的物质经济条件	决定地理课程实施范围和水平的人力、物力、财力、时间、场地、媒介、设备、设施和环境等
根据空间分布,可划分为校内课程资源和校外课程资源	校内课程资源在空间上构成师生活动的主要环境,它包括学校内的各种场所和设施、校内人文资源、校内各种与地理教育教学密切相关的活动等	如图书馆、地理园、地理专用教室、地理教材、教师、学生、师生关系、学风、校风、班风、社团活动、文艺演出等
	校外地理课程资源是地理教学活动的必然补充,它包括学生家庭、社区乃至整个社会中各种可用于地理教育、教学活动的设施和条件以及丰富的自然资源等	如学生家长、校外地理学科专家、青少年活动中心、地理教育基地、社区图书馆、科技馆、气象台、水文站、大专院校、科研单位、区域自然环境、人文景观等
根据性质,可划分为自然课程资源和社会课程资源	自然课程资源是指自然界中客观存在的地理课程资源	如地形、地貌、植被、天气、气候、河流生态、森林生态等
	社会课程资源是指存在于社会生活中的地理课程资源,包括机关、团体、各种公共建筑和设施、人类交往活动以及影响人类社会生产、生活的价值观念、宗教伦理、风俗习惯等	如图书馆、地震台、天文馆、气象台、博物馆、展览馆、科技活动、政治活动、经济活动、地方戏曲、杂艺、手艺、民俗活动等
根据物理特性和呈现方式,可划分为文字资源、实物资源、活动资源和数字化资源	文字资源指以文本形式存在的地理课程资源	如教科书、教学参考书、练习册、报刊等
	实物资源是指以实物形态存在的地理课程资源	如动植物标本、矿物标本、教学挂图、模型、地理园、天文台、气象站等
	活动资源是指存在于各种活动中的地理课程资源	如地理教师的言语活动和体态语言,班级和学生的各种社团活动,地理实践活动及师生之间、生生之间的交往活动等
	数字化资源是指运用现代信息技术以音频、数字图像、信息系统、网络大数据等形式呈现出来的地理课程资源	如地理信息系统(GIS)、遥感(RS)、全球导航卫星系统(GNSS)辅助教学系统,天文望远镜遥控观测平台系统,野外实践(水、土、气、岩)采集分析与显示系统等

续表

划分依据	说明	举例
根据存在方式,可划分为显性课程资源和隐性课程资源	显性课程资源是指看得见、摸得着,可以直接运用于地理教育教学活动的资源	如教材、计算机网络、教学设备、风景名胜、文物古迹、文化教育机构等自然和社会资源中的实物
	隐性课程资源是指以潜在的方式对地理课程施加影响的资源	如学校和社会风气、家庭气氛、师生关系等

由于划分标准的多样性,地理课程资源还可以划分出许多类型。如,根据开发利用的角度,划分为原生性资源、延生性资源、再生性资源和创生性课程资源;根据运动特征,划分为静态资源和动态资源;根据产生过程,划分为保持性资源和生成性资源。需要说明的是,列举如此众多的课程资源分类本身不是目的,分类旨在开拓地理课程资源开发与利用的视野,展现地理课程资源开发与利用的广阔前景,不同地区的学校和教师可以根据实际情况因地制宜地开发与利用地理课程资源。

 阅读卡片

课程资源系统

根据系统分析方法,有学者认为课程资源是一个多层次的开放系统。这个系统可以按物质的与非物质的分为两个系统,物质系统还分为人力资源、物力资源两个子系统;非物质的分为人类积累的知识资源子系统与活的个体思想资源子系统。

课程的思想资源子系统是指一切有可能参与课程活动之中,影响课程活动的各类人员所具有的全部思想观念。包括课程运作的设计者、管理者、实施者、学习者的思想等,以及课程活动外部的各种各样的人的思想,如家长、社区人员、社会其他人员的思想等。

课程知识资源子系统是课程资源的重要组成部分。一般人们习惯于将知识分为语言知识、数学知识、社会知识和自然科学知识四大类,相应地,课程资源知识也分为语言知识资源、数学知识资源、社会知识资源和自然科学知识资源四个类别。

课程的人力资源是指课程活动范围内的从业人员的劳动能力的总和,从业人员是指受过一定的教育、具有一定的科学文化知识的从业人员。

课程物力资源子系统由课程物质资源系统和符号化了的财力资源系统组成。按性质划分,课程物质资源又可分为自然物质资源与人造物质资源两方面。课程自然物质资源是指阳光、颜色、水、空气、味道、生物等学习者可以感知的自然对象;课程人造物质资源是指食物、衣物、建筑物、交通工具、传媒工具等经过加工的各种物质产品。

[摘自:范兆雄.课程资源系统分析[J].西北师范大学学报(社会科学版),2002(3):101-105.]

 **随堂讨论**

根据上述学者的观点,你认为若以系统分析的方法来分析地理课程资源系统,该系统应该由哪些子系统构成?

 **技能操练**

从课程资源分类的角度,调查你所在的学校及邻近区域地理课程资源分布情况。

10.1.1.3 地理课程资源开发的意义

(1) 对课程建设的意义。 一方面,地理课程实施的过程就是地理课程资源的开发与利用过程,当课程资源被开发利用时,课程资源本身就作为课程实施的内容,成为教学的内容。一方面,地理课程资源是地理课程实施的前提条件和保障,地理课程本身离不开地理课程资源的支持,没有地理课程资源也就没有地理课程。另外,有地理课程就一定有地理课程资源作为前提,没有地理课程资源的支持,再美好的地理课程改革设想也很难变成中学地理教育的实际成果。

(2) 对转变学习方式的意义。 新课程提倡地理学习应重视对地理问题的探究过程,倡导自主学习、合作学习和探究学习等多种学习方式。地理课程资源丰富多样、生动活泼,它可以以多种形式进入教学过程,激发学生学习地理的积极性和主动性,改变被动接收教师知识传授的学习方式,形成主动学习的态度,让教学"活"起来。

(3) 对教师专业成长的意义。 "教师的专业成长是教师从接受师范教育的学生,到初任教师、有经验的教师、实践教育家的持续过程。"在这个过程中,教师在教育实践中的主体性参与,是教师发展的根本动力。地理课程资源是外在的、对象性的,需要主体的意识活动去内化。地理课程资源的开发不仅可以开阔地理教师的教育视野,转变教师的教育观念,还能够更好地激发教师的教育智慧,成为地理教师专业成长的重要推动力。

 阅读卡片

课程资源开发的价值何在?

新的课程资源观的确立是我国社会经济及教育自身改革和发展的必然产物;课程资源的开发和利用是新的教育课程改革顺利推进的保证,也是为年轻一代的健康成长提供高品质教育的基础性条件;课程资源的充分开发和利用还是解决学校教育资源短缺和社会教育资源闲置的最现实的途径和方法。

[摘自:肖川.课程资源开发的价值何在?[N].中国教育报,2005-2-4.]

10.1.2　地理教师应该树立什么样的课程资源观

充分发掘并有效开发和合理利用地理课程资源,是以树立科学的地理课程资源观为前提的。以前,我们对课程资源的认识很不全面,普遍将课程资源物化,认为课程资源就是教材、教学参考书等纸制印刷品。新一轮地理课程改革赋予了地理课程资源前所未有的丰富内涵,同时也确立了其前所未有的重要地位。

(1) **课程标准和教科书是基本的课程资源,但不是唯一的课程资源**。课程标准是国家对基础教育的基本规范和要求,是教材编写、教学、评估和考试命题的依据,是国家管理和评价课程的基础,它是政策性很强的课程资源。教科书在编写时,遵循了学生的发展特点,精选那些学生终身学习必备的基础知识和经验,它在很大程度上决定了教师的教和学生的学,对教学质量的提高起着关键的作用,它是基本的课程资源。教师要处理好教科书与教学的关系,做到"用教科书教,而不是教教科书",要根据学生的实际水平和精神状态对教科书、练习册等进行选择、组织、排序等方式的"再度开发",对课程内容进行"校本化""生本化"的处理,从而保证学生所接触的教材是"安全"而有教育意义的。要为学生留出一定的空间,让学生自己亲身在原始性的资源背景中寻找有价值的主题。

(2) **教师是首要的课程资源**。教师不仅决定着课程资源的鉴别、开发、积累和利用,其自身也是实施课程的首要的基本条件资源。教师的素质状况决定了课程资源的识别范围、开发与利用的程度以及效益发挥的水平。同时,教师的知识结构和人格魅力都是宝贵的课程资源。所以,教师要充分发挥自身作为课程资源的作用。

(3) **学生是重要的课程资源**。学生的个人知识、直接经验、生活世界是重要的课程资源,不仅对自己的成长起着重要作用,还可以让伙伴从他那里获取知识和经验,而且伙伴之间获得信息和启示,互动互生,使同伴之间的知识和经验共享,丰富个体的情感和认识,在交互中整合。

(4) **教学过程是课程资源动态生成的过程**。教学过程是动态生成的。相对于静态的书本知识和预定的教学设计而言,课堂教学过程中经常会发生一些意料之外的、有意义或无意义的、重要或不重要的新事物、新情况、新思维或新方法。这些都有可能成为崭新的课程资源。和诸多不可再生的显性课程资源相比,这种课程资源是无穷无尽的,是隐性的。尤其当师生的主动性、积极性得到充分发挥时,实际的教学过程远远要比预定的、计划中的过程生动、活泼、丰富。这时的课程资源藏着巨大的可开发与发展的潜能。

随堂讨论

你认为地理教师的课程资源观对他们进行课程资源的开发与利用有何指导意义?试以自己或他人的教学经历举例说明。

10.1.3 地理课程资源开发的基本原则

从当前学校课程改革的趋势来看,凡是有助于学生主动学习和全面发展的资源都应该加以开发和利用。但究竟哪些资源才是具有开发和利用价值的地理课程资源,还必须通过筛选机制的过滤才能确定,从课程理论的角度讲,至少要经过教育哲学、学习理论和地理教学理论三个筛子的过滤筛选。从更好地发挥课程资源的功能与作用这一角度来说,地理课程资源的开发与利用需要遵循以下基本原则。

(1) **优先性原则**。地理课程资源的开发与利用的目的是地理课程目标的有效达成和促进学生的全面发展。地理课程资源丰富多样,不可能同时全部开发;学生需要学习的东西很多,远非学校教育所能包揽,因而必须在可能的课程资源范围内和充分考虑课程成本的前提下突出重点,针对不同的教学目标,精选那些对生活有用、对学生终身发展有用的地理课程资源,使之优先开发,并优先得到运用。

(2) **经济性原则**。地理课程资源的开发要尽可能用最少的开支和精力,达到最理想的效果,具体包括开支的经济性、时间的经济性、空间的经济性和学习的经济性。开支的经济性,是指用最节省的经费开支取得最佳效果,尽可能开发那些需要极少经费开支的课程资源。时间的经济性,是指应尽可能开发那些对当前地理教育教学有现实意义的课程资源,而不能一味等待更好的条件或时机,否则就会影响新课程的实施。空间的经济性,是指课程资源的开发要尽可能就地取材,不应舍近求远,好高骛远。学习的经济性,是指尽可能开发能激发学生学习兴趣的课程资源,如果引入教育教学活动的课程资源晦涩难懂,不仅达不到预期的目的,反而还可能加重学生的学习负担。

(3) **适应性原则**。课程的设计和地理课程资源的开发利用不仅要考虑普通学生的共性情况,更要考虑特定学生的特殊情况。如果要为特定教育对象确定恰当的目标,那么仅仅考虑他们已经学过的内容还不够,还需要考虑他们现有的知识、技能和素质背景。除了考虑学生群体的情况外,还要考虑教师个体的情况以及本地区、本学校的实际条件,做到开发的课程资源与其他教育内容的协调配合,注意时间、空间、人力、物力上的现实可行性。只有这样,地理课程资源才能得到更加充分合理的开发与利用。

(4) **共享性原则**。信息时代,任何一个人所了解的信息都是有限的,资源共享,其价值才能得到更加充分的发挥。有形的资源共享固然重要,无形的资源如经验、智慧如果能够共享,则更具有价值,思想的交流与碰撞必将极大地促进课程资源的整合、发展与创新。基于网络的互联网作为信息交流的平台,为这种交流提供了可能。

实践活动

分析表 10-2 中的事例,请说明它们分别遵循或违背了上述哪些原则?并根据自己的教学实际,分享一些实践当中遇到的遵循或违背了某些原则的事例。思考那些成功的事例成功在哪里,起到什么作用?对于那些违背某些原则的事例,又该如何改正?

表 10-2　课程资源开发事例分析表

事例	遵循的原则	违反的原则	个人体会
某老师在"认识方向"的教学实践中,设计了"确定学校大门朝向"的活动,进行了"太阳定向、指南针定向、北极星定向、太阳和手表定向"的方法指导,让学生实际去测,最后确定出学校大门的朝向			
某老师抱怨学校的基础设施太差,连个地球仪都没有,怎么能够跟学生讲好"地球的运动"			
某中学地理组多年来坚持集体备课、校际交流等教研活动,促进教师之间的相互交流,共同提高,还能够利用在网上下载的制作精美的地理课件进行教学			
某老师为了使用信息技术,将所有的地理教学内容制作成了地理课件,结果有的课件只是放了几幅图片,这和挂图并没有本质的区别			

10.2　学校地理课程资源开发技能

教学叙事 33

谁"踢"坏了操场

宁夏石嘴山市某中学的张老师在"营造地表形态的力量"教学中,引导学生讨论身边的实例,反思"外力作用",结果班上的男女生为谁"踢"坏了操场这个话题争论起来。

女生认为操场是被男生们经常踢足球给"踢"坏的。男生则辩解:操场坐落在一个风口上,是被风"踢"坏的。面对学生的不同意见,张老师没有急于下结论,而是领着全班学生来到操场上实地考察,此时,离下课还有十几分钟时间。

当学生来到操场上时,正好有一个班的学生在上体育课,伴随着学生的奔跑,由三合土碾压成的操场腾起一团团"黄雾"。男女生关于"谁'踢'坏了操场"的争论更加激烈。张老师先鼓励男生到操场周围找找,看能否找到有利于男生观点的证据。

不一会儿,操场东南侧马路旁一颗低矮的旗树引起了大家的注意。师生于是围绕这棵树进行了交流:这棵树的形状与当地盛行风向有何关系?当地盛行风又对地表形态有何影响?再看我们的操场,刚修好时平平整整,即使有大风吹过,也刮不起土来。但经过大家的奔跑、踩踏,表层物质变松软了,再一刮风,疏松的物质随风而起,尘土满天,平整的操场也就有了坑了。

学生不再争辩,不知哪个男生说了句:"看来操场坏了还是跟我们有一定关系的。"

张老师继续引导:同学们再深入地想一想,每年春天的沙尘天气与我们人类活动有无关系?……

[摘自:蔡建明,等.走进课堂——高中地理新课程案例与评析(必修)[M].北京,高等教育出版社,2005,79-82.]

技能评价

高一学生在学习"营造地表形态的力量"这节内容时,原有的知识储备并不尽如人意,有些学生甚至连"内力作用""外力作用"都分不清,联系实例分析的能力就更差了。教学叙事33中张老师的教学片段在设计时恐怕也没想到要到操场上去,但他却能够捕捉住地理课堂瞬间生成的信息资源,并巧妙借用"操场"这一课程资源载体,精彩地完成了教学任务,实现了教师指导下的学生有意义的学习和有意义的活动方式。

 随堂讨论

在地理课程实施中,我们经常听到老师抱怨学校穷,课程资源不足,但另一方面却存在着严重的课程资源浪费现象,课程资源意识薄弱,对眼前的课程资源视而不见。我国幅员辽阔,各地经济发展不平衡,办学条件差异很大。若将课程资源的建设还仅仅理解成物质资源的话,我们离新课程的理念还很遥远。结合教学叙事33,谈谈地理教师应如何培养课程资源意识。对校内地理课程资源的开发问题,你有何好的建议?

学校地理课程资源是指校内的地理课程资源,包括校内各种与地理教学有关的场所和设施,如图书馆、地理教具(地球仪、地理教学挂图、模型、矿物标本等)、专用地理教室、地理橱窗、天文及气象观测场馆等,以及校内的人文资源,如教师群体、师生关系、学生团体、校纪校风等。校内课程资源是实现课程目标、促进学生全面发展的最基本、最便利的资源,也最能引起我们的重视。其效果如何,关键在于能否以现代教育理念,根据学校自身的特点,结合教学实际进行充分的挖掘和利用。

10.2.1 校内基础设施资源的开发与利用

学校基础设施课程资源包括教室、图书馆、操场、微机室、体育馆等相对固定的教学场所及公用教学仪器、设备等,还包括校内花、草、树、木、山、石、水、土等环境资源。这些基础设施、环境资源是学校地理教育的物质基础和技术保障。

《普通高中地理课程标准(2017年版)》要求:注重地理图书、地图、挂图等图书资源建设,收集国内外地理教科书、地理图册、挂图、地理填充图、地理教学参考书、地理练习册等。注重地理教具、学具的开发,包括地理教学图件、地理教学标本(如土壤、矿物与岩石标本)、地球仪、等高线地形等模型、天文望远镜、天球仪等地理教学器材等的配备建设。加强地理园、气象观测站、天象馆、天文台、地理橱窗、地理实验室等方面的建设。根据学生选课、走班教学等要求,逐步建设地理专用教室,研制相关地理课程的地理实践手册,如地理户外活动设计、地理模拟实验手册、社会调查方案等,从软硬件两个方面完善地理教学条件与环境。

校内基础设施资源的利用可以直接方便地与教学结合起来,开发的关键是善于观察,培养地理课程资源意识。如充分利用图书馆开办地理图书角、通过局域网(校园网)帮助学生实现交互式学习、就校园布局体验建筑文化……

【案例 10-1】

欣赏校园美景,学习"旅游景观的欣赏"

杭州市区某中学的一位教师在"旅游景观的欣赏"一节内容的教学中,当分析完课本中园林造景手法后,让学生观察校园,找出校园中园林造景手法。学生一开始觉得奇怪,每天进出的这个既熟悉又平淡的校园,似乎没有什么独具匠心之处。但仔细观察之后,惊喜地发现一进校门便可看见假山,使用的就是障景法。它既使得园内的景色若隐若现,又使人不能一览无余,留有思考、想象的空间。一进校门左边的宣传橱窗墙,使操场与教学区相分离,中间的教学大楼又使得校园分为前后两个部分,这都是使用了隔景法。墙、建筑等将校园的景物分隔,增加曲折、层次,丰富我们的想象。透过校园东面的栅栏,可以看到不远处潺潺的小河,借园外的风景来衬托校园的景色,扩大园境,这里又采用了借景法……最后学生把校园内的景色拍摄下来,配以文字说明,完成了一篇《欣赏校园美景——谈校园内的造景法》文章,并发布在校园网上。一些学生感慨道:"我们的校园就如同一个精致的园林,以有限的空间造就了无限的风景。"这节教学活动让学生真正体会到了学以致用的快乐,也加深了对自己学校的热爱之情。

技能评价

案例 10-1 表明,校园环境也可成为地理课程资源,只要我们细心观察,时时刻刻做有心人,校园内到处是可供开发和利用的课程资源。事实上,能够注意观察,本身也就是在提高自身的地理课程资源意识。

1. 通过上述案例 10-1,你对培养地理课程资源的意识有何新认识?
2. 阅读《普通高中地理课程标准(2017 年版)》,能否列举一些因地制宜、因陋就简开发学校基础设施资源作为地理课程资源的事例?

10.2.2 校内地理课程专用实物资源的开发与利用

校内地理课程专用实物资源包括地理教材、地理教学图件、地理教学模型和标本、地理教学器材等教学素材,以及地理园、地理专用教室等地理课程专用教学场所。

10.2.2.1 地理教材的二次开发

在校内课程资源中,地理课程标准和教材是开展教学活动的主要依据,是最基本的地理课程资源。我国地域广阔,各地差异较大,课程、教材总会存在一些局限性。因此,地理教师需要根据本校教学实际,进行课程与教材的"二次开发",做一个灵活的教学设计者。

所谓教材的"二次开发",主要是指地理教师和学生在实施课程过程中,依据地理新课程标准对既定的教材内容进行适度增删、调整和加工,合理选用和开发其他与教学有关的材料,从而使之更好地适应具体的教育教学情景和学生的学习需求。它以既有教材为依托,基于教材又超越教材。教师对既有教材的"二次开发",可以从三个向度上展开。

第一,对教材灵活地、创造性地、个性化地运用。其一,当前国家新一轮基础教育课程改革实行的是国家基本要求下的教材多样化政策,无论是初中地理还是普通高中地理均有多套不同版本的新教材,每套教材各具特色、各有优势。在教学中可根据需要,吸取不同版本教材的优点,对知识内容、呈现方式进行重组,实现教学效益最优化。其二,即便是同一版本的教材,教学中教师也可以根据实际需要进行教材重组。如,目前使用的普通高中教科书 地理新教材共有人教版、湘教版、中图版和鲁教版四套,研究表明,同一教学专题,不同版本之间,在案例数量、内容多少等方面都存在一定差别,教学时可以选取不同版本中典型的案例进行补充。

第二,对其他教学资源选择、整合和优化。新课程地理教材一般正文都比较简短,有的只有几句,许多知识点到为止,留给教师发挥的余地较大;同时,地理课程标准要求也较为宏观,许多教师对讲多深、讲多少,常常难以把握。针对新教材正文篇幅小、弹性大的特点,作为一线教师需要加强集体备课,统一要求,集体讨论(讲哪些、讲多深、怎么讲),同时紧密联系实际,寻找生活中一些和地理知识相关的案例对教材进行有效补充。如使用中图版高中地理新教材时,调查自己一日生活中所使用的自然资源,体会自然资源对自己生活的影响(与必修第一册"第四章——自然环境对人类活动的影响"结合);绘制家乡县城的工业、商业网点的分布(与必修第二册"第二章——城市的空间结构"结合)等。

第三,自主开发其他新的教材资源。新课标提出"学习对生活有用的地理""学习对终身发展有用的地理",许多"活动建议"都需要联系本地实际开展地理活动。在教学中,教师应尽可能地联系学生的生活实际,开发乡土地理、生活地理教学资源,挖掘学生的生活经历和体验,让学生感受到地理就在身边,激发他们学习地理的兴趣和热情。如,许多教师在"工业的区位因素与区位选择"的教学中,通常以本地的工业布局为素材,设置教学活动主题:① 这些工厂主要生产什么产品?② 在当地建立这几个工厂各有哪些有利的区位条件?③ 根据各工厂在本区中的位置,分析其区位选择是否合理?为什么?这一活动,既把身边的地理搬进了课堂,又将课本内容引申到实际生活中去。

技能操练

查询不同版本的高中地理教材,选择同一节教学内容,尝试着进行教材的二次开发,并在此基础上对不同版本的教材在编制技术上作一简要评述。

10.2.2.2 地理园、地理专用教室等地理课程专用场所资源的开发

《普通高中地理课程标准(2017年版)》在"地方和学校实施本课程的建议"中明确提出了"加强地理园、气象观测站、天象馆、天文台、地理橱窗、地理实验室等的建设"的要求。当前,地理专用教室和地理园的建设已在全国不少学校开展。

在中小学校园内,建立"地理园"或"景观园",是对学生进行爱国主义教育的好方法,也是教学的"第二课堂"。地理园把自然与人文景观通过灵活多样的形式浓缩在一起,集知识性、趣味性、观赏性于一体,既可以使学生在园内学习地理知识,同时也给校园增添了一处美景。地理园的规模可大可小,大的达 300 m^2,小的仅 100 m^2,各学校可根据自己的实际条件投资兴建。随着基础教育和地理教学理念的不断更新,地理园的设计与建设已逐渐由封闭式向开放式模式转变。

【案例 10-2】

中学地理园的建设

设计一个完整的地理园时,通常需要考虑以下几类主要设备和活动项目。

1. 主要设备

(1) 大型立体地形模型,包括世界、中国、所在省区、学校所在县(市)的主体地形模型。

(2) 典型地貌模型,典型地貌可以有喀斯特、黄土、风沙、火山、河流、海岸、冰川、丹霞、花岗岩、构造地貌等。

(3) 展示地理过程的大型模型,展示的地理过程可以有地球运动、四季星空、月相变化、地下水、水土流失、板块碰撞、地球内部圈层、地壳物质循环等。

(4) 展示地理现象的大型模型,例如,等高线地形、地层及化石、垂直自然带等的模型。

以上模型若是设计成大型的,则多为固定的,由教师或专业施工单位制作。如有小型的,则可以由学生设计制作并定期更换。

(5) 地理橱窗或有遮挡保护措施的展示台,展示乡土地理内容、地理时事和学生活动成果等。这一项可以交给学生管理。

2. 主要活动项目

(1) 气象观测项目:主要使用百叶箱、风向风速仪、干湿球温度表、地温表、雨量器、蒸发皿、气压表等建设一个小型气象园进行观测。

(2) 天文观测项目:主要观测设备有天文望远镜台、日晷或日影杆等。

(3) 地震测报:利用地震专用水井、乌龟池、泥鳅池、鸡笼等测报。

(4) 环境监测:如酸雨监测、大气降尘情况监测。

(5) 花草种植:一般花草种植、大气污染指示植物种植等。

(6) 物候观测:包括记录针叶树、阔叶树、草类的萌动期、展叶期、开花期、枯黄期、落叶期的时间。记录候鸟、昆虫、两栖类的始鸣和终鸣的时间。

(7) 生态池:为反映陆地和池塘生态系统而种植一些植物和放养一些小动物。

(8) 地理制作:学生可在园中制作各种地理演示用具或岩石、矿物和动植物标本。

各学校可以根据自己的实际要求和条件选择上述设备和活动项目进行组合设置。但设备和活动项目不应过少。

3. 各学校的特色设备和项目

可以根据学校各自的特点和专长配置设备和项目。

[摘自:刘荣青.中学地理专用教室与地理园的发展[M].深圳:海天出版社,2005.]

现代地理专用教室是实施地理基础型课程、拓展型课程和研究(探究)型课程教学的基本场所。在中国地理基础教育领域,地理专用教室的建设可以追溯到 20 世纪 80 年代。早期的地理教室大多以方便教师授课,改善地理教学内容的展示环境为主。如,现代化的大屏幕投影设备、大幅地图、地理壁画、大型地理模型、展示柜、展示台、展示板等。随着信息技术的发展,近年来出现基于计算机及网络的地理专用教室模式,以计算机及网络为基础的数字化地理专用教室已经将原本基于实物和材料的地理教室演变成虚拟和半虚拟的地理学习环境。

【案例 10-3】

湖北省武汉市某高中"地理创新实验室"建设实例

2019 年,武汉市某高中实现了学生数字化地理学习的日常化,其地理创新实验室主要包括以下功能区。

(1)教学演示区:由一台主控电脑,两架数字化投影仪,一台数字星球操作仪器,一块超大交互式电子白板、DVD 等视频、音频设备,全由触摸屏控制,可任意切换;由服务器支持的数字平台、地理资源库、GIS 等地理软件。

(2)学生活动区:学生每人一台交互式数字平板电脑,可进行开放性网络化自主学习,在教室局域网、校园网、因特网上漫游。拥有交互式实验学具、地理图层学习箱,采用全方位活动式桌椅,可根据班级人数自由分组,便于开展合作学习,进行制作和实验。师生之间、学生之间均可在网上互动交流和人机对话。

(3)学生成果展示区:学生的小论文,研究性课题、制作创作等的成果,均可展示并交流。

(4)听课区:不但设有专门的听课位置,还可与其他学校相关联,实现异地听课。

(5)教学陈列区:有岩石、矿物、土壤等标本,三维及动态教具,地球仪,数字化语音地图,均可陈列并定期更新。

10.2.2.3 教学案例、教学方法等地理教学素材性课程资源的开发

地理教学素材性课程资源开发的基点在于构建地理教学情境要素信息库。这种课程资源库是将具体事例设置为教学情境或场景,以视频、图片等形式储存,并通过现代化手段加以再现,随时为地理课堂教学提供服务的信息资源的集合。情境要素包括两方面内容:一是教学案例,即教师创新的教学设计、教学方法策略等;二是教学资源,即教学中所需用的图片、材料等。由于情境要素由实际案例构成,既可以为教师创造性的教学提供有力的支持,也可以使学生如身临其境般地进行地理学习。创建情境要素信息库,应针对地理课程教材、教学目标的要求,选择生产、生活中的具体地理事象、数据、景观图片以及歌曲、诗词等创设情境,并进行分类整理、储存,以便及时快速地提取,灵活机动地为地理教学服务。情境要素信息库的构建是随着地理课程改革涌现出的新生事物,在开发过程中要注意所收集的案例应该真实、典型,所设置的情境应该具有代表性、针对性,这样才能激发学生的探究欲望,实现资源共享。

【案例 10-4】

"图行天下"成"资源"

苏州某中学的蔡老师,利用假期自费旅游,全面考察地理地貌和民情民风,至今足迹已遍及

全国28个省区。每到一处,她都要拍摄景观图片,积累了大量的地理教学素材,给地理教学注入了丰富的源头活水。在课堂上,她经常结合课程内容,穿插一些自己的经历、探险的感受。当在讲述"什么是冰川?冰川的形态特征如何?"时,东部沿海的学生无法直观体验,她一边给学生看她在新疆拍摄的"天山一号"冰山的图片,一边讲述惊心动魄的攀登过程,学生被深深震撼了,听得心驰神往,同时也感受到蔡老师对专业的执着、对自然的热爱以及克服困难的毅力。

10.2.2.4 数字化课程资源的开发

随着科学技术的发展,有越来越多的现代信息技术能够运用到地理教学中,因此数字化的课程资源开发也逐步受到重视。这就要求学校和地理教师加强数字化地理课程资源建设,逐步建设专门的地理学科数字化课程资源,如地理信息系统(GIS)、遥感(RS)、全球卫星导航系统(GNSS)(北斗或GPS)辅助教学系统,天文望远镜遥控观测平台系统,野外实践(水、土、气、岩)采集分析与显示系统等。研发地理课程情境资源库、课程实例或案例。

【案例10-5】

成都某中学在建设地理创新实验室时,引进了数字星球系统(多媒体球幕投影演示仪)。数字星球系统是信息时代最先进的教学仪器之一,也是目前国内唯一实现三维立体动态展示的单体数字化教学仪器。

在某节课上,教师要求学生利用数字星球系统,观察地球表面失去海水后,海底的地形是怎样的,并与学生讨论为什么海洋中脊这么长,海沟那么深?数字星球不但可以直观地呈现地球上的地形地貌状况,还能模拟演示其动态的变化过程,让学生耳目一新。

技能评价

结合案例10-5中单体数字化教学仪器在地理教学中的应用,评价其对教学改革和学生发展的积极作用。

10.2.3 校内隐性地理课程资源的开发与利用

校内隐性课程资源是一种潜在的、易被忽视的但又有着巨大教育价值的资源。它主要包括校园人文环境、教育主体内在特质以及声誉等。从校园人文环境来看,学风严谨、班风积极向上、同学团结友善、师生关系和谐平等无疑对学生的健康成长起着潜移默化的作用,当然也能对学校的地理教育活动有一定的潜在影响。在校园文化环境中,人的因素是最活跃的,从人的因素挖掘教育主体的内在特质应该是校内隐性地理课程资源开发的重点。

10.2.3.1 教师的个人经历是重要的隐性课程资源

"学习对生活有用的地理"是地理新课程的基本理念,教师的个人经历具有明显的生活性。教学中,教师真实的个人经历具有活化教材、吸引学生参与教学的功能。作为地理课程最重要的人力资源,教师本身的经历可以成为课程资源的组成部分。因此,在地理课程的实施中,教师首先应有课程资源意识,要尽可能多地参与社会的政治、经济和文化活动,以丰富自己的生活积累。

【案例10-6】

教师个人的经历:激发学生兴趣的课程资源

教学中每当我联系自己的生活经历给学生说明某个地理原理或规律时,学生都会显示出前所未有的听课兴趣。例如,我在讲"影响农业布局的主要因素之———城市的发展和分布影响郊区农业布局"时,给学生展示教师带子女在宜昌共宜村生态农业基地拍的照片,学生非常感兴趣,那堂课也上得十分顺利。在参加宜昌市第二届青少年科技节时,不少学生还把"共宜村郊区农业发展研究"作为探究课题进行研究。又如,教师的家属曾在宜昌旭光棉纺厂干过销售工作,在讲企业增长战略时,就举了该厂的例子。兼并宜昌针织厂,走的是横向一体化发展战略;承包湖北公安棉田走的是纵向一体化战略;成立旭光大酒店、旭光房地产开发公司走的是多样化战略。再如,在讲述流水溶蚀地形时,教师展示1998年在张家界旅游时拍摄的黄龙洞照片,描述当时看到的溶洞景观,然后再引导学生学习石笋、石钟乳、石柱等的形成,效果就好很多。

[摘自:琚艳丽,张爱群.教师个人的经历:激发学生兴趣的课程资源[J].地理教育,2005(3):55.]

参与评价

有人说,教师是教学的第一资源,结合案例10-6,说明该观点的重要意义和进行教师教学资源开发的思路。

技能操练

读完案例10-6,对你有何启示?这样的例子在你身边是否存在?请举例说明。

10.2.3.2 学生的个人经验是不可忽视的隐性课程资源

建构主义教学论认为:在学习各科课程时,学生的头脑里并非是一片空白,而是基于原有知识经验背景的建构;学习过程不是接受现成的知识信息,而是基于原有经验、概念的转变。教学中,把学生的个人经历视为一种课程资源,可以有效地激发学生学习地理的热情,引导学生在生活世界与科学世界的撞击中进行学习、思考,使本身具有开放性的地理原理知识更加可亲、可信。要实现这一环节,首先需使学生的个人经历得以呈现,如在教学中,采用问卷调查、焦点访谈、私下交流等方式,让学生以口述或书面作业的方式呈现出自己的个人经历;然后地理教师再根据教学内容,结合学生实际情况筛选出有教学意义的课程资源,实施有效的课堂教学,最终实现在学生个体经历基础上的"增值学习"。

【案例10-7】

"学生的生活经验"让地理课堂活跃起来

一位高中地理老师在讲"大气运动的最简单形式——热力环流"这节内容,他在导入新课时用了很简单的一个道具——一个盛满了热水的茶杯,让学生观察水蒸气是如何运动的,然后问学生水蒸气为何如此运动。学生七嘴八舌地回答,一下子就进入了状态,有的学生回答"水蒸气较轻",有的学生则联系学过的物理知识作出详细的回答。在倾听完学生的分析后,教师不断地追问,引导学生得出结论:水蒸气的运动方向事实上表明了该处空气的运动方向。水蒸气之所以往上升,原因在于该处空气受到茶杯里的热水的加热作用,膨胀上升。接着,这位老师进行了拓展,假设茶杯里的是冰块,让学生思考茶杯附近空气又会如何运动。这时,几乎全体学生已经可以准确快速地回答出来了……

[摘自:曾美莲.挖掘生活中的教学资源,让地理课堂"活"起来[J].安徽文学,2008(7):224.]

随堂讨论

根据案例10-7,结合你的经验,谈谈学生经验与地理课程资源的关系。

10.2.3.3 教师的个性品质是人格化的隐性课程资源

个性品质作为一种课程资源主要表现为教师的个人修养、人格魅力等个性特征。俄国教育学家乌申斯基说:"教师的人格对于年轻的心灵来说,是任何东西都不能代替的有益于发展的阳光。教育者的人格是教育事业的一切。"教师的情感特征、心理倾向、意志品质以及认知方式等都会对学生的各方面尤其是道德品质的成长产生重要影响,因而教师的个性品质是一种不容忽视的课程资源。

【案例10-8】

王能智老师教地理

王能智老师是北京市地理特级教师。被誉为"中国探究学习的先行者"。1982年,王能智在北京市石景山区古城中学教地理。王能智发现:探究性学习必然导致学生的目光和兴趣越出书本。于是他引入校外实践活动。

比如他提出一个问题:"石景山到底是山还是丘?"学生带着这个问题爬到了石景山的山顶上,又带回来一系列问题:有分析岩层岩性的,有用声音测古井深度的,还有替山上的碑石鉴定年代的……事后,学生写了一篇文章《石景山上的古井》,报纸登了,北京人民广播电台也播了。这组学生像中国女排运动员那样把手叠放在一起,说:"成功了!"

王能智教地理,学生对地理课的热情空前高涨。家长们曾担心王能智这么教下去会影响学生学习其他科目的热情。实际上,他教得很轻松,学生学得也很轻松,成绩却蹭蹭蹭地上来了。王能智只是地理教师,不是班主任,但王能智担任地理课的班,学生好管了,而且学生其他科的成绩也上来了。

[摘自:王宏甲.中国新教育风暴[M].北京:北京出版社,2004:8.进行过整理。]

技能评价

教学工作是教师的第一要务。具有一流的教学水平、严谨的治学作风、灵活的教学方式和高超的教学艺术、诲人不倦的爱心与耐心的教师往往能成为学生模仿、崇拜的对象。所以，王能智教地理，学生学地理的热情空前高涨。因此，作为地理教师，一方面要加强品德和人格修养，爱岗敬业、乐于奉献，不断提高自己的职业道德素质；另一方面还应该不断更新教育观念，精于专业，提高自己的教学水平，提升自己的教学素养。

10.2.3.4 和谐的师生关系也是隐性课程资源的来源之一

教学过程是师生交往、共同发展的互动过程，"民主、平等、合作的师生关系"将有助于师生的共同成长。良好的师生关系是师生在教育过程中在全面互动的基础上建立起来的。它是一种共同发展中的心灵碰撞，是目标一致的合作与成果分享的愉悦，是师生互相关爱的结果。新课程为师生之间的交往预设了广阔的空间，所以，地理教师要更新教学观念，牢固树立学生主体观，把学生视为自主的人、发展的人、有潜能的人；热爱每一个学生，相信每个学生通过自己的努力，都可以在原有的基础上得到发展；把微笑带进课堂，把激励带进课堂，善于发现学生的闪光点，鼓励学生发表自己的见解，为学生的自主学习创设一种轻松愉快的氛围。

【案例10-9】

生花妙语化解"突发事件"

有一次，我上"自然地理环境的整体性"的课时，正讲到东北森林的变化导致了环境整体怎样的变化时，突然班级出现一种不和谐的声音，一个学生很响的擤鼻涕声，惹得其他学生都回头望着他哄然大笑，有序的课堂就这样被打破了。我寻声望去是班级有名的"调皮鬼"，平时就喜欢在同学面前搞点儿恶作剧，我如果因此去责问他，不但会阻碍上课的进程，而且说不定他还会搞出点什么名堂。我望着他，沉静了一下，语气平静地说："××同学牵一鼻，而惊动了全班，这体现了我们在地理上所学的什么特点？"学生异口同声地说："整体性。"我接着说："××同学，为了你的鼻子，为了班级的整体性，你能否对你的鼻子温柔些？"其他学生都会心地笑了，他也不好意思地抿嘴一笑，低下了头。课堂安静了，很快又进入了新的教学过程，而且那一节课比以往的课堂更是高效。

[摘自：侯玉娟. 高中地理隐性课程资源开发浅议[J]. 地理教学, 2008(3): 17-19.]

技能评价

良好的师生关系是师生在教育过程中共同发展的，是目标一致的合作与成果分享的愉悦，是师生互相关爱的结果。案例10-9中的地理老师以非凡的耐心、细心和爱心，化解了一场课堂事故，活跃了课堂教学，也成就了一种课程资源。

10.2.3.5　课堂动态信息生成性资源是珍贵的隐性课程资源

随着新课程的实施,越来越多的教师开始关注课堂动态生成性资源。课堂上学生一句无心的话、一道错题、一个突发的念头都可能成为崭新的课程资源。建立在这种隐性课程资源上的教学,往往最切合学生的最近发展区,更有利于学生迅速掌握新知识。如"谁'踢'坏了操场"这则案例,倘若教师粗暴地喝止住学生的争执或未能将这一话题延伸到操场进一步实地探究,及至升华到人类活动与可持续发展的话题,那么这堂课就平淡了,学生对"营造地表形态的力量"的理解就不会像他们刚刚经历的那一场争论那样透彻。

10.2.4　校内地理课程活动资源的开发与利用

校内活动资源的内容是非常广泛的,它包括实验学习、班级集体和学生社团的活动、各种集会和文艺演出、典礼仪式、校园益智比赛等。组织各种活动是开发地理课程校内活动资源的前提。在此前提下,地理教师可以鼓励和指导学生成立各种兴趣小组,运用自己学习的知识、技能,开展实验学习等活动;指导学生编辑小报、墙报、板报,布置橱窗;引导学生利用学校广播站或有线电视网、校园网传播自编的有关地理专题的节目。

【案例 10-10】

学习"宇宙中的地球",举办中国人的"飞天梦"橱窗剪报展

在学习高中地理"宇宙中的地球"的内容时,只利用教材、图册所提供的资源是有限的,远远满足不了学生对太空探索的渴求,时值我国"神舟"七号载人飞船成功实现"太空漫步",校园内外更是掀起了探索宇宙的热潮。某中学地理教师抓住这一时事热点,指导学生从身边的资源——报纸入手,收集了许多相关资料,制作成"灿烂星空——探索宇宙"为专题的橱窗剪报展,将学生的"飞天梦"话题推向了高潮。

配合"6.5 环境日",开展"环保小制作"比赛

环保教育是地理教学的重要内容。为了配合"6.5 环境日"的宣传,结合地理环境教学内容,某中学地理教研组与学校团委一起组织了"环保小制作"比赛。学生纷纷利用废旧材料动手制作,有可乐瓶做成的花篮、棒冰棒做成的笔筒、一次性筷子搭建的傣家竹楼……学生用他们的奇思妙想完成了一次变废为宝的行动。最后评出优秀作品,以"人人参与,创建绿色家园"为题进行展出。

参与评价

结合上述案例 10-10,说明校内地理课程活动资源的开发对实现地理教育价值的意义。

实践活动

结合自己的教学实践经历,设计 1~2 个校内地理课程活动资源开发的例子,并谈谈自己这样做的理论基础。

10.3 社区地理课程资源开发技能

教学叙事 34

社区是美国儿童学习的"第二课堂"

美国教师金·蔡斯(Kim Chase)曾教过九年级的语文课,学年的主题是"忍耐力"。蔡斯认为纳粹大屠杀的材料对学生理解这些概念可能会有帮助,于是决定让学生读《安妮日记》,但是读过这本书的学生对大屠杀和安妮并没有很多的了解。为了让学生能够更深切地理解大屠杀的情况,她给自己曾参观过的华盛顿美国大屠杀纪念馆发了一封电子邮件,很快收到他们寄来的一些卡片,每张卡片上都记录着一个受害者的故事。她的学生每人可以得到一张。

从蔡斯的教学设计可以看出,美国学校很善于开发与利用社区的课程资源来为教学服务,因为他们深知教育的成功不只是学校自身的事,它需要学校、家庭和社会的共同努力和通力合作才能实现。

[摘自:刘丽群,张文学.美国社区课程资源开发及其对我国教育的启示[J].学前教育研究,2007(5):53.]

随堂讨论

谈谈教学叙事 34 对你的启示。同样,社区也是学校地理教育课程资源的重要组成部分,是进行地理学习的"第二课堂"。与同学交流在我国该如何开发和利用社区地理课程资源。

社区地理课程资源的开发和利用主要是就学校所在社区周边环境中所蕴含的具有地理教育教学价值的各种资源的开发和利用而言的。对于地理学科来说,社区地理课程资源起着校内地理课程资源不可替代的作用。社区地理课程资源丰富多样,具有涵盖面广、信息量大、时代感强、贴近日常生活实际等特点。它的开发利用,可作为校内地理学习课程的延伸,有益于开拓学生的知识视野,培养学生的地理技能,树立科学的环境观和正确的世界观。

10.3.1 社区地理课程资源开发的主要形式

10.3.1.1 观察、观测型

天象观测(观测日出日落的时刻和方向以及太阳高度角的变化;观察星座和寻找北极星;观察月相;观测流星现象及天文时事现象等)、气象观测、物候观测、土壤观察(观察土壤剖面结构、颜色、质地等)、水文观测等,这些活动可以培养学生的科技素养,帮助学生自主地研究和认识自然和人类活动的关系。

例如,在进行"月相"这部分内容教学前,可先组织、指导学生连续观测半个月以上的月相,记录并总结月相的变化,分析月相变化的原因。在学生自己观察的基础上,再引导学生分析月相图,这样就能使学生在掌握月相变化规律的同时,培养学生观察自然现象并从中发现规律的能力。

在指导学生观察月相时,应指导学生按如下设计的表 10-3,做好观察记录:

表 10-3 月相观察表

日期(农历)	观察时间	月亮所在的方位	月亮的高度	月相(画成图形)

通过这种观察,能让学生直接掌握月相变化规律,理解并总结出"上上上西西、下下下东东"的规律(即"上弦月、上半夜、上半月、西方天空、西边亮","下弦月、下半夜、下半月、东方天空、东边亮")。

10.3.1.2 采访、访问型

访问是学生收集资料的途径之一。这不仅使学生获得了知识,还锻炼了学生与他人交流、沟通的能力,增长了才干。如在学习高中地理"人口与城市"的内容时,教师会在课堂上补充一些不同城市在不同时期的地图、照片以反映城市变化的实例,帮助学生理解。为提高学生的迁移能力,还可要求他们课后走访或上网查找资料,了解所在城市的变迁,培养学生收集、分析、处理地理信息的能力。

10.3.1.3 调查研究型

这是一种较高层次的学习活动,是多种智能综合应用的类型,可进行城市环境调查、生态农业调查、濒危生物调查、自然灾害环境的调查、缓解市区交通拥挤方案的设计、所在城市旅游资源的调查以及旅游线路的设计等。如在讲高中地理"城市交通运输"的内容时,可鼓励学生联系本地实际,调查研究本地城市交通状况,归纳城市交通特点。例如,某中学学生通过调查发现本市城西的交通很拥堵,特别在上下班高峰期,后来分析原因,主要与城市规划有关,城西是本市最大的住宅区,大量的人口集中在那里。学生又发现每天早晨大量人流、车流出来,晚上大量人流、车流返回,而一般城市的双向车道是一样宽的,往往造成一边车道拥挤,另一边空余浪费的现象。针对上述城市交通拥堵问题,学生多方收集资料,并加以分析,互相讨论,向有关部门提出了几点关于解决城市交通问题的建设性意见,如设计可变宽度的活动车道、错时上下班、发展立体交通(如地铁)等。教学实践表明,对校外课程资源的开发利用,不仅贴近学生的生活实际,开拓了知识视野,还有利于培养他们的创造能力。

【案例 10-11】

地理核心素养视角下地名课程资源的开发

地名是地理感性知识的重要组成内容。地名不仅是地理实体的名称,或者代表物产的空间分布,地名产生与发展的过程中镌刻有许多历史故事,也反映很多现实问题,而这些内容可以称为培养学生地理核心素养的课程资源。笔者尝试立足地理核心素养,依照现行《普通高中地理课程标准(2017年版)》的要求,以福建省福州市地名为例,设计教学内容,展示地名课程资源在地理核心素养培养中的作用。内容涵盖了地理教学过程的不同环节,包括引入新课、教授新课、练习总结和课后作业等。

1. 导入新课——形成区域认知

课标要求:运用有关资料,概括城市化的过程和特点,并解释城市化对地理环境的影响。

教学过程:教师播放视频片段《福州"东街口天桥"拆走哪些回忆?》,主要介绍了东街口天桥因福州地铁修建而被拆除,引发全民怀旧以及对城市化建设方式的思考。学生结合视频及生活经验,讲述自己搭乘地铁时经过东街口站的感受——从天桥到地铁站的变化中,感知福州城市化历程。教师补充说明东街口天桥这一地名从出现到消失的过程,进一步加深学生的感知。

2.教授新课——培养人地协调观

课标要求:举例说明地表形态对聚落、交通线路分布的影响。

教学过程:教师展示闽江流域范围图、台江区区位图以及部分台江区历史时期保留至今的"涉水"地名(表10-4),要求学生思考聚落与河流地貌的关系。学生结合已学知识,得出结论:"聚落大多沿河分布,尤其是分布在河流中下游的河漫滩平原与三角洲平原。"教师接着展示"鸭母洲"与"洋中村"的地名故事。

请学生思考河流在聚落形成与分布中的作用。学生分析材料并结合教材,可得出结论:"河漫滩平原能发展种植业与渔业,为聚落形成提供经济基础。同时,为避免洪水的侵袭,人们又尽可能避免将聚落过于靠近河道。"教师再引导学生阅读课本,进一步分析河流堆积地貌有利于形成与发展种植业的区位因素。

表10-4 福州市台江区部分历史时期保留至今的"涉水"地名文化景观

地名	类型	地名	类型
老药洲	沙洲名	苍霞洲	沙洲名
洋中里	街名	中亭街	街名
义洲	沙洲名	后洲	沙洲名
瀛洲	沙洲名	茶亭街	街名
帮洲	沙洲名	鸭母洲	沙洲名
上杭路	街名	河下街	街名
下杭路	街名	上浦路	街名
鳌峰洲	沙洲名	河下街	街名
三县洲	沙洲名		

3.练习总结——开发综合思维

课标要求:举例说明人口迁移的主要原因。

教学过程:教授新课结束后,教师给出上海新村、跑马场、双贵顶村、笏山村等四个福州地名故事,内容均与人口迁移有关。学生根据课堂所学知识,回答各条材料中反映出的人口迁移类型、方向与因素,并填写表格(表10-5)。教师点评答案后展示本课结构图,总结本课知识点。

表10-5 福州市部分地名反映的人口迁移现象

地名	人口迁移类型	人口迁移方向	人口迁移因素
上海新村	国内人口迁移	上海→福州	政策因素(支援福州建设)
跑马场	国际人口迁移	欧洲、北美洲→亚洲	殖民因素("租借地")
双贵顶村	国内人口迁移	外地→福州	经济因素(逃荒)
笏山村	国内人口迁移	长乐→马尾	战争因素(倭乱)

4. 课后作业——提高地理实践力

课标要求：举例说明地域文化对人口或城市的影响。

教学过程：教师展示三组福州公交站修改前后的名称(乌山与福州市政府、省二人民医院与观风亭、三坊七巷与侨雄)，并将学生分为六组，每组选择一个地名，论述本组地名更适合作为公交站名的理由，在下节课进行汇报讨论。学生在课后分头收集资料，选择合适的方式进行汇报。

[摘自：陈焜，陈杰. 地理核心素养视角下地名课程资源的开发[J]. 地理教学[J]. 2017(14)：9-11.]

技能评价

结合案例10-11，归纳利用地名课程资源培养学生地理核心素养的过程，并评价其意义。

10.3.1.4 野外考察型

野外考察是进行地理研究的基本方法，活动内容很多，常见野外考察的有对地质、地貌、河流、湖泊、海岸、洞穴、土壤、森林、草原、沙漠等的考察。还有一些特殊的地质地理现象如火山地貌、冰川景观、泥石流及地震等也可列入野外考察的范围。此外还可开展乡土地理考察、环境地学考察，区域综合自然地理考察等。地理教师可根据学校周边社区的实际情况和学生的爱好，有选择地进行组织。如以杭州为例，杭州西湖以明山秀水闻名中外，而对于地理教学来说，那里的地层和构造的特点(具有沉积岩发育区的代表性)，在我国南方各省区中也是比较典型的，所以是一个很好的地质考察基地。

10.3.1.5 实践基地型

《普通高中地理课程标准(2017年版)》要求：建立各种校外地理实践基地。通过挂牌、共建、共同开发等措施进行实践基地的建设。校外实践基地包括地理野外实习基地、公共图书馆、气象台、天文馆、地质馆、海洋馆、科技馆、展览馆、少年宫、博物馆、植物园、动物园、主题公园以及有关政府部门、科研单位、大专院校、工厂、农村等。

例如，浙江省某校依托当地著名企业，创建"产业活动实践基地"，学校每年都派师生去实践基地参观学习，通过企业的发展窗口，使其亲身感受当地经济社会发展的巨大变化，从规模、技术、市场、效益等方面深入了解本地大中型企业文化。与当地地震局合作，编写地震科普教材分发至中小学校，进行地震科普教育。筹集资金建立"地震科普教育基地"，配备了地震科普实验器材，常年组织学生参观，进行地震防灾、救灾教育。挖掘当地旅游资源，创建乡土文化体验基地，开设"家乡风情"选修课，带领学生游览当地景区，通过调查、走访等方式感受当地别样的乡土文化。

地理实践基地的内容十分广泛，要结合地理教学的需要精心选择，认真研究开发利用。如初中讲"地球和地图"、高中讲"宇宙中的地球"，有条件的可以组织参观天文馆、看天文科普知识展览、看天象厅的演示；讲完"农业、工业、交通运输、商业贸易"，可以组织综合性的参观，如当地的大型工矿企业、生态农业园(区)或种养殖场等；高中讲"交通运输中的点"时，可以就近组织学生到火车站或港口码头参观等。下面是重庆市万州区第六中学的地理教师组织学生参观万州港区码头的参观提纲。

【案例 10-12】

"万州 1500 万吨深水码头"参观提纲

班级：_____ 姓名：_____ 日期：_____

1. 目的：了解港区的位置、名称、腹地范围、生产设备；明确港区的主要职能。
2. 要求：认真参观，积极做好记录；遵守纪律，注意安全。
3. 参观地点：红旗沟 1500 万吨深水码头。
4. 参观项目：
(1) 港区名称、位置和腹地范围。
(2) 港区生产设备：① 陆上运输设备；② 水上运输工具；③ 起重设备；④ 货物主要存放地。
(3) 港区的主要职能：① 运进货物；② 运出货物；③ 港区的主要任务。
(4) 看轮船类型：① 当时码头边停靠的轮号和其吨位，是普通客船，还是旅游船或货船，行驶的航线。② 是普通客船或旅游船，沿途停靠（或经过）哪些港口（或城市）；是货船，其运送的货物主要是什么，运送的终点港口是哪里。
5. 总结：参观后的感想。

[摘自：邱天武.组织地理参观促进探究学习[J].地理教育,2004(5).]

10.3.2 社区自然课程资源的开发与利用

地理学科兼跨"人文与社会"和"自然科学"两个学习领域。这是由地理学科的性质以及学习内容主要由人文地理和自然地理共同组成所决定的。我国幅员辽阔，区域自然环境和社会环境差异很大，各种各样的地形、地貌、植被、气象、聚落等地理特征和景观是地理课程取之不尽的源泉。

"大自然是活教材"。了解并认识自然环境的方式主要有：在教师的带领下，结合地理课程内容开展专题性的野外地理考察活动；在家长的带领下，根据学生本人的实际体会，写出专门的地理旅行报告；组织地理活动小组，对学校附近的自然环境状况进行系统性的调查，比如了解地形、气候、河流、植被、动物、矿产、环境污染、人口、经济发展、工业生产、交通运输等方面的情况，并写出专门的调研报告或小论文。上述活动一般应在教师或家长的指导下进行。

【案例 10-13】

土壤课题的研究性学习过程

在《普通高中教科书地理必修第一册》（湘教版）"土壤的形成"教学中，浙江省衢州高级中学的滕老师结合学校靠近丘陵的条件，让学生在对教材知识理解掌握的基础上，将学习的视角延伸到校外，由学生自行成立"土壤"研究性学习小组，具体步骤为：① 通过查阅相关资料和小组讨论形成研究的具体内容、步骤、方法；② 带着问题进行实地研究[土壤是怎么形成的,形成的步骤是怎么样的,土壤下面又是什么,什么是成土母质,我们这里的土壤是什么颜色的,为什么是这个颜色,这种土壤的特点是什么,有什么样的性质(如酸碱性),为什么土壤会有肥力,这种土壤适合什么作物生长];③ 整理筛选资料,形成研究报告;④ 组织一期关于烂柯山丘陵地带土壤的专题报告。

 参与评价

结合案例,说明研究性学习过程对学生成长的价值。

以高中地理"自然环境对人类活动的影响"为专题,结合学校所在社区周边自然环境,按照本校所选用的地理教材的教学顺序,设计一个课程资源开发方案。

10.3.3 社区社会课程资源的开发与利用

社区社会课程资源主要包括:图书馆、科技馆、自然博物馆、高等院校地理学院(系)、地理研究所,以及相关的研究所,如海洋研究所、地质与水文研究所等,青少年中心,少年宫,社区离退休人员等。

图书馆。图书馆是一种重要的社区文化资源,也是一种重要的地理课程资源。一方面,联系图书馆,让学生可以独立借阅馆藏地理方面的图书;另一方面,请馆内有关人员介绍如何使用和爱护图书资料,在可能的情况下,还可请馆内的工作人员介绍有关地理的新知识。

科技馆。科技馆是地理课程资源最丰富的社区场所之一。它可帮助学生拓宽科学视野,加深对地理现象、地理过程的理解,为地理教学提供辅助作用。

自然博物馆。各地的自然博物馆也是地理课程资源比较丰富的地方之一。有计划地组织学生参观自然博物馆可增强学生对教材内容的理解。

地理院校、科研所、教育科研部门。社区大学中的地理学院(系)、地理研究所等机构,师资力量雄厚,设备先进,请他们参与学生地理活动,或在合适的时候借助于他们的设备让学生进行地理活动,将有利于提高学生的兴趣。

社区离退休人员。社区离退休人员中,不少是地理专家或者是与地理相关的水文、地质、气象等方面的专家,请他们有计划地给学生开讲座、一同设计地理活动,或指导学生开展地理活动都有助于学生增加对社会和地理科学的了解。

【案例 10-14】

这样的参观谁之过?

博物馆、纪念馆是国民教育体系的重要组成部分。2008 年 1 月 23 日,中共中央宣传部、财政部、文化部、国家文物局联合下发了《关于全国博物馆、纪念馆免费开放的通知》,要求全国各级文化文物部门归口管理的公共博物馆、纪念馆,全国爱国主义教育示范基地全部实行免费开放。素质教育要从娃娃抓起,许多中学纷纷组织本校的学生去参观当地的博物馆,然而,我们常常看到的是这样的场面:几百名学生排着长长的队伍围着博物馆内的所有展厅转一圈,然后头也不回地离开了。当你问学生看的是什么展览时,大都是一脸茫然,甚至连展览的名字都不知道。

1. 上述案例 10-14 中,学校的问题在哪里?博物馆有责任吗?假设你是带队老师,你应该如何组织这样的参观活动?
2. 就社区某一与地理课程相关的场馆资源,设计一个地理参观活动方案。

10.3.4 社区文化课程资源的开发与利用

各地历史文化背景不同,民族构成不同,风俗习惯不同,受外来文化影响的程度不同,人口素质不同,所有这些人文差异都为社区文化课程资源的开发与利用提供了可能。

民俗资源。民俗的形成与地理环境有很大的关系。因此,调查研究民俗的形成与演化过程是开发地理课程资源的重要形式之一。

名胜古迹。它包括历史宗教建筑、古战场、名人住宅等。它们在一定程度上都含有潜在的课程资源。以古战场为例,在当时条件下,这里为什么会成为战场?谁胜谁败?原因是什么?所有这些问题都与当时的地理环境有关。引导学生产生研究这些问题的兴趣,培养和发展他们分析问题、收集材料、解决问题的能力,有利于他们学会与他人交流、合作的技巧。

地方戏曲、杂艺、手艺等。民间流传着许多地方戏曲、曲艺、杂技和手工艺等。它们的形成既有当时的政治、经济、文化背景,也有地理环境方面的原因。这里也有很多潜在的课程资源。把那些潜在的课程资源变成现实的课程资源正是新课程对我们的要求。

某校地处湘鄂交界的丘陵山区,竹子无处不在,"星星竹海"更是全国有名的旅游胜地。学生可与竹子亲密相处。进行"竹文化"的校本课程资源开发,可谓天时、地利、人和。但是,如何进行有效的开发和利用,各科教师说法不一。假设你是该校的地理老师,你会有什么建议,并谈谈在开发的过程中该如何发挥地理教育的功能。

10.3.5 社区家庭课程资源的开发与利用

家庭地理课程资源主要包括两方面:一是物化的文化环境与设施,例如,家庭藏书、报刊、工艺品、音像资源、电脑器材等;二是家长的课程资源。

应该说，近年来，不少学校对家长越来越重视，这主要停留在家长能为学校办学提供哪些帮助上，或者如何配合学校教育好孩子上，至于把家长视作一种不可缺少的课程资源进行开发与利用，还没有引起学校足够的重视。事实上，家长中有各种各样的人才，有的本身就是某一领域里的专家。因此，如何开发与利用家长的课程资源，是当今课程改革中值得关注的问题。

在家庭地理课程资源的开发与利用上，一方面可以充分发挥家长的特长优势，为学生开设相应的专题讲座。例如，有的家长喜欢集邮，并对邮票有一定的研究，教师可建议家长为孩子开设邮票与地理有关的专题讲座。又如，有的家长喜欢旅游，教师可建议家长为孩子开设旅游与文化的专题讲座。这样做，既丰富了学生的知识，又发展了学生的个性特长。另一方面可以鼓励家长和学生利用周末时间，开展丰富多彩的活动。例如，猜地理谜语比赛、摄影、郊游等。开展这些活动，不仅可以提高学生学地理、用地理的能力，还可以让学生真切地体验到家庭的温馨，受到潜移默化的亲情教育。

实践活动

丰富多彩的课程资源进入地理课程已经成为地理新课程实施的热点和亮点。"问渠那得清如许，为有源头活水来"。教学中，优质的地理课程资源进入地理课程得益于我们平时的收集、整理、加工和转化。因此，地理课程资源库的建设就显得尤为必要。实际上，教师参加地理课程资源库的建设，既是自身专业发展的需要，也是符合新课程理念的一项教学实践活动；同时，也符合课程资源开发的"共享性原则"与"经济性原则"，能够提高课程资源开发的效果与利用率。

根据本校或你所熟悉的学校实际情况，查阅相关资料，思考并提出：

1. 建设学校地理课程资源库的资源来自哪些方面？就其中的某一方面尝试提出合理化建议。

2. 结合本校或你所熟悉的学校条件，你认为建设学校地理课程资源库可行吗？以什么样的机制来保障学科课程资源库的建设？你有哪些合理化建议？

【案例10-15】

地理教师个性化课程资源库的建设

个性化课程资源库的建设是教师专业化发展的必由之路。根据地理教学过程的实际情况，教师个性化课程资源库建设可以参照以下几个模块来进行。

模块一：教学素材库。这里的素材是教师进行教学设计时能被直接引用的基本材料，以图片、标本、视频等形式储存。教学素材主要包括教材、搜集的照片、电影、报纸上的漫画、报纸评论、各种统计资料等，都是教学中可以使用的重要素材。为便于课题教学，可以按教材目录建立素材库。

模块二：教学案例库。包括校内外优秀教师和自己的教学计划、教学设计、电教课件、教学实录、教学录音、录像等。

模块三：问题式教学、研究性学习资源库。该内容是从教学案例库中单独列出的。因为问题式教学、研究性学习仍然是目前地理教学的难点。它包括研究课题或项目的设计方案、活动记载、研究资料、研究报告、研究心得等。

模块四：习题库。按教学时段，可包括课堂练习题、单元或模块训练题、综合训练题；按能力要求，有填空、选择、读图综合等基本题型，也有思考题、讨论题、实践题、开放题等。特别需要强调的是，教师应有错题集和高考试题集，前者可以对共性的问题进行分类和归纳分析，寻求解决办法，后者可以研究命题动向和规律，进而改进教学。

模块五：教学反思成长库。内容包括教学反思、教学日记、教学札记、成长故事和学习笔记等。

"五模块"课程成长资源库，是以行动研究为取向的，即通过教学参考资料的收集、分析和评价，做出理性的判断和选择，并通过教学行动与反思对教学实践进行评价、修正和管理，从而不断提高教学实践水平和理论水平。在这样一个循环的过程中，个性化的课程资源库也在不断地充实和完善。

研究前沿

在基础教育地理课程新一轮改革中，地理课程资源利用范围的扩大和更新是地理课程有效教学的必要保证，也是地理课程新的组成部分。当前，建立地理课程资源库，地理课程资源开发与利用模式、乡土地理课程资源开发与利用、针对必修和选择性必修地理课程进行专题性地理课程资源开发与利用等的研究成为研究的热点和前沿领域。

实践活动

结合上述案例10-15，根据自身的实际情况，查阅相关资料，提交一个个性化的地理教师课程资源库设计方案。

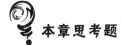

本章思考题

1. 调查本市中学地理教师课程资源开发与利用现状，找出存在的问题并分析其原因，论述教师在地理课程实施中的地位和作用，地理教师需要具备哪些方面的能力？这些能力该怎样获得？提出合理化的建议。

2. 选择高中地理教材中一个单元的教学内容，设计一个系列课程资源开发方案，并运用于具体的教学实践，体会课程资源开发与日常教学的联系。

本章小结

1. 综合国内外有关课程资源的部分文献，人们对课程资源的理解有广义和狭义之分。地理新课程提倡的是相对广义的课程资源概念。

2. 地理课程资源的分类角度有多种，但分类本身不是目的，只是便于教师能够更好地认识、开发和利用它们。

3. 没有课程资源就没有课程可言,地理课程资源的开发和利用对提升新课程实施水平,转变地理学习方式,促进教师专业化发展水平的提高等方面具有积极的意义;为更好地开发与利用课程资源,地理教师应树立与新课程相适应的课程资源观。

4. 进行地理课程资源的开发与利用,应贯彻优先性、经济性、适应性、共享性等基本原则。

5. 校内地理课程资源的开发通常包括校园基础设施资源的开发、校内地理课程专用实物资源的开发与利用、校内隐性地理课程资源的开发与利用、校内地理课程活动资源的开发与利用四个方面。

6. 社区地理课程资源开发的主要形式有观察、观测型,采访、访问型,调查研究型、野外考察型、实践基地型等基本类型;开发的主要内容包括社区自然课程资源的开发、社区社会课程资源的开发、社区文化课程资源的开发、社区家庭课程资源的开发等。

参 考 文 献

[1] 陈澄,樊杰.普通高中地理课程标准(实验)解读[M].南京:江苏教育出版社,2004.
[2] 陈澄.地理教学论[M].上海:上海教育出版社,1999.
[3] 陈澄,江晔.地理课堂教学技能[M].上海:华东师范大学出版社,2001.
[4] 陈澄. 新编地理教学论[M].上海:华东师范大学出版社,2007.
[5] 陈澄.地理学习论与学习指导[M].上海:华东师范大学出版社,2001.
[6] 段玉山.地理新课程课堂教学技能[M].北京:高等教育出版社,2003.
[7] 段玉山.地理新课程教学方法[M].北京:高等教育出版社,2003.
[8] 段玉山.地理新课程研究性学习[M].北京:高等教育出版社,2003.
[9] 郭友.新课程下的教师教学技能与培训[M].北京:首都师范大学出版社,2004.
[10] 金正扬.中学地理教学探索[M].上海:上海教育出版社,1984.
[11] 江晔,刘兰.地理课堂教学技能训练[M].上海:华东师范大学出版社,2008.
[12] 中华人民共和国教育部.普通高中地理课程标准(实验稿)[S].北京:北京师范大学出版社,2003.
[13] 李家清.新理念地理教学论[M].北京:北京大学出版社,2009.
[14] 刘荣青.中学地理专用教室与地理园的发展[M].深圳:海天出版社,2005.
[15] 宋济平.简易地理教学——板图、板画、板书基本功系列[M].北京:高等教育出版社,1993.
[16] 王贵忠.中小学课堂教学技能训练——中学地理[M].北京:当代世界出版社,2001.
[17] 王静爱.乡土地理教学研究[M].北京:北京师范大学出版社,2001.
[18] 王民.地理新课程教学论[M].北京:高等教育出版社,2003.
[19] 吴兆钧.中学地理教师教学基本功讲座[M].北京:北京师范学院出版社,1991.
[20] 夏志芳.地理课程与教学论[M].杭州:浙江教育出版社,2003.
[21] 袁书琪.地理教育学[M].北京:高等教育出版社,2001.
[22] 袁孝亭,王向东.新课程理念与初中地理课程改革[M].长春:东北师范大学出版社,2002.
[23] 张超,段玉山.地理教育展望[M].上海:华东师范大学出版社,2002.
[24] Bruce Joyce, Marsha Weil, Emily Calhoun. Models of Teaching[M]. Bosten: Allyn & Bacon,2004.
[25] 陈向明.质的研究方法与社会科学研究[M].北京:教育科学出版社,2000.
[26] 董洪亮.新课程教学组织策略与技术[M].北京:教育科学出版社,2004.
[27] 杜萍.课堂管理的策略[M].北京:教育科学出版社,2005.
[28] Edmund T. Emmer, Carolyn M, Evertson, Murray E, Worsham.中学课堂管理[M].丁毅,译.北京:中国轻工业出版社,2004.
[29] F.戴维.课堂管理技巧[M].李彦,译.上海:华东师范大学出版社,2002.

[30] 傅道春.教学行为的原理与技术[M].北京：教育科学出版社,2001.
[31] 方贤忠.如何说课[M].上海：华东师范大学出版社,2008.
[32] 冯克诚,田晓娜.中国学校办学模式全书[M].北京：国际文化出版公司,1997.
[33] 高双桂,郭东岐.农村课程资源的开发与利用[M].西安：陕西师范大学出版社,2006.
[34] 顾明远.教育大辞典[M].上海：上海教育出版社,1997.
[35] 郭友,杨善禄,白蓝.教师教学技能[M].北京：首都师范大学出版社,1993.
[36] 黄甫全,王本陆.现代教学论学程[M].北京：教育科学出版社,1998.
[37] 教育部基础教育司,教育部师范教育司.课程资源的开发与利用[M].北京：高等教育出版社,2004.
[38] Jonathan. C. Erwin.选择性课堂[M].薛莉,译.北京：中国轻工业出版社,2006.
[39] Kemp JE, Morrison GR. Designing Effective Instruction[M]. 2nd ed. New York：Merrill Publishing.
[40] 李臣.活动课程研究[M].北京：教育科学出版社,1998.
[41] 李兴良,马爱玲.教学智慧的生成与表达：说课原理与方法[M].北京：教育科学出版社,2008.
[42] 李耀新.课堂教学的组织与管理[M].广州：暨南大学出版社,2005.
[43] 周宏,高长梅.课堂素质教育手册（上册）[M].北京：九州图书出版社,1998.
[44] 刘合群.现代教育技能导论[M].武汉：湖北教育出版社,2000.
[45] 刘晓明,张宝来.小学生学习心理与学习指导[M].长春：东北师范大学出版社,1999.
[46] 刘英陶.教师职业技能[M].北京：教育科学出版社,1996.
[47] 罗树华,李洪珍.教师能力学[M].济南：山东教育出版社,1997.
[48] 欧阳芬,黄小华.新课程下课堂教学技能的创新与发展[M].北京：中国轻工业出版社,2004.
[49] 沈毅,崔允漷.课堂观察——走向专业的听评课[M].上海：华东师范大学出版社,2008.
[50] 盛群力,李志强.现代教学设计论[M].杭州：浙江教育出版社,1998.
[51] 施良方,崔允漷.教学理论：课堂教学的原理、策略与研究[M].上海：华东师范大学出版社,1999.
[52] 王策三.教学论稿[M].北京：人民教育出版社,1985.
[53] 王辉,高长梅,原真.学校教育技术操作全书[M].北京：经济日报出版社,1999.
[54] 吴青山,等.班级经营[M].台北：心理出版社,1993.
[55] 肖锋.学会教学——课堂教学技能的理论与实践[M].杭州：浙江大学出版社,2002.
[56] 谢德民.论学习[M].北京：人民出版社,1992.
[57] 徐妙中.新课程理念下课堂教学行为操练指导[M].北京：人民教育出版社,2004.
[58] 杨国全.课堂教学技能训练指导[M].北京：中国林业出版社,2001.
[59] 杨九民,梁林梅.教学系统设计理论与实践[M].北京：北京大学出版社,2008.
[60] 郑金洲.说课的变革[M].北京：教育科学出版社,2007.
[61] 张迎春,陶忠华,等.普通高中生物新课程资源[M].西安：陕西师范大学出版社,2008.
[62] 赵国忠.透视名师课堂管理——名师课堂管理的66个经典细节[M].南京：江苏人民出版

社,2007.

[63] 郑金洲.新编教学工作技能训练[M].上海:华东师范大学出版社,2007.

[64] 钟祖荣.学习指导的理论与实践[M].北京:教育科学出版社,2001.

[65] 周广强.新课程教师课程资源开发和整合能力培养与训练[M].北京:人民教育出版社,2004.

[66] 夏志芳,李家清.基于课程新理念的高中地理教科书编制研究[M].北京:地质出版社,2007.

[67] 杨小微.中小学教学模式[M].武汉:湖北教育出版社,1990.

[68] 张宝臣,张玉森,王秀兰.课堂教学艺术[M].哈尔滨:哈尔滨工业大学出版社,1994.

[69] 刁传芳.中学地理教材教法[M].北京:北京师范大学出版社,1991.

[70] 荣静娴,钱舍.微格教学与微格研究[M].上海:华东师范大学出版社,2000.

[71] 钟启泉,崔允漷,张华.基础教育课程改革纲要(试行)解读[M].上海:华东师范大学出版社,2001.

[72] 教育部基础教育司,地理新课程标准研制组.全日制义务教育地理新课程标准(实验稿)解读[M].武汉:湖北教育出版社,2002.

[73] 常华锋,冉利珍.地理课程资源的开发与利用[J].中学地理教学参考,2005(5).

[74] 陈火弟,杨淑群.评课理论探析[J].辽宁教育研究,2003(11).

[75] 陈如平.教师的课堂观察技能及其培养[J].教学与管理,2004(8).

[76] 陈庭.高中地理新课程标准下的评课方法[J].教学与管理,2004(9).

[77] 丁俊明.说课功能再探[J].教学管理,1998(10).

[78] 冯新瑞.地理合作学习有效性探讨[J].中学地理教学参考,2007(1).

[79] 高卫哲,吴新宇.构建"说课"活动结构探析"说课"层次与程序[J].中国成人教育,2006(5).

[80] 顾泠沅,周卫.课堂教学的观察与研究——学会观察[J].上海教育,1999(5).

[81] 侯玉娟.高中地理隐性课程资源开发浅议[J].地理教学,2008(3).

[82] 赫兴无,李家清.地理教学目标设计初探[J].中小学教材教学,2004(11).

[83] 赫兴无.地理活动课程实施初探[J].高等函授学报(自然科学版),2009(2).

[84] 黄勤燕.关于地理"说课"的内容、要求与评价[J].中学地理教学参考,1998(1—2).

[85] 黄玉琼.培养识图技巧,提高学习能力[J].地理教学,2005(7).

[86] 金建辉.各类地理图像的判读策略[J].地理教育,2006(4).

[87] 林荣凑.《课堂观察手册》诞生记[J].当代教育科学,2007(24).

[88] 李广水.试论地理课堂教学的评课艺术[J].课程教材教学研究,2003(10).

[89] 李家清.地理教学目标的差异性设计研究[J].中学地理教学参考,2003(11).

[90] 李家清.新课程高中地理教学评价的实做研究——以必修(2)"人口与城市"为例[J].教育科学研究,2005(11).

[91] 李家清,李文田.中学地理课程思想变革与发展30年回顾与启示[J].中学地理教学参考,2009(Z1).

[92] 李家清.地理教学设计的理论基础与基本方法[J].课程·教材·教法,2004(1).

［93］李松林.课堂教学行为分析引论［J］.教育理论与实践,2005(4).

［94］李忠洲.课堂观察的几个维度［J］.中小学管理,2002(6).

［95］刘定一.评课应围绕教学目标的制定与达成［J］.上海教育,2007(6).

［96］刘丽群,张文学.美国社区课程资源开发及其对我国教育的启示［J］.学前教育研究,2007(5).

［97］刘云生.课堂观察:现象、诠释与建构［J］.中国教育学刊,2007(2).

［98］鲁献蓉.新课程改革理念下的说课［J］.课程·教材·教法,2003(7).

［99］罗晓杰.说课及其策略［J］.教育科学研究,2005(2).

［100］邱天武.组织地理参观 促进探究学习［J］.地理教育,2004(5).

［101］全福英,刘德明.浅谈怎样评课［J］.教育理论与实践,2007(9).

［102］桑国元,于开莲.基于人种志视角的课堂观察理论与实践［J］.中国教育学刊,2007(5).

［103］沈毅,等.课堂观察框架与工具［J］.当代教育科学,2007(24).

［104］史克昌.浅谈说课与备课的关系［J］.教学与管理,2002(5).

［105］苏英.《黄河》一课教学设计［J］.地理教学,2002(11).

［106］汤国荣.高中地理"探究活动"实施中存在问题的思考［J］.中学地理教学参考,2007(7).

［107］王存宽.说课——现代教学理论的有效体现［J］.教育观察,2000(8).

［108］向军.如何指导学生绘制环境地图［J］.中学地理教学参考,2008(5).

［109］徐继存,段兆兵,陈琼.论课程资源及其开发与利用［J］.学科教育,2002(2).

［110］俞红珍.教材的"二次开发":涵义与本质［J］.课程·教材·教法,2005(12).

［111］文士霞."简易测算本地经纬度"实践活动的设计［J］.地理教学,2001(9).

［112］张国伟.论课堂观察［J］.教育探索,2005(2).

［113］张菊荣.课堂观察的基本理念和初步实践［J］.中国教育学刊,2007(9).

［114］张俊福.评课视角的转换［J］.教学与管理,2007(2).

［115］杨骞.论评课［J］.教育科学,2002(2).

［116］尤炜.听评课的现存问题和范式转型——崔允漷教授答记者问［J］.当代教育科学,2007(24).

［117］郑金洲.重构课堂［J］.华东师范大学学报(教育科学版),2001(3).

［118］何克抗.建构主义——革新传统教学的理论基础［J］.电化教育研究.1997(3).

［119］武秀峰.浅议良好课堂氛围的营造［J］.山西经济管理干部学院学报,2008(1).

［120］王跃华.对"课堂观察"课例研究方式的几点思考［J］.地理教学.2008(12):7.

［121］时文中,王文豪,王婷.试论说课［J］.天中学刊,2003(5).

［122］万年庆,张本昀.高校师范生说课技能的建立与培养［J］.许昌学院学报,2007(5).

［123］沈建民.试论新课程背景下的"说课"［J］.天津教育,2005(11).

［124］张玉梅.浅谈成功说课的"五要素"［J］.职业技术教育研究,2005(8).

［125］张连彬,刘春玲.卡伦湖农林基地参观考察活动课设计［J］.长春教育学院学报,2002(4).

［126］李定仁,段兆兵.论课程资源开发与教师专业成长［J］.教育理论与实践,2005(11).

［127］李晴,杨娅娜.试论地理课程资源开发利用原则与途径［J］.重庆师范大学学报(自然科学版),2005(3):51.

［128］史雪伟.开发隐性课程资源 提高课堂教育效率［J］.中学政治教学参考,2007(11).

[129] 吴芝琴.化学课程资源库模块设置及其结构[J].中学化学教学参考,2006(11).

[130] 曾美莲.挖掘生活中的教学资源,让地理课堂"活"起来[J].安徽文学,2008(7).

[131] 卜庆环.城市高中地理课程资源开发和利用的实践研究[D].福州:福建师范大学,2007:4.

[132] 周小山,严先元.新课程的教学策略与方法[M].成都:四川大学出版社,2003.

[133] 中华人民共和国教育部.普通高中地理课程标准(2017年版)[S].北京:人民教育出版社,2018.

[134] 韦志榕,朱翔.普通高中地理课程标准(2017年版)解读[M].北京.高等教育出版社,2018.

[135] 刘恭祥.地理微格教学[M].厦门:厦门大学出版社,2013:138.

[136] 刘清,章莉,何爽.MeteoEarth手机软件在高中地理教学中的应用[J].地理教学,2016(23).

[137] 陈杰,陈良烟.从"三维目标"走向"核心素养"——以人教版"自然地理环境的整体性"教学设计为例[J].中学地理教学参考,2017(3).

[138] 周银锋.研学旅行中培育地理实践力素养的策略研究[J].地理教学,2019(2).

[139] 吴振华,丁帅.基于徒步路线的高中地理研学旅行开展与实施[J].地理教学,2018(15).

[140] 段玉山,袁书琪,郭锋涛,周维国.研学旅行课程标准(一)——前言、课程性质与定位、课程基本理念、课程目标[J].地理教学,2019(5).

[141] 袁书琪,李文,陈俊英,彭俊芳,段玉山,郭锋涛,周维国.研学旅行课程标准(三)——课程建设[J].地理教学,2019(7).

[142] 周维国,段玉山,郭锋涛,袁书琪.研学旅行课程标准(四)——课程实施、课程评价[J].地理教学,2019(8).

[143] 雷鸣.地理教育的六大难题[J].中学地理教学参考,2019(3).

[144] 中华人民共和国教育部.中学教育专业师范生教师职业能力标准(试行)[S].2021.

北京大学出版社
教育出版中心 精品图书

21世纪特殊教育创新教材·理论与基础系列
特殊教育的哲学基础　　　　　　　　方俊明
特殊教育的医学基础　　　　　　　　张　婷
融合教育导论（第二版）　　　　　　雷江华
特殊教育学（第二版）　　　　雷江华　方俊明
特殊儿童心理学（第二版）　　方俊明　雷江华
特殊教育史　　　　　　　　　　　　朱宗顺
特殊教育研究方法（第二版）
　　　　　　　　　　　　　杜晓新　宋永宁　等
特殊教育发展模式　　　　　　　　　任颂羔

21世纪特殊教育创新教材·康复与训练系列
特殊儿童应用行为分析（第二版）
　　　　　　　　　　　　　李　芳　李　丹
特殊儿童的游戏治疗　　　　　　　　周念丽
特殊儿童的美术治疗　　　　　　　　孙　霞
特殊儿童的音乐治疗　　　　　　　　胡世红
特殊儿童的心理治疗（第二版）　　　杨广学
特殊教育的辅具与康复　　　　　　　蒋建荣
特殊儿童的感觉统合训练（第二版）　王和平
孤独症儿童课程与教学设计　　　　　王　梅

21世纪特殊教育创新教材·融合教育系列
融合教育理论反思与本土化探索　　　邓　猛
融合教育实践指南　　　　　　　　　邓　猛
融合教育理论指南　　　　　　　　　邓　猛
融合教育导论（第二版）　　　　　　雷江华

21世纪特殊教育创新教材（第二辑）
特殊儿童心理与教育　　杨广学　张巧明　王　芳
教育康复学导论　　　　　　　杜晓新　黄昭明
特殊儿童病理学　　　　　　　王和平　杨长江
特殊学校教师教育技能　　　　谷　飞　马红英

自闭谱系障碍儿童早期干预丛书
如何发展自闭谱系障碍儿童的沟通能力
　　　　　　　　　　　　　朱晓晨　苏雪云
如何理解自闭谱系障碍和早期干预　　苏雪云
如何发展自闭谱系障碍儿童的社会交往能力
　　　　　　　　　　　　　吕　梦　杨广学
如何发展自闭谱系障碍儿童的自我照料能力
　　　　　　　　　　　　　倪萍萍　周　波
如何在游戏中干预自闭谱系障碍儿童　朱　瑞　周念丽
如何发展自闭谱系障碍儿童的感知和运动能力
　　　　　　　　　　韩文娟　徐　芳　王和平
如何发展自闭谱系障碍儿童的认知能力
　　　　　　　　　　　　　潘前前　杨福义
自闭症谱系障碍儿童的发展与教育　　周念丽
如何通过音乐干预自闭谱系障碍儿童　张正琴
如何通过画画干预自闭谱系障碍儿童　张正琴
如何运用ACC促进自闭谱系障碍儿童的发展　苏雪云
孤独症儿童的关键性技能训练法　　　李　丹
自闭症儿童家长辅导手册　　　　　　雷江华
孤独症儿童课程与教学设计　　　　　王　梅
融合教育理论反思与本土化探索　　　邓　猛
自闭症谱系障碍儿童家庭支持系统　　孙玉梅
自闭症谱系障碍儿童团体社交游戏干预　李　芳
孤独症儿童的教育与发展　　　王　梅　梁松梅

特殊学校教育·康复·职业训练丛书（黄建行　雷江华　主编）
信息技术在特殊教育中的应用
智障学生职业教育模式
特殊教育学校学生康复与训练
特殊教育学校校本课程开发
特殊教育学校特奥运动项目建设

21世纪学前教育规划教材
学前教育概论　　　　　　　　　　　李生兰
学前教育管理学　　　　　　　　　　王　雯
幼儿园歌曲钢琴伴奏教程　　　　　　果旭伟
幼儿园舞蹈教学活动设计与指导　　　董　丽
实用乐理与视唱　　　　　　　　　　代　苗
学前儿童美术教育　　　　　　　　　冯婉贞
学前儿童科学教育　　　　　　　　　洪秀敏
学前儿童游戏　　　　　　　　　　　范明丽
学前教育研究方法　　　　　　　　　郑福明
外国学前教育史　　　　　　　　　　郭法奇
学前教育政策与法规　　　　　　　　魏　真
学前心理学　　　　　　　　　涂艳国　蔡　艳

学前教育理论与实践教程	
	王 维 王维娅 孙 岩
学前儿童数学教育	赵振国

大学之道丛书精装版

美国高等教育通史	[美]亚瑟·科恩
知识社会中的大学	[英]杰勒德·德兰迪
大学之用（第五版）	[美]克拉克·克尔
营利性大学的崛起	[美]查德·鲁克
学术部落与学术领地：知识探索与学科文化	
	[英]托尼·比彻，保罗·特罗勒尔
美国现代大学的崛起	[美]劳伦斯·维赛
教育的终结——大学何以放弃了对人生意义的追求	
	[美]安东尼·T. 克龙曼
世界一流大学的管理之道——大学管理研究导论	
	程 星
后现代大学来临？	
	[英]安东尼·史密斯 弗兰克·韦伯斯特

大学之道丛书

市场化的底限	[美]大卫·科伯
大学的理念	[英]亨利·纽曼
哈佛：谁说了算	[美]理查德·布瑞德利
麻省理工学院如何追求卓越	[美]查尔斯·维斯特
大学与市场的悖论	[美]罗杰·盖格
高等教育公司：营利性大学的崛起	
	[美]理查德·鲁克
公司文化中的大学：大学如何应对市场化压力	
	[美]埃里克·古尔德 40元
美国高等教育质量认证与评估	
	[美]美国中部州高等教育委员会
现代大学及其图新	[美]谢尔顿·罗斯布莱特
美国文理学院的兴衰——凯尼恩学院纪实	
	[美]P.F.克鲁格
教育的终结：大学何以放弃了对人生意义的追求	
	[美]安东尼·T. 克龙曼
大学的逻辑（第三版）	张维迎
我的科大十年（续集）	孔宪铎
高等教育理念	[英]罗纳德·巴尼特
美国现代大学的崛起	[美]劳伦斯·维赛
美国大学时代的学术自由	[美]沃特·梅兹格
美国高等教育通史	[美]亚瑟·科恩
美国高等教育史	[美]约翰·塞林
哈佛通识教育红皮书	哈佛委员会
高等教育何以为"高"——牛津导师制教学反思	
	[英]大卫·帕尔菲曼
印度理工学院的精英们	[印度]桑迪潘·德布
知识社会中的大学	[英]杰勒德·德兰迪
高等教育的未来：浮言、现实与市场风险	
	[美]弗兰克·纽曼等
后现代大学来临？	[英]安东尼·史密斯等
美国大学之魂	[美]乔治·M.马斯登
大学理念重审：与纽曼对话	
	[美]雅罗斯拉夫·帕利坎
学术部落及其领地——当代学术界生态揭秘（第二版）	
	[英]托尼·比彻 保罗·特罗勒尔
德国古典大学观及其对中国大学的影响（第二版）	
	陈洪捷
转变中的大学：传统、议题与前景	郭为藩
学术资本主义：政治、政策和创业型大学	
	[美]希拉·斯劳特 拉里·莱斯利
21世纪的大学	[美]詹姆斯·杜德斯达
美国公立大学的未来	
	[美]詹姆斯·杜德斯达 弗瑞斯·沃马克
东西象牙塔	孔宪铎
理性捍卫大学	眭依凡

学术规范与研究方法系列

社会科学研究方法100问	[美]萨尔金德
如何利用互联网做研究	[爱尔兰]杜恰泰
如何撰写与发表社会科学论文：国际刊物指南	
	蔡今忠
如何查找文献（第二版）	[英]萨莉·拉姆齐
给研究生的学术建议	[英]戈登·鲁格 等
社会科学研究的基本规则（第四版）	
	[英]朱迪斯·贝尔
做好社会研究的10个关键	
	[英]马丁·丹斯考姆
如何写好科研项目申请书	
	[美]安德鲁·弗里德兰德 等
教育研究方法（第六版）	
	[美]梅瑞迪斯·高尔 等
高等教育研究：进展与方法	
	[英]马尔科姆·泰特
如何成为学术论文写作高手	[美]华乐丝
参加国际学术会议必须要做的那些事	
	[美]华乐丝
如何成为优秀的研究生	[美]布卢姆

结构方程模型及其应用	易丹辉 李静萍	课堂与教学艺术（第二版）		孙菊如 陈春荣

21世纪高校职业发展读本

21世纪教师教育系列教材·初等教育系列

如何成为卓越的大学教师	[美]肯·贝恩	小学教育学	田友谊
给大学新教员的建议	[美]罗伯特·博伊斯	小学教育学基础	张永明 曾碧
如何提高学生学习质量		小学班级管理	张永明 宋彩琴
	[英]迈克尔·普洛瑟 等	初等教育课程与教学论	罗祖兵
学术界的生存智慧	[美]约翰·达利 等	小学教育研究方法	王红艳
给研究生导师的建议（第2版）		新理念小学数学教学论	刘京莉
	[英]萨拉·德拉蒙特 等	新理念小学音乐教学法	吴跃跃

教师资格认定及师范类毕业生上岗考试辅导教材

教育学		余文森 王晞
教育心理学概论		连榕 罗丽芳

21世纪教师教育系列教材·物理教育系列

中学物理微格教学教程（第二版）	
	张军朋 詹伟琴 王恬
中学物理科学探究学习评价与案例	
	张军朋 许桂清
物理教学论	邢红军
中学物理教学法	邢红军
中学物理教学评价与案例分析	王建中 孟红娟

21世纪教师教育系列教材·学科教育心理学系列

语文教育心理学	董蓓菲
生物教育心理学	胡继飞

21世纪教师教育系列教材·学科教学论系列

新理念化学教学论（第二版）	王后雄
新理念科学教学论（第二版）	崔鸿 张海珠
新理念生物教学论（第二版）	崔鸿 郑晓慧
新理念地理教学论（第二版）	李家清
新理念历史教学论（第二版）	杜芳
新理念思想政治（品德）教学论（第二版）	
	胡田庚
新理念信息技术教学论（第二版）	吴军其
新理念数学教学论	冯虹

21世纪教育科学系列教材·学科学习心理学系列

数学学习心理学（第二版）	孔凡哲
语文学习心理学	董蓓菲

21世纪教师教育系列教材

教育心理学（第二版）	李晓东
教育学基础	庞守兴
教育学	余文森 王晞
教育研究方法	刘淑杰
教育心理学	王晓明
心理学导论	杨凤云
教育心理学概论	连榕 罗丽芳
课程与教学论	李允
教师专业发展导论	于胜刚
学校教育概论	李清雁
现代教育评价教程（第二版）	吴钢
教师礼仪实务	刘霄
家庭教育新论	闫旭蕾 杨萍
中学班级管理	张宝书
教育职业道德	刘亭亭
教师心理健康	张怀春
现代教育技术	冯玲玉
青少年发展与教育心理学	张清
课程与教学论	李允

21世纪教师教育系列教材·语文课程与教学论系列

语文文本解读实用教程	荣维东
语文课程教师专业技能训练	张学凯 刘丽丽
语文课程与教学发展简史	武玉鹏 王从华 黄修志
语文课程学与教的心理学基础	韩雪屏 王朝霞
语文课程名师名课案例分析	武玉鹏 郭治锋
语用性质的语文课程与教学论	王元华

21世纪教师教育系列教材·学科教学技能训练系列

新理念生物教学技能训练（第二版）	崔鸿
新理念思想政治（品德）教学技能训练（第二版）	
	胡田庚 赵海山
新理念地理教学技能训练	李家清
新理念化学教学技能训练（第二版）	王后雄
新理念数学教学技能训练	王光明

新理念小学音乐教学法	吴跃跃	新媒体概论	尹章池
		新媒体视听节目制作（第二版）	周建青

王后雄教师教育系列教材

		融合新闻学导论	石长顺
教育考试的理论与方法	王后雄	新媒体网页设计与制作	惠悲荷
化学教育测量与评价	王后雄	网络新媒体实务	张合斌
中学化学实验教学研究	王后雄	突发新闻教程	李 军
新理念化学教学诊断学	王后雄	视听新媒体节目制作	邓秀军
		视听评论	何志武

西方心理学名著译丛

		出镜记者案例分析	刘 静 邓秀军
儿童的人格形成及其培养	[奥地利]阿德勒	视听新媒体导论	郭小平
活出生命的意义	[奥地利]阿德勒	网络与新媒体广告	尚恒志 张合斌
生活的科学	[奥地利]阿德勒	网络与新媒体文学	唐东堰 雷 奕
理解人生	[奥地利]阿德勒		

全国高校广播电视专业规划教材

荣格心理学七讲	[美]卡尔文·霍尔	电视节目策划教程	项仲平
系统心理学：绪论	[美]爱德华·铁钦纳	电视导播教程	程 晋
社会心理学导论	[美]威廉·麦独孤	电视文艺创作教程	王建辉
思维与语言	[俄]列夫·维果茨基	广播剧创作教程	王国臣
人类的学习	[美]爱德华·桑代克		
基础与应用心理学	[德]雨果·闵斯特伯格		

21世纪教育技术学精品教材（张景中 主编）

记忆	[德]赫尔曼·艾宾浩斯	教育技术学导论（第二版）	李 芒 金 林
实验心理学（上下册）	[美]伍德沃斯 施洛斯贝格	远程教育原理与技术	王继新 张 屹
格式塔心理学原理	[美]库尔特·考夫卡	教学系统设计理论与实践	杨九民 梁林梅
		信息技术教学论	雷体南 叶良明

21世纪教学活动设计案例精选丛书（禹明 主编）

	网络教育资源设计与开发 刘清堂
初中语文教学活动设计案例精选	学与教的理论与方式 刘雍潜
初中数学教学活动设计案例精选	信息技术与课程整合（第二版）
初中科学教学活动设计案例精选	赵呈领 杨 琳 刘清堂
初中历史与社会教学活动设计案例精选	教育技术研究方法 张 屹 黄 磊
初中英语教学活动设计案例精选	教育技术项目实践 潘克明
初中思想品德教学活动设计案例精选	
中小学音乐教学活动设计案例精选	

21世纪信息传播实验系列教材（徐福荫 黄慕雄 主编）

中小学体育（体育与健康）教学活动设计案例精选	多媒体软件设计与开发
中小学美术教学活动设计案例精选	电视照明·电视音乐音响
中小学综合实践活动教学活动设计案例精选	播音与主持艺术（第二版）
小学语文教学活动设计案例精选	广告策划与创意
小学数学教学活动设计案例精选	摄影基础（第二版）
小学科学教学活动设计案例精选	
小学英语教学活动设计案例精选	

21世纪教师教育系列教材·专业养成系列（赵国栋 主编）

小学品德与生活（社会）教学活动设计案例精选	
幼儿教育教学活动设计案例精选	微课与慕课设计初级教程
	微课与慕课设计高级教程

全国高校网络与新媒体专业规划教材

		微课、翻转课堂和慕课设计实操教程
文化产业概论	尹章池	网络调查研究方法概论（第二版）
网络文化教程	李文明	PPT云课堂教学法
网络与新媒体评论	杨 娟	